国家社科基金
后期资助项目

村民自治多数决衡平机制研究

Research on Equitable Mechanism for
Majority Decision in Villager Autonomy

丁国民　龙圣锦　著

国家社科基金后期资助项目
出版说明

后期资助项目是国家社科基金设立的一类重要项目，旨在鼓励广大社科研究者潜心治学，支持基础研究多出优秀成果。它是经过严格评审，从接近完成的科研成果中遴选立项的。为扩大后期资助项目的影响，更好地推动学术发展，促进成果转化，全国哲学社会科学工作办公室按照"统一设计、统一标识、统一版式、形成系列"的总体要求，组织出版国家社科基金后期资助项目成果。

全国哲学社会科学工作办公室

目 录

第一章 多数决理论探源 …………………………………………… 1
 一 多数决理论的起源与发展 ………………………………… 1
 二 多数决理论在基层民主中的作用及局限性 …………… 9

第二章 村民自治多数决的运用 ………………………………… 27
 一 民主选举 …………………………………………………… 29
 二 民主决策 …………………………………………………… 37
 三 民主管理 …………………………………………………… 45
 四 民主监督 …………………………………………………… 52
 五 村民自治多数决运用的意义 …………………………… 61

第三章 村民自治多数决的弊端分析 …………………………… 67
 一 村民自治多数决弊端类型 ……………………………… 68
 二 村民自治多数决弊端产生的原因 ……………………… 86

第四章 村民自治多数决衡平的主要内容 ……………………… 96
 一 选举环节的衡平 …………………………………………… 98
 二 决策环节的衡平 …………………………………………… 106
 三 管理和监督环节的衡平 …………………………………… 123
 四 权利救济环节的衡平 ……………………………………… 131

第五章 村民自治多数决衡平的国内外实践探索 ……………… 135
 一 河北青县模式 ……………………………………………… 135
 二 湖北官桥模式 ……………………………………………… 146
 三 美国村治和乡镇治理中的多数决衡平 ………………… 161
 四 日本社区治理中的多数决衡平 ………………………… 169

第六章　村民自治中的多数决衡平机制构建 …………… 176
 一　村民自治中的多数决衡平机制构建基础 …………… 176
 二　村民自治中的多数决衡平机制构建原则 …………… 182
 三　村民自治中的多数决衡平机制构建重点 …………… 195
 四　村民自治中的多数决衡平机制构建方式 …………… 205

第七章　村民自治多数决下的少数人权益保护 …………… 225
 一　婚姻关系新成员的权益保护 …………………………… 225
 二　外地来村投资者的权益保护 …………………………… 263
 三　农村外出谋生者的权益保护 …………………………… 284

参考文献 ……………………………………………………… 314

后　记 ………………………………………………………… 340

第一章　多数决理论探源

一　多数决理论的起源与发展

多数决，顾名思义，就是少数服从多数进行决策，是指问题的决定以多数人的意见为依据的方法和制度。① 其将发言权授予享有民主权的每个人，进而将多数人的共同选择作为指导社会行为的依据，从而保证由之产生的决策具有最大限度的利益涵盖面及更广泛的社会适应性。② 多数决原则是民主集中制能够将民主和集中进行完美结合的核心。民主制与民主集中制一般实行多数决原则，也就是在选举和表决的时候，按照多数人的意志来决定，这个原则源于古希腊，进而传播至全世界。③

（一）多数决理论的起源

1. 多数决的内涵

民主的原初含义源于古希腊雅典奴隶制民主共和国的实践。在早期的西方，民主由 demos 和 kratos 组成，前者指人民，后者指权利，民主的含义是"人民的权利"。在古希腊的政治背景下，民主的含义往往不是简单的多数决决策机制那么简单，其更深层的内涵是指"做事的能力"。在亚里士多德眼中，"统治者为多数人的政体是民主的政体"④，是奴隶制下奴隶主的民主。而马克思主义则认为，民主体现为一种国家制度，民主就是按照少数服从多数的规则进行决策的制度，也就是一个阶

---

① 丁成荣：《邓小平少数服从多数思想研究》，《中共太原市委党校学报》2005 年第 4 期，第 17 页。
② 刘世华：《民主的内在风险性论析》，《理论学刊》2010 年第 12 期，第 87 页。
③ 施显生：《"多数决"原则探微》，《政治与法律》1995 年第 4 期，第 26 页。
④ 〔古希腊〕亚里士多德：《政治学》，吴寿彭译，商务印书馆，1965，第 66 页。

级对另一个阶级、一部分居民对另一部分居民有系统地使用暴力的组织。① 马克思眼中的"少数服从多数"规则绝不仅仅是简单地、毫无依据地依靠武力使少数人屈从于多数人的统治，从而使少数一部分人放弃权利。其规则运作的前提必须是在一国之内的所有人对"少数服从多数"规则的自愿认可与服从。

在近现代，民主常被首先解释为与多数意志的投票规则相关②，也就是说，民主的含义被简化为基于投票规则的决策机制，具体而言是指"多数人的统治"。现代社会对此的表述还有"全民的统治""人民同意的政府""民有、民治和民享的自治政府"等。在外延上，民主首先是一种体制，民主政体之所以区分于君主政体、贵族政体的原因是：民主政体本身强调国家的一切权力来自人民，人民可以直接行使国家权力，或者由人民选举产生的代表、领袖以及执政党来代表人民行使国家权力。在内涵上，民主体现以人民参与政治为核心，人民参与政治的广度和深度是检验民主与否的标准。③

传统民主在发展过程中并未对实质的民主予以足够的重视。传统民主首先察觉到民主的核心是公民参与政治，其中包括选举投票、公共决策等方式，并主要以其广度和深度来对社会民主加以衡量。在实践中，虽然公民参与了选举投票的流程，但是由于参与过程过于注重民主的形式公正而忽略了民主的实质公正。举例来说，公民在参与投票之前未能及时获取候选人的相关信息，在参与投票的过程中未获得表达意见的机会，在参加选举会议时常常忙于自己的私事，无心关注选举过程，对自己的选票不够重视。公民在参与选举的整个过程中只是为了投票而投票，完全充当了一个被动投票器，虽有参与的行为，却没有参与的意志。

从理论上讲，现代民主相对于传统民主在以下几个方面有较大发展。第一，现代民主在传统民主所提倡的深度和广度的基础上进一步深入强调了力度和效度。民主是人民参与国家政治的核心元素，所以人民参政议政的深度和广度作为评判民主的标尺正被不断深化，现代民主在传统

---

① 《列宁选集》，人民出版社，1972，第241页。
② 〔美〕乔赛亚·奥伯：《"民主"的原初含义：做事能力，而非多数决》，欧树军译，《北大法律评论》2012年第2期，第560页。
③ 〔美〕科恩：《论民主》，聂崇信、朱秀贤译，商务印书馆，1988，第40页。

民主的基础上更侧重对力度和效度的追求。第二，现代民主强化了公民参与政治的过程性、常态性与动态性。美国学者科恩眼中的民主是一个动态的过程，"民主过程就是某一种行为"，我们不能只是占有它、树立它，还要不断地在行动中实现它、体验它。① 第三，现代民主更加强调民主的最终结果，即惠及自身的、影响深远的民主。自利动机为人生来所固有，公民参与选举的直接目的是"投"其所好，期待从此处获得相关的利益。因此，脱离公民自身的民主是不着边际的民主，现代民主正是与现实切合的民主，是脚踏实地的民主。

在当下的政治环境中，选举投票是广为使用的公民参与政治生活的方式之一，也是最能体现民主的一种方式。如果这一决策机制本身存在缺陷，那么对民主的理解必然存在瑕疵。选举投票不论是作为民主化的一种设计程序，还是作为公民参与政治的一种方式，都对形式民主与实质民主有着极高的要求。据此，笔者认为，多数决是指相关的利益主体在认可和服从同一规则的前提下，在对某一事项进行意见表达时，通过少数服从多数和听取、协商少数人意见的方式，最终获得一个令全体成员满意的结果的一种决策机制。具体而言，多数决机制在理论上有如下特点。

第一，多数决是当今社会中最常见的民主决策方式，能有效提升决策的效率。公民以个体形式存在于社会生活之中，但生活中的个体与个体之间的利益不尽相同，个体之间在追求利益的过程中会时常发生摩擦与碰撞，多数决成了解决利益摩擦、提升决策效率的最佳方式。与此同时，多数决最能体现现代社会的形式民主与实质民主。个体参与群体决策时，在投票决策的起点、过程、结果的整个流程的各个环节中对民主都有着极高的要求。

第二，多数决是由具备资格的人进行投票，然后采纳多数人意见的一种决策方式。首先，多数决并不要求所有个体都必须无时无刻服从于这一决策机制。事实上，运用多数决的最佳状态是让这一决策机制在某一领域成为一种默认的规则，或者成为普遍认可的一种决策习惯。不同群体针对相同事件的态度往往不一致，运用该机制的具体要求是具备资

---

① 〔美〕科恩：《论民主》，聂崇信、朱秀贤译，商务印书馆，1988，第40页。

格的、所有的利益相关主体参与到某一特定的决策环节之中，这是多数决运作的必要前提。其次，多数决规则顾名思义，是要求运用多数决进行某一事项的决策时，期待根据少数服从多数的规则得出结论，并最终按照这一合乎多数人意见的结果运行。

第三，多数决在决策权上是平等的，在形式上却是多种多样的。多数决决策权的平等性，是指参与某一具体决策的所有个体所持有的表决权性质相同、数量相等，每一决策参与者都平等地享有决策权，任一个体不因性别、年龄、身份、地位、家庭背景的不同而享有不平等的决策权。当然，公司决策中的资本多数决是特殊情形，是多数决在种类上的延伸和发展。公司决策层在针对某一决议进行投票表决时，除依据人头上的少数服从多数外，往往还依据股份的多数来通过决议，但究其本质，公司每股股份所代表的表决权也是相等的。二者殊途同归。

第四，多数决的目的在于追求尽可能被普遍接受的结果。多数决又称为投票决策法，在形式上通常被认为相对公正，但现实中往往大相径庭。首先，投票时间在投票决策中至关重要，能够左右投票时间的人倾向于选择有利于自己的时机；其次，持少数意见的人在投票决策中极大概率会被整体孤立；最后，虽然少数人服从多数人是投票决策的规则，但也不能排除持少数意见的人以自己不赞成为借口拒绝执行投票结果的可能。在实践中，由于缺乏必要的协调，运用多数决得出的结果往往并不深得众人之心，强制执行该决议甚至可能损害少数人的利益。使用多数决机制的目的是在通过该决策机制提高决策效率的同时，追求尽可能被普遍接受甚至认可的结果，以期实现实质上的民主。

2. 多数决的渊源

历史上，通过人头数的多少进行决策并不流行。多数决规则是近代以来才开始发展并且流行起来的，而其本身其实也是从诸多理论中发展出来的。例如基于法律的便利规则（convenient rule），团体的意志可以通过团体成员的多数意见来体现；再如基于教会法的理论，团体中的多数人往往比少数人更能接近真和善，从而使多数决不仅能体现数量上的多寡，也能体现出对真理的实质追求；还如社会契约论，假定一个原始契约，根据这个契约，个人的意志和利益要受到多数人意志和利益的约束；复如实力论，基于多数意味着更大力量的假定，使少数人的意见和利益服从于多数人。①

　　多数决理论源于西方，历史悠久，具体而言，古希腊的雅典是其发祥地。民主制和民主集中制多采用多数决原则。亚里士多德就曾经说过，似乎把治权寄托于少数好人（贤良），毋宁交给多数平民，这里面虽然存在一些疑难，但其中似乎也包含一些真理，看起来这还是比较可取的制度。就多数而言，团体中的单个成员的力量是无足轻重的，但是，一旦这些个体组成一个整体，其力量就可以明显超过少数有智慧的人。一个团体共同商量决定一件事情，每个人都有自己的看法和建议，整合起来就好像一个巨人拥有了众多手足和耳目，使得该团体具有异于个体的强大力量和智慧。②

　　多数决理论可追溯到古希腊的民主实践。以当时雅典的法律规定观之，其已经存在多数决的实践活动。例如，所有军队的长官都以举手表决的方式选出司令官。以前是以简单分配的方式给每个部落一个代表的名额，但现在改为全民直接选举，由全体公民用投票的方式来决定司令官的职责。③ 其中包括著名的贝壳放逐法。亚里士多德分析，在僭主政治时期，梭伦宪法曾因不用而被人遗忘，克勒斯塞涅斯则以争取大众乐从为目的，制定了另一个新的宪法，其中包括贝壳流放法。④ 还如陶片放逐法，公元前510年左右由雅典政治家克里斯提尼创设，是在古希腊雅典等城邦广泛推行的一种政治轨制，公元前约487年初度施行。陶片放逐法是指雅典公民将不得人心的公民的姓名写在陶片上，进而以投票表决的方式将意图威胁雅典民主制度的政治人物处以政治放逐的惩罚。这是一个多数决的实践例证。

　　斯巴达时期的五个执政官都是通过少数服从多数进行表决并确定的。"表决方法很古怪：不计票，而是赞同者发出喊叫声。"⑤ 表决由欢呼而不是投票来做出，相对于票决制而言，这种表决制略显"古怪"、粗陋，但是其中却包含着多数决的本质属性，即少数服从多数。

---

① 〔美〕约翰·吉尔伯特·海因伯格：《多数决原则的历史》，张卓明译，载中国法律史协会编《法史学刊》第二卷，社会科学文献出版社，2008，第527页。
② 〔古希腊〕亚里士多德：《政治学》，吴寿彭译，商务印书馆，1965，第143页。
③ 〔古希腊〕亚里士多德：《雅典政制》，日知力野译，商务印书馆，1999，第64页。
④ 〔古希腊〕亚里士多德：《雅典政制》，日知力野译，商务印书馆，1999，第26页。
⑤ 徐志戎：《雅典的民主与斯巴达的集权》，《商界（评论）》2011年第10期，第100页。

基尔克认为，在更为早期的教会法中，多数决规则与德国法一样，被看作一种施加在少数人身上的、以必要的全体一致为目标的义务。法律将其拟制为：多数所意欲者被视为全体所意欲。教会法学家推论认为，"多数之部分代表全体之法律人格，而少数之部分仍然是个人之集合"。[1] 由此看来，教会法学家将其拟制为法律的出发点是，他们认为多数比少数的意志更接近真和善。

尽管多数决现在得到了广泛的认可，但是以少数服从多数来做决定的实践并非总是盛行的。一直到1430年，多数决规则才开始在英国下议院的选举中占据主导地位，而直到16世纪下半叶，多数决才作为一项确定的规则被采纳。雷德利克（Redlich）认为，"多数决的做法被'大会议'有规则地实行，并转而为更年轻的下议院所学到"[2]。英国学者甄克思就认为"古之民，不识从众之义也。有一议，十人之中为七人之所合，古不以是为可用也。此自吾党观之，若甚怪者，然事在历史，固无可疑。议院之从众，仅始于近古，前夫此者，未尝以众同为决议之物也"[3]。英国在多数决方面的实践已逐渐被西方乃至世界模仿，其对加速民主化进程有着十分深远的影响。

（二）多数决的多栖发展

1. 多数决的广泛运用

迄今为止，多数决理论已经有了长足发展，多数决理论的种子在接触世界上诸多国家、地区的土壤之后开出了各式各样新异的花。与此同时，该理论也被运用于全新的领域，种类也由最初的简单多数决不断发展和延伸。多数决机制最初被运用于与政治相关的决策领域，以"少数服从多数"的规则来票选多数人之民主。德沃金最得意的弟子沃尔德伦在《立法的尊严》中对多数决进行了论证，他认为多数决是在两个选项中进行选择，并且有一个选项至少获得投票者过半数的支持，不包括平

---

[1] 〔美〕约翰·吉尔伯特·海因伯格：《多数决原则的历史》，张卓明译，载中国法律史协会编《法史学刊》第二卷，社会科学文献出版社，2008，第527页。

[2] Joseph Redlich, *The Procedure of the House of Commons*, trans. by A. Steinthal（London: Constable & Company Limited, 1908）, pp. 263 – 264.

[3] 〔英〕甄克思：《社会通诠》，严复译，商务印书馆，1981，第128页。

局。此处强调的"选项"指代的是团体要去做决定的任何事情。① 为了论证多数决的正当性，沃尔德伦认为多数决体现了两个重要原则，即尊重原则和公平原则。多数决的尊重原则主要体现在，政治环境中不可避免地会有分歧，但又必须要达成共同意志。多数决能够使每个人在忠于自己内心意愿的基础上，还能接受最终不同于自己意愿的结果，而这种接受并非来自他人的威慑，而是自己的必要妥协。多数决的公平原则主要体现在其本身的四个特性上，即决定性、匿名性、中立性和积极回应性。也就是说，多数决的事项是必须要做出决定的，而不能议而不决；个人做出多数决的意愿是私密的，因而不直接受他人控制；没有哪个人做出的决定具有压倒性的优势；绝大多数人都需要做出积极回应，否则无法形成结果。

多数决机制的多栖发展体现在众多领域，包括现代社会对与国家相关的公民部分权利进行投票表决的社会多数决，还包括与物权相关的建筑物区分所有权共同管理中的多数决。除此之外，多数决的决策方法也由最初的简单多数决发展到特别多数决，多数决的决策种类更是各式各样的。常见的决策方法有三种：投票表决法、趋同决策法、一致决策法。

第一，投票表决法。投票表决法是最广泛使用的民主决策方式，按照这种方法，凡是具有投票资格的人都可以行使投票权，而将大多数人的投票结论作为最终的决定。投票获得通过所需要的票数不需要有固定统一的要求，通常是根据决策事项性质来安排不同的通过票数规则，有简单过半数规则，也有过 2/3 或过 3/4 等规则。一般而言，决策事项的重要程度越高，同意通过的人数比例要求就越高。投票表决法长期以来被认为是最能实现公正的表决方法。

第二，趋同决策法。趋同决策法是广泛征求不同成员的意见，根据整体的大致倾向进行的决策。趋同决策法最大的特征是折中主义，它是根据全体成员的折中意见，而不是根据其中某一成员的意见。趋同决策法的优点在于，它照顾到了每个成员的意见并在决策中有所反映，因此成员的参与度比较高，有利于维护整体的团结。缺点是费时费力，经常

---

① 〔美〕马蒂亚斯·里瑟：《多数决的辩护》，牛文浩译，《政治思想史》2017 年第 2 期，第 115～142 页。

找不到折中的方案，为了找到折中的方案必须反复征求成员的意见，而最终找出来的方案也可能很难满足每一个成员。

第三，一致决策法。一致决策法必须是每一个成员都同意，决策才能通过。① 这种方法的优点在于比较有利于保护弱小成员的利益，当然也有利于决策结果的执行。它的缺点是很难达成一致的意见，特别是当某些成员试图利用此规则寻求更多利益时，则更难以达成一致意见。

2. 多数决与协商民主

多数决作为民主决策的一种方式，多用于选举环节。由于其遵循多数的原则，认为多数意见是合理的，少数人的意志和利益常常容易被忽略。另外，多数原则通常关注权力的产生环节，而忽视权力的运行环节，很难充分体现人民当家做主。为了丰富民主的形式，在中国共产党的领导下，我国积极探索实现现代民主的创新机制，其中协商民主是我国党和人民致力于民主的实践经验结晶。②

社会主义协商民主从某种意义上讲，是对选举民主的发展与补充。协商民主不是要取代选举民主，也不是要否定选举民主，而是使民主的形式更加多样，以更有效地追求实质民主。③ 具体来讲，协商民主以对话为主要手段，通过协商讨论达成共识；而选举民主通常以投票为主要手段，通过票决体现共同意志，从而实现一致行动的结果。选举民主相较于协商民主具有易操作、效率高的特征。而协商民主趋于追求"求同存异"，使少数人的意志和利益也能得到表达和实现。不管是协商民主还是选举民主，都是为了实现人民当家做主。两者遵守的基本原则趋同，都主张平等、有序、公平地参与决策。

协商民主是实现中国共产党集中统一领导，发扬社会主义民主，实现人民当家做主的重要方式。在当今世界民主话语权"西强东弱"的时代背景下，深入研究中国特色社会主义协商民主理论对发展新时代的理

---

① 吴斌：《论 WTO 决策机制》，《河北法学》2004 年第 2 期，第 88~91 页。
② 厉有国：《当代中国马克思主义民主理论的新发展》，《世界社会主义研究》2019 年第 6 期，第 10 页。
③ 顾碧、刘俊杰：《中国协商民主与选举民主关系的理论分析与历史考察》，《社科纵横》2017 年第 12 期，第 53 页。

论创新、构建中国在国家上的话语体系具有重要的现实意义。①

二 多数决理论在基层民主中的作用及局限性

(一) 积极作用

1. 有效构建基层政治文明

集体决策最佳的情况当然是全体一致，它让每个人的意志都得到体现。但是，在实践中要做到全体一致却并非易事，因为作为个体的人总会有不同的需要和利益，实现全体一致也就不太现实。此外，全体一致往往会使个人意志否决其他所有人的共同决定，其结果就是难以有效地进行集体行动。这样来看，多数决原则就显得尤为重要。正如西方法谚所云，"多数所表示者得适用于全体"，"民众多数所为者视为全体所为"。其意在于以多数人的意志代表全体的意思，从而避免全体一致的低效性。

实行多数决，对政治文明有重要意义。其意义就在于和平地解决问题和争议，当每个个体意见不同时，以少数服从多数的多数决原则化解争议，使差异、冲突、妥协在多数者与少数者的相互作用过程中获得正面价值，使冲突各方在相互施压的过程中磨合，以缓和紧张的冲突局面，达到和谐平衡的状态，从而化解社会冲突和矛盾。"议会内取不到妥协，就在议会外用战争来决定问题。17世纪的英国革命和18世纪的法国革命，议会都是斗争的中心。对比中国的历史，这又是中国人所不能理解的。"② 其实就是在议会当中，通过多数决的方式达成了妥协，使各方冲突和矛盾通过合法、正当、公认的途径得到解决，避免野蛮、粗暴的战争暴力冲突。多数决的积极意义具体表现在以下几个方面。

(1) 少数服从多数能使决策更加接近正确

民主的先驱们在实行这一原则的时候做了如下理论假设，即多数统

---

① 何忠国：《深化中国特色社会主义协商民主理论研究》，《学习时报》2019年4月17日，第A5版。
② 顾准：《顾准文集》，贵州人民出版社，1994，第357页。

治理论假设集体智慧超过个人智慧。① 亚里士多德指出："就多数而论，其中每一个别的人常常是无善足述（无足轻重之意）；但当他们合而为一个集体时，却往往可能超过少数贤良的智能。"② 从认识论的角度来看，人们对多数决的认可不是盲目、非理性的。相反，这是在对人类自身的不完善性、客观世界的复杂性认识基础上，经过长期实践活动深刻体会得到的。

少数服从多数并不一定意味着多数对少数的压迫，而是少数人修正自己以符合社会"公意"的过程。按照卢梭的社会契约理论，每个人在投票时说出自己对问题的意见，因而从计票的结果中就可以得出公意的宣告。现代社会是一个多元的社会，如果没有多数决，就很难形成正当而有效的集体行动。但多数决的程序是否客观、公正、合理，在很大程度上也决定了多数决的科学性。按照民主集中制的原则，每一个决策过程都包括两个方面的内容：一是对待决策事项进行调研和论证，有时候还会根据项目的需要进行必要的试验和试点，进行比较和甄别；二是规范意义上的审议和表决。前期的调研论证为项目决策奠定了坚实的基础，否则，后面严肃而规范的程序就会成为无源之水、无本之木。当然，有了前期的调研和论证，如果没有后期规范、客观和公正的程序，前期的努力也往往会化为泡影，产生不了应有的正面作用。因而，前者是第一位的、基础性的，但后者也以规范的严肃性和程序的公正性对结果的科学性起着至关重要的保障作用。③

（2）多数决可以降低决策的成本

经济学的发展影响着其他学科研究，在法律制度设计时同样要考虑经济成本问题。在一致同意原则下，其应该是最具正当性的——它尊重所有人的意见，但是仍存在决策困难和道德风险的缺陷。决策困难表现在：不同人的价值判断是存在差异的，社会结构和阶层分化是复杂的，要做到全体一致同意的决策，成本自然是很高的，有时也是不现实的，不适应现实社会发展的需要。道德风险表现在：一致同意原则可以让一

---

① 李凤霞、夏从亚：《论政治民主中的"少数"与"多数"》，《山东社会科学》2003年第3期，第19页。
② 〔古希腊〕亚里士多德：《政治学》，吴寿彭译，商务印书馆，1965，第143页。
③ 施显生：《"多数决"原则探微》，《政治与法律》1995年第4期，第27页。

个人否定其他所有人的表决,最后一个反对者可以敲诈其他所有人,造成极少数人对多数人意志的绑架。

少数决或一人决是有效率的,但是这是专断的制度,是缺乏民意的制度,其正当性无法保障,故一致同意原则的效率低。少数决缺乏民意的正当性,所以多数决理论在降低"同意"的比例的情况下,采取集中多数人意见的方式,在以上两种方式中做一折中,既能够降低成本、提高效率,又符合民意。

(3) 多数决可以缓解矛盾

现实生活不像试验模型或一个理论假象,而是错综复杂的。人们在这个社会中往往有不同的利益诉求、迥然各异的观点表达。简单地依赖科学分析往往难以解决问题,而应当使分析从属于问题的解决,而不是相反。我们应当以各种可能的方法使分析问题简单化,通过反复试验去理解问题而不力求整体把握,这样就会使差异、冲突、开放、竞争、妥协等都在解决问题的过程中具有正面的价值。①

少数特权阶级倾向于少数人决策,多数决理论主张多数人的最大幸福,因此多数决理论是攻击少数特权阶级的理论。边沁的功利主义理论对多数人利益的正当性进行了论证。根据边沁的功利主义原理及核心内涵,他按照看起来势必增大或减小利益相关者幸福的倾向,也就是促进或妨碍这种幸福的倾向来赞成或非难任何一项行动。② 也就是说,评判一个行动是否正当的标准就在于它是否令多数人取得了最大幸福。通过多数决这个方式,可以最大限度地体现最大多数人的意志和愿望。

因此,为了避免少数人决策的专断性和一致同意原则的低效性,人们只能采用多数决方式来处理问题,并理性地接受未来可能因此带来的不利后果。这像是一个契约,通过多数决民主得出的决定,人们都能诚信接受,而不至于出现暴力冲突。由此可以看到,多数决是人们处理自己事务的方式,而不是专制的压迫,它可以较好地缓和、化解矛盾冲突。

2. 积极推进村民自治

人民当家做主,是对中国实行的人民民主的直观表述。在我国,基

---

① 麻宝斌:《多数规则析论》,《政治学研究》1997 年第 1 期,第 39 页。
② 〔英〕边沁:《道德与立法原理导论》,时殷弘译,商务印书馆,2000,第 58 页。

层民主包括基层政权的民主、城市的居民自治、农村的村民自治和企事业单位的民主管理制度。其中，基层民主中的村民自治是我国人民当家做主的重要组成部分，也是学界重点研究对象。① 多数决运用在村民自治以及其他基层自治的实践中是非常广泛的，如在村民自治的村民会议、村民代表会议，在居民自治的居民会议、居民代表会议，在企事业单位的职工代表大会等这些基层自治的实践中，大都实行多数决。按照《村民委员会组织法》第二条第一款的规定，村民委员会是村民自我管理、自我教育、自我服务的基层群众性自治组织，实行民主选举、民主决策、民主管理、民主监督。基层民主更强调人民群众直接行使民主权利，其中民主表决的形式多遵循多数决原则。② 这些民主实践促进了社会的进步和发展，使我国政治民主与经济发展保持协调关系，政治民主得益于经济与社会的发展，同时也反作用于经济与社会的发展，形成了较好的良性互动。

（1）多数决理论在基层民主中的运用

从我国现行的法律法规的规定中可以看到，多数决理论在基层民主中得到了广泛的运用。其中《村民委员会组织法》多个条文都涉及多数决原则。③ 其他基层自治组织法中同样对多数决理论进行了规定。根据《城市居民委员会组织法》的规定，城镇居民多以多数决的方式进行民主表决，同样对多数决理论有广泛的运用。该法第九条第三款规定："居民会议必须有全体十八周岁以上的居民、户的代表或者居民小组选举的代表的过半数出席，才能举行。会议的决定，由出席人的过半数通过。"

---

① 彭穗宁：《一部从法律制度层面研究村民自治的力著——读唐鸣教授等著〈草根民主的法律规制〉》，《社会科学研究》2014年第1期，第208页。
② 韩强：《把党内民主和人民民主结合起来》，《科学社会主义》2008年第5期，第64页。
③ 如《村民委员会组织法》第十六条第二款规定："罢免村民委员会成员，须有登记参加选举的村民过半数投票，并须经投票的村民过半数通过。"第二十二条第一款规定："召开村民会议，应当有本村十八周岁以上村民的过半数，或者本村三分之二以上的户的代表参加，村民会议所作决定应当经到会人员的过半数通过。"第二十六条第二款规定："村民代表会议有三分之二以上的组成人员参加方可召开，所作决定应当经到会人员的过半数同意。"第二十八条第一款规定："召开村民小组会议，应当有本村民小组十八周岁以上的村民三分之二以上，或者本村民小组三分之二以上的户的代表参加，所作决定应当经到会人员的过半数同意。"第二十九条规定："村民委员会应当实行少数服从多数的民主决策机制和公开透明的工作原则，建立健全各种工作制度。"

该法第十一条第一款规定:"居民委员会决定问题,采取少数服从多数的原则。"《中华人民共和国工会法》对职工的权利加以规定,使职工代表会有了生机和活力,这为建设以职工代表大会制度为核心的企事业单位基层民主奠定了基础。该法第十七条第二款规定:"罢免工会主席、副主席必须召开会员大会或者会员代表大会讨论,非经会员大会全体会员或者会员代表大会全体代表过半数通过,不得罢免。"该款同样是对多数决的运用。

(2)多数决理论运用的积极效果

如前所述,多数决可以和平地解决问题和争议,当各个个体意见不同时,以少数服从多数的多数决原则化解争议。在基层民主中,多数决也是一个"减压阀",消减了基层社会的内部矛盾,通过多数决的民主方式防止内部矛盾激化,少数服从多数,维护基层的社会稳定。通过多数决的民主方式进行决策,而不是"领导"的拍板决定,进一步调动了基层群众参与决策的积极性,凝聚了民心,同时也培养了群众的民主素养,增强了民主参与能力。

按照《村民委员会组织法》的规定,村民通过多数决的民主表决方式,不仅能投票选出自己满意的干部,而且可以对选出的不满意的干部通过法定程序予以罢免。[①] 这就摆脱了领导决定干部命运的状况,也摆脱了根据一致同意原则进行表决的困境。虽然群众起初对自己在投票中的作用持怀疑态度,但通过法律的明文规定以及民主实践的不断发展,村民渐渐发现自己对投票结果起到了作用,这使他们更有信心和热情参与民主活动。

在党和政府的关注下,《村民委员会组织法》的实施取得了很好的社会效果。近年来,农村基层民主建设不断发展。根据国家统计数据,截至 2019 年,全国村民委员会共 53.3 万个[②]。从历年的国家统计数据来看,全国的村民委员会的个数是逐年减少的,这是新农村建设的结果。新农村建设逐渐使小村合并,打破了一个村的熟人社会对基层民主建设的阻碍,对村民民主自治建设更为有利。在新合并的村子,村民间的关

[①] 《村民委员会组织法》第十五条第二款规定:"选举村民委员会,有登记参加选举的村民过半数投票,选举有效;候选人获得参加投票的村民过半数的选票,始得当选。"

[②] 数据来源于《2019 年民政事业发展统计公报》。

系比起以前同村的人相对陌生,近似于"陌生人社会",不会碍于熟人间的"面子"。以往关乎村民共同利益的公共事务的决策,往往是由村委会干部讨论决定,甚至是由村委会主任一人拍板决定。多数决的村民自治形式的运用,使得关系到全村利益的事务都要按照法律规定的程序做出决策,这就避免了可能造成的决策失误,确保了决策的民主性和科学性,使决策能够真正代表村民的意愿,实现村民的共同利益。这个过程不仅能够体现出村民自治过程中所应蕴含的尊重民意、慎重对待民意的态度,也从侧面理顺了干群关系,提高了村民自治的质量水平和村民参政议政的能力。

同时,多数决理论也有利于防止腐败,因为凡是有关村民利益的公共事务,都应该按照相关法律法规规定的程序由村民会议或村民代表会议决定,依据多数决理论决定相关问题,这就从源头上避免了村干部滥用职权、以权谋私的可能。

(二) 局限性

作为一个被广泛传播、运用的原则,经过历代人的不断完善,多数决理论历久弥新。当然,任何事物都有两面性,是辩证统一的。多数决理论也不例外,也有其局限性。哈耶克认为,自由主义者无视对多数人的权利进行必要的限制,从长远来看,这种自由倾向不但会摧毁社会的繁荣及和平,还将摧毁民主本身。因此,我们认为认真反省自由主义是极为重要的。[①] 哈耶克的言论表明其已经看到了多数决理论的局限性,并重视对其进行衡平。多数决原则的运用虽然避免了个体之间意志和利益僵持不下而难以决策的情形,但是也带来了多数决背景之下的少数人意志和利益被漠视甚至被侵害的情形。多数决合理性的一个假设是,该决定符合整体的意志和利益,或者符合大多数人的意志和利益,但不能由此得出该决定符合所有人的意志和利益的结论。故发挥多数决理论的优势、克服其缺陷,注重对少数人意志和利益的保护,建立多数决衡平机制就显得尤为重要。

---

① 〔英〕哈耶克:《自由秩序原理》,邓正来译,生活·读书·新知三联书店,1997,第141页。

1. 多数决理论局限性的具体表现

（1）多数人的意志并不总是合理的

多数决并不能保证其决策没有错误，它同样可能出现违背客观规律的情况。俗话说："真理往往掌握在少数人的手上。"多数决理论被认可的一个非常重要的依据是一个假定，即多数决广泛吸收多数人有益的意见和智慧，从而确保决策的科学性。然而，在具体的民主实践活动中，多数人的认同与决策的正确性往往没有必然的联系。客观上，在一个待决定的问题出现时，无法证明到底是少数人的意见还是多数人的意见更高明，到底哪一方的观点更加符合客观规律，不可能事先得到一个令人信服的答案。其原因在于：首先，数量上的权利和价值的大小并不必然成正相关；其次，不能苛求每一位公民都在政治上颇有造诣。多数人的意见也只是更可能接近真理，但有时候真理也可能掌握在少数人一方。民主性与科学性并不具有必然的因果关系。民主决策不必然产生科学的结论，多数决民主也不是不可挑战的权威。正如托克维尔所言："这个世界上的权威不应因其本身值得尊重或因其拥有的权利不可侵犯，也不可能让我承认它可以任意行动而不受监督，更不可以随便发号施令而无人抵制。当一个权威被授以决定一切的权力和能力时，不管这个权威被人们称作人民还是国王，抑或是被称作民主政府、贵族政府，也不管这个权威是在君主国行使还是在共和国行使，我都要说'这是给暴政播下了种子，而且我将设法离开那里，到别的法制下生活'。"[1] 可见，任何不可挑战的权威都是危险的。多数决理论的合理性因素不能排除其本身的局限性，因而，避免盲目地树立不可挑战的权威，对多数决进行必要的衡平便显得尤为必要。

其实，民主最初是"做事意义"上的"权力"。乔赛亚·奥伯认为，多数决是希腊那些民主的批判者刻意用来表达对民主蔑视的简称。[2] 可见，多数决并不是民主制的真正含义。但是，公众对民主的误读，让多数决与民主之间画上了等号。哈耶克就认为，多数决并非如我们想象的那般具有崇高的超个人的智慧，相反，只有自生自发的社会发展所致的

---

[1] 〔法〕托克维尔：《论美国的民主》（上卷），董果良译，商务印书馆，1989，第289页。
[2] 〔美〕乔赛亚·奥伯：《"民主"的原初含义：做事能力，而非多数决》，欧树军译，《北大法律评论》2012年第2期，第560页。

成就才可能具有这种智慧。多数决亦绝非生成这种超越性智慧的所在。多数决甚至还不如一些明智人士在广泛征求各种意见的基础上所做出的决定，因为多数决实际上并非总是充分考虑的产物，反而常常是不能让任何人感到满意的妥协之物。① 正因如此，把多数决与民主画上等号，就给野心家创造了利用人民的机会，他们披着民主的外衣，通过多数决做出了错误的、违反自然规律的决定，从而造成严重的社会后果。例如，德国法西斯头目希特勒的纳粹统治就是通过多数决的民主选举方式产生的，这显然是一个错误的决定，因为这是一个历史已经证明的现实。

（2）多数暴政的危险是客观存在的

一方面，从民主政府与多数决下的少数人之间利益关系的角度来看，前者直接地、暴力地影响着后者。民主社会之下，"民主"的政府时常以人民的名义并打着"民主"的旗号，通过绑架多数人的意见来示威于少数人，与此同时树立自己的权威，这种非良性的循环总是不断往复的，其结果是导致"民主"政府的权威不断膨胀，以至于少数人的合法权益越来越难以得到保障。托克维尔在《论美国的民主》一书中认为，民主政治的本质在于多数决政府的统治是绝对的，因为在民主制度下，谁也对抗不了多数。他直截了当地阐明了现实的民主就是多数人的暴政。

另一方面，多数决在很大程度上是多数人对少数人的间接性强迫，多数人的统治与少数人的权利相矛盾时，很多情况下，为多数人的利益而牺牲少数人的利益成为理所当然的事情。因为其要求少数人必须无条件地服从多数人的意志和裁决，过度倾向于保护多数人的利益。多数决下的"民主"赤裸裸地袒露出边沁式的功利主义原则，即"为最大多数人谋求最大的幸福"，这就是绝大多数人难以抗拒而少数人或个人又难以明确抵制的根本原因。虽然少数人有权表达自己的不同意见、有权劝说他人接受自己的观点，但实际上其意志经常得不到应有的尊重。

相对于共识型民主及参与式民主，多数决民主容易造成社会撕裂，左右两派日渐誓不两立，导致对立的社会状态出现。当多数人与少数人之间的不平等发酵至某种程度时，社会纠纷便难以避免，而社会动荡也

---

① 〔英〕哈耶克：《自由秩序原理》，邓正来译，生活·读书·新知三联书店，1997，第135页。

会接踵而至。简单强调多数的权威性，就等于变相把人民中的一大部分变成了非人民，同时也把多数决规则所内含的多数专制的危险暴露出来了。① 多数决原则很可能侵害少数人的权利。

多数决规则在很大程度上与少数人的权利龃龉不合，这种弊端是与平等民主观表面下暗藏的多数专制危险相对应存在的。民主化"多数决"的最佳运行状态，是让多数选举成为一项程序规则，而非实体规则。② 真正的决策民主，是指在表决的过程中所谓的多数和少数是随机的，也即多数可以变为少数，少数也可以在某种程度上变为多数，这完全取决于个人。民主竞争中不应有绝对的胜利和绝对的权力。多数决理论要求少数服从多数，使多数人的意见得到应有的重视，进而成为一个标准。在这种情况下，少数人的利益就被忽略了，但这恰恰是现代法治国家必须考虑的问题。现代民主政治应该在少数人与多数人之间找到利益的平衡点，这就要求在重视集体的利益和遵守集体的决定时，要做到集体利益至上。但这不能是绝对的，每个人应该是有条件地服从集体的决定，这个条件就是每个人的基本权利得到尊重和保障。

（3）多数决的结果可能是一个盲从的结果

在多数决被强权绑架的情况下，所谓多数人的决定，其实是背后的人的同意或批准的结果。同时，"多数人的暴政"也往往是多数决的结果。在民主社会里，借由人民的名义来挟持多数人声威的民主政府往往具有天然的扩张趋势。③ 少数人的意见往往被忽视，在多数决情况下，少数人的意见更是受到排斥。古希腊时期的雅典民主，经过全体公民投票的，并经多数通过的公民会被认定为"危害城邦安全的公民"，随后他们会遭遇放逐或者处死，而这一切无须经过司法的审判即可进行，这一表决制度被称为"贝壳放逐法"。在今天看来，因这一实质上并不完全公正、民主的制度而遭遇厄运的人有许多，例如苏格拉底以"蛊惑青年罪"被起诉，最后被处以死刑，这就是通过多数决的民主形式做出的，这成为多数决理论史上挥之不去的阴影。

---

① 麻宝斌：《多数规则析论》，《政治学研究》1997 年第 1 期，第 34 页。
② 麻宝斌：《多数规则析论》，《政治学研究》1997 年第 1 期，第 35 页。
③ 李凤霞、夏从亚：《论政治民主中的"少数"与"多数"》，《山东社会科学》2003 年第 3 期，第 20 页。

多数决决策制度是一种形式上符合民主，但也存在实体危险的制度。有些情况下，社会上的多数或权威假借"多数"的名义，将自己的私利伪化成"公益"，社会中的多数或权威就可以名正言顺地践踏少数人的权利，其后还有多数决理论的正当性做后盾。

现代政治中的一个基本要求便是，必须确保反对权为少数和各少数派所拥有，对少数人权利的保护和尊重是维护民主的力量和机制的前提条件。在决策过程中，投票并非解决纠纷和做出决策的唯一路径，必须综合听取和考虑各方的建议与利益需求，它是一个触及讨论、辩论、承诺等诸多环节的持续过程。这些都组成了对多数决的磨炼。倘若不受自由、人权与法治的制约，所谓多数决的民主很可能蜕变成多数人暴政的民主。

当然，也不能简单地把多数决等同于多数人的暴政。宪法赋予民众的基本权利是现代社会的一个重要制度，因此当多数决的对象不涉及宪法权利时，它是正当的，但一旦用它剥夺宪法权利，就构成了多数人的暴政。①

（4）多数的标准并不统一

多数决理论相比一致同意原则的优势就在于效率高，但是具体的多数决也存在缺陷。多数代表制，一般有相对多数制和绝对多数制两种实现形式。相对多数制又称为比较多数制、简单多数制。相对多数制要求得票多的一方获胜，即使多一票也属于多数。绝对多数制需要先进行比较，但是其还必须满足另一项要求，即一定基数的一定比例，如选民或代表的1/2以上、1/3以上等，这个比例都需要在50%以上，所以称之为绝对多数。绝对多数制又称为复杂多数制，其不仅要符合上述两个要求，而且内部还有不同结构。按其比较范围的不同，又分为实到基数制和应到基数制。在选举和表决时，前者以实际参与投票的人数为最低当选票数的基数；后者则以应当参与投票的人数为最低当选票数的基数。两者的投票结果是不同的。

应到基数制的基本优点就在于，它能保证当选代表和表决事项具有

---

① 姜峰：《多数决、多数人暴政与宪法权利——兼议现代立宪主义的基本属性》，《法学论坛》2011年第1期，第103页。

全体代表的多数授权和赞同。相比之下，实到基数制就存在缺陷。例如，有100名应当参与投票的村民，在实行双过半比例的要求下，按应到基数制，至少需要51票赞成票才能当选；而按实到基数制，有51人到会就符合法定投票的基数，其中只要有26张赞成票就可当选。显而易见，这一数字还不到全体村民的1/3，因此应到基数制比实到基数制具有更强的权威性。

应到基数制也存在缺陷，即由缺席而带来的负面效应。例如，在有9人的村民委员会，实行应到基数制，有5人到会，表决有效，但是同时必须5人都投赞成票才能使表决通过，否则表决就不能通过。这是把缺席者也计入计票范围，而且算作投反对票者。这样缺席者也是投票者，且是投反对票者。应到基数制的缺陷主要表现为：首先，缺席者一律按投否定票计，在一些情况下对表决结果起着决定性的否定作用；其次，缺席率也是一种偶然性因素，往往影响表决的通过，甚至决定表决的通过，在某种意义上也是有失合理性的；最后，缺席率的增大，使表决通过愈加困难，出现"议而不决"的不利状况。这种状况的出现使得决策效率顿时化为乌有，也是不利于科学决策的。

（5）多数决理论可能使社会分层及地位差异加剧

因为个体差异及其体制屏障，人们占有资源的多少存在差距，个人获得资源的能力也有高低之分。这些不平等因素日积月累便造成社会分层和不平等的地位。在表达利益方面，话语权被强势群体牢牢掌握；在角逐利益的战场上，弱势群体势单力薄。通过多数决原则实现了自己的意志的多数，以利益交换或妥协的方式再生产出新的多数，在"多数"与"少数"之间树立起难以跨越的壁垒，导致少数趋于固化。

民主制与共和制应当是相伴而生的。简单民主的暴政风险与简单共和的低效率甚至是无效率使得历史上的先哲们不惜泼墨著述论争，文献浩瀚，最后的结论不言而喻，任何偏激的思想都经不起历史的大浪淘沙。在多数决中应该给予少数人平等的待遇，给予弱者更多的保护。根据区别对待原则，社会个体之间存在各种差异，为保证每个个体都能受到尊重和保障，集体决策时应体现平等原则，即相同情况相同处理，不同情况就应不同处理。否则弱者就会越来越弱，导致"不在沉默中爆发，就在沉默中灭亡"，使少数人的权利得不到彰显，公平正义也是一句空话，至少是不完整的公平正义。

2. 特别保护少数人利益的正当性基础

法律对少数人权利的保护是否具有正当性，是探讨我国现有关于村民自治多数决制度弊端所应优先解决的问题。探讨少数人权利保护应首先明确界定少数人的概念。在我国乃至国际上，并没有相关的法律对此做出界定，但卡波托尔蒂（Francesco Capotorti）在《属于民族、宗教和语言上的少数人群体的人的权利研究》中将少数人定义为一个国家人口中在数量上少于其余人口的群体，这类人群往往处于非主宰地位。与这个国家的其余人口不同，这些少数群体作为该国的国民，拥有民族、宗教或语言上的特征，并明示或默示地在保护其文化、传统、宗教或语言方面显示出一种团结的情感。[①] 从这个定义中我们可以从三个方面来理解少数人：一是，少数人是对一定地域范围内的人的群体的划分，其在人数上具有一定的规模性，但是与相对对象相比，其在数量上又处于相对劣势地位；二是，少数人是一个相对的概念，是针对多数人而言的；三是，少数人处于非主宰地位，即在行使权利的过程中，少数人的权利行使受到多数人的权利的制约。

(1) 德沃金的自由平等理论

在《认真对待权利》一书中，罗纳德·德沃金指出，权利的核心内涵不是自由而是平等。[②] 德沃金对其自由平等理论的解释强调受平等对待是最根本的权利。他认为，权利这个抽象的概念可以包括两个方面：一是受到平等对待的权利，二是作为一个平等的个人而受到平等对待的权利。[③] 易言之，德沃金的权利说强调每一个公民都有受平等关心和尊重的权利，因此国家也应尊重每一位公民的差异性，尊重他们对决策事项的选择权。如果我们用这个理论反观多数决制度，就会发现多数决制度尽管打着民主的旗号，但其实质并不是真正的民主，因为这种民主片面强调了对多数人意志和利益的保护，却淡漠了少数人也有对决策事项

[①] Francesco Capotorti, *Study on the Rights of Persons Belonging to Ethnic, Religious and Linguistic Minorities* (New York: United Nations Publication, 1979), p. 96.

[②] 〔美〕罗纳德·德沃金：《认真对待权利》，信春鹰、吴玉章译，中国大百科全书出版社，2002，第359页。

[③] 郑玉敏：《作为平等的人受到对待的权利：德沃金的少数人权利法理》，法律出版社，2010，第23页。

发表意见的权利,而这种权利也需要受到应有的尊重。按照德沃金的观点,政府不仅应当平等尊重每一位公民对决策事项的选择权,还应当有平等对待所有人的义务,这从侧面肯定了对少数人权利保护的正当性。

(2)防止多数人暴政理论

现代社会的民主决策大都采用少数服从多数的原则,这就使得少数人必须无条件地服从多数人的意志成为一种常态和理所当然。这种状况就涉及一致性与多样性的问题。一致性强调共识、利益的一致性,并通过多数决予以实现。这种一致性也会导致少数人的利益被忽视或被侵害的片面性,在一定条件下还会出现多数人暴政现象。[①] 多数人暴政看上去似乎是一个抽象的概念,但在实践中却常常破坏平衡、扰乱和谐。正如托克维尔在《论美国的民主》中的批判,当一个人在美国受到了不公正的待遇,他是无法向立法、司法和行政机关寻求帮助的,因为这些机构的人员是由多数人选举产生的,他们必须维护多数人的利益,而不管他主张的事情是多么的不正义。由此看来,多数人暴政实际上是多数人将他们的权利绝对化,以达到压制和剥夺少数人权利的目的。虽然多数决并不必然会导致多数人暴政的结果,而只能说多数决拥有产生多数人暴政的风险,但实际上多数决往往就是对少数人权利的严重剥夺。[②] 因此,避免暴政的有效手段就是保护每个人的自然权利,而不是把少数人晾在一边。现代民主政治的核心价值就在于尊重和保护包括少数人在内的所有公民的权利,而多数决制度无限扩大多数人的权利与民主政治的这一核心价值是矛盾的。而要解决这一矛盾,就需要在多数决制度与少数人权利保护之间寻求一种衡平机制。

(3)结果公平理论

我们不能轻易得出多数人的意志就是完全正确的结论,这是不言而喻的。实际上,民主也可能是战争的呼声,它会成为多数下层人反对少数上层人的旗帜,而这个旗帜可能是为正义的权利而举起的,也可能是为残酷或邪恶的激情而举起的;它可能是为了反对不公正的篡权者,也

[①] 汪进元:《传统民主的缺陷及其矫正》,《江汉大学学报》(社会科学版)2013年第1期,第24页。

[②] 〔美〕罗伯特·A. 达尔:《论民主》,李柏光、林猛译,商务印书馆,1999,第4页。

可能是为了反抗合法的权威。① 换句话说，多数人的意志并不一定是理性的。在有明确的正当目的的前提下，多数人意志往往成为打着民主旗号而进行非理性政治参与行为的象征。因此，多数决制度并不能充分保障社会民主的实现，我们只有在肯定多数决制度的基础上加强对少数人权利的保障，才能将多数人与少数人的意志充分地协调起来，从而保障每个公民权利的行使，实现真正的民主。

3. 多数决衡平的理论基础

多数决原则的衡平，关键就是要保障少数人的权利，这是检验真假民主、真假法治的基本标准。法律的一项重要作用就是调整和调和各种相互冲突的利益关系。② 当多数决使得多数人和少数人之间存在利益冲突时，就应当构建符合社会公平正义的法律制度。多数决规则以全新的面貌出现，就在于它充分注意到少数人权利的表达和实现。一方面，它突破了之前的简单多数，开始关注决策的质量特征；另一方面，保护少数人权利又成为多数决规则的必要补充。针对多数决简单数量标准的缺陷，引入多数选举规则与补充机制是正确之举。针对多数决易导致权利无限扩大的缺陷，充分尊重少数人权利则是限制多数人暴政的有效举措。③ 在宏观方面，要求由法治来确认并保护人们的基本政治自由和权利，保障少数人享有自由表达个人的利益和意志的权利。在微观的决策过程中，强调在面临冲突之际，首先要通过协商、辩论、妥协的环节，最后再采取多数决做出决策。如果多数原则是一个民主制度的生存条件，它也只能是一种有限的多数原则。④

2018 年 12 月 29 日，我国的《村民委员会组织法》修正案正式颁布实施，该法第四条规定："中国共产党在农村的基层组织，按照中国共产党章程进行工作，发挥领导核心作用，领导和支持村民委员会行使职权；依照宪法和法律，支持和保障村民开展自治活动、直接行使民主权利。"如何保障每一个村民都能依法直接行使自己的民主权利，避免多数决带来的弊害，应当得到应有的重视。

---

① 〔英〕约翰·邓恩编《民主的历程》，林猛等译，吉林人民出版社，1999，第 149 页。
② 〔法〕孟德斯鸠：《论法的精神》（上册），张雁深译，商务印书馆，1982，第 383 页。
③ 麻宝斌：《多数规则析论》，《政治学研究》1997 年第 1 期，第 37 页。
④ 〔美〕乔·萨托利：《民主新论》，冯克利、阎克文译，东方出版社，1998，第 269 页。

(1) 民主理念的贯彻

用宪法法律的形式保护公民的基本权利，避免多数决侵犯公民基本权利的情况，这是多数决理论的出发点和落脚点。逐步建立完善违宪审查制度，把宪法规定的公民的基本权利通过有效途径加以保护。少数服从多数是一项基本的法律原则，但是多数人尊重少数人的权利是一项宪法原则。在程序上，少数人服从多数人；但是在实体上，不能因此而否定少数人的基本权利。少数人的权利是法治民主的应有之义，少数人有权保留和发表自己的意见，这一项权利理应得到应有的重视和尊重。

少数人的价值和自由同样是重要的。德沃金主张"作为平等的人受到对待的权利必须被当作自由主义平等概念的根本要素"①。一个国家的法治很大程度上要求尊重每个公民的差异，尊重他们对美好生活的选择，维护弱者的尊严和生存权利。不管他们的人数是多少，也不管他们的观点有多少人接受，他们的基本权利都不能被否定和侵害。因此他们可以表达和坚持自己的观点，维护自身的权利。作为基本权利的表达自由是日常性的，它是少数人有力的武器。有了这一武器，多数人的意见会遭到一些人的反对，从而促使多数人修正他们做出的决策，这样才有利于我们的知识和认识的不断进步。②就是通过这种观点的交锋，对多数人的观点提出质疑，使得决策的结果臻于完善，更加符合客观规律。

当少数人受到不公正待遇时，可以向哪个机关申请救济？对这个程序性问题的不同回答昭示出不同的价值观。一般而言，社会舆论是多数制造的，而公权力机关往往就是少数服从多数原则的结果。行政当局的首长是由多数选举产生，要为多数人负责。在这种民主法治背景下，少数人的权利救济就成了一个没有期望的结果。因此，为了避免多数决对少数人利益的侵害，现代民主国家大都制定了一种独立司法制度，用于保障特殊情形下的司法衡平，如宪法法院的设立。

(2) 民主协商方式的运用

在多数决的情况下，弱势群体的话语往往会被排斥。但如若通过协

---

① 〔美〕罗纳德·德沃金：《认真对待权利》，信春鹰、吴玉章译，中国大百科全书出版社，2002，第358页。
② 〔英〕哈耶克：《自由秩序原理》，邓正来译，生活·读书·新知三联书店，1997，第133~134页。

商民主的形式使多方面的主体可以协商，通过游说让其他人认同自己的观点，注重参与的理性和决策的质量，最大限度地达成社会共识，则和谐社会有望形成。把少数服从多数原则与协商谈判进行互补，协商谈判要完善民主程序、扩大参与范围、强调平等自愿，通过对话的方式来消除冲突，从而保障少数人的权利不被侵犯，这有利于社会公共利益的实现。协商民主是美国政治学者约瑟夫·毕塞特于1980年首次提出和使用的，在价值冲突日益明显、社会生活日趋复杂的社会中，协商民主是一种可行的、具有内在优势的民主模式。其有力地实现了最广泛的政治参与，可以最大限度地整合少数人和多数人的利益，也能够最大限度地包容各种利益诉求，在参与民主政治决策的多数人与少数人之间达到一个平衡点。德沃金认为，一个将很多人置于不利地位的政策，在某些情况下反而会使社会作为一个整体的境况变好，从而使得该政策更具有合理性。①

我国的政党制度是中国共产党领导的多党合作和政治协商制度，是合作性而非竞争性的，所以在民主多数决过程中，人民群众之间没有激烈的党派对立，可以直接以公民身份参与民主活动。这也给协商民主提供了有利的社会环境，并使其更具可行性。

（3）平等原则的推行

合理配置权利资源，使"多数"与"少数"得以平等。应该在多数人权利与少数人权利之间找到合理的平衡点。多数决应当以保障少数人的合法权益为限度，当少数人的权利受到侵害时，少数人有权通过司法、上访等法律规定的途径得到有效救济。萨托利认为，简单地认为民主就是多数统治这一观点是不对的，如果不能充分尊重和保护少数人的权利，就不能有效维护民主的力量。因此，尊重少数人的权利是民主过程本身的需要。我们在坚持多数决的同时要接受少数人的权利限制。要想使民主成为一个不断完善的决策机制，就要求我们保证全体公民——不管是多数人还是少数人都拥有权利，这是民主运行所必需的。② 在现代社会，平等原则已经成为各国所接受的基本价值观，在关于少数人的权利上，

---

① 〔美〕罗纳德·德沃金：《认真对待权利》，信春鹰、吴玉章译，中国大百科全书出版社，2002，第306页。
② 〔美〕乔·萨托利：《民主新论》，冯克利、阎克文译，东方出版社，1998，第37页。

同样不能违反一般的平等原则。

少数人因其自身特点，数量上居于少数，地位上处于从属，很多利益诉求无法依靠自己的能力去实现。所以形式上的机会平等不能够完全解决问题，应当为少数者提供更多的优惠政策，差别对待，以实现权利资源分配的实质平等。在保证对少数人权利特殊照顾的同时，应当做到公平合理，这有利于改善少数人处于不利地位的现状。

多数人的意志和利益的强行实施本身所具有的强制性、垄断性以及排他性通常会摧毁其内在的自我纠错力量。[①] 而多数决又不能保证其总是正确的，这就需要借助外在的救济途径来实现纠错。《村民委员会组织法》第三十六条第一款规定："村民委员会或者村民委员会成员作出的决定侵害村民合法权益的，受侵害的村民可以申请人民法院予以撤销，责任人依法承担法律责任。"这一规定为有效发挥多数决的优势以及抑制多数决的弊害提供了很好的法律支持。村民有了诉权，就可以通过司法途径对自己的合法权益进行救济。但是实践中多数决弊害的表现是一部法律所无法穷尽的，应该用法律规定的方式使少数人的救济途径多元化，如听证、复议、诉讼等。同时救济途径应当制度化，而不是运动式、抽查式的，应当有完整的程序规定和权利义务规范。

现代社会在强调少数服从多数原则的同时，也强调多数要充分尊重少数，而不应当是多数任意压制少数，从而避免出现多数暴政。多数标准往往会变成绝对的多数统治，这是非常可怕的现象。因为一旦社会出现绝对的多数统治，一部分人民就可能变成非人民，从而变成被排除的一部分人。[②] 这种简单粗暴的排除规则是没有正义基础的，因而也可能会阻碍社会进步。社会进步的实现往往是从一小部分人偏离大多数人的思想和生活习惯开始，直到他们的行为得到大多数人的认可和接受为止，这一过程促使人们的观念和生活方式更新。更为重要的是，社会的进步需要这样的少数"异类"，虽然这些"异类"在开始时大都是悲剧角色，

---

① 〔英〕哈耶克：《自由秩序原理》，邓正来译，生活·读书·新知三联书店，1997，第135页。
② 〔美〕乔·萨托利：《民主新论》，冯克利、阎克文译，东方出版社，1998，第36页。

但历史最终会证明他们是正确的。① 包容是文明的标志，我国社会正在走向民族复兴，社会也更加多元化，其中包容的意识必不可少。当然，其中就包括对少数人的包容，尊重和保护少数人的权利。

社会民主的价值在于公平地分配资源，合理地调整社会成员间的利益关系，维护社会稳定，促进社会的可持续发展。多数人与少数人之间不是水火不容的关系，相反，两者之间应该是良性的互动关系，要相互妥协和包容。在多元化的社会里，人类通过合作来实现共同的事业，而构建和谐的社会是人们共同的愿望。这需要包容、妥协的政治文化素养。

在多数决的实践中，平等原则的推行意义重大。为保障平等原则能够实现，民主决策的制度设计必须进一步完善。在实到基数制下，应该提高参选率和出席率，规避实到基数制可能的代表性和权威性不足的缺陷。面对实到基数制，为了避免其自身的缺陷，可以通过提高法定人数比例或提高法定当选比例或提高以上两项人数比例，规避其代表性和权威性不足的缺陷。在应到基数制下，提高参选率和出席率，可以避免缺席效应的负面影响。这就要求我们最大限度地保障在村民会议或村民代表会议或村民委员会会议中村民参选和出席表决的权利。完善候补代表制和委托代表制，即在村民委员会委员缺席时，由候补委员顶替其参与表决；在有的村民不能参与会议表决时，可以委托其他村民代为表决，代替其行使表决权。现行法律没有相关规定，也没有先例作为参照，因而平等原则在村民自治中的贯彻要从制度设计上进行改革创新。

---

① 李凤霞、夏从亚：《论政治民主中的"少数"与"多数"》，《山东社会科学》2003年第3期，第20页。

第二章 村民自治多数决的运用

中国特定的政治历史条件，使中国农村的基层民主建设以村民自治为主要载体。村民委员会作为村民自我管理的组织，最早于1980年由广西宜山和罗城两地的农民自发发起，自此开始了村民自治的实践。1987年，第六届全国人民代表大会常委会通过了《村民委员会组织法（试行）》，该法使得村民自治制度正式成为国家法律确定的基层民主制度。2007年，党的十七大进一步将基层群众自治制度确定为中国特色社会主义的四大政治制度之一。从《宪法》确立村民自治作为基层群众性自治组织到《村民委员会组织法（试行）》具体规定村民自治制度，村民自治作为一种以现代社会的自由、民主理念为指导的社会政治、法律制度，产生于极具传统性的乡村社会内部，从而具有社会自发性和自我组织的特点。这是因为人民公社解体后，乡村社会一度出现了基层组织瘫痪、社会管理无序、治安状况恶化、公益事业无人办理等混乱局面。这种局面不利于基层群众美好生活的追求和实现，因此人民群众有自发创新基层自治实践的愿望和动机，而这种愿望和动机促使基层人民群众进行以自我管理、自我教育和自我服务为主要特征的实践创新。[①]

党的十八大将"基层群众自治制度"纳入中国特色政治制度范畴。党的十八大报告指出："必须坚持人民主体地位。中国特色社会主义是亿万人民自己的事业。要发挥人民主人翁精神，坚持依法治国这个党领导人民治理国家的基本方略，最广泛地动员和组织人民依法管理国家事务和社会事务、管理经济和文化事业，积极投身社会主义现代化建设，更好保障人民权益，更好保证人民当家作主。"村民自治制度是农村村民在法律规定的范围内独立自主地处理本村的各项事务，是中国特色社会主义制度体系的重要组成部分，是现阶段农村管理的一种有效方式。它体

[①] 陈荣卓、唐鸣：《中国农村民主管理机制：形成机理与逻辑整合》，《社会科学》2011年第7期，第74页。

现了直接民主、群众自治的特点,实现了村民当家做主的愿望。村民自治是对中国传统村治模式的创新,是社会主义自治理论的发展和突破。在20多年的基层民主实践中,村民自治充分显示了其特色,成为中国特色社会主义政治制度体系的重要部分。党的十九大进一步强调,要坚持人民当家做主,并将基层群众自治制度作为坚持人民当家做主的重要内容予以明确。

村民自治就是一个村庄的全体农民通过民主的形式形成一个民主组织,利用该组织管理本村事务,服务本村村民,真正实现村民当家做主,促进村庄的和谐和发展。对于何为村民自治,我国宪法和法律在法条上并未有明确规定,其概念在学术上亦未达成统一的观点。《村民委员会组织法》第二条规定:"村民委员会是村民自我管理、自我教育、自我服务的基层群众性自治组织,实行民主选举、民主决策、民主管理、民主监督。"此条款将村民委员会确定为我国农村地区基层群众自治性组织,但并未赋予该组织以自治权,其是村民行使自治权的方式,而非村民自治的主体,实际行使自治权的主体为村民本人。从《村民委员会组织法》的立法目的及各地村民自治的实践来看,《村民委员会组织法》的法益是以自然村为基础的村民集体行使的自治权,村民通过村民会议、村民委员会等组织形式,以村民集体表决的方式行使自治权。基于此,村民自治是农村特定村落的全体村民根据国家法律法规的授权,依照民主的方式建立自治机关,确定行为规范,办理本村公共事务和公益事业。①

多数决是集体决策的一种方法和制度,被广泛应用于公共事务的处理中,是解决群体意见冲突的一种方式。多数决以和平、高效的方式化解群体之间的矛盾,协调群体之间的利益,在最短的时间内,以最公平的方式让群体达成一致意见、做出决定。村民自治多数决通常是在一个村庄中,对于属于村民自治范围内的各项事务,由村民按少数服从多数的原则共同决定,多数人的选择倾向对少数人具有拘束力,在一定条件下少数人只能接受。例如,在选举时,最终的选举结果由多数人决定,相对获得多数村民支持的人才可当选;在决策时,决定的做出需与会人

---

① 朱中一、郭殊:《村民自治权益保障的理论与实践》,中国社会出版社,2008,第6页。

员过半数同意方可。村民自治多数决贯穿村民自治的民主选举、民主决策、民主管理、民主监督的整个过程中，是村民自治中的一项基本制度和原则，是村民民主权利在村民自治中的体现。根据《村民委员会组织法》第二条规定，村民自治的内容是村民自我管理、自我教育、自我服务，方式是四大民主，即民主选举、民主决策、民主管理和民主监督，这些规定无不体现出村民自治多数决的精神。村民自治多数决将多数决理论限定在法定村中，对于村民自治范围内的事务，本村村民法定多数人的意思视为村民整体的意思，多数派村民的意思对少数派村民具有拘束力，即少数服从多数。[1] 村民自治中多数决的运用主要体现在以下几个方面。

一 民主选举

民主选举是指由民众以直接投票的方式选出其公共权力的执掌者，由其代表全体民众管理公共事务和社会事务。民主选举是村民自治方式的首要环节，是村民自治的起点，是实现基层民主的最基本形式，最能代表农村民主化的程度和进程。2018年修正的《村民委员会组织法》第十一条规定："村民委员会主任、副主任和委员，由村民直接选举产生。任何组织或者个人不得指定、委派或者撤换村民委员会成员。"从而在我国农村地区村委会选举中确立了直接选举，这是我国基层管理中直接民主的重要体现。经过多年的发展，村民选举基本实现了选举的公开性、竞争的公平性和选民的自主性与可选择性。以前的村民选举还会存在村委会干部由乡镇领导指定的情形，后来逐步完善到以户为代表的选举、村民代表选举、村民选举，甚至有些地方尝试"海选"。这中间的成败得失没能阻挡村民选举民主发展的脚步。村民的民主意识和民主习惯也在随之不断增强和改善。[2]

---

[1] 张景峰：《村民多数决的滥用及制衡——村规民约的启示之二》，《洛阳工学院学报》（社会科学版）2001年第3期，第34页。

[2] 刘燕玲、付少军：《农村民主选举制度的正负效能分析》，《安徽警官职业学院学报》2011年第2期，第26页。

(一) 村民委员会选举的基本制度

1. 我国选举制度的演进

从历史角度看,"选举"一词很早就有,只是和现代意义上的"选举"不同。在中国古代,选举指通过挑选的方式选拔德行、才能兼备之人,并授予官职,这是古代选官的一种方法和制度。"选",即挑选、选择、选用。"举",即推举、举荐、举用。"选举"是提拔运用仁人志士的一种重要方式,是古代选拔人才的重要途径。

两汉时期,确立了察举、征辟等选人任官的办法。察举又叫"荐举",即由公卿、列侯和郡国守相通过考察,将才高行厚之人推荐给朝廷,经试用考核,授予官职。按照举期分类,察举的科目可分为常科(岁科)与特科两大类。察举的主要特点是以主管官员(地方长官和中央各部门长官)的推荐为前提。察举以荐举为主、考试为辅的特点,以及对伦理道德的要求,导致察举制主观性很强、客观性差,到实施后期,世风日下,察举不实。察举逐渐被科举替代,科举由于其相对公平性而被统治者推崇成为重要的选官制度。中国古代所谓的"察举""科举",都只是人才选拔的一种方式,与民主无关,历朝历代的选举都不是现代意义的选举概念。

现代的选举概念源于西方,是基于民主的自由和普遍性的"竞争性选择",内核是"多数决"的观念,它是一国国民通过选票决定国家领导者人选。五四运动后,民主和科学的理念开始传入中国,很多传统观念被摒弃,中国人的民主意识被唤醒,民主思想开始传播。至此,传统的"选举社会"也终结了。现代的"选举"可以被定义为由种种程序、司法的和具体的行为构成的一个整体,其主要目的是让被统治者选择和任命统治者。[1] 现代选举概念除了有遴选人才的功能,更体现了通过代表、授权和问责的方式,实现人民当家做主的民主权利。如村民通过选举村委会成员,由该组织在授权范围内代表全村村民管理本村的公共事务和公益事业,依照法律法规调解村民之间的小纠纷,协助维护本村治

---

[1] 〔法〕让-马里·科特雷、克洛德·埃梅里:《选举制度》,张新木译,商务印书馆,1996,第8页。

安，建立健全村务公开和民主管理制度，进行自我管理、自我教育、自我服务。村民赋予村委会成员权利，村委会成员对全村利益负责，村民对村委会进行监督和制约。如果村委会成员在职期间不能为每位村民利益着想，或者存在失职，换届选举时可以不选他，或者通过罢免撤换程序实现对其的问责。

是否由少数服从多数是现代选举制度和古代选举制度最关键的区别。古代选举不具有广泛性，只能部分人参加，选举结果由统治阶级单方面意志决定，被统治阶级只能被动接受。现代选举特别是农村的村民选举是指，所有符合条件的村民均具有选举权和被选举权，保证了民主的广泛性，而选举结果由大多数村民决定，也保证了选举的民主性。这种少数服从多数的理念才是现代选举制度的精华所在。现代选举概念意味着：民众通过决定权利持有者，并对其行为进行监督，从而控制权利持有者参与到国家政治中，实现自身的政治权利，从而保证人民当家做主。这种控制既包括当选前对权利持有者的决定权，又包括当选后对权利持有者的监督权，体现了村民的政治参与。

2. 我国村民委员会选举现状

村民委员会的选举是实行村民自治的最根本、最关键的环节，选出一个既能全心全意为人民服务又高效廉洁的领导小组，决定了村民自治的效果。《村民委员会组织法》第三章对村民委员会选举进行专章规定，该法第十一条、第十三条和第十五条第二款等规定直接确认了村民自治中的直接民主，赋予绝大多数农村村民以选举权和被选举权，实际上已经明确了在农村村民自治过程中，由村民遵循自己的意愿，秉持少数服从多数的原则选举出村民委员会的管理者，体现民主选举中的多数决原则。[1]

村民自治中的民主选举即村民委员会的民主选举，村民委员会是村民自我管理、自我教育、自我服务的基层群众性自治组织。《村民委员会

---

[1] 《村民委员会组织法》第十一条规定："村民委员会主任、副主任和委员，由村民直接选举产生。任何组织或者个人不得指定、委派或者撤换村民委员会成员。"第十三条规定："年满十八周岁的村民，不分民族、种族、性别、职业、家庭出身、宗教信仰、教育程度、财产状况、居住期限，都有选举权和被选举权；但是，依照法律被剥夺政治权利的人除外。"第十五条第二款规定："选举村民委员会，有登记参加选举的村民过半数投票，选举有效；候选人获得参加投票的村民过半数的选票，始得当选。"

组织法》第六条规定:"村民委员会由主任、副主任和委员共三至七人组成。村民委员会成员中,应当有妇女成员,多民族村民居住的村应当有人数较少的民族的成员。"该条款明确规定了村民委员会的组成人数、特殊要求等,并且对两类人进行了额外规定:妇女和人数较少的民族成员。因此,作为选举的候选人,必须为他们保留一定的名额。选举时,他们和同等身份的人进行选举,妇女和妇女进行差额选举,人数较少的民族和人数较少的民族进行差额选举,按他们之间的票数高低选出规定比例的村委会成员。对这两类人的特殊保护,体现了多数决原则在不侵害多数人利益的前提下最大限度地保障少数人权利的理念,尊重民主政治决策中的弱势群体,有效保障了弱势群体的利益,体现了更深层次的民主。

在村民委员会的选举上,采用直接民主的方式。从多数决的角度去审视村民选举,我们发现,这种选举是自下而上推举的,而不是由上而下选拔的,这就决定了村民选举的最终决定权是在下面的多数人,而不是上面的少数人。[①] 选举的多数决使最终的当选人员符合多数人的意志,更能代表多数人的利益。村民手中的选票很可能对候选人是否当选起决定性作用,这能激发村民的参政热情,改变以往的政治冷漠态度,最大限度地体现了民意,使村民选出认可的领导班子,促进农村经济发展,真正实现农村基层民主。

(二)村民委员会选举流程

1. 成立村民选举委员会

村民选举之前,首先要成立选举委员会,负责组织村民选举活动,其成员是村民按照少数服从多数的原则推举出来的。《民政部关于印发〈村民委员会选举规程〉的通知》第一章第一条第二款规定:"村民选举委员会由主任和委员组成,由村民会议、村民代表会议或者村民小组会议推选产生,实行少数服从多数的议事原则。"按照这一规定,村民选举委员会成员不是自上而下指定的,而是自下而上推选产生的。此外,按

[①] 张卓明:《选举概念辨析》,《贵州师范大学学报》(社会科学版)2011年第2期,第5~10页。

照该规定,一旦村民选举委员会成员被提名为村民委员会成员候选人就应当退出村民选举委员会。实践中,较大的村可以在各村民小组中组织推选村民选举委员会成员;较小的村可以直接召开村民会议,当场推选村民选举委员会成员。村民选举委员会的人数不少于3人,以奇数为宜,且之间不得有亲属关系。① 村民选举委员会在履行职责时,若意见无法达成一致,可以根据少数服从多数的原则决定。不论是村民选举委员会成员的产生,还是村民选举委员会的议事规制,都体现了多数决原则在村民自治中的运用。

2. 选民登记

村民委员会对符合条件并参加选举的村民进行登记,列入参加选举的村民名单。选民登记是村民委员会选举工作的基础,这个环节可分为"选民"和"登记"两部分,一个是实体要件,一个是程序要件。村民必须符合一定的条件才具有"选民"的身份,而"选民"还须完成登记程序才能进入选民名单,两者缺一不可。《村民委员会组织法》第十三条第一款的规定涉及每一位村民选举资格问题,即哪些村民有选举权和被选举权,是否有资格参加选举,这也保证了选举的有序性;第二款的规定明确了登记人员类别,保证有资格的多数村民都能参加选举,确保多数决的基础足够广泛,充分代表各方利益。选民登记是确认选民资格和确定选民人数的重要环节,在这基础之上的多数决更能反映民意,使民主选举更有信服力。

3. 产生候选人

酝酿、提名和确认候选人的过程,是村委会选举过程中非常关键的一个环节,直接关系到候选人是否真正体现民意、代表选民意志,进而关系到新一届村委会的素质与权威以及选举工作的成败。② 候选人的产生分为提名初步候选人和确定正式候选人两个阶段。《村民委员会组织法》第十五条规定:"选举村民委员会,由登记参加选举的村民直接提名候选人。"实践中,在该原则的指导下,人数较少的农村,实行一人一票方式确定候选人;在人数较多的农村,实行选民联合提名候选人的方

---

① 张景峰:《村民委员会民主选举国家法规范研究》,《河南科技大学学报》(社会科学版)2015年第4期,第94~100页。

② 肖立辉:《村民委员会选举研究》,中国社会出版社,2009,第154页。

式。这两种方式都体现了多数决原则，但我们认为，一人一票提名这种方式更为合理。

村民直接提名可再分为村民独立提名，即"一人一票确定候选人"以及选民联合提名、村民小组提名、个人自荐四种方式。一人一票确定候选人以村民选票为准，把获得多数选票的候选人纳入正式候选人名单。一人一票确定候选人充分体现选民行使提名权的普遍性、直接性、平等性、自主性原则，这实际上是多数决原则在确认候选人中的运用。选民联合提名一般指村民10人以上联名，即可推举候选人。选民联合提名候选人导致候选人人数太多，需要设立预选，实际操作成本高、民主化程度较低。由于提名人公开签名，很多村民会碍于被选举人情面，难以表达真实意愿，难以反映真实民意，提名权行使的普遍性、自由性受到限制。

被提名的候选人由村民选举委员会以得票多少排序，确定正式候选人名单。正式候选人的确定从由民主协商、村党支部确定，发展到以预选和竞选为主。但是一人一票确定候选人往往把提名初步候选人和确定正式候选人两步合为一步，又称无候选人的选举。不论是候选人的提名还是候选人的确定，都是绝大多数村民意志的体现，是基层民主的重要内容。

4. 投票选举

投票选举是整个村委会选举过程的中心环节。《村民委员会组织法》第十五条第一款规定："候选人的名额应当多于应选名额。"该条第三款规定："选举实行无记名投票、公开计票的方法，选举结果应当当场公布。选举时，应当设立秘密写票处。"村民委员会实行差额选举，候选人数应多于应选人数，使村民有选择的余地，便于村民进行比较，真正按照自己的意愿好中选优。通过竞选选出更代表群众利益的人，是选举的目的所在。差额选举更能体现多数人的意志。直接选举即村民委员会的每一成员都由村民直接投票产生，其手中的每一票都可能成为决定候选人是否当选的关键一票。直接选举能保证每一个选民完全按照自己的意愿、不受任何限制地选举自己信任的村民，是直接民主的体现。直接民主的民主程度高于间接民主，能更准确地反映民意。无记名投票保证村民自由、自主选举的权利，使其不会碍于情面违心选举，贴近民主的实质，使村民民主权利地位得以显现。

5. 确认当选

《村民委员会组织法》第十五条第二款规定："选举村民委员会，有登记参加选举的村民过半数投票，选举有效；候选人获得参加投票的村民过半数的选票，始得当选。"确认候选人当选有两个条件：一是过半数的村民参与了投票；二是候选人获得了过半数的选票。规定两个过半数是为了保证多数村民参与了利益表达，体现民主的广泛性，同时使多数决不至于沦落为小部分村民的多数决，而是村集体的多数决，这两个条件缺一不可。

此外，虽然宪法没有明文规定自由投票原则，但在实践中，自由投票几乎被所有人认同，选民是否参加选举、投谁的票，完全由本人决定，不受任何力量的干预。[①] 事实上，有一些地区仍然存在强制投票现象，强制投票与选举目的严重背离，程序上完全违规。尤其是少数地区，村委会动用武力强迫村民选举的恶劣做法破坏了选举的目的和意义，是对基层民主权利的挑战。所以，我们必须强调自由投票是一项基本投票原则，将秘密投票和自由投票原则比肩，充分反映民意、保证民主，使多数决原则落到实处。

民主选举是村民自治中的首要环节，是村民自治的基础，是基层民主最直接的表现形式。没有民主选举，民主决策、民主管理、民主监督也就无从谈起。现阶段，我国农村村民选举的各个环节都体现了"少数服从多数"原则，是多数决理论在农村村民自治中的重要运用。

（三）典型案例

农村基层党内民主和村民自治是中国农村基层民主政治建设的有机整体。村民委员会的民主选举是一次巨大进步，它使村民自治切实可行，是当前社会主义政治文明进步的表现。以下典型案例基本反映了村民自治选举流程中的少数服从多数原则运用的合理性。

山西省河津市城关镇城北村经济富裕，《村民委员会组织法》颁布后，城关镇党委、镇政府花大力气制定了一套严密的选举方案。该方案

[①] 李周、徐玉栋：《议事规则：村民自治有效实现的框架基础——以"蕉岭议事规则"为研究对象》，《华中师范大学学报》（人文社会科学版）2020 年第 1 期，第 11~17 页。

规定，选举实行不提名候选人的直接"海选"，选民在选票上印的不同职务栏下直接填写自己所信任的人。竞选者有 20 天时间选择职务，随后开展竞选活动。选举前成立选举委员会，下设选民资格审核组、群众来访接待组、治安保卫组等职能组，在选举期间挂牌办公。选举方案还规定，选举时设立主会场，不设流动票箱，并规定了严格的办理委托投票的办法。① 选举中将十余间教师备课室开辟为秘密画票间。村民对这次选举赞不绝口，说这次选举像从大海里不受限制地捞取珍珠一样选择自己信任的当家人，他们终于亲手捞出了自己满意的"珍珠"。这次选举程序严密，规规矩矩没有漏洞，由这种方式选出的村委会成员令人信服，因为这真正体现了大多数人的意志。此案例中，基层党委政府精心设计、充分准备，重视基层民主，并且把民主落到了实处，确保村民选举工作不折不扣地按法律规定的程序进行，使得村民真正选出了领导人，避免了"挂羊头，卖狗肉""有民主之名，无民主之实"。

民主选举是搞好村民自治的前提和关键。民主选举既是民主决策、民主管理、民主监督的前提和基础，又是村民自治活动中最重要的环节，通过民主选举环节选出的村民委员会才能更好地代表全体村民管理村里事务。② 而多数决原则则贯穿民主选举始终。从候选人提名、投票选举、计票规则乃至后来的罢免撤换程序，都体现了大多数村民的意志，同时也确保了少数人如妇女的权益。有道是："依法选举则安，悖法选举则乱。"实践也证明了运用多数决进行村民选举的积极意义。

村民直选，尤其是海选，不内定候选人和指定候选人，按差额选举原则确定正式候选人，是直接民主的重要表现形式，也是多数决原则的典型表现。如本案例中城关镇党委、镇政府制定了一套严密的选举方案，不提名候选人，只按照少数服从多数原则，体现出民主原则的彻底性及选民参与的广泛性；成立选举委员会、设立秘密画票间，防止村民碍于情面违心选举，保证选举的公正性。这样的选举结果才能体现多数人的意志，实现多数人的民主。村民直接选举村委会干部，是在进行最基层村级民主的训练，有助于形成和表达民意、理顺群众情绪、解决群众纠

---

① 詹成付主编《村民自治案例集——民主选举》，中国社会出版社，2005，第 46 页。
② 赵讯蕾：《试议农村村民自治法律制度》，《合作经济与科技》2014 年第 2 期，第 128 页。

纷、密切干群关系，从而激发村民参政热情，推动农村基层民主。应将山西省河津市城关镇城北村的实践经验推广到全国。

二 民主决策

决策是人类历史上最古老、最频繁的实践活动之一，在古希腊城邦制民主的实践中就已经创造了多数决的方法和技巧。现代意义上的民主决策，在借鉴古希腊少数服从多数原则的基础上，将决策主体的范围扩大到普通社会民众，决策权不再是少数处于社会顶层人民的特权，而成为一种更广泛的权利，其主体几乎涉及整个社会的所有人。为了更好地管理广大农村地区、实现人民的利益、保护基层农民的权益，我们在村民自治中引入民主决策的内容。民主决策是村民自治的核心内容之一，是指全体村民作为主体，通过直接参与的形式，秉持平等原则和少数服从多数原则，对属于村民自治范围内的重大事务进行商议、共同讨论，确保每位村民的发言权。民主决策强调村民以主人的身份平等参与本村公共事务的决策，通过对话和讨论达成一致，共同就有关利益分配达成一致，最终的决策结果是大多数人意愿的表达。民主决策最能体现村民当家做主的政治思想，是村民自治的主要内容，也是该制度的核心和关键。

（一）民主决策的主体

《村民委员会组织法》第二十一条、第二十三条和第二十五条规定确立了村民会议、村民代表会议作为村民自治决策主体的地位[①]，实际上要求村民必须形成一个组织，利用该组织进行决策，这有效地避免了决策的随意性，提高了决策的权威性。

---

① 《村民委员会组织法》第二十一条规定："村民会议由本村十八周岁以上的村民组成。"第二十三条规定："村民会议审议村民委员会的年度工作报告，评议村民委员会成员的工作；有权撤销或者变更村民委员会不适当的决定；有权撤销或者变更村民代表会议不适当的决定。村民会议可以授权村民代表会议审议村民委员会的年度工作报告，评议村民委员会成员的工作，撤销或者变更村民委员会不适当的决定。"第二十五条规定："人数较多或者居住分散的村，可以设立村民代表会议，讨论决定村民会议授权的事项。村民代表会议由村民委员会成员和村民代表组成，村民代表应当占村民代表会议组成人员的五分之四以上，妇女村民代表应当占村民代表会议组成人员的三分之一以上。"

村民会议由本村十八周岁以上的村民组成,是村民参与民主决策的主要法律形式。在村庄内部,村民会议拥有最大的决策权,也是监督和制约村民委员会和村干部违法行为的重要组织保证。所有未被剥夺政治权利的人都是村民会议的成员,都有参与决策本村事务的权利,保证了民主的广泛性,是多数决的基础。

在人数较多或居住较散的农村,为了提高决策的效率,由村委会成员和村民代表组成一个组织,即村民代表会议。村民代表会议最早出现在河北省正定县南楼乡南楼村。最初村民代表会议是在村民会议难以召开的地方,由若干户推选代表召开会议,代行村民会议的职权。之所以设立村民代表会议,是因为现阶段在我国农村地区,村民的民主意识不强,普遍存在村民会议难以召开的问题;而且很多地方村民的生产、作息时间不一致,以及大量的村民外出务工和经商,使村民难以到齐,给村民会议的经常性召开带来困难,而村庄的各项事务亦亟待解决。针对这种现状,法律规定可以由村民选出村民代表,由村民代表组成村民代表会议对全村的公共事务进行管理,这大大提高了决策的效率。村民代表会议目前已成为各地农村民主管理和民主决策经常化的重要组织形式,是民主决策的重要主体。

村民委员会是村民自我管理、自我教育、自我服务的基层群众性自治组织,其职责主要是管理本村的公共事务和公益事业,依法调解村民之间的纠纷,组织实施本村的建设规划,兴修水利、道路等基础设施,协助维护社会治安。村民委员会对村民会议、村民代表会议负责并报告工作。村民委员会不是民主决策的主体,不具有决策权,只能执行村民会议或村民代表会议做出的决策。

我们在明确村民自治中民主决策的主体时,有必要厘清村民会议与村民代表会议、村民会议与村民委员会这两对主体之间的关系。村民会议和村民代表会议之间可以看作委托和授权的关系,因为农村公共事务的最高决策者是村民会议,在特殊情况下,村民代表会议接受村民会议的委托,代行决策权。[①] 村民会议是村民实行自治的权力机构,和村民

---

① 邹静琴、王金红:《村民自治中的民主决策:实践形式与理论反思》,《福建论坛》(人文社会科学版)2009年第1期,第149~152页。

委员会之间是决策和执行的关系,村民会议集体做出的决策,交由村委会负责执行,村委会向村民会议报告工作。三者之间的相关程序是:村委会将需要决策的事项提请村民会议或村民代表会议讨论决定,村民会议或村民代表会议做出决定后再交由村委会执行,村委会在执行过程中,还要接受村民会议或村民代表会议的监督。三者之间的关系也进一步证实了决策权的主体是全体村民。

村民代表会议与村民会议相比,两者都是村内重大事务的决策机关,但村民会议体现直接民主的特点,而村民代表会议则是一种代议制,代议制所体现的是间接民主。村民代表要在所代表的村民当中,广泛征求意见,做出的决定要体现被代表村民的利益。开会时,村民代表要将大家的意见和建议,客观真实地加以反映,行使自己的表决权,做出的决策交村民委员会去执行。在村民会议闭会期间,可以由村民委员会召开村民代表会议,对村民会议授权的事项进行充分的商榷并做出决策。在召开村民代表会议之前,所商榷的事项应当由村民委员会在村内进行公告。

在村民自治实践中,无论是村民会议做出的决策还是村民代表会议做出的决策,都是多数村民意志的体现,能够充分反映多数村民的意见和利益诉求。但村民代表会议由村民代表组成,一般而言,村民代表在村中具有较高的威望,并且素质相对较高,他们对村党支部、村民委员会有较大的影响力。因而,相对于村民会议,村民代表会议的作用更大。同时,村民代表会议一般人数不会太多,协调代表们的时间较容易,召集难度较低,一方面可以有效节省各项会议开销,另一方面无须寻找大型会议场地,会议场地问题也更易解决。另外,村民代表会议的代表更能感受到尊荣感、自豪感,因此,其比村民会议更易召开,更易达成一致意见,做出的决定也更具科学性。

(二) 民主决策的方式

村民会议或村民代表会议通过讨论决定的方式做出决策,保证了村民在参与本村公共事务的决策时身份自由而平等,在对话和协商中达成共识,就分配有关利益的事项共同做出决策。根据《村民委员会组织法》的规定,不论是村民会议还是村民代表会议,其议事规则都是少数服从多数，即多数决，这是多数决原则在村民自治中民主决策环节的运用。① 决策权是村民当家做主最重要的表现形式之一，以多数决的形式行使决策权，能够体现最广大村民的利益需求，维护村民的公共权益。

（三）民主决策的事项

从《村民委员会组织法》第二十三条、第二十四条和第二十七条的规定②可以看出，民主决策的事项既涉及村规民约和村民自治章程等规章制度的制定，又涉及全村集体经济发展等关乎全体村民切身经济利益的重大问题，尤其是村集体经济改革、发展和债权、债务、资产处置问题以及村集体土地承包和租赁问题。随着城镇化进程的加快，拆迁补偿、征地补偿成为焦点问题，民主决策的实质其实是村集体经济利益分配的问题。分配得好会提高村民个人的生产积极性，促进集体经济的发展；反之，将导致村民上访、诉讼，甚至引发恶性事件。所以《村民委员会组织法》规定，涉及村民利益的重大事项由村民会议或村民代表会议决定。以民主的方式分配集体土地利益符合绝大多数人的意愿，这种利益分配形式既是村民自治的意旨贯彻，也是基层民主的落实。多数决原则是稳定的决策机制，可以使民主政治更具理性成分。

---

① 《村民委员会组织法》第二十一条规定："村民会议由本村十八周岁以上的村民组成。村民会议由村民委员会召集。有十分之一以上的村民或者三分之一以上的村民代表提议，应当召集村民会议。召集村民会议，应当提前十天通知村民。"第二十二条规定："召开村民会议，应当有本村十八周岁以上村民的过半数，或者本村三分之二以上的户的代表参加，村民会议所作决定应当经到会人员的过半数通过。法律对召开村民会议及作出决定另有规定的，依照其规定。召开村民会议，根据需要可以邀请驻本村的企业、事业单位和群众组织派代表列席。"第二十八条规定："召开村民小组会议，应当有本村民小组十八周岁以上的村民三分之二以上，或者本村民小组三分之二以上的户的代表参加，所作决定应当经到会人员的过半数同意。"

② 《村民委员会组织法》第二十三条规定："村民会议审议村民委员会的年度工作报告，评议村民委员会成员的工作；有权撤销或者变更村民委员会不适当的决定；有权撤销或者变更村民代表会议不适当的决定。"第二十四条规定："涉及村民利益的下列事项，经村民会议讨论决定方可办理：（一）本村享受误工补贴的人员及补贴标准；（二）从村集体经济所得收益的使用；（三）本村公益事业的兴办和筹资筹劳方案及建设承包方案；（四）土地承包经营方案；（五）村集体经济项目的立项、承包方案；（六）宅基地的使用方案；（七）征地补偿费的使用、分配方案；（八）以借贷、租赁或者其他方式处分村集体财产；（九）村民会议认为应当由村民会议讨论决定的涉及村民利益的其他事项。"第二十七条规定："村民会议可以制定和修改村民自治章程、村规民约，并报乡、民族乡、镇的人民政府备案。"

（四）民主决策程序中的多数决

有关民主决策的程序性规定贯穿决策程序、执行程序及救济程序始终，在民主决策环节，各个程序都体现了多数决的原则。《村民委员会组织法》第二十九条规定："村民委员会应当实行少数服从多数的民主决策机制和公开透明的工作原则，建立健全各种工作制度。"这是关于民主决策方式的规定，即少数服从多数。

1. 村务决策遵循少数服从多数原则

村民会议和村民代表会议、村民小组会议都实行少数服从多数原则。召开村民会议，应当有本村十八周岁以上村民的过半数，或者本村 2/3 以上的户的代表参加，村民会议所做决定应当经到会人员的过半数通过。村民代表会议的决议经全体代表 1/2 以上通过才能有效。决定、决议一经做出，不得擅自更改，如确有必要更改，须经与会代表 2/3 以上通过。召开村民小组会议，应当有本村民小组十八周岁以上的村民 2/3 以上，或者本村民小组 2/3 以上的户的代表参加，所做决定应当经到会人员的过半数同意。

决策机关的决策程序、执行机关的执行程序等在《村民委员会组织法》中给予了明文规定，这些程序都充分体现了民主决策中少数服从多数的原则。

2. 坚持多数决必须尊重少数利益

《村民委员会组织法》第二十一条、第二十二条、第二十五条、第二十六条及第二十八条对村民会议、村民代表会议的组成与召开的程序性规定无一不体现多数决的核心。但在体现多数决这一原则的同时也有一定的衡平。因为以"多数决"为主要方式的民主的最大弊端是多数人的暴政，即以"公共利益"的名义公然侵犯和损害少数人的利益。在农村地区，少数人利益主要为小姓村民、外嫁女、上门女婿、妇女、少数民族等的利益。因此，《村民委员会组织法》第二十五条第一款规定："妇女村民代表应当占村民代表会议组成人员的三分之一以上。"坚持妇女在村民代表会议里占有一定比例，是非常必要的。除少数发达地区如上海，妇女在村里领导干部中占有一定比例外，大部分地区的村庄中领导干部仍然全部是男性。以法律的形式确定妇女在村里决策组织的比例，保障了妇女的话语权,在一定程度上降低了村里做出不利于保障妇女权益决策的概率。

在村民自治中,自治范围并非没有界限,村民必须在法律规定的范围内行使自治权,且自治权的形式不能损害法律所保障的公民的其他合法权益。[①] 即便村民会议、村民代表会议做出的决策,制定和修改的自治章程、村规民约完全符合法律程序规定,也不能损害每位村民的基本权利,即基本人权和财产权。

《村民委员会组织法》第二十七条规定了乡镇政府应对村民委员会进行工作指导,对于以村民自治为由侵害集体成员合法权益的行为,应由乡镇政府积极行使行政审查权,纠正其违法行为。此外,如果行政方式走不通,可求助于司法救济。所以虽然外嫁女问题还未得到根本解决,但作为法律要保护的利益来看,旨在减少民主决策下的侵权,没有将少数人的利益弃之不顾。

3. 多数决实施的界限

多数决原则不是总能体现民主的本质,不可能完全等同于民主,它是人们不得已而为之的选择。无论是在理论层面还是在经验层面上,多数决原则在保障民主的本质追求的同时,也不能排除其危害民主本身的可能性。李凤霞和夏从亚认为,由于在多数决这顶帽子底下拥有为最大多数人谋取最大幸福这一看似无可厚非的真理性逻辑,多数决容易落入边沁式功利主义原则的窠臼,从而引发多数暴政。[②]

但是民主政治中"多数"的内在规定是多数必须尊重少数。[③] 处于同一共同体的成员,只因某一次政治决策意见分歧被划分为多数、少数时,少数人价值并不低于多数人。少数人仍有参政的权利,他们的利益

[①] 《村民委员会组织法》第二十七条第二款、第三款规定:"村民自治章程、村规民约以及村民会议或者村民代表会议的决定不得与宪法、法律、法规和国家的政策相抵触,不得有侵犯村民的人身权利、民主权利和合法财产权利的内容。村民自治章程、村规民约以及村民会议或者村民代表会议的决定违反前款规定的,由乡、民族乡、镇的人民政府责令改正。"

[②] 李凤霞、夏从亚:《论政治民主中的"少数"与"多数"》,《山东社会科学》2003年第3期,第19~21页。

[③] 张晓磊、卫杨:《试谈多数决定原则与保护少数原则在民主政治中的定位》,《法制与社会》2007年第1期,第454页。

诉求应该被考虑，在满足多数人利益时尽量不要损害少数人利益，如果一定有损害，必须把损害降到最低。这才是民主政治中完整的多数决理念，并不片面强调多数人利益，而忽视少数人合法权益。多数决作为程序性原则，确定的只是程序的合理性，而不是是与非。

因此，多数决的实施有一定的界限。王清认为，多数决不是毫无拘束地随意滥用，而应当在适用范围上有一定的限制。他认为，多数决应以保障少数人的合法权益为限度，以维护程序正义为限度，以防止多数暴政为限度，给少数人更多的自主治理权，培育公民的民主精神。①

在村民自治的乡村政治中，仍有一些地方对外嫁女实行强制司法，而《妇女权益保障法》《村民委员会组织法》的相关规定，都是在矫正这一偏差，给予少数人权利以特殊保护，使多数决理念在村民自治中更好地发挥积极作用。

（五）典型案例

1. 代议制型民主决策

湖北省随州市曾都区南郊办事处瓜园村村干部在总结其"精英主导型"民主决策的经验教训后，实行了"六步工作法，两会决策制"② 的代议制型民主决策。在这种民主决策模式下，党员和村民代表作为仅次

---

① 王清：《论多数原则的限度》，《湖南师范大学社会科学学报》2005 年第 3 期，第 45~49 页。
② "六步工作法，两会决策制"指村务要事必须由村民代表会议和党员会议共同决策，并按照以下六个步骤开展。第一步，设定议题：村干部根据本村经济社会发展需要，按照"一事一议"规定，提出具体议题。第二步，确定预案：以党小组为单位，党员对村干部所提出的议题进行调查研究和充分讨论。在此基础上，党支部召开党员大会，综合各党小组的调研意见，对议题做进一步讨论、修改和完善，形成决议预案。第三步，形成决议：村民代表会议对决议预案进行讨论和表决，获得半数代表同意后形成决议，由村务监督小组向村民公布。第四步，执行决议：村干部根据工作分工，负责组织实施，全过程由村务监督小组进行监督。第五步，结果报告：每个季度，村干部向党员大会和村民代表会议报告决议实施情况，村务监督小组向全体村民公布执行情况，接受村民监督。第六步，年终评议：每到年终，党员和村民代表对村干部的工作情况进行民主评议。评议结果作为兑现村干部工资、实行奖惩的基本依据。参见黄辉祥《"两会决策制"：以参与促进村务民主管理——以湖北随州"两会决策制"的实践为例》，《社会主义研究》2006 年第 1 期，第 84~87 页。

于村主任、村支书及其他负责要务的干部,属于次位精英。该村别出心裁地以次位精英取代核心精英,管理和决定村务,决策主体也从村干部转变为村民代表(党员也可视为村民代表),这是反映中国现实需求的民主化的必然抉择。村干部因时制宜地从决策者的角色转变为执行者的角色,定位更为精确。毋庸置疑,与精英主导决策相比,代议制型民主决策不忘民主的初心。

2. 村民公决型民主决策

村民公决型民主决策的实践可从山东省A市某村的道路整修决策中窥见一斑。由于该村街道狭窄、杂乱,2004年村两委决定对村里道路进行整修。但村民孙某拒不迁出位于整修道路中间的违建房屋,村委会干部多次找到孙某协商未果,于是决定由村集体出资为孙某筹建新房,以帮助其拆迁。但是,这个决定遭到了部分村民的反对。为了有效推进道路整修工作,村委会向每户村民发放了征求意见卡,让村民对孙某是否应该搬迁做出表决。表决的结果是约95%的村民同意村委会要求孙某搬迁的决定,但不同意村委会关于集体出资为孙某筹建新房的决定。认为孙某应该配合拆迁的压倒性表决结果给予孙某巨大压力,使其只能服从公决结果,村道路整修计划得以顺利推进。通过该村的道路整修决策方式我们可以看出,村民在村务大事的决策中具有更加突出的地位,同时也昭示出村委会作为村民集体意志的执行者地位,而非决策者地位。该村的道路整修决策方式的积极意义在于,这种村民票决从根本上还原了民主决策的直接民主性质,把村集体利益分配的主导权赋予全体村民。同时我们也应当看到,采用票决方式配置村集体资源与民主决策制度的要求并不完全吻合,其弊端也是显而易见的。从该村道路整修决策的实施来看,孙某是迫于绝大多数村民的压力,而非心甘情愿,这就意味着少数人的利益被裹挟。因此,如何既能够有效决策又能够最大限度地尊重少数人意见和利益,是当前村民自治的一个重要课题。民主决策需要辅之以协商方式进行讨论决定,避免多数人暴政。因此票决民主方式在提高决策效率的同时,也存在漠视少数人利益,甚至暴力凌驾于少数人意志和利益的缺陷;而协商民主方式常常着眼于公开的对话和讨论,使所有利益相关者基于公共利益的一致性达成共识和妥协,因而更能够彰显人文关怀和公平正义。①

3. 协商一致型民主决策

协商一致型民主决策是相对于票决民主方式的柔性民主，其弥补票决民主方式的不足亦可从浙江省 A 市某村钢材市场外包案例中窥见一斑。2002 年，浙江省 A 市某村的村干部计划将本村的钢材市场向外承包招标，但是由村干部拟定的承包方案遭到了部分村民认为其并不公开透明的质疑。因而，在村民和村干部之间产生了摩擦争执，招标以失败告终。也因此，责任人的缺失给市场管理带来了极大的难度，市场秩序杂乱无章。2004 年 7 月，该村所在镇实行村务决策民主恳谈活动，村干部在镇政府的指导下，紧密联系群众，走访村民，了解村民对市场管理问题的意见和想法。之后，村干部、党员和村民代表齐力将调查所得的所有意向进行分析总结，得出四个方案——租赁、摊位承包、整体出租和整体承包，并交由民主恳谈会商议。在这次的民主恳谈会中，共有 200 多位村民积极参加，在经过充分的商榷与比较利弊后，他们达成共识——选择整体承包。至此，成为干群矛盾导火索的市场管理方案决策最终以民主恳谈会的形式圆满落幕，钢材市场管理井井有条。本案例中参与民主恳谈会的人数只有 200 多位，并不能代表大多数村民的选择。其协商一致型决策是一个糅合协商方式、代议方式、直接民主和间接民主的杂合式民主决策，并不是完全意义上的协商一致型民主决策。但它是民主决策的一个新的实践，有利于听取大多数人意见。

以上几个案例是我国各地村民自治中民主决策的实践，不论是代议制型民主决策，还是村民公决型、协商一致型民主决策，都要体现大多数村民的意志，即由多数人来决定公共事务。这是多数决原则在村民自治中民主决策环节具体的实践运用。

三 民主管理

2005 年 10 月 19 日，国务院新闻办公室发表的《中国的民主政治建

---

① 邹静琴、王金红：《村民自治中的民主决策：实践形式与理论反思》，《福建论坛》（人文社会科学版）2009 年第 1 期，第 149~152 页。

设》白皮书指出，民主管理应当根据国家法律法规和相关政策进行，同时要与本地的实际情况结合起来，既要遵守国家法律，又要调动和增强基层人民群众自我管理的积极性和创造性，让全体村民自己酝酿制定和修改村民自治的章程和村规民约。改革开放以来，各地积极探索村民自治的实践丰富了我国的村民自治制度，农村民主管理制度逐步建立、日益发展，各地基层政府也积极引导广大农民自愿积极地参与基层民主自治，为建设社会主义法治国家和实现依法治国的目标积累了基层经验，为推进国家治理体系和治理能力现代化提供了强有力的支撑。

农村民主管理的内涵包括以下四个基本要点：民主选举、民主决策、民主管理、民主监督。这四个基本要点是相互依赖、相辅相成的。只有在选举环节实现了民主，才能为民主管理提供前提和基础；也只有广大村民实际参与到村具体事务的管理中来，才能有效地对村务实施监督。同时，在有效地对村务工作实行监督的基础上，广大村民的合法权益才能得到切实有效的维护，也才能使村民更加密切地关注农村工作和事业的发展。[①] 由此可见，广义的民主管理贯穿村民自治的始终。这里所讲的民主管理是狭义的民主管理，也就是村里的大小公共事务由全体村民通过一定的方式共同制定管理制度和管理办法，共同遵守执行，共同参与管理。[②] 民主管理与民主监督密不可分，管理中有监督，监督中有管理。所以《村民委员会组织法》将其合并为一章，没有设专章予以规定。《村民委员会组织法》第二十九条规定了村民决策村务的基本原则，即少数服从多数的民主决策机制和公开透明的工作原则。同时该条还规定要建立健全各种工作制度，为村务民主管理的公开、公平、公正、民主提供制度支持。这一规定可以看作多数决原则运用于村民自治实践的制度体现。

（一）民主管理的方式

长期以来，学界对农村民主管理制度的基本内容和运行机制并没有

[①] 曲珍英、王明晶：《社会主义新农村建设中的管理民主》，《山东省农业管理干部学院学报》2006年第2期，第17~20页。

[②] 赵兴洲：《论完善民主管理与深化村民自治》，《新闻爱好者》（理论版）2007年第7期，第71~72页。

统一的认识。2020年的中央一号文件仍然是关于农村工作的《中共中央国务院关于抓好"三农"领域重点工作确保如期实现全面小康的意见》。该意见提出，行政村是基本治理单元，要强化自我管理、自我服务、自我教育、自我监督，健全基层民主制度，完善村规民约，推进村民自治制度化、规范化、程序化。这一意见从原则和方向上对村民自治的民主管理予以明确，但形式和内容没有具体规定。因此，我们可以追溯到2008年党的十七届三中全会通过的《中共中央关于推进农村改革发展若干重大问题的决定》，该决定明确指出健全农村民主管理制度、发展农村基层民主，应以扩大有序参与、推进信息公开、健全议事协商、强化权力监督为重点。据此，本章认为村民自治中民主管理的内容应当包括有序参与制度、信息公开制度和议事协商制度等。

1. 有序参与制度

在我国农村地区，有序参与制度是指以保障和增加农民基本权利的内容以及保证农民权利的正确行使为基础，所有旨在促使农民依法通过自主、理性的方式并按照一定的程序、秩序去参加社会政治生活，直接或间接地影响政府决策，以实现社会主义良好政治秩序的相关制度。我国是一个农民占大多数的国家，农民政治参与的程度、水平、方式等将直接影响我国政治民主化的进程。我国农民政治参与的主要形式有投票、选举、结社和政治表达。对于关乎农村集体利益的各项事务，由全体村民按照少数服从多数的原则进行投票，共同决定。对于集体的管理者，由集体成员通过选举，由得票多的人担任。同时，村民还可以通过组建或参与持久性集团组织，并通过法定的手段和机会表达自己的政治观点和政治态度，从而影响政府决策。

2. 信息公开制度

信息公开制度是指有关保障个人或组织有权知悉并取得行政机关的档案资料和其他信息权利的法律和制度。信息公开制度保障了广大村民的知情权。党的十五大报告正式明确提出"城乡基层政权机关和基层群众性自治组织，都要健全民主选举制度，实行政务和财务公开"。2007年4月，国务院公布实施了《中华人民共和国政府信息公开条例》（2019年经过修订），标志着我国正式以法律的形式确立了信息公开制度，同时也在政府决策与民众监督之间建立起了沟通的桥梁。不断完善信息公开制度、依法保障农民的知情权既是农村民主建设的重要内容,也是农村民主发展的重要基础,具有重要的理论和现实意义。这是多数决的基础,有利于调动更广泛的农民直接参与农村事务的管理,真正体现人民当家做主。

3. 议事协商制度

我国乡村的议事协商制度,是指保障乡村社区成员,就乡村社区公共事务、关系社区公共利益和村民切身利益的事项,或者社区内所发生的重大问题,进行公开意见表达、意见交换和讨论协商,以达成共识或形成决策的民主制度。[1] 这是人民群众直接行使民主权利、依法管理自己事情的广泛实践。村民自治中民主管理基层协商的基础是村民参与,通过民主恳谈会等形式,鼓励全体村民参与到集体事务的协商中,村民积极发表意见和建议,共同做出决定,从而有效应对和化解乡村社会中多元利益主体间的冲突与矛盾,以维护大多数村民的利益。

(二) 民主管理的主要内容

民主管理的内容主要集中在民主理财、侵犯村民自治权利的救济。民主理财就是村集体资产管理,村集体的财务计划、经费支出,村集体的债权债务情况、收益分配等资金使用事项,按照村民自治原则,应当由村里自己管理。重点内容有三项:参与制订村集体的财务计划、对村集体的财务收支进行审核、审计监督。

1. 参与制订村集体的财务计划

民主理财一般把权利委托给民主理财小组行使,民主理财小组成员由村民会议或者村民代表会议从村务公开监督小组成员中推选,对全村村民负责。

有许多地方民主理财敷衍了事,引起群众反感,或是"过犹不及"的监督,使村干部产生意见。财务管理出现的问题大多与村民委员会控制了过多经济资源密切相关。对村财务会产生重大影响的关键事宜,在村委会商榷做出决定时,民主理财小组务必要参与其中。涉及村民重大

---

[1] 邓大才:《规则型自治:迈向2.0版本的中国农村村民自治》,《社会科学研究》2019年第3期,第39~47页。

利益尤其是经济利益的事项，如本村享受误工补贴的人员及补贴标准、征地补偿费的使用及分配方案必须按照《村民委员会组织法》第二十四条的规定，经村民会议或村民代表会议讨论决定方可办理。听取群众的意见、建议和要求，使群众对财务管理的参与权和决策权落到实处，对财务计划的合理性和必要性进行事前监督，保证村民在财务管理中的主体地位及话语权。因为村集体的收入一部分来自村集体经营收入、发包及上交收入、农村合作医疗、救济扶贫款等，村民对村集体收入有相当大的支配权。对于钱花到哪里、花多少，村民作为权利主体，必须有话语权和决定权，而不是由村委会这个执行机构独立决定。民主理财尤其要防止村委会因公徇私、中饱私囊。

2. 对村集体的财务收支进行审核

村集体收入是全体村民的共同财富，村集体对其享有所有权。发展集体经济和社会事业，管理村内公共事务和公益事业，必须按照取之于民、用之于民的原则进行支出。所以审核是民主理财的关键环节。民主理财小组的审核应当着重审查收支的事由、程序和标准。

所谓收支的事由是否合理，便意味着收支的理由是否具备一定的说服力，即收费的合理性和支出的必要性；程序是否符合法律或者章程规定。[1] 民主理财小组必须切实负起责任，对每一笔款项的收入和支出是否按程序走予以审查。防止财务问题上的违规操作，还必须审查收支的数量和金额是否符合规定的标准，是否有伪造数据的问题。

3. 审计监督

审计监督是农村经济监督的手段，是保护集体资产、维护农民利益、加强农村基层政权建设的有机载体。《村民委员会组织法》第三十五条规定了村民委员会成员任期和离任经济责任审计的审计事项、审计主体。

审计事项包括村里财务收支情况、债权债务情况、物资管理使用等基本重大审计项目。《村民委员会组织法》第三十五条规定了一个概括性条款，"本村五分之一以上的村民要求审计的其他事项"。该条规定不限于以上审计事项，体现了对多数人利益的保障。

关于审计的方式和审计监督问题，《村民委员会组织法》第三十五

---

[1] 林新伟：《我的民主理财观》，《农村财务会计》2011年第3期，第34~36页。

条规定，由县级人民政府农业部门、财政部门或者乡、民族乡、镇的人民政府负责组织。应当说这种自上而下的审计更为严格，更具独立性。①民主理财小组是由村民会议、村民代表会议从村务公开监督小组中推选出来的，是村级自治组织的单位之一。《村民委员会组织法》第三十五条规定，审计结果应当公布，其中离任经济责任审计结果应当在下一届村民委员会选举之前公布。充分考虑公开、公平、公正原则，便于村民会议、村民代表会议审议村民委员会的年度工作报告，纠正村委会不适当的决定，对村民委员会成员的工作进行评议，有助于对村委会成员的考察，为决定其在换届选举中是否连任投出自己神圣的一票。

（三）民主管理中的权利救济

无救济则无权利。《村民委员会组织法》第三十一条、第三十三条、第三十六条规定了部分侵犯村民决策权、管理权的行为及救济措施。如该法第三十一条规定，村民委员会如果没有及时公布应当公布的事项或者公布的事项不真实的，由上级部门责令改正。同时该法第三十三条规定，村民委员会成员连续两次被评议不称职的，应当终止其职务。该法第三十六条还规定，村民委员会或其成员做出的决定侵害村民合法权益的，权益受侵害的村民可以依法提起诉讼，通过诉讼程序维护自己的合法权益。

村民委员会拒绝召开村民会议，除了法律规定之外，村民可以提起行政复议和行政诉讼。村民委员会作为执行机构，如果拒不执行或者拖延执行村民会议或村民代表会议的决议的话，村民可以通过监督、罢免手段来保障自身的合法权益。

（四）典型案例

山东省 A 市某村连喝水都要去邻村找。为改变该村落后面貌，2011年 12 月，在乡人大指导下，该村召开全体村民大会，选出了村民代表议事会（即村民代表大会）成员。议事会由村委会每月 1 日负责召开或根

---

① 张裕新：《纪检监察部门不宜直接组织村级审计》，《农村财务会计》2011 年第 3 期，第 59 页。

据村务需要随时召开。会议的议题一般由村委会提出或村民联名提出，会议采取少数服从多数的原则，一事一议，集体讨论决定涉及村民利益的重大事项。① 一般会后都应及时将议事会决策的事项反馈给村民代表，再由村民代表传达给每位村民。针对过去财务管理混乱的实际情况，村民代表议事会下大力气建立健全了财务管理制度。② 明确财务管理权限，严格财务审批手续。规定开支在100元以内的，由村民委员会研究决定；100~300元的，由村民代表议事会研究决定；300元以上的，由民主理财小组、村民代表议事会讨论决定，并定期张榜公布财务收支情况，接受群众监督③，真正实现了全村事务由全村村民共同决定。

在本案例中，该村村委会定期或根据需要随时召开村民代表议事会，将村民自治制度化、规范化，及时发现问题、解决问题，有效履行村委会职责；议题由村民联名提出，村民自己联名提出更能体现自己的利益，体现多数人的意志，使议题更能急群众之所急、想群众之所想；会议采取少数服从多数的原则，一事一议，会议的决定体现了多数人利益的优先性。在民主理财方面，设立了民主理财小组，健全了财务管理制度。开支按照标的额度，分别交由村委会、村民代表议事会、民主理财小组加以审核，民主理财小组严格担负起审核收支、核对账目的责任。村委会按照《村民委员会组织法》第二十九条、第三十条的规定，坚持少数服从多数的民主决策机制和公开透明的工作原则，定期张榜公布财务收支情况，使村里财务明朗、清晰，解决了多年积压的难题，改变了混乱的管理状态，使该村由过去的"乱村"变成了令人羡慕的"先进村"。

推行民主管理，使农民群众直接参加村务管理的民主权利得到了尊重，增强了他们的主人翁意识和参与村务管理的主动性④，也使村级决

---

① 唐鸣：《村民会议与直接民主》，《华中师范大学学报》（人文社会科学版）2009年第6期，第20~27页。
② 刘晓冉：《新形势下完善村级财务管理探讨》，《山东行政学院山东省经济管理干部学院学报》2010年第6期，第62~64页。
③ 詹成付主编《村民自治案例集——民主管理》，中国社会出版社，2005，第51页。
④ 谭细龙：《论村务公开民主管理与新农民民主政治建设》，《湖北第二师范学院学报》2008年第11期，第53~56页。

策更加具有民主性、科学性①。民主管理为农民提供了合法参与渠道，也调动了他们参与的积极性和主动性。从实践中我们得知：民主管理工作做得好的地方，农民就充分享有对村级重大事务的知情权、决策权、管理权和监督权，中央关于农村改革与发展的政策也能够落到实处，村民政治参与意识也能得到进一步增强。

而随着互联网的发展，民主管理的形式日益便捷化、网络化、多样化。广大农村地区有效利用网络、媒体、数字化等新型平台，拓宽民主管理渠道，创新民主管理方式。广东省湛江市"村务 e 路通"信息公开平台运用信息化手段，切实解决了村务公开中存在的问题，有利于保障农民群众的知情权，是密切党群、干群关系的有效途径；山西省各地区广泛推广阳光农廉网建设，逐步引入现代化、信息化手段，增强了农村民主管理工作的真实性、时效性，提高了透明度；四川省洪雅县各级党组织创建网上党支部，注册党员博客，开展网上支部活动，推进基层党组织工作信息化。另外，全国大多数省（自治区、直辖市）建立了或正在探索建立农村社区服务管理信息系统，为村民提供网上服务。②

四 民主监督

民主监督是指村民直接对村民委员会的工作和村内各项事务进行了解和评价，对村民委员会和村干部的工作进行监督的权利和制度，是间接民主的重要体现。③ 村民委员会应当认真听取村民的意见和要求。④ 从一定意义上说，民主监督是为了防止个体利益危及村庄整体利益，从而维护村庄正常社会秩序，实现有效的村务管理，进而对村庄公共权利实行的一种必要的调整和控制措施。⑤

---

① 王立标、首一苇、王自兴：《推进社区协商制度化建设的问题分析和对策建议》，《中国民政》2015 年第 7 期，第 43~46 页。
② 陈荣卓、唐鸣：《农村基层治理能力与农村民主管理》，《华中师范大学学报》（人文社会科学版）2014 年第 2 期，第 11~20 页。
③ 王臻荣：《论我国村民自治的特点》，《理论探索》2002 年第 1 期，第 33~34 页。
④ 杜建伟、崔厚元、陈启兰、赵洪生：《人大评议村委会工作合适吗?》，《公民导刊》2012 年第 11 期，第 18 页。
⑤ 卢福营：《农民分化过程中的村治》，南方出版社，2000，第 178 页。

纵观我国基层民主发展的30多年，由于对选举产生的村干部缺乏必要、有效的监督，农村很多地方均不同程度地存在干部腐败问题，侵害农民利益的事情时有发生。因此，有必要通过行之有效的民主监督渠道来保证村庄的公共利益合理、公正地得到分配。[①] 为促进基层干部廉洁履行职责，中央先后颁布《关于健全和完善村务公开和民主管理制度的意见》《农村基层干部廉洁履行职责若干规定（试行）》等规定，以推动农村基层民主制度建设。[②]

民主监督与民主选举、民主决策、民主管理密切相连。民主选举是村民自治的起点。民主监督是村民自治的保障，贯穿村民自治始终。如果缺少民主监督，则无法制约被选举人以后的行为，民主决策和民主管理也会变成个人或少数人的行为，村级公共权利就会被滥用。所以，必须要有全体村民强有力的民主监督来保证村民自治的民主性和实效性。[③] 但在实践中，民主监督恰恰又是一个最薄弱的环节。民主监督主要体现为民主评议、村务公开以及罢免。

（一）民主监督的内容

广大村民群众对村委会进行民主监督的主要内容有：对村委会宣传和贯彻执行法律、法规和国家的各项政策，执行村民会议、村民代表会议的决定、决议的民主监督；对村委会依法编制并实施本村发展规划，办理本村的公共事务和公益事业的民主监督；对村委会组织发展本村经济，合理利用土地、自然资源，保护和改善生态环境，承担生产经营的服务和协调工作的民主监督；对村委会维护本村村民的合法权益，发展文化教育，普及科技文化知识，反对封建迷信，实行计划生育等进行民主监督；对村委会建立健全民主理财制度，管理本村财务，定期向村民报告财务收支情况进行民主监督。民主监督的内容不仅会涉及村庄的日常生活，还会牵扯到村庄的经济发展和整个村庄的和谐稳定，因此民主

[①] 马宝成：《民主监督：农村基层民主的新生长点》，《国家行政学院学报》2011年第6期，第23~27页。

[②] 胡序杭：《论村务民主监督的制度创新——以浙江武义县"后陈经验"为例》，《探索》2006年第5期，第57~61页。

[③] 刘娜：《对村民自治中民主监督的探析》，《理论观察》2006年第4期，第83~84页。

监督与村民的切身利益息息相关。①

(二) 民主监督的形式

1. 民主评议

民主评议即在村里评议活动中，村民对村党支部、村民委员会成员履职情况及工作态度进行的评价，即村民对村干部的一次工作考察。《村民委员会组织法》第三十三条规定，民主评议的对象不仅限于村民委员会成员，还包括由村民或者村集体承担误工补贴的聘用人员，他们都应当接受村民会议或者村民代表会议对其履行职责情况进行的民主评议。而且该条还规定民主评议的时间周期为每年至少进行一次。民主评议的具体程序是由村务监督机构主持，将被评议对象的情况、工作内容、工作业绩以及其他相关事项列明，便于村民进行民主评议。该条还规定了评议的法律后果，那就是村民委员会成员连续两次被评议不称职的，其职务终止。因此，民主评议是民主监督的一项重要手段和措施。

民主评议让每位村民给村干部打分，打分结果是村民对村干部某一阶段工作表现的评价，是村民对村干部满意度的一个调查，连续两次评议不称职，村干部的职务就要被撤销。民主评议通过村民会议、村民代表会议或村民座谈会的方式展开，全村所有有选举权的村民都可以参与评议②，保证了评议基础的广泛性，使得评议结果符合大多数人的意愿，不会被少数人左右，真实客观地反映了村民的呼声，反映了多数村民的意志，更有利于评议结果的公正性和公开性③。

村干部的权利是由村民通过民主选举赋予的，代表了多数村民的意志和利益。村委会成员如果不能很好地履行职责，没有为多数村民谋福利，甚至损害了多数人的合法权益，就要被罢免。"打分权"握在村民手里，对村里公权力的行使进行制约。由于"打分成绩"直接关系到每位村干部自身的待遇、前途，他们就不得不好好地为广大村民谋福利。

---

① 马宝成：《民主监督：农村基层民主的新生长点》，《国家行政学院学报》2011年第6期，第23～27页。
② 钟裕民、刘伟：《新农村建设中村级公共品供给的激励与监控——基于对村委会和村民之间委托代理关系的考察》，《农村经济》2008年第3期，第35～38页。
③ 徐双敏：《公众参与政府绩效管理的现状与思考——以"民主评议政风行风工作"为例》，《行政论坛》2009年第5期，第15～18页。

民主评议是民主监督的一个重要方式,"打分制度"赋予大多数村民监督权,村民通过行使监督权实现自治,这是村民自治中多数决原则运用的一个方面,是大多数村民利益的体现。

2. 村务公开

村务公开是指村民委员会把处理本村事关国家的、集体的和村民群众利益的相关事项的情况,经由一定的形式和程序告知全体村民,并由村民参与管理、实施监督的一种民主行为。经过多年的实践,村务公开制度已在全国范围内普遍推行,全国95%的村实现了村务公开,村务公开规范达标的村占60%;全国94%以上的县制定了村务公开目录,98%的村建立了村务公开栏,定期、及时公布村庄事务。同时,全国每年约有170万名村干部进行了述职述廉,23万余名村干部进行了经济责任审计,村民评议村干部近209万人次。[①]

村务公开的目的是保障全体村民的知情权。并非所有的村民都可以亲自参与全村事务的管理,对集体所有事项了如指掌,因而,村委会等农村的管理组织需要对其所管理的农村事务定期向全体村民公布,解决村民的疑问,接受村民的监督。没有村务公开,村民就没有知情权,不能充分参与村务;没有村务公开,就没有真正意义上的民主选举,也就不可能有民主决策和民主监督。因此,村务公开在村民自治中的重要性不言而喻。

《村民委员会组织法》第三十条规定了村民委员会实行村务公开制度。除了这一原则性规定以外,该法在其他条文中还对村务公开的内容进行了明确规定。如《村民委员会组织法》第二十三条、第二十四条规定,由村民会议、村民代表会议讨论决定的事项及其实施情况也应当依法公开;涉及政府拨付和接受社会捐赠的救灾救助、补贴补助等资金、物资的管理使用情况也属于应当公开的内容。除了《村民委员会组织法》,1997年农业部、监察部发布的《村集体经济组织财务公开暂行规定》、1998年中共中央办公厅和国务院办公厅发布的《关于在农村普遍实行村务公开和民主管理制度的通知》等文件都对村务公开制度做了具

[①] 陈荣卓、唐鸣:《农村基层治理能力与农村民主管理》,《华中师范大学学报》(人文社会科学版)2014年第2期,第13页。

体规定，以指导村务公开实践。

村务公开的内容都是涉及村民自身重大利益的事项，尤其是财务方面的问题，涉及多数人利益的事项，涉及多数村民关心的问题。只有实行村务公开，设立村务公开监督小组，对村级公权力进行制约，才能保证多数人利益的实现。村务公开监督小组是财务公开的组织保证。①

《村民委员会组织法》规定村务公开的事项要及时公开，一般事项至少每季度公布一次；集体财务往来较多的，财务收支情况应当每月公布一次；涉及村民利益的重大事项应当随时公布。村务公开要坚持定期公开与随时公开相结合，同时还要坚持及时公开，随时随地监督，从而有助于保障多数人利益不受公权力的侵犯。② 如果村委会不公开、不及时公开或者虚假公开村务，村民可通过行使以下权利来保障村务公开。

第一，村民享有查询权。《村民委员会组织法》第三十条规定，村民委员会应当保证所公布事项的真实性，并接受村民的查询，即村民享有知情权、查询权。

第二，村民享有申诉权。村民可以向有关机关申诉，责令村委会公开村务。《村民委员会组织法》第三十一条规定："村民委员会不及时公布应当公布的事项或者公布的事项不真实的，村民有权向乡、民族乡、镇的人民政府或者县级人民政府及其有关主管部门反映，有关人民政府或者主管部门应当负责调查核实，责令依法公布；经查证确有违法行为的，有关人员应当依法承担责任。"

第三，村民享有监督权。村民可设立村务监督委员会或其他形式的监督机构监督村务公开。《村民委员会组织法》第三十二条规定："村应当建立村务监督委员会或者其他形式的村务监督机构，负责村民民主理财，监督村务公开等制度的落实，其成员由村民会议或者村民代表会议在村民中推选产生，其中应有具备财会、管理知识的人员。村民委员会成员及其近亲属不得担任村务监督机构成员。村务监督机构成员向村民会议和村民代表会议负责，可以列席村民委员会会议。"

---

① 梁荣：《从广州农村村务公开的实践看农村经济社会发展管理体系的完善》，《广东行政学院学报》2009 年第 3 期，第 26~30 页。

② 章剑生：《知情权及其保障——以〈政府信息公开条例〉为例》，《中国法学》2008 年第 4 期，第 145~156 页。

村民查询权、申诉权、监督权的规定，使村务公开落到实处、村民知情权得以保障，这是保障多数人权利的前提。村务监督委员会成员也必须是民意所向的村民，经由村民会议、村民代表会议推选产生。

村务公开保证了村民对集体事务的知情权，是其行使监督权的前提。而随着互联网在农村地区的普及，我们可以更多地探究利用这种新型工具进行村务公开，使不在本地的村民也能随时掌握本村近况，最大限度地维护村民的利益。

3. 罢免

民主不仅意味着遵守少数服从多数的原则，同时意味着可以通过选举进行个人权利的让渡或委托。然而被让渡的权利要真正体现选民的意志则有赖于选民对罢免权的行使。罢免是选举的延伸，是指选民对于不满意或不称职的当选人，在其任期届满前用投票的方法免除其职务的法律行为。在我国村委会的选举制度中，选举权和罢免权更是不可分割的整体，罢免权是选举权的后续，如果光有选举权而不能落实罢免权，选举权就是不彻底的、不完整的。①

《村民委员会组织法》第十六条规定："本村五分之一以上有选举权的村民或者三分之一以上的村民代表联名，可以提出罢免村民委员会成员的要求，并说明要求罢免的理由。被提出罢免的村民委员会成员有权提出申辩意见。罢免村民委员会成员，须有登记参加选举的村民过半数投票，并须经投票的村民过半数通过。"该条规定了罢免程序的"双半"原则及村委会成员的申辩权。服从多数与保护少数是相辅相成的，二者不可分割。该条规定是多数决原则下被罢免村民个人权利的有效保障。保护少数是少数服从多数原则的内在要求，"只有多数真正在政治上以平等的态度对待少数、保护少数，少数才能心情舒畅，才能真正做到服从多数"②。

如果村委会不召集村民会议进行罢免表决，村民可向乡镇人民政府申诉，要求乡镇人民政府出面组织或监督村民会议的举行。如果乡镇政府也没有及时召集村民会议投票表决罢免的话，村民可以按照《村民委

---

① 胡健：《论村民自治中罢免制度的发展与完善》，《华东师范大学学报》（哲学社会科学版）2006年第5期，第32~39页。

② 颜杰峰、邵云瑞：《关于正确处理党内多数与少数关系的思考》，《理论探讨》2009年第5期，第121~125页。

员会组织法》第二十一条"有十分之一以上的村民或者三分之一以上的村民代表提议,应当召集村民会议"的规定,自行召集村民会议,选出罢免委员会,主持罢免大会。如果以上措施都不能达到应有目的,还可以乡镇政府不作为为由,提起行政诉讼。村民自治罢免权的行使只要有利于村民利益的实现,在不违反法律的情况下都应给予肯定。

(三) 民主监督的组织创新

1. 村民代表会议的民主监督

对村民代表会议的民主监督是村民自治中民主监督的重要内容。当前许多村庄,村民代表会议的职能正在逐步从民主决策拓展到村务监督方面,如天津市的武清区、河北省的青县、江苏省的太仓市等都有对村民代表会议进行有效监督的尝试,主要做法是通过每年听取和审议村委会工作报告和村干部述职报告、评议村党支部和村委会班子成员等方式,加大对村党支部和村委会干部的监督,完善村民代表会议制度。天津市武清区自1999年在全区推行村民代表会议制度以来,村民监督机制发挥了不可替代的积极作用。该区的村民代表会议内设民主理财小组和村务监督小组,两个小组的成员由全体村民代表在与两委班子无直系亲属关系的村民直接选举的代表中推选产生。民主理财小组与村务监督小组的职责稍有不同,其重点是对村财务预算和收支进行审核,实施"两笔、一章、一把关、一公开"制度。也就是说,村里发生的每一笔开支,都要由村党支部书记、村委会主任两人签字,否则无效。光有签字还不行,还要有民主理财小组审核盖章。除了有签字、盖章,还要由镇经管站严格把关,没有经过镇经管站的开支不能兑现。这种一环套一环、环环相扣、相互制约的机制有效分解了财权,防止了权力的滥用。关于村民代表会议每年听取和审议村委会的工作报告和村干部的述职报告的制度,对两委班子成员来说是一个变相的监督,因为对工作报告和述职报告的评议结果会与村干部的使用和工资直接挂钩,这样无形的压力会促使干部尽职尽责。

村民代表会议通过对村级权力的有效监督和制约,正在成为乡村公共权力运行中重要的平衡力量。在村民自治的日常事务中,村民代表会议往往会站在村庄和村民的立场,从而与村党支部和村委会形成一种制衡态势，有效代表村民利益和村庄公共利益进行对话和协商。村民代表会议在参与乡村治理的过程中可利用该组织对村民的影响力和广泛的对外联络关系形成对村级权力运行的各种监督。实践中一些地方的村民代表会议在参与村庄公共事务的过程中，已经表现出该组织在乡村利益格局和权力格局中的制衡作用，切实保障了村民的利益。① 这些都表明，村民代表会议制度是村庄内部权力结构中的重要力量，可以对村党支部和村委会进行监督制约。

2. 村务监督委员会的民主监督

2017年12月，中共中央办公厅、国务院办公厅印发了《关于建立健全村务监督委员会的指导意见》，该意见对村务监督委员会的总体要求、人员组成、职责权限、监督内容、工作方式、管理考核以及组织领导进行了明确。实践证明，人民群众是历史的创造者，村务监督委员会的实践其实在十年前就已经在一些地方开始探索。2004年6月，浙江省A县某村成立了村务监督委员会。该村务监督委员会的成员是从村党支部、村委会成员及其父母、配偶、子女、兄弟姐妹等近亲属以外的村民代表中产生的。按照当时该村的制度规定，村务监督委员会的主要职能是对遵循党的路线、方针、政策及村务管理制度的执行情况实行监督；列席涉及广大村民利益的重要村务会议；对村财务公开的内容和明细以及报账凭证进行审核；对于一些涉及村务的重要事项，建议村委会召开村民代表会议；对没有按照村务管理制度做出的决定，提出废止的建议；参与街道党委对村干部的年终述职考评；对不称职的村委会成员提出罢免意见等。② 村务监督委员会制度的实行取得了一定的硕果，该村的成功经验推动了该制度在A县的实施。

此后，村务监督委员会制度被绝大多数省份提倡施行。比如浙江，2011年浙江省村务监督委员会首次与村党支部、村民委员会和经济合作社完成了同步换届，全省99.98%的村务监督委员会完成换届工作。③ 北

---

① 马宝成：《乡村治理结构与治理绩效研究》，《马克思主义与现实》2005年第2期，第41~47页。
② 叶海：《浙江99.98%的村务监督委员会已完成换届》，2011年6月21日，浙江在线新闻网，http://zjnews.zjol.com.cn/05zjnews/system/2011/06/21/017615539.shtml。
③ 叶海：《浙江99.98%的村务监督委员会已完成换届》，2011年6月21日，浙江在线新闻网，http://zjnews.zjol.com.cn/05zjnews/system/2011/06/21/017615539.shtml。

京市于 2011 年 6 月发布了《关于建立村务监督委员会工作的意见（试行）》，该意见规定村务监督委员会负责监督村级重大事项、村级财务收支等 7 个方面的职责。同时该意见还规定村务监督委员会可受理村民投诉，并督促村民委员会对村民投诉的问题进行整改。① 山东省委、省政府于 2011 年 6 月出台了《关于在全省农村实行村务监督委员会制度的意见》，该意见明确提出将村务监督委员会制度的推行纳入村民委员会换届选举整体工作中，成为村委会工作业绩的一个重要组成部分，并要求在 2011 年底前在全省所有建制村建立村务监督委员会。②

3. 联户代表制度

为了提高民主监督的效率，同时又保障村民的合法权益，一些农村地区曾经尝试实行联户代表制度。河南 A 县某镇就是这样一个"先吃螃蟹"的典型。该镇一些村探索村务监督新形式，由每个农户推选一个家庭代表，10 个家庭代表推选一个联户代表，然后由联户代表与村民组长一起组成组委会。而在联户代表中，再按 10∶1 的比例选举出监督委员会成员。在组委会里，村民组长作为召集人，对村组的款物发放、财务收支、土地分包转让等公共事务进行民主监督。联户代表会议每月召集一次，由联户代表、村组包村干部和村组干部组成一个村里的最高权力监督机构。村务监督委员会同时也是联户代表会议的常设机构，主任轮值担任，每人一个月。有了村务监督委员会，村级账目就必须经监委会审批盖章方能入账。村务监督委员会制度不仅使《村民委员会组织法》中民主监督的相关规定得以细化，而且增强了可操作性，大大便利了村民具体行使知情权、决策权、监督权等，也使得村民的诉求有一个充分表达的渠道，增强了基层民主的张力。③ 随着村务相关制度的日益完善，农民群众在村务问题上与村干部的隔阂也日益消除。

不论是村民代表会议还是村务监督委员会、联户代表制度，都代表着村集体大多数人对村集体事务、村干部的监督，是绝大多数人意志的

---

① 陈荞：《北京 3943 村将建村务监督委员会 成员由村民推选》，《京华时报》2011 年 6 月 10 日，第 1 版。
② 卢福营、孙琼欢：《村务监督的制度创新及其绩效——浙江省武义县后陈村村务监督委员会制度调查》，《社会科学》2006 年第 2 期，第 98～107 页。
③ 马宝成：《民主监督：农村基层民主的新生长点》，《国家行政学院学报》2011 年第 6 期，第 23～27 页。

体现，有利于保证人民当家做主目标的实现。

五 村民自治多数决运用的意义

村民自治改变了传统村庄治理的族长模式或长官模式，给予村民对村庄集体事务充分的决定权。而在村民自治中，少数服从多数是最基本的治理方式，这种方式无须要求村民具有一定的知识水平，只需村民从个体利益出发，考虑其所选举出的村干部或者所投票决定的事项是否符合其个人利益。当大多数村民都对关乎其利益的事项做出同一决定时，该决定因体现大多数人的利益诉求即被认为是合法的。当然，这种方式未考虑到集体中每个人的利益诉求，很可能会损害少数群体的利益，或者存在多数村民为谋求自身利益故意损害少数人利益的现象。但就目前我国农村地区的村民自治现状而言，多数决制度不失为现阶段可以选择的村民自治的最好方式。

广大村民在村民自治的过程中，依法直接行使民主权利，通过投票选举出自己信任的人对村集体事务进行管理；通过召开村民会议或村民代表会议对全村集体事务进行决策、管理；通过村民代表会议、村务监督委员会等组织对村务进行民主监督。农村村民自治制度已成为当代中国农村地区最直接、最广泛的民主实践，而村民自治多数决制度对我国农村村民自治具有重大意义。

（一）增强民主意识，提高民主素养

社会主义民主政治建设需要制度化的渠道，同时需要相关主体的积极参与。村民自治的实践对培育具有较高民主意识和民主素养的现代公民意义重大。换言之，现代公民的民主意识、民主素养决定着现代民主政治建设的成败。但是，由于我国历经两千多年的封建专制社会，民主传统长期缺乏。同时，我国又是一个人口众多且整体文化水平有待提高的国家，因此，需要不断通过理论教育和实践探索来提高广大人民群众的民主素养。广泛而直接的民主实践，即基层群众自治实践，使民主这个抽象的概念变得具体而贴近群众，易被接受和掌握，也能使广大人民群众在实践中经受历练、接受熏陶，从而有效掌握现代民主运作的基本

程序和技术，也使得广大人民群众亲身体会到民主政治的真正内涵，进而成长为具有民主意识的现代公民，也为社会主义民主政治建设奠定了广泛而坚实的群众基础。①

现阶段，农村人口在我国总人口中仍占主要部分，基层群众自治制度也主要是针对农村村民而设的。几千年的封建社会使部分农村村民只懂服从，而不擅于表达，更不知民主为何物。村民自治赋予村民以选票，村民利用选票直接或间接地对集体事务进行决策、管理，实现村民当家做主。多数决的运用则体现了多数民主，少数服从多数并非忽略少数人的利益，只是为提高效率，在利益选择上倾向于保护大多数人的利益，从而实现利益的最大化。②

（二）扩大有序政治参与，拓展民主政治建设路径

衡量一个国家政治发展程度的主要指标就是民众的政治参与程度，也是一个国家政治文明的重要体现。西方政治文明高度发展的国家甚至实现了总统选举的全民参与，即所有人都有权选择其认为合适的国家领导人。③ 而我国由于历史原因和经济条件的限制，尚无法在国家领导人的选举上实现全民的政治参与。对于扩大政治参与的方式，长期以来就有着"自上而下"和"自下而上"的争论。④ 从现实来看，我们显然是选择了后者。优先发展基层民主是一个明智的选择。民主是"让民做主"，不是"做民之主"，倘若广大的人民群众无法以有序的政治参与这一方式保障自己作为社会主义民主政治的主体，那么民主就会变成"擅自做人民之主"，变为少数者的利益代表。通过农村村民自治，可以充分调动村民群众的积极性，使村民群众在其中合理表达利益诉求，推动农村集体各项事务形成科学有效的管理。在实践层面，农民群众在其中不

---

① 龙钰、冯颜利：《我国基层群众自治制度的历史进程、现实状况与未来走向》，《求实》2014年第7期，第78~83页。
② 孙力：《民主运作中多数原则与少数权利保护的统一》，《学习时报》2010年6月28日，第A4版。
③ 龙钰、冯颜利：《我国基层群众自治制度的历史进程、现实状况与未来走向》，《求实》2014年第7期，第78~83页。
④ 戴玉琴：《当代中国公民政治参与的启动与推进路径分析》，《社会主义研究》2004年第6期，第128~129页。

但显示出积极参与的热忱,还贡献出解决农村问题的农民智慧和农民方案。吉林省榆树市农民独创性地将"海选"与"竞选"相结合,遴选出符合人民心意的人。这一举措不但彰显了直接民主,更是对民主本质的回归。出于处理村委会与党支部的冲突的考虑,山西省河曲县农民创造了农村党支部成员选举的"两票制",为农村基层党组织的领导权威提供保障。村民自治使得民主在农民中焕发了强大的生机活力,做出了重大贡献,使基层群众自治制度放射出更加灿烂的光芒,极大地提振了人们对中国特色社会主义民主政治建设的信心。

(三) 保证人民当家做主,实现人民民主权利

党的十八大以来,中央一直致力于推进以保证人民当家做主为主题的民主政治实践。要想增强党和国家的活力,就必须充分调动和增强广大人民群众的积极性和创造性,不断扩大社会主义民主,创新民主政治的形式,加快建设社会主义法治国家,发展社会主义政治文明。[1] 源于基层群众自治制度的村民自治就是人民当家做主的一种重要形式。在1987年讨论通过《村民委员会组织法(试行)》时,彭真委员长就指出,十亿人民行使民主权利,实现当家做主是一个国家民主政治的根本性问题。他认为最基本的要素有两个:一是十亿人民通过他们选出的代表组成全国人大和地方各级人民代表大会,行使管理国家的权力;二是在基层实行群众自治,人民群众的事情交给人民群众自己去办,让人民群众直接行使民主权利。后来,我国基层群众性自治实践归纳出四个显著特征,即民主选举、民主决策、民主管理、民主监督等直接民主形式。在基层群众自治制度框架下,广大群众以"海选"等方式,改变了组织任命村委会干部的传统,选出"可心之人";以村民会议、民主听政等形式,对公共事务和公益项目进行商榷斟酌,使民主决策落到实处;以召开会议、制定规约章程等形式,对村内事务进行共同管理,让自我管理不再是一个梦;通过村务公开和民主评议村干部和村委会定期工作报告等方式,不仅实现了对村中重大事务的监督,还实现了对村委会工作及

---

[1] 张文化:《新时期社会主义民主政治建设的理论创新与重大意义》,《中州学刊》2011年第1期,第6~11页。

其干部的监督，为自身的合法权益提供保证。"四大民主"是社会主义政治文明的具体体现，保证了人民当家做主的政治地位，彰显了社会主义民主高度的人民性和广泛的参与性。

(四) 畅通利益表达渠道，维护社会稳定

基层群众和基层组织的稳定与否，直接关系到整个国家的稳定。改革开放以来，我国社会生活发生了翻天覆地的变化，城乡的经济体制、社会结构、利益格局也在随着时代的发展而变化。党的十九大提出，当前我国社会的主要矛盾已经发生变化，由原来的人民日益增长的物质文化需要同落后的社会生产之间的矛盾演变为人民日益增长的美好生活需要与不平衡不充分发展之间的矛盾。广大人民群众对美好生活的需要是多种多样的，而且追求的形式越来越丰富、要求也越来越高。因此，如果广大群众无法通过制度化的方式表达利益诉求、有效维护自身合法权益，体会不到公平和正义，就可能造成社会不稳定。基层群众自治有效地解决了这一问题。首先，农村村民自治和城市社区民主实践能将不同利益群体通过自治活动集聚到自治组织中来，通过民主决议和民主管理协调不同利益群体之间的关系。其次，包括村民自治在内的基层群众自治激发了广大人民群众当家做主的主人翁意识。最后，基层群众自治还有利于发挥人民群众的力量，遏制城乡社会中的丑恶行为和丑恶势力，维护社会的公平正义。[①]

(五) 提高村民自治效率

农村村民自治能有效地增强村民的民主意识，提高村民的民主素养，拓宽村民的利益表达渠道，实现人民民主权利。[②] 但由于利益主体的差异性、利益诉求的多元化，在选举时不可能存在所有选民都选择同一候选人的现象，在决策时不同村民的选择亦会不同。为化解这些冲突，村集体必须通过不断的协商和讨论，直至达成一致意见。但在实践中，每

[①] 龙钰、冯颜利：《我国基层群众自治制度的历史进程、现实状况与未来走向》，《求实》2014年第7期，第78~83页。

[②] 王艳萍、朱缘：《村民自治视阈下的协商民主及其发展研究》，《长春理工大学学报》(社会科学版) 2014年第5期，第27~29页。

次都能达成一致意见的概率为零。若硬性要求所有决定均需村民会议所有成员同意方可实行，则需要耗费大量的时间和金钱。当今社会瞬息万变，时间成了非常宝贵的财富，这就要求村民必须在尽量短的时间内做出决定，且该决定需满足大多数村民的要求。因此，多数决的运用尤为必要。无论是在民主选举中，还是在民主决策、民主监督中，通过少数服从多数的方式总能很快地产生结果，虽然该结果可能使部分村民不满意，却是民主和效率权衡中的最佳选择。民主是指有选举权的村民都参与投票，效率是多数人的选择即是最终选择。村民自治中多数决的运用，能迅速地选出村庄的领导人，最大限度地缩短做出决策的时间，提高村民自治的效率。

（六）维护多数村民的利益

村民团体之间、不同村民个体之间，不可避免地存在利益矛盾。化解这些矛盾，不可能单纯地依靠协商，亦不能使用原始的"弱肉强食"的方法，必须以民主的方式解决。例如，在集体事务的决策、管理中，或许甲方案对一部分村民有利，乙方案对另一部分村民更有利，就甲、乙方案的选择，双方不可能达成一致，又无法以传统的"暴力"方式解决。在这种情形下，应该对该两种方案进行集体协商，投票解决，以少数服从多数，按多数人选择的方案执行，最终形成的方案可能无法满足所有人的意愿，却是多数人选择的结果。村民自治多数决，即按大多数人的意愿行事，目的是达成合意的同时体现村集体的最大利益。虽然维护大多数人的利益并不代表能实现村集体利益的最大化，但在少数人和多数人利益矛盾的前提下，只能牺牲少数人的利益以维护多数人的利益。

事实上，多数决原则虽然在村民自治中发挥了重要的作用，但该原则下的村民自治仍存在许多弊端。民主的广度、深度和范围，是评价民主的重要尺度。[1] 民主的广度其实是可以用数字计算出来的，形象来讲，就是实际参与决策的人数除以该社会成员总数所得的百分比。民主的深度可以通过人民群众在决策公共事务时的积极程度表现出来。因此，能

---

[1] 赵玉洁：《民主：作为一种价值理念与社会机制》，《理论学刊》2005年第10期，第19~23页。

否对公共事务管理者进行充分的监督,使乡村事务做到公开、公正、公平,又涉及民主的范围问题。尽管我国基层民主实践已经取得了丰硕成果,但实事求是地讲,我国村民自治制度在民主的广度、深度和范围这三方面还存在局限性,还需要进一步完善。[①]

[①] 蔡向东:《宗族观念与农村民主选举制度》,《长春理工大学学报》2011年第6期,第48页。

第三章　村民自治多数决的弊端分析

　　村民自治多数决通常是在一个村庄中，对于属于村民自治范围内的各项事务，由村民按少数服从多数的原则共同决定，多数人的意志对少数人的意志具有拘束力，贯穿村民自治的民主选举、民主决策、民主管理、民主监督整个过程。多数决的方式有利于村民进行自我管理、自我教育、自我服务，为冲突的解决和决策的形成提供量化的标准，真正实现村民自己当家做主，管理好本村的事务。其价值主要包括四个方面：一是民主启蒙，二是权利觉醒，三是提高效率，四是实现基层民主。①但是，正是因为村民自治多数决在选举、村集体事务管理、生产经营等方面只要突出一个"多数"，即形成有效的决策，纵使存在反对的声音，也必须服从多数人的意志。从抽象上看，其实质可以概括为多数人意志与少数人意志的力量斗争。在多数决制度的理论语境下，多数人的意志即意味着正义，多数人的意志是从为实现村民集体利益、保护村民的角度出发，因此遵守和执行该决策符合我国公平正义和社会有序管理的要求。但是，在实际中，我们不得不认真审视村民自治多数决的局限性与脆弱性，少数人的意志可能是对多数人意志非正义的反抗。在我国，由于村民自治法律制度建设不完善，村两委与乡镇政府的权力分界不清，村民自身素质、思想政治觉悟不高，农村遗留的落后历史文化问题等原因，在村民自治多数决的施行过程中，存在借村民自治的名义限制和侵犯少数村民的合法权益，以合法之名行非法之事，绑架村民意志的现象，此时易形成多数人的暴政。对于这个问题，在中国特色社会主义民主的发展过程中必须予以正视与重视，才能保障民主的早日实现，使基层民主不仅仅符合多数人的利益，更保护少数人的正当权益。

---

① 于建嵘：《村民自治：价值和困境——兼论〈中华人民共和国村民委员会组织法〉的修改》，《学习与探索》2010年第4期，第73页。

一 村民自治多数决弊端类型

村民自治多数决是实现基层民主的有力手段，但因农村社会的固有特点及村民多数决本身的弊端，加之我国村民自治制度仍不完善，它在实施过程中出现了些许瑕疵，主要可以从以下三个思路进行弊端分析：第一，基于多数决程序的脆弱性，多数决程序被势力主体操控，致使多数村民做出不符合其真实意思的决定，可以简要概括为"程序不正义"；第二，基于村民自身对法律、专业知识、行为性质等认识的局限性，通过正义的程序对某事项做出决策，但是决策内容本身不合理或者不合法，致使少数特殊群体的利益受损，可以简要概括为"内容不正义"；第三，对于村民多数决的决策结果，在程序和内容上皆合法公正，决策结果必须执行，且具有执行的可能性，但是多数决必然意味着存在一部分反对的声音。此时，村民多数决的结果在执行的效果、方式、村民参与等方面需进行问题导向性分析。

（一）程序不正义：民主程序易受操控，致使多数村民意志扭曲

我国村民自治的法律建设存在不完善的地方，使得多数决的方式在操作的过程中存在一定敏感性和脆弱性，相应保障机制的缺乏又使得村民自治多数决易被非法操作，沦为部分强势主体谋求非法利益的"保护伞"。通常，多数村民共同做出的决定被大部分人认可，因而其在相对程度上也被认为是合理的、需要服从的。但是由于村民多数决程序的脆弱性和敏感性，宗族势力、黑社会势力等可能入侵基层民主自治，操控村民选举的意志、干涉村民决策的自由，使得村民自治丧失了实质效用。比如村民认知的局限性被利用，村民受到蛊惑后愿意卖出选票，或者在受到威逼利诱的情况下参与投票，更有甚者，被暴力相待，被迫做出选择。这些都成为原本代表着民主、公平的公共事务处理方式的多数决原则在农村村民自治中的巨大障碍，使得农村民主自治成为一纸空文。由于多数村民的意志受到来自外部的威胁和诱惑而扭曲，当多数人的意志在特殊情况下受到来自外部势力的干预时，多数决的民主程序被非法目的或者非法手段操控，使得大量程序不公正、非正义的实质内容充斥于

表面民主的程序中。此时形成的多数人的决策是错误的，体现多数人意志的决策则是非公平、非正义的。由于农村特殊的文化传统、经济条件和村民素质等因素，熟人社会的弊端不可避免地存在着，村民意志很有可能被一些在某方面资源见长但一心只谋私利的人操控，如受到宗族势力、黑社会势力以及其他人的金钱诱惑等影响，村民做出了并非自己原意的决定，顺从了谋求私利的人的意愿，而损害了少数村民的利益，甚至村民的集体利益，导致公民意志被绑架，真正的民主得不到实现。

1. 宗族势力的影响

我国农村自古以来便是自给自足的小农经济社会，绝大多数农民生长在黄土地上，扎根在黄土地上，人口流动较小，加之农村大多比较偏僻，交通闭塞，熟人社会便因此形成，宗族是其中很重要的存在。由于我国几千年的传统，宗族势力是中国乡土的一个基本特质，宗族现象作为一种在我国乡土社会中发挥一定作用的客观现实，对村民自治产生了深远的影响。在我国农村普遍实行村民自治后，一些农村的宗族之间由于历史积怨或争夺利益的原因，拉开了加紧争夺村委会控制权的序幕。在农村往往存在一两个大姓，作为村中的大宗族存在，人口占到该村总人口的半数以上。宗族在一起时便起到团结抵御风险、维护宗族集体利益的作用，其拥有丰富的人脉资源，运用多数决方式表决时往往具有优势，因此就容易产生大宗族主义、抱团主义，使村集体带来的好处大量向该姓家族倾斜。有的地方还存在宗族势力借机左右选举的现象，宗族控制的常用手段是先由族长出面推出代言人，然后通过串联、游说和操纵，利用宗族势力票多的优势获取村委会选举的胜利。还有的地方存在几个大的宗族，各宗族之间形成僵局，因而按姓氏大小瓜分选票和干部名额。有的地方某一宗族的人员常年担任村书记或者村主任等一把手，控制着农村事务的管理，阻碍了村民自治，严重影响了农村的发展与进步。由于宗族势力的负面影响，村民不可能按照德才兼备的原则选举村干部，只能盲目顺从、违心投票，使公正、廉洁并且有能力的候选人无法当选。还有些宗族势力暗中操纵村委会成员的改选，甚至与地方政府对抗。[1] 宗族

---

[1] 赵培章：《村民自治中的一种非制度倾向——村民自治中的异化现象分析》，《云南行政学院学报》2006年第4期，第125~127页。

同"村"皆为中国农村社会的基层组织形式，是中国传统社会中最基本和最重要的组织单位和行动单位。虽然宗族文化在人民公社化时期受到了重创，宗族身份被意识形态身份代替，出现人们身份判断的新标准。但是随着人民公社化的结束、国家权力的退出，20世纪80年代，村民自治制度的推行、农村权力真空带来的社会秩序的混乱，为宗族制度的复苏提供了很好的土壤，沉寂了一段时间的宗族势力得到恢复。宗族势力的恢复在一定程度上提高了农村凝聚力，促进了农村经济的发展，但是宗族势力的复兴给基层民主自治带来的更多是负面影响，他们从某些方面影响村民自治的进程，形成了"同姓一家人"的暴政。

（1）影响村民选举，破坏选举公平性

由于社会、历史等原因，我国农村基本上都是同姓宗族成片存在。在某些地方，宗族出于姻亲或者其他一些原因密切联系，形成利益共同体。在村民委员会选举的过程中，他们渴望在基层政权中占据一席之地，因而选出宗族精英参与选举，试图在基层政权中占据主导地位，于是便会出现某个或某几个宗族为自己宗族的人员竞相出力的情况。对于这种情况，一方面，宗族亦是集体意志的体现，弥补了村民个体力量薄弱、民主意识不强的缺点，当两个甚至多个宗族竞争时，有助于培养基层政治参与的文化氛围，因为在宗族领袖的带领下，各宗族成员为了自己的利益和宗族荣誉而参与到选举和集体事务决策中来；另一方面，宗族必然是村民自治、实现基层民主的消极因素，在我国村民综合素质、政治觉悟不高的背景下，宗族竞争容易导致村民委员会选举的失序和形式化，倘若宗族间力量非均衡，则执掌权力的管理者会以宗族代表的身份，利用手中的权力为宗族谋私利。综上，辩证看待，宗族势力的影响在民主选举及其后续影响中弊大于利。在选举中，某些宗族为了本宗族的利益，扰乱选举，插手或直接操纵基层的选举。[①] 诸如现在宗族内部选出参选代表，在接下来的民主选举程序中将选票集中投给该代表，让宗族精英进入村委会，甚至某姓代代年年担任该村的一把手，从而为本宗族谋利益。由此直接损害其他村民的选举权和被选举权，破坏了村民选举应公

---

① 瞿州莲：《当代复兴宗族的特征及其对村民自治的影响》，《广西民族研究》2003年第3期，第16~19页。

平公正的要义。① 现阶段，某些农村的村委会选举，往往已经蜕变为各宗族间力量的抗衡。有的通过"给好处"的方式诱惑村民选举自己的族人；有的以暴力相威胁，迫使基层干部让位于其宗族成员。位于我国南方某省某县的钟汪村，该村村民有钟、汪、李、陈四姓，钟、汪是该村的两大姓，这两姓宗族为了本族候选人入选发动亲朋好友一起拉票，同时积极拉拢李、陈二姓的人，较量双方实力。而李、陈两姓由于人数较少，自知无法与大姓抗衡，在选举中没有优势，基本持徘徊观望的态度，在村中也一直有种"被统治""被左右"之感。这种情况严重破坏了选举的公平性和基层民主，不利于农村社会的持续发展。

（2）影响村委决策，破坏决策公正性

宗族之所以选择以这样或那样的方式企图植入村民自治的制度之中，主要还是出于自身利益的考量。一般来说，可以将宗族看作一个利益共同体，这个共同体通常由血缘关系相近的同姓村民组成。由于农民自身认识的局限性，他们的个体诉求与农村社会的人情关系相结合，从而推动了宗族势力的形成。为了实现共同的利益，宗族势力会控制诸如村委会之类的村民自治组织，以更加方便地表达该宗族的利益诉求。具体表现为，一个宗族通过各种方式将这个利益共同体内相对有能力或者有权势的个体代表植入村干部的队伍之中，慢慢侵吞整个村委会的职权以及功能，一手把持村委会的日常工作，将衡量村委会决策的标准异化，即按是否有利于本宗族的共同利益标准决策，从而排斥其他村民或者损害势力较小的宗族的合法权益，以达到只为本宗族的人谋福利的目的。例如，在农村划分宅基地、承包土地以及基础设施建设等方面，宗族势力利用自身在村委会中的力量使本族人获得更多的好处。在实际生活中，即使宗族势力没有做到将大部分村干部家族化，对于其他村干部，该宗族通过施加各种压力，强迫村干部违背公平正义的原则，做出有利于本宗族的决定或者决策。当村干部没有按照宗族的意志行事时，由于其庞大的势力，他们往往采取消极观望、不配合甚至暗地里对村委会工作设置障碍的方式来干扰村干部正常履行职务。

---

① 张曙晖：《村治中的宗族政治表达——以大理周城白族村为例》，《学术探索》2006年第3期，第52~55页。

宗族观念的消除绝非易事，其在农村已然根深蒂固，并且将长期影响村民自治的民主化进程，对村民自治多数决不断提出挑战。因此，在我国基层民主化的进程中，缓解甚至破除宗族因素对村民自治多数决的影响至关重要。本书认为可以从以下几方面着手。第一，加强宣传教育，使村民认识到选举权的使命性和社会性，认识到宗族抱团对基层民主以及其他小姓宗族的严重危害，从而可以从更加客观、更加哲学的角度，立足农村政治文明，参与到村民自治的进程中。第二，依法惩戒违法行为，加强法律的威慑力以及对村民自治多数决的保护，乡镇政府等权力机构要加强监管，合理引导，对于不法行为要及时纠正和劝阻；对于已经造成不良后果或者不听劝阻的，要及时采取强制措施，防止危险的进一步扩大，并依法果决地惩处违法分子。第三，要及时纠错，对于的确是因宗族势力操控而中选的村干部，或者中选后显然地利用手中的权力偏袒宗族，造成差别对待、不公不正的，要及时依法启动相应的纠错机制，如罢免程序等，使公正尽快恢复，使受损的民主尽快修正，还百姓一个信心，还村庄一片清朗。

2. 黑社会势力的影响

黑社会势力的侵蚀和干扰是各国民主进程中出现的一个突出现象，不只是资本主义国家，属于社会主义的中国亦存在这种现象。在我国实行村民自治以前，农村也处于国家自上而下的控制模式中，农村没有现在由农民自己决定自己事务的自由的开阔环境，当时黑社会势力在政治舞台上没有存在的空间；自从国家把农村政治的主导权交给农民后，黑社会势力便见缝插针，企图涉足农村的政治空间，并寻找貌似合法其实隐含着非法目的的土地。鉴于黑社会势力对村民自治的破坏之大，必须给予黑社会势力高度重视。[①]

在整个中国农村经济社会发展中，黑社会势力在有些地方非常猖獗。有些黑社会势力利用其背景，通过暴力、威胁、欺骗、贿赂等手段参与到村民自治过程中，影响农村公共资源的配置和农村区域治理。他们成为村干部后，沦为村霸，参与土地等各项资源的掠夺，以敲诈勒索、故

[①] 李乐平：《村民自治的"异化"及其治理》，《玉林师范学院学报》2010年第4期，第65~71页。

意伤害、寻衅滋事、聚众斗殴等手段为害乡里、鱼肉百姓。黑社会势力因其本身就具有违法犯罪的属性，因此其对社会的影响和破坏更大，当其干涉村民自治多数决程序时，不仅是对民主程序的破坏，更有可能损害村民的人身和财产权利，破坏农村的和谐。

(1) 行为方式

黑社会势力对村民自治多数决的破坏，主要有两种行为方式：第一，操控多数决程序，使自己或自己的意志成为多数民意的体现，比如利用强权威逼利诱，使自己成为村委会成员，进而获得当权地位，从而为自己的黑社会组织服务；第二，破坏多数决进程，使民主程序无法进行，更有甚者企图使民主程序按其意思运行。

(2) 严重破坏选举的合法性

在村民换届选举中，一些黑社会势力采取暴力手段威胁群众，让群众投票给他们指定的人，或者逼迫某些候选人退出选举，以使他们的人当选。他们还积极拉拢贿赂乡镇干部，寻求他们作为"保护伞"，从而操纵基层选举。为了得到基层政权，一些黑社会势力把那些不支持他们的人视为"眼中钉、肉中刺"，采取种种手段进行威胁、恐吓、打击、报复，对当事人的生命财产安全构成了直接威胁。[①] 村民迫于无奈，只得违背自己意愿，将权利交予他人。个别地方甚至出现两拨黑社会势力为了竞选互相"厮杀"，造成村庄不得安宁的局面，有些人甚至为之付出了生命的代价。个别黑社会势力通过操纵和威逼利诱，帮助黑社会头目"强行入主"村民委员会，"绑架"村民，扭曲村民意志，造成选举流于形式，基层民主得不到实现。

(3) 入侵经济领域

黑社会势力介入农村基层政权，并不是为了在政治上有所建树，更不是出于为村民服务的目的，驱使他们介入政治领域的直接动机是经济欲望。敛财牟利，既是乡村黑社会势力存在的目的，也是其赖以生存的经济基础，没有强大的经济实力作为后盾，他们寸步难行。他们干预土地的承包、流转，通过各种形式向农民征收保护费。以村委会作掩护，

---

① 熊辉、王孔容：《农村黑恶势力现象的成因及根除对策》，《中州学刊》2007年第6期，第110~112页。

从事非法经营活动，有的甚至演变成犯罪集团。他们不按市场规则办事，而是秉持暴力，用"黑色法则"欺行霸市，敲诈勒索，强买强卖，垄断市场，抢占基层工程，甚至非法占有和开采国有矿产资源。[1] 他们把农村变成他们的黑恶基地，侵犯农民利益，阻碍农村经济健康发展。

  黑社会势力不仅是一种反抗社会的犯罪势力，还是一种隐含着某种政治欲求的社会力量。在我国现阶段，其不仅严重地影响了农村的社会治安，还严重地侵袭、腐蚀甚至吞噬着农村基层组织，干扰农村基层组织发挥自我管理、自我服务的功能。在黑社会势力的影响下，甚至出现极少数地区的农村基层组织显露出黑社会化的趋势。这些农村黑社会势力渗透基层政权，危害民主法治，严重损害了农村社会经济发展和政治和谐，阻碍了社会法治建设。

  黑社会势力并非常态，也并未遍布中国农村，但仍不容小觑，因为黑社会势力对村民自治的破坏力极大。黑社会势力不仅扭曲了村民自治的民主制度，损害了广大农民的切身利益，还混淆视听，使农民对村民自治产生错误的认识，严重动摇了他们对村民自治的信心。长此以往，农村社会的和谐稳定就会受到威胁。因此，地方政府应当高度警惕黑社会势力，努力做到防患于未然。[2]

  而要防止村民自治"异化"成黑社会势力"自治"，必须从源头上系统地铲除农村黑社会势力生存的土壤。首先，在思想意识上，乡镇政府和党委干部自身必须有一个正确的认识，既要避免开门揖盗、以恶治恶现象，也要避免以恶治良。我们必须深刻认识到黑社会势力对乡村发展的重大阻碍、对村民自治的严重破坏。其次，在组织制度上，要严格依法选举村干部。严格按照《宪法》、《村民委员会组织法》以及相关法律的规定，切实发挥民主选举本身的程序作用，通过民主选举把那些为人正派、有法律意识而又敢于担当的优秀人才选拔出来担任村干部，这样才能在优秀人才的带领下管理好农村，发展好农业，服务好农民。最后，对于干部任职到期的、干部本身有特殊情形的，要及时改选、撤换

---

[1] 刘立新、鲍晋选、张玲之：《黑风搅起几层浪——黑恶势力染指农村基层政权透视》，《领导科学》2002 年第 14 期，第 46~47 页。

[2] 赵培章：《村民自治中的一种非制度倾向——村民自治中的异化现象分析》，《云南行政学院学报》2006 年第 4 期，第 125~127 页。

村干部，严防黑社会势力渗透，坚决铲除黑社会势力生存的组织土壤。① 与此同时，司法机关也应加大打击农村黑社会势力的力度，断掉黑社会势力操纵村民自治的后路，让黑社会势力无处藏身。

3. 贿选等非法图谋的影响

近年来，不少农村选举中贿赂、欺骗、威胁等乱象丛生。现行的《村民委员会组织法》对采用贿赂等不公平手段参与选举的效力做了进一步规定，以保证基层选举的公平性、民主性。②

贿选作为乡村选举的"怪胎"与我国现阶段的国情有关，与农村现阶段经济形态有关，与村民自身素养有关，也与当前我国实行的村民自治制度本身不完备有关。农村地区的村民自治并非真正由农民自身决策、管理村庄大小事务，事实上，是通过村民直接选举出来的村民委员会对村庄进行管理。农村虽然经济普遍不发达，但仍存在较大的权力寻租空间。因而部分村干部上台后，并不致力于改善农民生活，发展农村经济，为村民谋利益。他们更多的是希望通过这一平台牟取自己的经济利益或政治优势，通过各种手段拉拢村民。而对村民来说，谁执政都一样，所以他们乐意将自己的选票以几元到几百元不等的价格卖出去。

（1）行为方式

在村民自治实践中，村民无法摆脱其狭隘思想，民主意识薄弱，在选举中意志扭曲，不能理性进行判断，慎重对待手中的权力，造成农村村民自治制度在很多村民看来可有可无，违背这一制度设计的初衷。当然，扭曲村民意志的非法方式不仅局限于金钱贿赂。我国农村是典型的熟人社会，邻里之间、亲戚之间在日常生活中少不了请客送礼。俗话说："吃人家的嘴短，拿人家的手短。"所以，村民所选出来的村干部要么是自己的亲戚，要么是邻居，要么是朋友。因此，在村

---

① 李乐平：《村民自治的"异化"及其治理》，《玉林师范学院学报》2010年第4期，第65~71页。

② 《村民委员会组织法》第十七条规定："以暴力、威胁、欺骗、贿赂、伪造选票、虚报选举票数等不正当手段当选村民委员会成员的，当选无效。对以暴力、威胁、欺骗、贿赂、伪造选票、虚报选举票数等不正当手段，妨害村民行使选举权、被选举权，破坏村民委员会选举的行为，村民有权向乡、民族乡、镇的人民代表大会和人民政府或者县级人民代表大会常务委员会和人民政府及其有关主管部门举报，由乡级或者县级人民政府负责调查并依法处理。"

干部选举和村委会工作时，村民碍于情面，即使心里不同意、不愿意，也拒绝说"不"，造成村民虽在自由表达其意志，却隐藏真意，非其内心真实意思的表达。

(2) 不良后果

因选举产生的上访问题，在一些地方很突出。贿选等选举乱象的存在不仅严重破坏选举的公平性，变相剥夺普通群众的被选举权，而且极易导致选后腐败，严重破坏选举风气，阻碍了村民自治制度的落实和发展。虽然一些地方正在积极探寻打击农村选举乱象的有效措施，但是近年来，该现象却呈现出屡禁不止，甚至蔓延扩散的趋势。这是因为许多不法之徒看到了农村发展中的经济利益，企图从中窃取集体财产。这一方面与民主理念未深入农民的心中有关，很多农民仍没有把民主选举当作关乎自己切身利益的事情，纯属看热闹，认为谁当选都可以；另一方面也暴露出我国的基层选举不规范、村民自治多数决制度仍不健全的现状。

贿选等非法图谋因素影响村民意志，不仅需要国家在制度上进一步完善村民选举制度甚至村民自治，而且需要国家对村民进行民主政治教育，增强村民的权利意识和主人翁意识，真正做到自己的事情自己做主，剔除老旧观念，使其成长为新一代的农民。

(3) 解决措施

首先，引导村民树立民主意识，正确行使选举权。村民是村民自治的主体，村民直接投票选举自己的当家人，决定权掌握在村民自身手上，这是村民自治的基础，也是村民参与民主管理的主要途径。因此，要解决贿选问题关键取决于村民能否正确地行使选举权。民主选举是村民自治的前提和关键，是基层事务得以开展的保障，是农村基层民主建设的重要组成部分，与民生和本村的发展紧密相关。贿选具有极大的社会危害性，一方面，贿选影响选举的公正性，极大损害村民自治中的民主选举制度，严重破坏社会风气；另一方面，一旦贪图一时利益使不法者当选，意味着他们距离非法目的的达成又近了一步，贿选者的初衷一定不会是为集体服务，而是企图以权谋私。贿选者当选后，他们只会利用自身合法地位和手中的公共权力设谋攫取利益，既变本加厉地捞回自己的贿选成本，又损害其他村民的利益。此时为集体服务的宗旨早已抛之脑后，最终断送本村的发展前途，不良后果的最终承担者还是村民。① 所以要让村民重视自己的选举权，选好人、选对人，切勿为了一时的小利而放弃长远的大计。

其次，完善法律规定，严格查处贿选行为。根据《村民委员会组织法》第十七条的规定来处理贿选行为，存在两大现实问题：第一，受理举报单位太多，虽方便了举报人，但是容易导致职权不清、相互推诿，以至于错失及时处理的良机；第二，未在此条中直接规定贿选人应当承担的责任，导致其刚性不强、威慑力不强。因此，在民主选举立法上，既要明确村民的"权"，也要严肃贿选人的"责"；既要完善法律，又要狠抓落实。

总之，在整体上，由于村民自治多数决本身的脆弱性和村民的软弱、国家保障机制的不足，在中国基层民主文明的进程中，存在包括传统宗族势力、现代黑社会势力、贿赂等非法意图在内的因素直接或间接地影响村民在自治过程中真实意思的表达。不法者以各种方式参与整个村庄利益的分配，干预集体公共事务的决策，甚至掌握着集体财政，剥夺或限制村民权利，扭曲村民意志，使村民不敢反抗、不能反抗，破坏基层民主。这些势力的存在，挡住村民理性的声音，是村民自治实践中的重大阻碍，也是今后国家完善村民自治制度的重大方向。村民自治多数决的民主基础之所以会受到如此大范围的破坏，原因在于其利用了村民软弱的性质，且缺乏有效上诉机制和监督机制。在村庄内部，可以考虑设立村务监督委员会，形成一股新的制衡力量，同时可适当引入现代科技，支持村民自治，如与上级党委和政府之间的在线留言，在网络上进行村务公开，接受村民乃至网民的监督等。

（二）内容不正义：决策内容易被异化，致使特殊群体利益受损

在村民自治的视域下，无论是直接民主还是间接民主，其基本原则都是"少数服从多数"，该原则的优点在于每个村民手上都拥有一票的权利，其投票具有相同的效力。这样产生的结果符合大多数人的利益需

---

① 李乐平：《村民自治的"异化"及其治理》，《玉林师范学院学报》2010年第4期，第65~71页。

求，易被大家认可。但是少数服从多数原则，在现实社会中往往是以多数人牺牲少数人的利益为结局的。在这一原则掩盖下，多数人公投产生的方案大多只体现多数人的利益，这样一来，少数人的利益很可能以合法的形式被掩盖和限制。

随着信息时代资讯的快速传播，我们看到越来越多隐藏在村民自治多数决暗礁下的"不民主"，诸如四川省某村民的村民资格被剥夺一案，无不在提醒着我们村民自治的民主是否真如我们所预想的那样正确、科学、合理，多数决是否能真的符合我国基层民主的要求。我国农村地区村民民主权利意识不强、知识文化水平不高、社会责任感不强，目前有关村民自治的法律制度不完善，有关村民自治的法律只有《村民委员会组织法》，而没有统一的《村民自治法》，村民自治制度并未完全纳入法律体系，缺乏系统地规范村民自治内容的法律和有效监督，对个体权利侵害的救济机制还尚未建成。[①] 而我国现有的民法、刑法、行政法等法律体系也几乎没有涵盖到村民自治中的权利救济，村民自治中对少数村民权益的保护尚属空白，现实中普遍存在少数村民权益被侵害的现象。多数决可能沦为非法目的的美丽外壳，影响着农村地区的民主进程。

如今，由于过分强调多数决原则，忽视少数人的权利保障的案例越来越多，民主也逐渐沦为多数人实施暴政的手段。民主制度应该有对人性的最起码的追求和反省，在追求自我自由的同时，也应当尊重他人的权利和自由，否则终将会把民主推向多数人暴政的深渊。[②] 当少数人生活在多数人的暴政之中时，少数人在力量、人数、势力上都难以与之抗衡，他们为了自身利益而发出的声音、做出的反抗行为往往会被很快镇压下去；反观，如果是多数人生活在少数人的暴政中，这种暴政是脆弱的，极易被民众精神的觉醒推倒，这正如中国封建社会王朝的末期。因此，有时多数人的暴政比少数人的暴政可怕得多，大家都在犯错，而大家又对错误进行全然的拥护。正如法国历史学家、政治家托克维尔所言，民主的本质在于多数，多数人对政府的统治是必需的，因为谁也对抗不

[①] 石佑启、张显伟：《村民自治：制度困境与路径选择——村委会选举中选民资格纠纷解决机制探索》，《湖北民族学院学报》（哲学社会科学版）2010年第5期，第140~145页。

[②] 邓廷涛：《投票与民主》，《人大研究》2008年第10期，第37~40页。

了多数。但是，这种所谓的多数民主发展下去，会使得多数权威被无限扩大，结果必将导致多数人的暴政。①

在村民自治中，利益最需要保护的特殊群体主要有以下三类。

1. 对传统观念下家庭弱势群体的利益保护

与城市相比，农村地区人口流动性较差，民众思想更新换代较慢，特别是家庭关系，农村存在难以改变的传统理念，诸如部分农村地区还存在严重的重男轻女、看不起上门女婿等现象，在婚娶中，外乡来的女子也并未获得同等的对待，因此在以家庭为主要单位和组成形式的农村，对家庭关系中弱势群体的保护是一项重大的工作。

第一，对女性的权益保护。今天，尽管封建等级制度早已灰飞烟灭，男女平等成为我国的一项基本原则，但"男尊女卑"的传统思想仍然根深蒂固，影响着妇女命运。按照我国传统观念，妇女出嫁"从夫居"，成为丈夫家的新成员，其户口也从娘家迁出至夫家。我国实行的户籍制度使外嫁女在娘家无法享有包括选举权和被选举权、农村集体事务的决策权、土地承包经营权等集体成员所有的权利。而在嫁入方又由于未履行集体成员的义务，集体组织为维护集体的利益，通常通过村规民约的方式，光明正大地限制妇女的权益。比较典型的就是妇女的土地权益流失。根据全国妇联2006年对30个省（自治区、直辖市）202个县的1212个村的抽样调查，有26.3%的妇女从来没有分到过土地，有43.8%的妇女因为结婚而失去土地。② 妇女土地权益流失形势严峻。而对于妇女的选举权、被选举权、集体事务的表决权，很多农村都以村规民约的形式进行限制，即使拥有选票，也大多由丈夫代其投票。同时，农村还存在严重的重男轻女观念，家庭中女性后辈的人身和财产权益值得切实关注，农村女性继承权、婚姻自主权被剥夺的现象时有发生。而在比较封建的地方，可能通过村民多数决的方式，使排除女性合法权利的村规民约得到形式上的合法性。

第二，对上门女婿的权益保护。因婚姻而产生的新成员除了嫁入妇女外，还有一部分是上门女婿。由于我国传统观念始终认为，结婚后女

---

① 刘世华：《民主的内在风险性论析》，《理论学刊》2010年第12期，第87~91页。
② 孙峰：《土地承包经营权案件审理与妇女权益保护》，《山东行政学院学报》2012年第6期，第117~120页。

方应成为男方的家庭成员，随夫居住。因而，作为女方成员的上门女婿在我国家庭中、村集体中甚至社会中地位都不高。比如很多农村地区以村规民约的方式约定，男方入赘到女方后，要想获得女方户口，成为集体成员，享受村民待遇，必须经过村民集体签字同意方可。有的还直接规定入赘丈夫及其子女不能分得土地，不能享有集体的分红，完全无视法律的规定。对这类特殊群体的利益保护，全然依赖村民素质提高、意识增强是不可能实现的，必须通过制度建设和法律完善，以强制力的方式保护其权益，使村民自治真正惠及更多人群。

对因婚姻而产生的新成员的利益侵害大都打着村委会或村民代表会议的旗号，标榜着村民自治，以集体决定的形式侵犯个体成员的权益，代表着集体意志。我国农村实行村民自治，虽然一直提倡合法合理地行使村民自治权、决定自治事项，但法律未对村民自治范围内的村民会议给予任何人干涉权，即只要属于村民自治范围内的事项，且通过多数决的方式形成的决议，法律几乎无条件予以认可。这导致即使我国《妇女权益保障法》《农村土地承包法》《村民委员会组织法》等法律对因婚姻而产生的新成员的利益保护做了规定，但是村民会议完全可以以村民决议是合法程序为由不予遵守，正当地侵犯嫁入妇女和入赘女婿在村民自治中的权益。①

2. 对外地投资者的利益保护

并非所有外来人口流入的目的地都是城市，还有一些流入了经济更加发达的城镇、农村。随着经济的发展，部分农村地区靠着地理优势发达起来，成为一些外来人口流入的目的地。特别是一些沿海农村地区，凭借自身优势地位和条件，在经济发展过程中成为农村城镇，吸引大量外来人投资、生活，继而发展成中小城市，直至大城市。广东省深圳市就是从一个小渔村发展成现在的大城市的。

一些外来人口大量涌入村庄，扰乱了村庄的安宁和稳定，村民自治面临着新的挑战。一方面，本地村民不愿意给予外来的投资者更多的权利，不希望他们参与村民事务的决策，也不甘心让与他们集体分红。另

---

① 郭春华、范露：《农村妇女土地权益保护中的地方政府责任探析》，《山西农业大学学报》（社会科学版）2012 年第 7 期，第 662~668 页。

一方面，这些外来者由于背井离乡，不可能行使其在原住地所享有的村民权利，又受制于户籍制度，无法参与新农村的事务管理，但同时又要遵守所在村庄的自治章程，自治权利不能实现。《村民委员会组织法》第十三条规定，虽然户籍不在本村，但在本村居住一年以上的，本人申请参加选举，经村民会议或者村民代表会议同意，可以参加选举。但他们参加选举仍要经过村民会议或村民代表会议同意，给予外来投资者选举权也就是同意他们参与村庄事务管理，因而作为理性人的村民个体，一般情况下不愿意把仅有的利益分给他人。即使是村民集体同意让与这些外来投资者部分权利，其权利也与本地人不平等。有些地方规定外来者只有选举权，没有被选举权；有些地方在责任地的分配中，规定外来人口没有参与决策权，其分到的责任地也是本村村民挑剩的；还有地方在征地补偿款的发放中，规定外来人口只能按本地人的一定比例领取补偿款。在村民自治中，村集体可能会通过种种方式在各方面侵犯外地投资者的权益。

侵犯那些外地投资者的利益，是村民自治多数决的显著弊端之一。人口的频繁流动和城镇化进程的推进要求我们必须在设计更完美的村民自治制度时充分考虑保护外地投资者的权益。村民自治中少数服从多数的表决方式能够合理地体现多数人的权益，实现多数人的利益。但面对外地投资者，全体村民几乎都会站在同一线上，甚至通过"集体暴力"等方式，将那些与他们争夺利益、资源的外地投资者驱赶出村庄。在面对外来暴力时，这种方式使村民团结起来，可以很好地保护村民集体的利益不受侵害。但若村民集体以这种方式对待那些弱者，会不可避免地形成多数人暴政，通过集体的力量剥夺那些外地投资者的权利，这种漠视他人权利的行为并不是实行村民自治制度该有的结果。因而，面对新形势、新状况，积极完善村民自治制度，保护外地投资者的权益不被侵犯变得更加紧迫。

3. 对外出村民的利益保护

随着我国社会经济的发展，城市越来越发达，而农村地区发展机会不多，许多农民选择外出谋生。由于城镇化、工业化进程日趋加快，大量农村集体土地被国家征收用来满足社会经济发展需要。[1] 许多农民在

---

[1] 王明刚、王利娟：《城市化进程中完善征地补偿制度的对策研究》，《产业与科技论坛》2012年第11期，第13~14页。

失去土地之后，无法继续在农村生活，只能选择背井离乡，外出谋生。另一部分外出谋生者是在接收来自城市的信息后，受城市的精彩和繁华吸引，抛弃祖辈们世代耕耘的土地，离开居住了几十年的农村，去城市寻找新的发展机遇。还有一部分是因为城市发达的教育、医疗体系吸引着他们，他们选择外出谋生，享受更好的生活。这些外出谋生者远离家乡，一年基本只回家一次，有的甚至几年都不回家，因为信息不通，他们对家乡的情况知之甚少。因而，即使他们家乡的权利受到侵犯，他们也无从得知。其中，选举权和被选举权、集体事务的决策权和表决权、直接经济利益最易被侵犯。

第一，选举权和被选举权。《村民委员会组织法》第十三条规定："年满十八周岁的村民，不分民族、种族、性别、职业、家庭出身、宗教信仰、教育程度、财产状况、居住期限，都有选举权和被选举权；但是，依照法律被剥夺政治权利的人除外。"同时，该法第十五条第四款规定："登记参加选举的村民，选举期间外出不能参加投票的，可以书面委托本村有选举权的近亲属代为投票。村民选举委员会应当公布委托人和受托人的名单。"但在实际执行过程中，由于村民受教育程度低，权利和法律意识不强，在组织村民选举时，往往直接忽略那些外出谋生者，他们不仅得不到选票，更不可能被提名为候选人。那些外出谋生者也不知道可以委托成人家属进行投票，行使自己的权利，更有甚者连投票选举的时间都不知道。他们并不把选举权作为自己的一项权利，他们秉持放任的态度，即使权利被剥夺，也无所谓。这样就造成外出谋生者的选举权、被选举权被剥夺和被限制成为民主选举中的常态。

第二，集体事务的决策权和表决权。按照《村民委员会组织法》第二十四条的规定①，由村民会议讨论决定的事项，村民会议经协商无法达成一致意见的，往往按照少数服从多数的原则表决。对于那些关系到

---

① 该法第二十四条规定："涉及村民利益的下列事项，经村民会议讨论决定方可办理：（一）本村享受误工补贴的人员及补贴标准；（二）从村集体经济所得收益的使用；（三）本村公益事业的兴办和筹资筹劳方案及建设承包方案；（四）土地承包经营方案；（五）村集体经济项目的立项、承包方案；（六）宅基地的使用方案；（七）征地补偿费的使用、分配方案；（八）以借贷、租赁或者其他方式处分村集体财产；（九）村民会议认为应当由村民会议讨论决定的涉及村民利益的其他事项。村民会议可以授权村民代表会议讨论决定前款规定的事项。"

决策组织者利益的集体事务，他们未必会知会那些已外出谋生的人。而外出谋生者即使知道这样的事务存在，也未必乐意千里迢迢返回家乡，参与讨论、协商、决策。在这样的决策方式下，即使最后集体通过的方案与他们的利益不符，违背他们的意志，他们也无法反对。正因为这样，这些离开家乡的村民在村民自治中拥有的决策权和表决权被合法地限制。

第三，直接经济利益。由于集体企业或集体所有土地被政府征收、征用等原因，现在的村集体一般存在或多或少的集体收益。这些集体收益除用于公共服务、公共设施的改善外，其余的分给村民个体支配。在这种情形下，那些背井离乡者自然又被"忘记"，从而分不到应有的利益。同时，村民居住的宅基地虽然由村民使用，但其所有权仍在集体组织手中。有些集体组织为获得经济利益，趁村民常年不在家，将其房屋拆毁，将宅基地让与他人使用，从而出现村民多年后回到家乡，发现家乡大变样，甚至连自己的家都找不到的情形。当然，外出谋生者在集体组织中被剥夺的经济利益远不止这些，这些村民一方面人数少、力量薄弱，无法与大部分的村民抗衡；另一方面信息滞后，往往在事情过去很久之后才得知，无法采取及时有效的措施救济自己的权利。

因婚姻而产生的新成员、外地投资者、外出谋生者相对于本村其他村民而言，都是特殊的利益群体，他们的利益极易被村集体通过某些方式予以侵害。面对这三类农村特殊群体的利益保护，在设计和完善村民自治制度时，应更多地考虑这些特殊群体的利益保护及其利益受侵害后的救济途径，使每个人都能平等自由地行使自己的权利，使每个人的利益在村民自治中都得到平等对待。

（三）民意的执行：村民多数决决策结果在执行过程中的问题

由于多数决所决策的结果必须执行，在执行过程中最终多数人的意志必然会压制反对的声音，在多数决制度框架下，少数人一直受到多数人意志的绑架。当今时代，无论是在生活中还是在网络中，绑架民意的情形越发普遍，小到商品的选择，大到司法判决，都或多或少地受到群众意志的影响，遭到民意的绑架。在村民自治中，民意的绑架同样不可避免。不论是在民主选举中为了赢得选票，私下里拉关系、找门路或者搞金钱政治，还是在集体事务的决策中通过隐瞒、欺骗等手段诱骗村民做出选择,都是民意绑架的表现。同时,个别干部为了赢得更多的选票,自愿被民意绑架,成了事实上的"票奴"。民意的绑架在不同的村治模式中有不同的表现。村治模式是指一个村庄的特殊结构及其对政策的反应过程与后果。贺雪峰认为,根据村集体占有资源的不同,可以把村治分为动员型村治和分配型村治。动员型村治是指村庄治理的关键环节是动员村民将资源集中起来,以满足村庄公共事务的需要,比如集资架桥、出工修路等。① 分配型村治是指在村庄治理中,无须向村民汲取资源,只需将村庄原先占有的资源分配到村庄事务中。② 比如村委会利用其占有的资金在村庄修建停车场等。由于两种村治模式最大的区别在于经济状况的不同,因而在村民自治中,民意绑架的表现也各异。动员型村治的民意绑架主要是少数村民绑架多数村民的意志。与动员型村治不同,分配型村治的民意绑架更多的是多数村民对少数村民意志的绑架。

1. 在动员型村治情景中——少数村民对多数村民意志的绑架

动员型村治最大的特点在于集体经济不发达,村集体占有的资源较少,这就会导致在管理公共事务和公益事项时需向村民筹措资材,由于没有强制措施的保障,若是有村民提出异议,那么这次的筹措往往以失败告终。村集体的公共事业因为少数村民的异议半途而废,造成少数村民的"意气用事"影响到大家共同的利益,多数村民的意志遭遇绑架而又无解救途径。

在动员型村治中,村民集体事务同样经过表决和实施两个阶段。在集体事务决策时,村民按照少数服从多数的原则形成某一决策,尽管少数人对这一决策持反对意见,但并不影响这一决策的通过,这一过程中多数人意志未遭到绑架。在决策的实施过程中,动员型村治模式将出现民意绑架,使决策遇到障碍、不能顺利实施:少数反对者不愿在村庄公共工程和公益事业建设中出财出力,使公共工程的建设因无法筹集到充分的资源而难以完成,现实中又少有少数服从多数的强制性措施。因此,由于少数人不配合决策的实施,形成的决策被搁置。现代民主政治要求

---

① 贺雪峰:《论村治模式》,《江西师范大学学报》(哲学社会科学版) 2005 年第 2 期,第 3~8 页。
② 赵晓峰:《村级民主政治转型:从汲取型民主到分配型民主——村治精英类型更替的视角》,《天津行政学院学报》2010 年第 5 期,第 36~41 页。

在体现多数人利益和意志的同时尊重少数人的意见。村集体决策的成功实施也必须以充分尊重异议者、协商且共同同意村务决策为前提，以实质民主为基石，否则，只是为多数人的暴政披上民主的外套，把少数人的利益置于一个更加岌岌可危的地步。

当然，动员型村治在维护少数人利益方面有它特有的优点，能够避免在少数服从多数的原则下多数人对少数人的暴政。但这种村治模式在处理村集体事务中，要求全体村民一致同意，才可以采取行动。在这样的情形下，村集体活动难以展开，行动效率低下，不利于大多数村民意志的表达和村庄整体利益的保护。现实中最普遍的案例是，村集体要修建一条道路，道路刚好要经过某位村民家的责任田或责任山，该村民为了保留其责任田或责任山，拒绝在同意书上签字，而使集体修建公共道路的计划被搁置，失去一次很好的发展机会。其他村民的意志被其决定绑架，又无法对其采取强制性措施。

2. 在分配型村治情景中——多数村民对少数村民意志的绑架

分配型村治是随着改革开放深入、农村经济发展而产生的一种村治模式，它存在于集体经济较发达的村庄，在这样的村庄中，村集体已经拥有较为充裕的资源，尤其是资金，在办理村庄事务时，无须向村民筹集资源，便于将村集体占有的资源有效地分配到村庄不同利益群体之中。

这样的村治模式下，在办理村庄共同事务时，村干部为了为其决策提供正当性依据，必须召开村民会议或村民代表会议，将对村集体资源使用的行为变成村民集体的行为，变成全体村民共同意志的表达。在这样的情形下，起决定性作用的是村庄决策的合法性，这种合法性是建立在少数服从多数、规范的形式民主和无视异议者声音的基础上。这往往易转变成多数人的专制，即多数人会不顾少数人的抗议，将多数人做出的决策实施下去。[①]

在分配型村治中，集体资源由村委会或少数"家长"掌控，所以在村庄公共工程和公益事业建设时，省去向各村民征收资源的环节，只需组织大家表决即可，极大地提高了集体事务的处理效率，保证了集体决

---

① 贺雪峰：《论村治模式》，《江西师范大学学报》（哲学社会科学版）2005年第2期，第3~8页。

策的顺利实施,使集体决策的实施不再被少数人意志控制。但这种只需多数人同意就可以采取行动的村治模式,无形中会损害少数群体的利益,如上文所述的因婚姻产生的新成员、外地投资者和外出谋生者等特殊利益群体。这将造成多数人意志对少数人意志的绑架,也即我们所说的"多数人暴政"。城镇化的建设要求使很多集体土地被征收,巨额征地款的分配本该做到一视同仁,但综观现实,许多农民因为各种原因,只分得其他人的一半甚至更少赔偿款。而分配方案是由村民会议或村民代表会议通过的,少数人的反对并不能阻止决议的通过和实施,是多数人对少数人意志赤裸裸的绑架,而少数人毫无反击之力。

不论是动员型村治中多数人的意志得不到表达,还是分配型村治中少数人的意志被绑架,都是现今农村民主制度存在的弊端。但与动员型村治模式相比,分配型村治模式有其优势。动员型村治建立在集体经济不发达的基础之上,限制了农村精英有效作为的空间。分配型村治为具有变革精神的农村精英走上政治舞台提供了更广阔的空间,为在农村地区实现更广大的民主提供了机遇。但其在实施过程中要注重对中小群体的利益保护,谨防由多数人的民主转变成多数人的暴政,在尊重少数人利益的同时实现村庄的最大利益。

少数服从多数的多数决方式是现代民主的产物,这一方式能站在更公平的角度处理公共事务,减少公共事务决策过程中的冲突,提高决策效率。特别是在我国农村的村民自治中推广这一制度可以帮助村民以更合理的方式处理集体事务,但由于我国农村特殊的背景,其在村民自治的实施中遇到了很多障碍,多数村民意志被扭曲、少数特殊群体利益被侵犯以及民意被绑架等。这就要求不断完善村民自治制度,健全村民自治制度的法律法规,特别是权利被侵犯后的救济机制,真正实现广大村民当家做主。

二 村民自治多数决弊端产生的原因

任何社会都存在多数与少数之分,民主的本意不是多数人对少数人的统治、支配,少数人对多数人的让步和服从。真正的民主是在符合多数人利益的同时,不损害少数人的利益,甚至是保护少数人的利益。我国民主制度仍不健全,村民自治法律体系还不完善,农村地区由于其特殊文化背景、历史、政治和经济原因,个人之间以及群体之间的利益冲突往往比城市激烈许多,个体更加注重个人幸福的实现,社会责任感较低,因此多数决可能沦为部分个人或者群体追求个人利益的手段,从而异化了村民自治多数决,异化了村民自治的内涵,异化了追求基层民主的价值取向。

(一) 村民自治法律体系本身不完善

村民自治法律体系是多数决制度有效实行和效用发挥的基础和保障。村民自治法律体系是指由宪法和法律规定的,调整村民自治组织形式及其运作方式、方法、程序的总和,既规定了村民自治组织的组织方式,也对村民在自治过程的方式方法、权利义务做出了规定。当前,我国村民自治法律体系可以简要地概括为:以《宪法》为统帅,以《村民委员会组织法》为指引,以国务院各部门以及地方人大、政府的地方性法规、部门规章、地方性规章等规范性法律文件为基础的法律体系。村民自治法律体系保障了村民参与基层政治、经济、文化和社会事务管理的合法性和积极性,把基层民主变成法定权利与法定权力相统一,权利与义务相统一的整体,把农村社会事务的管理权和关乎村民发展利益的决策权交还村民,构建起以村民自治为出发点和归宿的社会主义新型管理理念,对调动村民政治参与积极性、增强参与村庄管理主动性、实现基层民主起到重要作用。

但是我国现行村民自治法律体系仍相当薄弱和不完善,表现在关于村民自治立法的数量较少、部分领域存在立法空白、现行立法刚性不强等几大方面。[①]《村民委员会组织法》虽在推动基层民主方面发挥了不可或缺的作用,但是其在法条条数方面还是明显不够的,薄弱的四十一条条文并不能满足我国经济高速增长和社会全面改革的需要。农村社会在改革的浪潮中发生了翻天覆地的变化,要求对《村民委员会组织法》进行修改和完善的声音依旧不绝于耳,日益高涨。在近些年的全国人民代

---

① 王星:《村民自治中的软法之治》,《中北大学学报》(社会科学版) 2022 年第 1 期,第 78~80 页。

表大会期间，许多代表联名提出提案，要求对其进行修订，但2018年修正仅对第十一条第二款进行了修改，其他条款均没动。现行的《村民委员会组织法》中立法原则性规定较多，不利于村民理解和操作，并且在诸如法律责任等方面未做出具体规定，出现法律盲点，降低了该法的刚性。曾经有全国人大代表提案制定村务公开法和村民自治法，认为只有专门立法才能完善民主选举程序，补充民主决策、民主管理、民主监督等有关内容，才能使村民自治的立法适应农村基层民主政治建设和社会主义新农村建设的需要。① 我国现行村民自治法律体系的具体不足主要表现在以下几方面。

1. 关于村民委员会和村民自治权的权利性质定位不清

首先，从宪法对村民委员会的定位来看。关于村民委员会的规定位于第三章国家机构部分，与地方各级人民代表大会和地方各级人民政府在同一章节内，由此带来的后果是极易使人们对村民自治委员会在社会管理层级中的地位造成混淆，误以为村委会是乡镇政府的下级机构，二者间存在上下级的领导关系，其实不然，二者间仅有指导关系，乡镇政府不得干涉村民自治。

其次，从宪法对村民委员会的定性来看。我国《宪法》第一百一十一条规定，村民委员会是基层群众性自治组织，从而导致人们对农村群众自治组织的角色是否仅仅是村民委员会存疑，在法理上村民自治的主体应是全体村民，村民大会是农村最高权力机关；村委会仅是部分村民让渡其权利所选出的自治权执行代表，是村民自治的执行机关，因此农村的基层群众性自治组织除包括村民委员会外，还应当包括村民大会，以及包括村委会主任在内的更大范围的组织。

最后，从宪法和法律对自治权的定性来看。没有任何一部法律将其明确地规定为宪法权利，因此不论是在理论还是在实践中都存在对村民自治权认识模糊甚至轻视的现实困境，对村民自治的自主性和独立性产生了不可忽视的直接影响。多数决作为村民自治的重要手段，基于其自治权的定性不清，容易导致行政权等外来权力或者势力的干涉，不受尊

---

① 李乐平：《村民自治的"异化"及其治理》，《玉林师范学院学报》2010年第4期，第65~71页。

重和重视,从而使多数决沦为形式,不能发挥其实现基层民主、体现大多数人真实意思的作用。

2. 关于自治程序上的缺陷

我国传统立法理念上一直存在重实体轻程序的弊端,因此导致村民自治程序上存在不可避免的缺陷,如民主选举、民主决策方面存在诸多程序漏洞,以至于在全国各地方的操作中没有统一的标准,乱象横生,多数决的民主理念被架空,因此有必要进一步制定相应的配套法律法规,如"村民民主选举法"等。细化、专业化村民自治的相关程序,使民主程序有法可依、有法可保障,并在实务中适时出台立法解释和司法解释等。村民自治程序的完善与否直接关系到多数决能否发挥其应有的效用,程序公正是实体公正的重要保障,倘若程序存在不完善之处,则极有可能被不法之徒利用,从而导致村民集体利益的损害。

3. 关于法律与农村传统习惯之间的界限不清

在农村,村民对传统习惯的认可和信仰程度在某种程度上远胜于对法律的信仰程度,因此如何解决法律法规与农村传统习惯之间的冲突成为村民自治立法的一大重要课题。当两者相互混合时,往往与村民自治的价值取向相差千里,甚至产生难以预计和把控的后果。诸如在一些特定的事件中,基于传统因素的影响,农村往往会成为法外之地,如女儿的继承权问题,因此有必要通过立法平衡制度与传统习惯之间的关系,使村民自治依法进行、于法有据。

4. 关于《村民委员会组织法》的立法盲点问题

要想使村民自治良好地运作,早日实现基层民主,必须以完整的法律体系为基础,但是《村民委员会组织法》作为当下直接规范村民自治组织和行为的法律依旧存在诸多立法盲点。首先,目前该法律的侧重点在于村民委员会的组织建构问题,对村民个体问题有所忽视,未对村民自治的主体、客体、内容、自治程序以及法律等做出清晰、明确的规定;其次,主干法律的实施离不开配套法律法规的支持,当前配套的法律法规存在滞后和缺位的现实困境,村民自治并未得到其应有的关注,各地方以"通知""意见"等形式发布了许多规范性文件,但其法律层级、法律效力远比不上"行政法规""规章",更不用说"法律";最后,《村民委员会组织法》并未对违反村民自治价值取向和法律规定的行为做出任何惩罚性规定,即存在缺少法律保障机制的问题,使该法缺少了法律该有的刚性和信服力,由此极易导致人们对村民自治破坏的放纵和不重视。

(二) 村民自治主动性强,民主程序易被滥用

村民在自我管理过程中,由于所受到的外在约束少、自主性强,在村集体利益分配或者重大事项决议的过程中拥有较大的主动性,民主程序很有可能被运作为损害村民利益的手段,而此时村民可能并未认识到这样做的不合理性和不合法性。发生在四川省的"村民资格被剥夺一案"一经报道,就引起了社会各界的广泛关注,更被中国人民大学宪政与行政法治研究中心评为"2009年度中国十大宪法事例"。[①]

四川省A市某村村民王某,原是A市机砖厂的一名厂工,1993年响应国家退养换工政策的号召,与自己的女儿调换了身份,由女儿代替他进厂工作,自己则将户口迁回村子当起了村民。因其之前在机砖厂的工作经历,王某于1998年开始领取养老退休金,但是在该村2003年全村分享征地补偿的时候,有村民以"哪有拿退休金的农民"为借口,要求对王某的村民身份进行集体的表决,结果是全村71户人家以无记名投票的方式,通过"民主程序"剥夺了他的村民资格,因此王某无法获得征地补偿。随后,王某向人民法院起诉,要求归还其村民身份,引起了社会的广泛关注。这场官司历经先赢后输的两审判决,最后由省检察院提起抗诉后,案件最终被省高级法院发回重审,一直到2009年,六旬老汉才最终"要回"了他的村民身份。[②]

正如中国人民大学宪法学教授、博士研究生导师胡锦光所言:"我们主张用民主的方式解决问题,但是反对滥用民主。"在讨论村里的重要公共事务和公益事业时,毋庸置疑,需要以村民自治多数决的形式来决定,但是必须明确村集体并不能打着民主的旗号,以村民投票的方式成为任何事项的决定者。对于涉及一个公民政治权利、人身自由不受侵犯、户

---

① 王丽丽、孟澍菲:《2009年度十大影响性宪法事例》,《检察日报》2009年12月28日,第8版。
② 陈杨、刘德华:《六旬老汉最终要回村民资格》,《检察日报》2011年11月17日,第6版。

籍调整等有相关法律明确规定的基本权利，村集体无权以"民主"的形式剥夺，正是由于村民自治的主动性如此之强，很多时候民主程序被滥用，而在这个过程中村民甚至不知道自己的行为是不合法的。

（三）村干部和村民思想政治觉悟不高，村委会职能异化

村民作为村民自治的主体，村干部作为村民委员会的重要组成部分和执行主体，其思想政治水平决定着村民自治民主程度的深浅。但是思想政治属于上层建筑，农村更加关注经济增长的致富建设，且社会条件和教育水平都没有达到该方面的要求，因此，农村普遍存在思想政治水平较低、社会责任感薄弱、更加关注个人幸福的现象。加强村民和村干部的思想政治教育是必需的，应在农村中大力宣传民主理念，强化集体意识，增强村民社会责任感，建设社会主义新农村政治民主文化，将民主理念融入村民日常生活，把农民从传统的崇拜权力意识、宗族意识、臣属意识、自私意识、政治冷漠意识中解放出来，进而形成符合现代基层民主要求的主人翁意识、民主意识、权利意识以及法治意识。在依法治国的大背景下，要特别注重增强村民的法治意识，做到依法治村、依法管村、依法进行村民民主活动，既善于用法律的武器保护自己，维护自己的权利，也善于依法办事、依法用权。

由于村干部队伍普遍存在文化水平较低的特点，且并未经过专业的培训即走马上任，以至于在一些地方，村干部的素质在政治、经济、法律、科技、政策等方面都不能满足村民自治的现实需要[1]，主要表现在以下几个方面：一是思想守旧，墨守成规，无法与时俱进，拘泥于过时的看法或做法，对外界形势的发展缺乏敏锐性，创新意识欠缺，无法立足当下、着眼未来做出预见性的正确决定，固守原有的生活经验和思维定式；二是夜郎自大，对其他村庄或者外部经济发展的形势视而不见，认为自己已经够好，一心求稳，认为无过即是功，以至于错失发展良机；三是能力不足，对如何带领村民发家致富、突破原有生产方式、跟上互联网和高科技时代的方法不多，十分被动；四是为村民服务的信念不强，

---

[1] 杜姣：《村干部的角色类型与村民自治实践困境——基于上海、珠三角、浙江三地农村的考察》，《求实》2021年第3期，第83~97页。

对社会主义民主缺乏清晰的认识，缺乏责任心，对老百姓的冷暖不闻不问，对老百姓的要求长期不予关切，与老百姓的矛盾长期不予解决，而贪图个人享乐，甚至贪污腐败，侵吞集体财产；五是没有正确认识村委会与上级政府的关系，认为村委会是上级政府的手下，沦为上级政府在村里的提线木偶，唯上级政府命令是从，缺乏自治意识。

长期以来，村干部违法犯罪事件时有发生。其中有两类比较典型的案件。一类是村干部贪污受贿案件。还有一类是集体土地的分配及收益案件。在集体土地上，我国实行社会主义公有制，农村土地由村民集体所有，即使在家庭联产承包责任制下，农民个人对土地也没有所有权，无法处分土地，只有占有、使用、收益的权利，土地的重新分配、土地征用补偿款、宅基地的使用等都由集体表决决定，集体表决最合理的方式是少数服从多数。① 在这种情况下，多数人通过的方案即使不公平，也会被认定为合理的而被普遍接受，但这不可避免地会侵犯少数群体的利益。在现实生活中，村干部利用其职权，给自己或者宗族成员分配更多或者更好的土地的现象普遍存在，损害了村民的集体利益，甚至还出于个人目的，动员村民排挤因婚姻而产生的新成员、外出谋生者、外地投资者等特殊少数群体，在土地分配、集体经济利益分配等集体事务中使其处于弱势地位，剥夺他们的权利和正当利益，常常是以看似民主、合理的多数决方式损害他们的利益。

在村民自治发展过程中还有两个值得关注的问题。一是村委会与乡镇政府之间的关系问题，二是村委会直接参与经济活动的问题。但是根据我国法律规定，乡镇政府对村委会仅有指导权，并没有领导权和干预权。造成这种现象的原因主要是双方观念和行政方式的不同，应在村民自治不断完善和健全的推进过程中予以解决。针对第二个问题，根据《村民委员会组织法》第八条规定②可以看出，《村民委员会组织法》赋予了村委会直接参与经济活动的职权，例如一些经济较为发达的地区，

---

① 杨蔚：《集体土地制度理论基础分析》，《贵州民族学院学报》（哲学社会科学版）2011年第5期，第57~61页。
② 《村民委员会组织法》第八条规定："村民委员会应当支持和组织村民依法发展各种形式的合作经济和其他经济，承担本村生产的服务和协调工作，促进农村生产建设和经济发展。村民委员会依照法律规定，管理本村属于村农民集体所有的土地和其他财产。"

就建立了农工商公司等集体经济组织，跟村委会的职能相分离。对于这个问题我们应当辩证地看待，一方面，村委会承担一定的经济职能，有利于提高村集体经济的管理水平，促进农村经济的发展，集中资源办大事，更好地开展村民自治；另一方面，毕竟村委会与村集体经济组织性质不同，前者要求不带营利色彩，后者恰恰相反，但是同一批人，极有可能导致权力的混淆，发生越权行为，将村委会自治等同于经济治理，不能很好地界定两者的关系。

（四）农村传统文化和落后观念的影响

在我国封建社会的背景下，广大农民一直处于社会的底层，受到上层社会的压迫和剥削，长期以来，农民根本不知道民主为何物，更缺少民主的概念。新中国成立以来，人人平等思想的传播，使农民的政治地位得到了很大的提升。改革开放以来，虽然广大村民越来越多地走向自己当家做主的舞台，但是因为历史和文化传统的长期渗透，广大村民群众的主体意识、权利意识和民主意识仍不够强烈。一部分农民对于村民自治仍然没有概念，只知有其物，不知为何用。因此，村民在村民自治的进程中仍不能成为名副其实的合格主体，具体表现在两个方面：一是部分村民对村民自治缺少热情，认为看不到实际的效应，对自己的生活产生不了大的影响，因而导致村民参与自治的积极性不高[①]；二是部分村民在自治过程中缺乏理性，不能正确认识自己参与自治过程的重要性，比如面对贿选时随意放弃自己的权利，甚至承诺可以为利益放弃选票。

与城市相比，农村发展落后，生产力水平低，受教育程度不高，村民大多以致富为目的，因此在社会责任感上会显示出更多的自利性。村民自治多数决的操作与实施是直接由村民进行的，因此村民社会意识的强弱决定着多数决制度能否实现基层民主，特别是在重大资源分配上和农村传统观念的突破上表现得尤为突出。其中一个鲜活的事例就是宗族观念使小姓宗族在利益分配时受到侵害，即使经济发展在一定程度上削弱了宗族势力在农村中的作用，使其凝聚力、抱团效应大不如前。但是，

---

① 李乐平：《村民自治的"异化"及其治理》，《玉林师范学院学报》2010年第4期，第65~71页。

宗族内成员关系依然密切，特别是在面对外来的"侵略"时，家族成员们会有意识或无意识地团结起来，共同抵御"外敌"。而小姓宗族特别是外来的小姓宗族，其在人口上往往不占优势，不能与大姓宗族抗衡。依靠多数决的方式来分配大姓宗族和小姓宗族之间的利益，显然会损害小姓宗族的利益。这种形式上看似合理的表决方式与农村地区特殊的文化背景结合起来，实质上变得不公平。

（五）村民自治章程和村规民约缺乏有效的监督机制

由于我国农村教育的落后和缺失，现阶段我国农民文化程度普遍不高，社会责任感不强，思考问题大多从自身出发，所做决策大多是从自己关切的利益着手，并且基于其专业知识水平的局限，村民观念受传统观念渗透极深。在部分地区出现利用多数决，产生不合理甚至不合法的村民自治章程和村规民约的现象，形成多数人的暴政，对小部分利益主体的合法权益造成严重的侵害。究其实质，还在于对村民所决策事项未形成科学的论证，缺乏有效的监督机制。

村民自治反映的不是某位村领导个人的意志，更不是某一小群体的群体意志，而是带有公共利益色彩的集体意志。村民自治章程和村规民约是村民集体意志的表现形式，所以，对村民自治章程和村规民约进行合法性监督，是洞察和保证村民自治合法进行的重要依据。按照《村民委员会组织法》第二十七条的规定[1]，我国现在对村民自治章程和村规民约的监督仅限于"报乡镇政府登记备案"，这对解决我国农村现存的关于村民自治章程和村规民约的问题是远远不够的，同时对于其补救措施，该条也未进行详尽的规定与指引。

那么，由谁来对村民自治章程和村规民约进行合法性监督？首先，将其判断权交由乡镇级人民政府显然不当，因为法律并未赋予乡镇级政府相关方面的监督权，起码应该由享有立法权的地方政权机构来监督。其次，应当赋予村民就村民自治章程和村规民约侵犯其合法权益时提起诉讼的权利，这是村民自己对村民自治章程和村规民约的监督。这种诉

---

[1] 《村民委员会组织法》第二十七条规定："村民自治章程、村规民约以及村民会议或者村民代表会议的决定不得与宪法、法律、法规和国家的政策相抵触，不得有侵犯村民的人身权利、民主权利和合法财产权利的内容。"

讼的性质既不属于民事诉讼，也不属于行政诉讼，而应该是具有宪法诉讼性质的侵权之诉。由于这种诉讼在我国并不常见，所以法院在实践过程中应当保持足够的耐心和包容心进行探索与钻研，不应直接否定或者拒绝，随着经验的丰富可以逐步成形，进而通过法定程序形成立法。

综上所述，只有对村民自治章程和村规民约进行合法性监督，才能正常发挥村民自治多数决的作用，实现基层民主；才能实现村规民约和村民自治章程在促进村庄发展方面的效用；才能真正地实现依法治村、依章治村，实现村民自己当家做主。

第四章 村民自治多数决衡平的主要内容

基于前述村民自治多数决制度的优劣分析，我们可以明确的是，村民自治多数决在村民自治重大事项决策中有其不可替代的价值，同时该项制度又有其固有的缺陷。因此，构建一种对村民自治多数决的衡平机制乃当务之急。

村民自治多数决制度是将少数服从多数的原则运用到村民自治之中，这一原则在民主选举、民主决策、民主管理、民主监督等各个环节均有不同程度的体现。[①] 村民自治法律制度就是通过立法对多数决这一议事规则以及决策规则进行法律确认，将多数决理论转变为一种法定的村民自治规则。根据村民自治的四项基本内容，即民主选举、民主决策、民主管理以及民主监督，我们可以把村民自治法律制度相应地分为四个方面，即村民自治民主选举法律制度、村民自治民主决策法律制度、村民自治民主管理法律制度和村民自治民主监督法律制度。[②] 在这些法律制度中都有多数决理论的运用，包括《宪法》、《村民委员会组织法》、各地根据宪法和法律制定的村民委员会组织实施办法以及村规民约和村民自治章程等。[③]

《宪法》对村民自治的规定只有一条，即第一百一十一条规定："城市和农村按居民居住地区设立的居民委员会或者村民委员会是基层群众性自治组织。"该条是对村民自治制度的原则上的、宏观上的规定，并没有涉及更多的细节，也就不可能对村民自治多数决规则进行规范。这是由于广泛的农村存在很大的差异，宪法是不可能那么详尽地规范到每一个乡村的自治问题。1988年6月1日，我国试行关于村民自治的基本

[①] 张景峰：《村民多数决的滥用及制衡——村规民约的启示之二》，《洛阳工学院学报》（社会科学版）2001年第3期，第34~36页。

[②] 唐孝坤、袁明旭、李春梅：《中国农村村民自治中的法律制度创新》，《云南社会科学》2002年第3期，第15~19页。

[③] 韦少雄：《村民自治权的法律属性分析》，《佳木斯大学社会科学学报》2012年第6期，第41~43页。

第四章 村民自治多数决衡平的主要内容

法——《村民委员会组织法（试行）》，这部法律是根据《宪法》所确定的原则，进一步细化村民自治的实施办法。2010年10月28日，《村民委员会组织法》修正案正式颁布实施，这是《村民委员会组织法》自1998年11月4日正式公布施行以来的第一个修正案。[1] 该法在进一步强调党对农村工作的领导的同时，首次在村民自治法律中提出支持和保障村民直接行使民主权利的命题。[2] 村民如何直接行使民主权利，这在《村民委员会组织法》里面体现为少数服从多数的自治原则，这一原则贯穿选举、决策、管理、监督等村民自治的各个环节当中。[3] 随着2018年《村民委员会组织法》修正案的颁布，各省市根据修正案的内容也修订了地方的实施办法，但是少数服从多数的自治原则并没有改变。

村民自治多数决虽然有其积极的一面，但在实践过程中也出现不少的问题，如少数人的利益受损问题，尤其是在涉及村民切身利益的一些重大问题上，我们不仅要尊重多数人的民主决策，还要考虑到少数人的利益可能遭受侵害的特殊情况。在2018年修正的《村民委员会组织法》中，虽然在保护少数人利益方面做了一定程度的改善，但仍然没有形成对多数决进行有效衡平的机制。另外，在地方制定的村民委员会实施办法以及乡村制定的村规民约和村民自治章程中，也大多规定少数服从多数的议事规则，这些村规民约和村民自治章程在制度设计上保障民主的同时也存在损害少数人利益的问题，与国家制定村民自治制度的初衷背道而驰。因而，梳理出需要对村民自治多数决进行衡平的主要事项和关键环节对村民自治多数决衡平机制的构建极其重要。又由于村民自治多数决运行的主要环节与村民自治多数决衡平的主要环节大致重合，故以下在体例上从村民自治的选举、决策、管理和监督、权利救济四个环节探讨村民自治多数决衡平的主要内容。

---

[1] 李晓兵：《论村民自治制度的完善与民主政治的发展》，《广东商学院学报》2007年第2期，第87~90页。

[2] 《村民委员会组织法》第四条规定："中国共产党在农村的基层组织，按照中国共产党章程进行工作，发挥领导核心作用，领导和支持村民委员会行使职权；依照宪法和法律，支持和保障村民开展自治活动、直接行使民主权利。"

[3] 何振华：《我国农村基层群众自治制度存在的问题与对策》，《商品与质量》2012年第S3期，第221~222页。

一 选举环节的衡平

(一) 选民登记需要照顾到特殊人群

《村民委员会组织法》第十五条规定,选举村民委员会,由登记参加选举的村民直接提名候选人;选举村民委员会,有登记参加选举的村民过半数投票,选举有效。从法条可以看出,多数决是在有登记参加选举的选民基数的基础上运用的,因此,选民登记的全面与否是多数决原则运用合理与否的关键因素。这就涉及选举权的权利主体确认的问题,如果村里少部分人因某些原因而无法享有在本村的选举权,那么一方面这些人的选举权得不到保障,另一方面选民登记不全面,将导致由多数决原则主导的村民委员会的选举制度也不甚合理。

关于可登记的选民的确定。按照《村民委员会组织法》第十三条的规定[①],享有选举权和被选举权的条件有三个:一是年满十八周岁;二是本村村民;三是没有被剥夺政治权利。第二款的内容是对第一款中第二个条件的细化。由第二款的内容我们可以得知,对于"本村村民"的含义界定,虽然法律没有具体的明文规定,但从列举的几种参选的村民类型以及我国司法实践中可以看出,如果要满足参选资格的第二个条件,即为本村村民,则必须要有本村的户籍。[②] 这就会引发下列问题。

1. 外来投资者选举权的问题

根据《村民委员会组织法》第十三条的规定,外来投资者若要享有选举权必须要同时符合三个条件:一是在本村居住满一年;二是外来投

[①] 《村民委员会组织法》第十三条规定:"年满十八周岁的村民,不分民族、种族、性别、职业、家庭出身、宗教信仰、教育程度、财产状况、居住期限,都有选举权和被选举权;但是,依照法律被剥夺政治权利的人除外。村民委员会选举前,应当对下列人员进行登记,列入参加选举的村民名单:(一) 户籍在本村并且在本村居住的村民;(二) 户籍在本村,不在本村居住,本人表示参加选举的村民;(三) 户籍不在本村,在本村居住一年以上,本人申请参加选举,并且经村民会议或者村民代表会议同意参加选举的公民。已在户籍所在村或者居住村登记参加选举的村民,不得再参加其他地方村民委员会的选举。"

[②] 万江涛:《村民资格与选民资格界定的法律探析》,《党史博采(理论)》2008年第6期,第48、53页。

资者自己申请参加选举;三是要经过村民会议或者村民代表会议的同意。这个规定相比于《村民委员会组织法(试行)》而言是有很大进步的,这是将村务向外来人员开放的一种新的尝试,然而新的规定仍然是不尽如人意的。从法律条文可以得知,外来投资者如果不满足其中的任何一个条件,就不能享有选举权。首先,就居住满一年这一条件而言,这是针对投资者个人,他需要在投资村镇居住且已满一年。一方面,有些刚进村进行投资建设的投资者在本村居住还不满一年;另一方面,来村投资者一般仅将营业场所设在本村而其个人并不会居住在本村。在这两种情况下,外来投资者都因未在本村居住满一年而不能享有选举权。其次,就本人申请参加选举而言。申请参加需要一个过程,必须有一个确定的程序进行规范,比如以什么方式申请,是必须书面申请还是口头、书面申请皆可,可否委托他人代为申请,申请的期限是否存在限制等。而这些在《村民委员会组织法》中都没有明确的规定,缺少法律规定的现实操作性,这就给外来投资者申请参加选举带来许多问题,他们可能会因为种种原因没有完成申请,最终无法享有在本村的选举权。最后,就需经村民会议或村民代表会议的同意而言。一方面,因为村民会议或者村民代表会议做出决定的方式基本还是村民表决,而由于对外来投资者的了解不够或者出于对地方企业的保护等原因,村民最终很容易做出对外来投资者不利的决议。另一方面,在村民自治实践中,如果不是涉及村民切身利益的问题,村委会很少会因为认定外来人员的选民资格而专门召开村民会议或者村民代表会议,这也会使得外来投资者很难获得本村的选民资格。[1]

由于以上种种原因,外来投资者可能无法享有在本村的选举权,而在某些方面,外来投资者也可能与本村村民在利益上存在冲突。例如,在土地承包经营方面,虽然外来投资者与本村或本村村民之间是一种合同关系,但在实践中合同并不能解决所有的冲突矛盾,这就需要将矛盾冲突交由村民会议或者村民代表会议来讨论解决。然而,外来投资者在本村的大小会议中又没有相当的话语权,因此其合法的利益难免会遭受

---

[1] 尤琳:《城乡一体化背景下村委会发展的制度瓶颈及完善路径——兼评新〈村民委员会组织法〉》,《求实》2011年第2期,第88~93页。

损害。

2. 外出务工人员的选举权问题

随着社会经济的发展，农村种植业的收入已经不足以支付农民的日常开销，为了追求更好的生活，许多年轻力壮的村民选择外出务工，赚取更多的收入。这些村民大多数都是享有选举权的主体，这些人如何行使选举权一直是村民自治道路上的一道难题。根据《村民委员会组织法》第十三条第二款第二项的规定我们可以看出，外出务工人员虽然具有本村村民的户籍，若其不在本村居住，则其是否享有选举权完全取决于自己的意志。① 一方面，外出务工人员一般都离家较远，离家时间较长，那么在进行村民委员会选举时是否需要通知他们？由谁通知？具体怎样操作？时间如何安排？这些问题都决定着外出务工人员是否能够登记成为选民。实践中不乏为了一己之私而不通知外出务工人员回乡投票的现象。另一方面，村民在得知召开村民委员会选举的具体日期后，为避免耽误工作和浪费来回的路费等，很有可能会放弃选民登记。

考虑到以上问题，《村民委员会组织法》做出了相应的规定。《村民委员会组织法》第十五条第四款规定："登记参加选举的村民，选举期间外出不能参加投票的，可以书面委托本村有选举权的近亲属代为投票。村民选举委员会应当公布委托人和受托人的名单。"这一法律条文主要是针对外出务工人员因各种原因放弃选举权这一问题而设计的，以期调动他们参加选举的积极性，保障选举的民主性、有效性。然而，在实践中，这一条款也存在一定的缺陷。首先，很多村民并没有学过法律知识，有些甚至没有上过学，他们不会写字，更不懂得如何去写一份委托书。此外，委托书需要通过邮寄等方式到达本村，这既要花费时间，也要支出一定的费用，这对于每天都忙于工作的外出务工人员来说无疑是一件麻烦事。其次，在委托书格式要求方面，委托书是否必须由选委会确定固定的格式文本，还是村民可以自己手写，以及近亲属的范围问题等，这些问题在法律上并没有给出一个明确的回答，使得法律缺乏可操作性，也会在选委会中滋生腐败，以委托书不符合格式要求的理由确定其无效，

---

① 陈宏光：《论选举权的享有、限制与剥夺及其法律救济》，《安徽大学学报》（哲学社会科学版）2001年第3期，第90~94页。

以致损害外出务工人员的合法选举权益。最后，根据《村民委员会组织法》第十五条第三款的规定，选民选举实行无记名投票的方式，选民在选举时设立的秘密写票处填写选票，那么以委托的形式让近亲属代为投票可能会泄露选民的选票内容，破坏投票的秘密性，以致损害委托人的合法权益。因此，在制度设计上，《村民委员会组织法》由于缺乏相关概念的界定和具体的操作方法，并不能提高外出务工人员进行选民登记的积极性，也不能保障已经进行选民登记的外出务工人员选举权的行使。

3. 因婚姻关系产生的新成员的选举权问题

现实中，因新建立的婚姻关系所产生的新成员根据其户籍是否迁入婚后所居住的村庄可以分为两类。一类是户籍迁入的新村民，这类村民因户籍迁入婚后居住的村庄而享有选举权，可以进行选民登记。另一类是户籍没有迁入的新村民。这类村民因没有本地户籍而不享有选举权，这就产生了一个新的问题。新村民在原户籍所在地的选举权因其不在本村居住而丧失，而在婚后居住地的选举权的享有需要满足三个条件，即居住满一年、本人申请、经过村民会议或村民代表会议同意。这就使得这类村民面临和外来投资者一样的困境。在婚后新村民是否享有选举权的问题上，村民会议或村民代表会议享有很大的自由裁量权，威廉·韦德曾在《行政法》一书中说过，所有的自由裁量权都可能被滥用，因此，对任何权力都应当有某种法律控制。[①] 而法律并没有对这一自由裁量权进行规制，这实际上变相地侵害了新村民的选举权。

大部分省份在选举方面都制定了单独的选举办法，在选民登记上，部分省份做了更细致的规定。例如，河南省《实施〈村民委员会组织法〉办法》规定了四种可以进行选民登记的村民类型[②]：一是户籍在本村也在本村居住的；二是只是在本村进行选举的时候不在村里的村民，其如果愿意回来参加选举或者委托其他人代为选举的话，也可以享有选举权；三是不是本村村民，但是在本村居住时间在一年以上的，并且本

---

① 王苹：《论行政自由裁量权及其法律控制》，《科教导刊》（中旬刊）2011年第8期，第171~172页。
② 殷啸虎、王建文：《村民自治主体的法律分析》，《河南省政法管理干部学院学报》2004年第6期，第67~73页。

人申请参加选举了,则其具有选举权;四是自愿到该村工作和生活的具有大专以上学历或者中级以上专业技术职称的人员,还有提前离岗、退休干部职工以及其他优秀人才,经过村民会议或者村民代表会议的同意,也可以参加选举。① 这看似拓展了可登记的选民范围,比如加强了对高学历人才的引进,但是更加严苛的条件使得这样的规定形同虚设。在委托选举的问题上,省一级的实施办法中有的也做了进一步的规定,例如河南省的实施办法规定因故不能直接投票的选民可以书面委托本村有选举权的近亲属投票,但是一个人最多只能代替三个人投票,而且在选举日前,委托人和被委托人要到村民选举委员会签署委托证。这样的规定实质上并不能解决选举时大量村民不能直接投票的问题。

(二) 选举程序可避免漠视少数人权利

《村民委员会组织法》第十五条对委员会选举的程序做了具体的规定,选举村民委员会,有登记参加选举的过半数投票,选举有效;候选人获得参加投票的村民过半数的选票,始得当选。这是多数决原则在选举程序中的具体应用。但这样的少数服从多数的方式是有缺陷的。

1. 少数服从多数制度本身的缺陷

我们可以借鉴"投票悖论"的相关理论来分析少数服从多数制度本身存在的缺陷。"投票悖论"也称"Condorcet悖论",是18世纪末由法国社会学家孔多塞和数学家博尔塔率先提出的。所谓的"投票悖论"就是指利用少数服从多数的规则来进行票决可能导致无效的循环投票结果,即投票结果不能在多个备选方案中达成均衡,而只会在各个方案之间循环。② 下面笔者将通过举例说明的形式来对该理论进行阐述,假设有X、Y、Z三种方案,A、B、C三者对这三个方案进行投票,投票按照少数服从多数的规则进行。这三者对三种方案存在各自的偏好,如表4-1所示。

---

① 许阳飞、殷红霞:《我国村民委员会选举的现状、问题及其对策分析》,《南方论刊》2015年第3期,第43~45页。
② 顾自安:《制度演化的逻辑——基于认知进化与主体间性的考察》,博士学位论文,厦门大学,2006。

表 4-1 A、B、C 三者对三种方案的偏好排序

投票者	对三种方案的偏好排序
A	X > Y > Z
B	Y > Z > X
C	Z > X > Y

由表 4-1 我们可以清楚地看到,这三个投票者对三个方案是有一个偏好排序的,且这些排序是传递的,若将这些投票偏好排序进行两两比较,依照数理逻辑的推导可以得出如表 4-2 所示的结果。

表 4-2 推导结果

投票者	群排序
A + B	Y > Z
B + C	Z > X
C + A	X > Y

通过上述表格可以看到,在多数票选择的情形下,按照少数服从多数的规则所得出的排序并不能使其中的某一个方案优先于其余两个方案被通过,即出现了多数票的循环,这就是"投票悖论"原理。简单来说,就是当投票人数大于或者等于 3 时,把每个个体的偏好集结成群体的偏好,会出现得不到群体偏好的特殊情形。[1] 1970 年,美国著名学者、诺贝尔经济学获得者肯尼斯·约瑟夫·阿罗(K. J. Arrow)在其发表的《社会选择与个人价值》(Social Choice and Individual Value)这本著作中提出了著名的阿罗不可能性定理,该定理肯定了在投票过程中,投票悖论的出现是不可避免的。也就是说,少数服从多数的这种选举方式本身是具有缺陷的。

2.《村民委员会组织法》所确定的当选比例过低

从《村民委员会组织法》第十五条可以看出,在选举时,只需要经登记参加选举的过半数参加投票,选举便有效;再得到参与投票的过半数的选民同意,该候选人就能当选。笔者认为该条规定的候选人当选的票数条件是过低的。我们举个例子来说明一下。例如甲村有 500 个村民,

---

[1] 路小刚:《村民委员会投票规则研究》,硕士学位论文,华中科技大学,2006。

其中拥有选举权的有 400 个，进行选民登记的有 350 个村民，那么此次选举只需要 176 个选民参加投票即为有效，候选人只需要得到这 176 个选民的过半数即 89 票即可当选。这样一来，500 个村民的甲村在选举村民委员会的时候，只需要其中不到 1/5 的村民同意即可选出村民委员会的成员。显而易见，这不到 1/5 的赞同票并不能代表全村村民的意志。

过低的当选票数比例，很可能会使得少数人的选举权形同虚设。这主要体现在两个方面。一是宗族势力的影响。宗族是当前乡村社会中力量最为强大的一个非正式组织，它是以血缘关系和婚姻关系为基础的，拥有完善的组织体系。① 因此在一个乡村里，一个宗族的势力就像一双隐形的手，在村委会选举过程中，只要其联合宗族成员，很容易就能够达到《村民委员会组织法》里所规定的当选票数。这样一来，选举的结果就控制在了宗族势力手上，对于少部分的其他村民而言，有没有选举权都是一样的结果。二是过低的比例给贿选带去了便利。在选举时，采取少数服从多数的选举规则就意味着当选并不需要全部参加选举的村民都同意，只需要由参加选举的选民的一半以上同意就可以了，因此候选人在选举前，为了达到法律规定的得票数，会通过游说、贿赂等方式来拉票。因为法定的人数比例过低，违规拉票最终很容易达到当选的目的。这样就意味着其余少数选民的选举权形同虚设，并不能发挥实效，选举的结果也往往不是选民的民意所在。

（三）建立相关惩罚制度以遏制选举环节侵害少数人利益的情形

为了避免多数人的暴政、保障多数决原则在村民自治选举中的合理运用并发挥其应然的作用，完善的惩罚制度和救济体系是必不可少的。缺乏完善的惩罚制度与权利救助体系既是《村民委员会组织法》的缺陷，也是造成多数决原则在实际运用中出现各种问题的原因。没有惩罚制度的法律是对违法行为的放任，缺乏救济的权利是虚假的权利。② 有一个适当的惩罚制度，才能迫使人们在法律的框架内行事；有一个完善的救济体系，权利才是有保障的，才能够发挥它最大的作用。对多数决

---

① 陈晓汕、丁国民：《村民委员会选举多数决制度衡平研究》，《三明学院学报》2014 年第 1 期，第 12～16 页。
② 王芳著：《我国村委会组织法修改研究》，硕士学位论文，郑州大学，2011。

的衡平，也同样需要惩罚与救济。然而，我国《村民委员会组织法》对在选举中出现的违法行为的惩罚和对选举权的救济的规范少之又少，而且在有限的法律规范中也存在缺陷。我国《村民委员会组织法》仅在第十七条做了简单的规定，但该条规定存在以下几个方面的缺陷。

1. 对惩罚事由的规定不全面且不明确

一个完善的惩罚制度必须要厘清哪些行为要受到惩罚。在《村民委员会组织法》第十七条中，仅仅以列举的方式规定了六种惩罚事由，但由于我国乡村众多以及现阶段村民自治制度的不完善，这种列举并不能穷尽村民选举中出现的各种违法违规行为。例如在选举时，帮助候选人违规拉票的行为是否应该受到惩罚的问题等。特别是对那些利用多数人决策的弊端，怂恿、拉拢多数人做出明显不利于少数人利益，甚至严重侵害少数人利益的决策的惩罚问题。除了依照《村民委员会组织法》第三十六条规定，受侵害的村民可以申请人民法院撤销村委会所做决定，责任人依法承担法律责任外，还应当对直接责任人和主要负责人问责。当然，主要负责人尽了管理和监督义务，对违法行为不知情的可免其责。对于决策事项明显侵害少数人利益，负有审慎审查义务的村委会主要干部没有尽到审查义务，而使得少数村民因多数决受到损害，应当严肃追查主要干部的行政责任，必要时还需责令其承担民事赔偿责任。

2. 对惩罚事由中相关行为的界定不明确

首先，对"暴力"一词的界定。暴力是一种行为表现，它有一个程度的区分，《村民委员会组织法》并没有对何种行为属于暴力的范畴做出规定。另外，这里所说的暴力是仅有暴力行为还是要求暴力结果，什么程度的结果，在本法律中都没有明确的规定。其次，对"贿赂"一词的界定。贿赂是指候选人为了排除其他人的竞争，使用赠送金钱或非金钱利益的手段说服选民投票的行为。在村民选举过程中，选民很可能会为了一点点的金钱利益就放弃自己的选举权而由行贿者操控，那么，贿赂有没有数额的限制，这在法条中并没有明确规定。此外，关于非金钱利益的范围问题，法律也没有明确的界定。

3. 对惩罚的决定机关和实施机关的规定不合理

根据《村民委员会组织法》的规定，对于以暴力等妨碍、破坏选举的行为应由乡级或者县级人民政府负责调查并依法处理。政府是我国的行政机关，由政府来解决村民选举中出现的问题是否会侵害村民的自治权？对政府处理的结果不满意是否可以向司法机关提起行政诉讼？对于这些问题，法律并没有明确的规定，而在实践中，法院并没有将选举纠纷的案件纳入行政诉讼受理范围之内。另外，由政府处理选举纠纷很容易滋生腐败，很容易出现内定候选人并对其非法拉票的行为放任不管，侵害其他候选人的被选举权和选民的选举权。

4. 对惩罚的具体措施规定不完善

根据《村民委员会组织法》可以看出，对于以暴力等手段破坏选举等行为，仅规定一个当选无效的结果，试图通过违法手段当选的候选人会抱着一种即使是被查处了也不过是不当选而已的侥幸心理来触犯法律。这种规定像是一个没有通电的铁丝网，并不能对违法者起到震慑和预防违法的作用。对于暴力、欺骗、贿赂等行为，仅仅以不当选的方式来惩罚显然是不够的。

5. 对选民的权利救济途径规定不完善

根据《村民委员会组织法》的规定，任何村民都有检举揭发的权利，法律规定了两类受理这些举报的机关：一是乡级人大会议或县级人大常委会会议，二是乡级人民政府或者县级人民政府及其有关主管部门。也就是说，当村民在选举过程中发现任何违法违规现象都可以向上述机关进行检举揭发，但这对于村民来说是很难实行的。乡级人民代表大会每年只开一次且时间也不会很长，闭会期间又没有常委会主持工作，所以这对于村民而言常常是救济无门的。县级人大常委会虽然每两个月召开一次，但是开会的时间较短，一般只有一天。另外，村民对人大的认识是很匮乏的，对于人大代表有谁、人大于何时何地召开等问题都是不了解的，因此向县级人大常委会举报也是不具有可行性的。对于向政府举报的问题，笔者已经在第三点中阐述了，在此不再赘述。

二 决策环节的衡平

正确的决策是保证村民自治工作顺利开展的重要前提。建立健全科学民主的决策制度是实行村民自治的重要环节，是在村民自治建设中推进民主，保障村民自我管理、自我发展的客观要求。民主决策是村民自治的重要内容，村民自治权在很大程度上是通过民主决策的形式来实现的，即涉及村民自治的事项的决定都由村民民主协商做出。《村民委员会组织法》对村民决策权的行使规定了村民会议、村民代表会议和村民小组会议三种形式。① 多数决原则在民主决策环节有很多运用，在三种不同的决策形式中都有不同的体现。② 这三种决策形式能不能有效地保障所有村民都参与到民主决策中去？多数决在《村民委员会组织法》中的决策环节的运用如何有效避免对少数人的侵害？以下将针对村民会议和村民代表会议中的多数决衡平问题进行分析。

（一）村民会议制度

村民会议是村民自治中的最高权力机关和决策机关，《村民委员会组织法》规定了村民会议的组成与召集、召开、职权和必须提请村民会议讨论决定的事项。村民会议制度通常涉及三个问题：一个是村民会议的组成问题，二是村民会议的程序问题，三是对未经村民会议决议的结果的规范问题。③ 这三个问题在运用多数决原则的时候都容易滋生对少数人意志和权益的漠视和侵害，需要在制度设计时慎重考虑利益的平衡。

1. 村民会议的组成

村民会议决议村内事务的基础是少数服从多数原则，这种议事规则必须确定议事参与人的广泛性和代表性，凡是与所决议事项有关联的人都应当知晓乃至参与或事先征求其意见。根据《村民委员会组织法》第二十一条的规定："村民会议由本村十八周岁以上的村民组成。"该条对参与村民会议的人员条件做出明确的规定，也就是有哪些人可以享有民主决策的权利。由本法条可知，村民自主决策的主体必须具有两个条件：一是年满十八周岁，二是本村村民。笔者认为本法条的规定过于简单笼统，不具有确定性。

首先是对年满十八周岁的规定。在农村，有许多未满十八周岁的村

---

① 谢炜：《中国农村基层民主自治的法律演进、实践困境与路径选择》，《云南社会科学》2012年第1期，第69~73页。
② 莫江平：《选举权的误区》，《社会科学家》2002年第4期，第82~85页。
③ 唐孝坤、袁明旭、李春梅：《中国农村村民自治中的法律制度创新》，《云南社会科学》2002年第3期，第15~19页。

民外出务工,甚至是结婚生子。对于这一部分村民而言,他们已经参加社会劳动,并能够以自己的收入作为生活来源,那么,根据本法条的规定,即便这部分人可以自己劳动生活,但在村务决策中仍是没有表决权的,甚至是没有参与权的,笔者认为这是不妥当的。根据我国《民法典》第十八条的规定,十六周岁以上的未成年人,以自己的劳动收入为主要生活来源的,视为完全民事行为能力人,具有完全民事行为能力,可以独立进行民事活动。村民会议决定着涉及村民切身利益的重大事项的最终结果,有些重大事项决定之后是很长时间内都不会再更改的。例如农村土地承包,根据《农村土地承包法》的规定,土地的承包期限在30~70年,特殊情况下还可以延长。而对于农村来说,未来的发展任务还是要由新生一代来承担,若忽视因年龄原因而不能参与村民会议的年轻人的作用,将其排除在村民会议的讨论及表决范围之外,势必会损害这部分人的利益。

其次是只有本村村民才有权参加村民会议。根据《村民委员会组织法》的规定,召开村民会议,可以视需要邀请驻本村的企业、事业单位和群众组织派代表列席。由此可知,外来投资者可以列席村民会议,但对于村民会议决策的事项没有表决权,而且列席会议还需要被邀请。笔者认为,这样的规定有损害外来投资者利益的嫌疑。外来投资者和本地村民与本村有着很密切的联系,外来投资者因在本村开办企业、兴办公益事业等,和本村村民或者和本村有合作,但是对农村资源的利用,没有自己的话语权。这一方面会削弱外来投资者在本村投资的积极性,不利于本村的经济发展,另一方面也会损害外来投资者的利益。

最后是关于被剥夺政治权利的人是否可以参与村民会议的问题。这一问题在我国《村民委员会组织法》里并没有明确规定。根据我国《刑法》第五十四条的规定,剥夺政治权利的含义是剥夺公民的选举权和被选举权,言论、出版、集会、结社、游行、示威自由的权利,担任国家机关职务的权利和担任国有公司、企业、事业单位和人民团体领导职务的权利。此法条并没有明确规定被剥夺政治权利的人没有参加村民会议的权利。因此,被剥夺政治权利的人可以参加村民会议,对各项问题进行讨论和发表自己的意见。由于在《村民委员会组织法》中没有对这一问题的规定,在现实实践中,会出现损害被剥夺政治权利的这部分人的

2. 村民会议的程序

村民会议的程序问题包括以下三个方面的内容。

(1) 村民会议的决议事项

多数决原则在村民自治民主决策环节的运用涉及村民重大利益的事项的决定。① 然而，并不是所有的事项都必须用少数服从多数的规则来决定，有一些事项是不适用的。比如"酒仙桥危改补偿方案"，由于涉及每家每户具体而特殊的利益诉求，简单用多数票决的方式通过"一盘棋"的补偿方案显然是对少数人私权的一种凌驾。因此这类事项的解决在大原则和大方向上可以用多数决，但在具体权益保护和协调方面则需要通过民主协商的方式弥补多数决的不足。由于村民会议的决议方式——一人一票的多数决制，既不同于公司的多数股权决定原则，也不同于合伙制中的全部合伙人同意原则，它属于一种公法方式，因此对于私法领域的事项一般不宜用村民多数决的方式来决定。② 一般而言，群域事项宜用多数决，私域事项不宜用多数决；财产行为宜用多数决，身份资格问题不宜用多数决；非法定事项宜用多数决，法定事项不宜用多数决。

由于村民会议是村民自治中的决策机关，通过村民多数决的方式决定涉及村民利益的重大事项，所以对其权力范围必须要有一个明确的界定，才能在实践中具有可操作性，也同样可以减少多数人绑架少数人意志的现象。③ 而《村民委员会组织法》第二十四条对必须由村民会议决定的事项并没有一个明确的界定，这是法律制度的一个缺陷。这一缺陷主要表现在法律规定的村务范围问题上。《村民委员会组织法》第二十

---

① 《村民委员会组织法》第二十四条规定："涉及村民利益的下列事项，经村民会议讨论决定方可办理：（一）本村享受误工补贴的人员及补贴标准；（二）从村集体经济所得收益的使用；（三）本村公益事业的兴办和筹资筹劳方案及建设承包方案；（四）土地承包经营方案；（五）村集体经济项目的立项、承包方案；（六）宅基地的使用方案；（七）征地补偿费的使用、分配方案；（八）以借贷、租赁或者其他方式处分村集体财产；（九）村民会议认为应当由村民会议讨论决定的涉及村民利益的其他事项。"

② 涂四益：《论〈村民委员会组织法〉中的自治与民主》，《河南工业大学学报》（社会科学版）2014年第2期，第56页。

③ 张潜伟：《完善村民自治应妥善处理五大关系——进一步完善〈村委会组织法〉的思考》，《南昌大学学报》（人文社会科学版）2008年第2期，第72~75页。

四条运用列举的方式规定了 8 种必须由村民会议决定的事项①，第九项又以"其他事项"的兜底性条款使得村民组织有了巨大的自由裁量权。第九项的立法目的是在村民中最大限度地保证民主，让更多的事项能够由村民自己决定。然而这种兜底性条款有其局限性。首先，兜底性条款与法律的明确性相违背。法律具有指引和预测的作用，人们会根据法律的规定来安排自己的行为。② 法律若要发挥其应然的指引和预测作用，就要具有明确性的特点，然而兜底性条款的最大缺陷就是其具有模糊性，这种抽象的概括性表述与法律的明确性是相违背的。其次，兜底性条款的使用给村组织较大的自由裁量权。对于这个高度概括性的词语，其所包含的是什么事项，什么是"其他"，村组织对"其他"的自由裁量的范围是什么，法律都没有给出一个明确的规定。模糊性的规定留下较大的自由空间，村组织需要根据具体的事项来判断其是否必须由村民会议来决策。裁量者若心怀村民利益且对事项性质以及法律的理解有一个很好的把握，那么兜底性条款就能够发挥其应然的促进作用。但是在现实实践中，村组织很可能会利用兜底性条款的不确定性滥用自由裁量权，损害少部分人的利益。

（2）村民会议的召开

根据《村民委员会组织法》第二十二条的规定，村民会议的形式有两种：一种是本村超过十八周岁的村民全部参加；另外一种是户代表制，即由本村每户派代表参加。③ 这是村民多数决原则在村民自治决策环节的具体体现，法条中所规定的过半数和 2/3 以上的比例，是为了在村民会议召开时有绝大多数村民参加，以体现村民自治过程中的民主性。法条中仅规定了村民会议实到人数的基数是十八周岁以上村民的一半，但是并没有规定有权参加民主决策的村民必须参会，也没有规定这部分人无故缺席村民会议的后果，这将导致村民大量缺席，使得村民会议无法

---

① 李永安：《论我国〈村民委员会组织法〉修改的前瞻性问题》，《河南省政法管理干部学院学报》2010 年第 1 期，第 110~115 页。
② 陈国申、李媛媛：《试论村民自治法律制度的缺陷与对策》，《山东农业大学学报》（社会科学版）2004 年第 4 期，第 29~32 页。
③ 《村民委员会组织法》第二十二条规定："召开村民会议，应当有本村十八周岁以上村民的过半数，或者本村 2/3 以上的户的代表参加，村民会议所作决定应当经到会人员的过半数通过。法律对召开村民会议及作出决定另有规定的，依照其规定。"

召开。

现如今的农村已经突破规模小、人数少、居住相对集中这么一个传统的农村概念，村民居住都比较分散，尤其是偏远山区交通不便，再加上农村外出务工、经商、求学的村民数量也在逐渐增加当中，对村民会议的参与度较低；由于农村村民的流动性比较大，很难满足召开村民会议的人数条件，即便是利用户代表制的形式来召开村民会议，参会的人多是留守在家的老年人，这一部分人的讨论决策并不一定能够代表全村村民的利益；在重大事项的讨论上，缺少大部分年轻村民的意见和建议，无法确认村民会议能否做出有利于村集体的发展，又不会被个别人操控的决策。这些都是法律所没有预见和避免而又会实然发生的问题。

本法条的规定不但不会起到召集更多村民参加村民会议的作用，还有违背民主决策理念的嫌疑。"合法决定不是一个必须根据'所有人意志'做出的决定，而是所有人参与政治过程的结果。"① 也就是说，民主决策并不注重全体村民意志的完全统一，它所注重的是所有村民参与决策的这一过程。而我国《村民委员会组织法》第二十二条的规定仅仅保障了大部分村民参与决策的权利，对于剩余的少数村民来说，他们的权利并没有得到充分的保障。村民会议的召开主要是为了讨论并决定一些涉及村民利益的事项，因此，村民作为村里一员，对涉及自身利益的事项理应有权参与决策。村民会议是最能直接表达和反映村民意志的民主决策形式。② 但在实践中，立法者以村民召集难等为由制定出保障多数人权利的村民决策机制，这显然是对少数村民参与决策权的侵害。

（3）村民会议做出的决策

首先，根据法律规定，村民会议做出决策须经到会村民的过半数同意。这样的决策通过的人数比例设计存在两个方面的问题。一方面，在中国，农村的经济发展虽然已经有了很大的进步，但由于发展不均衡以及腐败现象的存在，大部分农村还比较落后，缺少可供农民支配的集体经济资源。在缺乏办理公共事务的资源和资金的情况下，村民参与民主决策的积极性就会下降。因为缺乏动力，村民对个人或者独立家庭的关

---

① 〔英〕戴维·赫尔德：《民主的模式》，燕继荣等译，中央编译出版社，1998，第382页。
② 徐勇：《中国农村村民自治》，华中师范大学出版社，1997，第115页。

注度就会大于对集体利益的关注度。再加上农民流动人口增多，农民中的知识分子以及农村精英大部分都选择外出工作，留守在村子里的村民基本上是老人和孩子，这些村民自身对民主的认识不足并存在认识偏差，缺少对民主决策的准确认识。而来村投资的经营者虽然有经营头脑以及更高的知识水平，但因为投资者的主要目标是获得利润，他们更加关注自己的投资建设是否能够获得报酬。即便外来投资者有意与村民一起发展农村经济，在获取利润的同时带动村庄的发展，但由于其不是本村村民，所以在村民会议的决策上，他们并没有表决权。在村民会议上，有限的留守村民并不一定能够做出合理周全的决策。另一方面，村民会议只需过半数的有参与权的村民参加即可召开，决定的通过也只需要参加会议的过半数村民的同意。这就说明，对于涉及村民重大利益的事项只需要全村十八周岁以上村民的1/4的表决通过即可。笔者认为这样的比例是极低的，在实质上并不能体现出决策的民主性，极低的人数比例反而给追求私利的领导者一种机会，即利用村民会议的形式"民主"地绑架民意，造成实质上的不民主，损害少数人的利益甚至是全村的利益，以谋求自身的发展和私欲的满足。

其次，在以多数决为原则的选举中，村委会的当选者与多数选民建立一种信任关系，当选后，村委会各成员多会站在多数人的立场上来开展村内工作。法律规定，村委会和村民会议的关系是村委会向村民会议报告工作，村民会议有权监督、评议村委会成员的工作。法律还规定村民会议由村民委员会召集，在现实实践中，村民委员会很可能会操控村民会议的召集和决议工作，然后站在多数人一方的村民委员会利用村民会议实施"多数人的暴政"，少数村民边缘化的现象也很有可能会发生。[①]从表面上看，村民会议决议完全符合法律规定的少数服从多数规则，但实质上却是少数人操控下的多数决，损害了少数村民的利益。

因此，在保障大多数村民权利的同时如何保障少数人的民主决策权应是立法机关在完善村民组织法时应考虑的问题。

3. 对未经村民会议决议的结果的规范

对结果规范的缺失，极易造成纠纷，并与其他基本法产生冲突。笔

[①] 王旭宽：《村民自治权冲突及其法律救济的不足与完善》，《云南社会科学》2006年第5期，第14~18页。

者将举例来说明这一点。

《京华时报》曾报道过这样一个事件：A县一村委会起诉要求确认其与隔壁村村民王某签订的合同无效。案件源于2011年A县某村委会与隔壁村王某签订的《大棚租赁合同》，合同约定村委会将本村24个蔬菜大棚交给王某进行经营，王某向村委会交付每个大棚每年3000元的租金。租期从2011年到2018年。而村委会所做的租赁本村大棚的决定并没有经过村民会议讨论，2013年6月，村委会以与王某签订的合同未经村民会议讨论决定为由主张确认《大棚租赁合同》无效。一审法院经审理认为，《大棚租赁合同》内容涉及标的较大，与村民的切身利益相关联，理应经过村民会议或者村民代表会议的商榷决策。但是村委会并没有将合同的内容提交村民会议或者村民代表会议进行共同讨论做出决策，擅自跟王某订立合同，对集体财产进行处理，违反了法律的强制性规定，判决该合同无效。王某不服提起上诉，经二审法院审理得出了不同的结论。法院指出，《合同法》规定，违反法律、行政法规的强制性规定的合同无效。[①] 虽然《村民委员会组织法》规定，以借贷、租赁或者其他方式处分村集体财产经村民会议讨论决定方可办理，但是，在《村民委员会组织法》中并没有法条提及未经村民会议讨论决定是租赁合同无效情形之一，何况村委会签订的租赁合同仅仅跟当事人的利益相关，上述规定的目的在于使村委会的行为迈上有序规范的轨道，法律允许村委会跟他人订立租赁合同，所以，并不能因此条规定而否定村委会与他人签订的合同的效力。因此，二审法院判定村委会与王某签订的《大棚租赁合同》有效。

在该案中，A县某村委会的行为一方面违反了《村民委员会组织法》的规定，超越权限对涉村财产进行处理，但是，由于《村民委员会组织法》对于村委会未经村民会议讨论所做的决定是否有效未做明确的规定，而实践中这种现象是存在的，而且可能是普遍存在的。[②] 当出现纠纷时，

---

① 《合同法》第五十二条规定："有下列情形之一的，合同无效：（一）一方以欺诈、胁迫的手段订立合同，损害国家利益；（二）恶意串通，损害国家、集体或者第三人利益；（三）以合法形式掩盖非法目的；（四）损害社会公共利益；（五）违反法律、行政法规的强制性规定。"

② 王满荣：《困境与反思：村监督组织运行机制的实证研究——以杭州市余杭区为例》，《湖北社会科学》2012年第3期，第40~44页。

是依据《村民委员会组织法》来做裁判，还是依据其他基本法来做裁判，这就存在一个矛盾，这样的矛盾很有可能会损害少数人的利益。例如在本案中，若法院法官坚持用《村民委员会组织法》来判定村委会未经村民会议讨论所做的决定无效的话，那么王某的利益势必会遭受损害。

（二）村民代表会议制度

村庄合并之后，中国农村一个村的人数上升到 1000～7000 人不等，按照法律对应到人数的规定，村民会议应有几百人乃至几千人参会。这么多人的会议，通常连开会地点都难以找到。而且，在城镇化日益推进的今天，村民大多外出务工，一年中回村的次数少之又少，除非很重大的事情，外出务工的村民一般是不会回村参加村民会议的。因此，村民自治决策的另一种形式即村民代表会议，就成为一种在乡村中比较常用的决策形式。它并不是村民会议的常设机构，而仅仅是村民会议的补充形式，它讨论并决定村民会议授权的事项，它的产生主要是为了解决村民会议召开难的问题。村民代表会议并不是在所有村都适用的，它的适用情况有两种：一种是该村村民较多，另一种是该村的村民居住得比较分散。也就是说，如果不是人数较多或者居住分散的村，就不能采取村民代表会议的形式来做出民主决策，而只能以村民会议的形式来做出民主决策。[①]

多数决原则在村民代表会议上的运用集中体现在表决程序上。《村民委员会组织法》第二十六条第二款规定，只有超过 2/3 的村民代表会议的组成人员参加，会议才可以召开，决议必须经过参加会议的一半以上的村民同意才能通过。村民代表会议是村民决议涉村事务的最主要形式，为了体现村民自治的民主性，决议事项也运用了少数服从多数的规则。多数决原则的适用是建立在有代表性的村民、合法的程序以及有效的保障措施之上的，因此在确定有代表性的村民、程序的合法性和决策客观公正性方面，需要对少数人利益予以特别关切，使之不至于因多数决而

---

① 邓泉国、孟迎辉：《农村村民民主决策与城市居民民主决策比较》，《贵州师范大学学报》（社会科学版）2007 年第 5 期，第 1～5 页。

丧失话语权，甚至权益遭到践踏。

1. 村民代表会议的组成及村民代表的选举

现行法律关于村民代表会议的组成的规定在以下几个方面需要平衡协调。

（1）设立村民代表会议的条件

根据《村民委员会组织法》第二十六条的规定，人数较多或者居住分散是设立村民代表会议的前提条件。这就表明了是否设立村民代表会议取决于一个村里面到底有多少人，村民居住是否足够分散。然而多少人算是人数较多，法律对此并没有明确的界定。在各省份的实施办法中对此也大多原文照搬《村民委员会组织法》的规定，仅广东省、浙江省和辽宁省对此做了具体的规定。《广东省实施〈村民委员会组织法〉办法》规定，200户以上的村即为人数较多，需要设立村民代表会议；浙江省规定300户以上；辽宁省规定150户以上。由于法律的缺失，一些村庄可能人数达到了本该设立村民代表会议的标准，但是因为一些村组织的领导人物为了寻求私利而不去设立，这样就会使得村内的事务都只能由村民会议来决定。由上文可知，村民会议召开的难度比较大，一年召开的次数非常有限，这就会降低村民对民主决策的参与度，阻碍村民自治的发展。

（2）对少数民族村民权益的保障

《村民委员会组织法》第二十五条规定，妇女村民代表应当占村民代表会议组成人员的1/3以上。在村民代表会议组成人员中增加一定比例的妇女人数是法律对少数人权益保障的体现，这是法律的一大进步。然而《村民委员会组织法》中并没有涉及少数民族代表人数的规定。在各省份的具体实施办法中，部分省份对少数民族村民代表做了简单的规定，例如《广东省实施〈村民委员会组织法〉办法》《吉林省实施〈村民委员会组织法〉办法》规定，多民族村民居住的村，在村民代表会议组成人员中应当有人数较少的民族的代表。《江西省实施〈村民委员会组织法〉办法》《贵州省实施〈村民委员会组织法〉办法》规定，多民族村民居住的村，各民族都应当有代表。《湖南省实施〈村民委员会组织法〉办法》规定，人数较少的民族的村民代表人数应当与其人口比例相适应。① 这一法律规定的缺失极易导致人数较少的少数民族村民的想法遭受村里大多数人民意的绑架，其合法权益也就很难保障。

（3）对村民代表人数的规定

《村民委员会组织法》中并没有规定村民代表的人数的最低标准，仅规定了村民代表由村民按照每 5~15 户推选一人，或者是以村民小组为单位来推选。总结各省的实施办法可以看出，对村民代表人数的规定表现为四种情况。一是和基本法一样没有涉及，例如甘肃省、河南省、湖南省、天津市、云南省、重庆市、河北省、吉林省、陕西省、山东省等。二是对村民代表人数的最低限度做了一个笼统的规定，例如《广东省实施〈村民委员会组织法〉办法》《海南省实施〈村民委员会组织法〉办法》规定，村民代表的人数要大于或等于 20 人。《湖北省实施〈村民委员会组织法〉办法》规定，村民代表人数不得少于 25 人。《安徽省实施〈村民委员会组织法〉办法》《北京市实施〈村民委员会组织法〉办法》规定，村民代表人数不得少于 30 人。《辽宁省实施〈村民委员会组织法〉办法》规定，村民代表人数不得少于 35 人。三是村民代表的人数根据村人口总数的多少规定不同等级的最低标准。例如《福建省实施〈村民委员会组织法〉办法》规定，村民代表的具体人数由村民会议确定。② 贵州省和江西省的规定相同，人口不足 2000 人的村，村民代表人数不得少于 30 人；2000~3000 人的村，不得少于 40 人；3000 人以上的，不得少于 50 人。关于村民代表人数的规定，各省份都有其各自的规定，一般都是由村民会议决定。在实践中，各个地方的村民代表的产生办法不尽相同。在一些地方，为了让村民代表真正能为村民发声、反映村民心声、维护村民合法权益，争取扩张代表人数。然而也有一些地方，村委会或者村党支部企图通过控制村民代表会议，掌控对本村各个事项的决定权，想尽办法减少代表的数量。四是缺乏作为村民代表所必须具备的条件的规定。《村民委员会组织法》对于什么样的人可以被选举成

---

① 韦开蕾：《对村民自治实践困境的审视——基于村民自治内外部制约因素的考察》，《湖北社会科学》2013 年第 9 期，第 17~20 页。

② 《福建省实施〈村民委员会组织法〉办法》第十八条规定，八百户以上的村不得少于五十五人，六百户以上不足八百户的村不得少于四十五人，三百户以上不足六百户的村不得少于三十五人，一百户以上不足三百户的村不得少于二十五人，不足一百户且居住比较分散的村不得少于二十人。

为村民代表并没有一个具体的规定,这就表明法律并没有限制村民代表的条件。在各省份的实施办法中,对此问题的规定也是参差不齐,很多省份对这一问题是没有相关规定的,仅有个别省份对村民代表的条件进行了简单描述,例如《天津市实施〈村民委员会组织法〉办法》第十三条规定①,因为缺乏对村民代表的条件限制,在村民代表的推选环节可能会掺杂更多的个人情感,并不会太注重这个人是否能够代表村民的集体意志,这就给关系代表的产生打通了一条道路。同时如果推选出的代表文化程度较低且没有多少社会治理的经验,在村民代表会议中无法充分发挥自身代表作用,而是一味地逆来顺受,不会运用自己的权利来为其代表的村民谋取利益,这部分村民的利益将会受到损害。另外,没有民主意识的村民代表也不能对村民委员会起到制约的作用。②

2. 村民代表会议召开的程序

《村民委员会组织法》第二十六条③对村民代表会议的召集主体、成功召开的最低人数比例和决定通过的条件都做了具体的规定,这也是多数决原则在村民代表会议制度中的具体应用。

(1) 村民代表会议的召集

根据法律的规定,村民代表会议由村民委员会召集,这是一种法定的义务。完善的法律制度在规定义务的同时会制定相应的后果责任制度,即在义务主体没有履行义务时应该有什么样的后果。然而,在《村民委员会组织法》中并没有对村民委员会的责任进行规定,并且对在哪些情况下村民委员会理应组织召开村民代表会议也没有明确的规定。村民委员会仅在一种情况下必须召开村民代表会议,即有 1/5 的村民代表提议。因规定村委会的责任后果的法律缺失,以及没有明确界定必须召开村民

---

① 《天津市实施〈村民委员会组织法〉办法》第十三条规定:"村民代表应当是依法具有选举权和被选举权的本村村民,并遵守法律、法规和政策,有一定的文化程度和议事能力,办事公道,能代表群众意愿与利益,有较高的群众威信。"
② 韩莉:《"新"〈村组法〉对农村基层民主法制化建设的推动》,《才智》2014年第27期,第269~270页。
③ 《村民委员会组织法》第二十六条规定:"村民代表会议由村民委员会召集。村民代表会议每季度召开一次。有五分之一以上的村民代表提议,应当召集村民代表会议。村民代表会议有三分之二以上的组成人员参加方可召开,所作决定应当经到会人员的过半数同意。"

代表会议的情形，村民委员会很有可能会因为一己之私或者是因为判断失误而不去组织召开村民代表会议，对村民的合法权益造成损害。

2000年5月，在湖南省A县某村召开了一次村民代表会议，与一般的村民代表会议不同的是，此次会议并没有经过村民委员会的召集，而是村民代表自发组织的。事情的起因是1988年，该村为了公益事业的建设，村民同意将部分的林木出售以获取资金。村民一致同意与本村的村民梁某签订买卖合同，约定村里将部分林木出卖给梁某，价格为2.8万元。梁某必须先交纳5000元的押金，并在一切手续办完之后结清所有款项，最后才能砍伐树木。合同还规定，由村两委对梁某的行为进行监督。然而，村支书由于与梁某有很好的私人交情，在没有召开村民代表会议的情况下，就答应梁某暂时欠缴5000元，待梁某将所有树木砍伐完之后再进行偿还。村主任和会计也默许村支书与梁某的行为。后来，梁某以种种理由拒不缴纳最后5000元的欠款。村民想用法律解决此事，但梁某没有留下书面的欠条，村民当然也不能运用暴力来解决此事。于是，村民就自发地组织了这一次村民代表会议，集体讨论事情的解决办法。村民都认为村两委成员对村集体损失的5000元负有不可推卸的责任，原因就是其没有将梁某在欠付买卖款5000元的情况下就去砍伐树木的事情交由村民代表会议讨论决定，如果不是村两委的私自许诺，村集体不会有任何的损失。经过讨论，村民代表会议决定，由村两委对这5000元的损失承担责任，村支书负主要责任，偿还集体2000元，村主任及会计承担次要责任，各偿还村集体1500元。

此次事件的根本原因就在于村委会没有召开村民代表会议，村民对于涉及自身利益的事项并没有足够的了解，也没有参与决策，导致村集体利益受损。由于法律并没有明确规定村民自发组织召开的村民代表会议所做出的决议的效力，也没有对村民委员会没有履行组织召开村民代表会议的义务的法律后果进行规定，所以，在此种类型的事件中还存在执行的问题。虽说村民代表会议做出了处罚村两委成员的决议，但是因为缺少法律依据在执行上也是极其困难的，这对村民集体利益的保护非常不利。

各省实施办法中对村民委员会怠于组织村民代表会议的后果做了相应的规定，例如《广东省实施〈村民委员会组织法〉办法》第二十八条规定，村民委员会不组织召开村民代表会议的，由村务监督委员会督促村民委员会召集；经督促仍然不召集的，由村务监督委员会召集。即便是个别省份有关于村民委员会不积极组织召开村民代表会议的后果的规定，也仅仅是规定由其他组织代为召集，并没有规定其所要担负的责任，笔者认为这种法律缺失是造成村民委员会怠于履行义务的主要原因之一。

（2）村民代表的责任

村民代表会议需要 2/3 以上的村民代表参加方可召开，《村民委员会组织法》对于村民代表参加村民代表会议并没有规定为一种法定的义务[1]，也没有规定村民代表不参加会议需要承担怎样的责任，各省份的实施办法中也并没有对这一问题的规定，这就会使得一些参与民主决策的、积极性不高的村民代表不去参加村民代表会议，由此造成大量的缺席现象。缺席的人数高达村民代表总人数的 1/3 时，村民代表会议就无法召开，即便是低于村民代表总人数的 1/3，且村民会议顺利召开了，但是对于推选缺席代表的村民来说，其对所决议事项就丧失了发言的权利。

《村民委员会组织法》还规定村民代表会议所做的决定应当经到会人数的过半数同意方能通过，但是基本法和地方法律法规并没有规定参加会议的村民代表进行投票的义务。[2] 在现实实践中常常会出现"议而不决"的现象，究其原因，有一条便是不参与投票或者说弃权的村民代表比较多。由于法律没有规定村民代表的责任，这就会放任其对决议事项采取消极的态度，最终不投票或者是弃权。法律并没有规定弃权票是否应当计入有效票数，但在大部分村民自治实践中都是不会将弃权票计入有效票数的，这将会导致村民代表会议所决议事项因票数达不到要求而不了了之，也就是"议而不决"。

法律规定村民代表的任期和村民委员会的任期相同，且村民代表可以连选连任，但是在《村民委员会组织法》中并没有对村民代表的罢免

---

[1] 刘同君、陶玮：《村民自治的主体与性质——读〈宪政的法理言说〉引发的思考》，《江苏大学学报》（社会科学版）2009 年第 2 期，第 12~16 页。

[2] 唐鸣、尤琳：《村委会选举中选民登记标准的变迁逻辑：动因、发展方向和条件——兼评新〈村民委员会组织法〉》，《中南民族大学学报》（人文社会科学版）2011 年第 3 期，第 72~78 页。

制度和辞职制度进行规定，因此在各地具体的实施办法中因没有一个统一的标准而表现出较为混乱的现象。有的地方仅规定村民代表的辞职制度，例如《广东省实施〈村民委员会组织法〉办法》中就规定村民代表可以向村民代表会议书面提出辞职，由村民委员会受理并召集村民代表会议进行商议，视商议结果决定是否同意辞职，并及时公告。广东省在实施办法中没有规定村民代表的罢免制度。从这一法条中我们可以知道，村民代表的辞职申请的受理机关是村委会，决定权在村民代表会议，笔者认为这是不妥当的。村民代表是依法以户为单位或者是以村民小组为单位推选出来的，其对推选者负责，那么其辞职申请理应由推选他的村民集体讨论是否同意其辞职以更换其他的代表。《海南省实施〈村民委员会组织法〉办法》中对村民代表的辞职与罢免制度的规定与广东省不同，其规定村民代表向村委会提出书面辞职，经原选单位同意，不再担任村民代表。这就表明，决定村民代表辞职与否的权利在原选单位，而不是村民代表会议。同时海南省在实施办法中还规定了罢免村民代表的制度，原推选单位 1/5 以上有选举权的村民或者 1/3 的户代表书面联名，可以向村委会提出罢免村民代表的要求，村委会在接到罢免要求后的 30 日内，应当召集原推选户或者村民小组开会表决。虽然部分省份在《村民委员会组织法》的实施办法中规定了村民代表的罢免制度，但是对提出的人数比例和村委会召开村民代表会议讨论的期限规定等都有所不同。[①]

(3) 村民代表会议的职权

根据《村民委员会组织法》第二十四条第二款的规定，村民代表会议行使职权的法律依据就是村民会议的授权，但是村民会议如何授权在《村民委员会组织法》中并没有明确的规定。总结各省份对《村民委员会组织法》的实施办法、各地方的村民自治章程和村规民约可以得出，这种授权基本有三种形式。一是在选举大会上授权，这里所说的选举大会是村民委员会选举大会，具体的操作就是首先通过民主选举产生村民委员会主任，然后由刚当选的村委会主任主持召开村民会议，最后在村

[①] 包先康、朱士群：《村民自治视野下村民代表的权域》，《西北农林科技大学学报》（社会科学版）2013 年第 3 期，第 139~144 页。

民会议上完成对村民代表会议的授权,并由参加选举大会的村民进行投票表决。这一方法显然是最有效率的,也是最节省成本的方法。在村民自治实践中,村民会议召开的难度较大,但参加的村民最多,在一个会议上解决更多的事情无疑是更加省时省钱的做法。运用这种方法的前提就是要在选举大会召开之前将所要进行的议程告知村民,让村民在参会之前对所要决定的事项进行比较全面的了解和思考。二是通过村民自治章程授权。这种方法就是在村民自治章程中明确载明村民代表会议可以决议的事项,在明文规定村民代表会议职权的同时间接完成授权工作。这种方法可以将村民代表会议的职权以条文的形式在村民自治章程中确定下来,减少了许多的不确定性,也可以使村民更加清楚明了地知道村民代表会议究竟能对哪些事务做出决定,同时给了村民代表会议明确的权力来源。三是通过专门召开会议授权。这种方法的具体操作是村民委员会组织召开村民会议,专门为授权一事进行讨论并做出决定。这种方法在操作上可能比较困难,因为在农村,村民会议的召集比较困难。村委会可以在召开村民会议之前通过村民小组会议的形式或者是以问卷的形式初探民意,询问村民关于村民会议必须保留的决议事项和可以授权的事项的意见和建议,并在此基础上形成议案草案,最终在村民会议上对此草案进行投票表决。

不管运用何种方式进行授权,最终的表决方式还是在民意的基础上实行少数服从多数的原则。在运用多数决进行决策时,要尽量保证村民的参与度,偏低的村民参与度会导致表决结果难以全面、准确地反映大多数村民的意志。根据各村不同的发展情况以及习惯,在村民会议授权给村民代表会议时可能会出现两种极端的方向:一是村民会议对村民代表会议的职权并没有明确的规定,村民代表会议无实权,形同虚设;二是村民会议授予村民代表会议较大的职权,使村民代表会议拥有绝对的决策权,使村民会议可有可无。[1] 这两种极端都是有可能根据多数决原则决策出来的,因此必须对"多数拥有无限权力"保持足够的警惕,使多数决原则在可控的范围内发挥其最大的优势。

---

[1] 胡序杭:《构建符合村民自治要求的村级组织决策机制》,《中州学刊》2008年第1期,第35~38页。

3. 保障少数人利益的条款

在使用少数服从多数原则进行民主决策的同时，我们不能忽视少数人的利益诉求，缺乏对少数人权益的保护是法律不健全的表现。在现实实践中，村民代表会议所做决策损害少数人利益的案例也是时有发生的。这些少数人的利益因为缺乏法律的保障，经常会成为多数人民主下的牺牲品。

2006年，《东南快报》报道过这样一个案例[①]：厦门市A区某村村民孙某与几个兄弟一起在村内种植龙眼树，扩大规模至村里的荒地。后因为修建环岛路，该村的300亩土地被征用，其中也占用了孙某的果园。A区政府和该村村民委员会签下了征地协议书。协议约定，以每亩9.2万元包干的标准补偿给该村村民委员会。根据一贯的做法，政府在跟村委会包干之后，补偿金再由村委会分配给村民。村民小组会同拆迁办、镇、村委会、小组代表等人在丈量之后，按照《厦门市征用土地补偿费用标准暂行规定》和村规民约测算出一个分配方案，在这个分配方案中，孙某等人可以获得补偿款共110万元，孙某一人就可以获得60万元。这一分配方案引来了大多数村民的反对，村民小组又推选了15位议事代表，与原来的5位村民代表一起决议通过了另外一个新的分配方案。新的分配方案决定对果树进行复点，还决定田间地头、荒地内的果树一律不予补偿。新方案得到了19人的赞同，以高票通过。然而在果树复点中，孙某没有被列入应予果树补贴的名单。该村村委会根据新的分配方案将补偿款扣除村提留和果树的补偿后按人口分配给了其他村民。而孙某按人口分只分得了不到20万元。孙某称，参加新方案决策的村民代表中的15名议事代表均不是种植龙眼的大户，他们当然更倾向于赞同第二种分配方案，议事代表以多数意见直接瓜分了孙某的劳动成果。孙某就此事提起了诉讼。村委会答辩称新的分配方案是由村民代表合法表决通过的，不存在任何违法违规的行为，孙某的代理律师则认为即使村民代表会议的决议代表了大多数村民的意见，也不能损害少数人的利益。本案的一审法院、二审法院都以新方案通过村民代表民主决议为由，判决

---

① 牛佳乐、丁国民：《我国村民自主决策中多数决制度的运用及完善》，《武夷学院学报》2017年第4期，第27页。

新的分配方案有效。后孙某向法院提起申诉被驳回，向检察院申诉后，检察院决定终止审理，按新方案执行。

这就是一个很典型的个别村民的利益因村民代表会议的决议而受到损害的实例。因为法律缺乏对少数村民利益的保障以及救济途径，少数人在多数决的原则下百口莫辩，没有一个可以为自己争取利益的有力依据。就如本案中，孙某是龙眼的种植大户，因其在村集体的荒地上种植龙眼，使土地等自然资源得到了有效利用，他付出了人力、物力、财力，却在征地补偿款上只获得和其他村民一样的分配。村民代表多数通过的分配方案便成了村委会"一刀切"地分配补偿款的合法依据，而孙某却找不到一个可以和此合法依据抗衡的理由，其权益最终被侵害是必然的。

三 管理和监督环节的衡平

民主的实质是社会成员参与社会的管理，就是自治。[1] 村民自治的核心是自治，而民主管理是村民自治必不可少的核心内容。民主选举是前提，民主决策是关键，民主管理是载体，民主监督是保障，这是《村民委员会组织法》所确立的自治的四项基本内容。民主选举为民主管理建立组织基础，民主决策是民主管理的表现形式，民主监督保障民主管理能够在"阳光"下运行。从广义上来说，民主管理就是村民在实行自治过程中所进行的包括选举、决策、监督在内的所有活动。在管理学上，决策和监督本身也就是管理的一个环节。而狭义上的民主管理仅包括管理和监督。《村民委员会组织法》将民主管理和民主监督规定在一章内也说明了这一点。[2] 然而，现实中在民主管理和民主监督环节因为多数决导致少数人意志和利益受损害的情况仍然时有发生。这里面有村民及村干部乃至上级领导认识不到位的问题，也有实际操作中的人为因素。因此，在村民自治的民主管理和民主监督环节对多数决进行必要的衡平是保障村民自治所确立的各项原则落实、保障村民自治中所有村民合法权益的重要措施。

---

[1] 〔美〕科恩：《论民主》，聂崇信、朱秀贤译，商务印书馆，1988，第273页。
[2] 郝炜、王宇雄：《对中国村民自治中的"四个民主"的学理分析》，《山西农业大学学报》（社会科学版）2010年第1期，第59~62页。

（一）民主管理环节的衡平

《村民委员会组织法》第二十九条规定，村民委员会应当实行少数服从多数的民主决策机制，这就确定了村民在民主管理的问题上总体遵循多数决的原则。关系到村民集体利益的事项，不论大小均应以少数服从多数的原则来进行决定。各省的实施办法也全部都是沿用这一原则，并没有做多少改变。然而，在当代发展程度差异巨大的中国农村，在村民自治中"一刀切"地全部运用多数决原则来处理农村的事务很容易导致不公，甚至会严重侵害部分村民的合法权益。根据各省份关于《村民委员会组织法》的实施办法可以得知，在管理方式上，纳入法律规范的情形可以分为三种：一是有序参与制度，二是信息公开制度，三是议事协商制度。这些方式是在宏观上所做的规定，但对于复杂的农村环境与不同的发展水平来说，农村的民主管理还是要通过具体的管理模式来进行的。

1. 少数精英管理模式需要法治化

中国村民在实践中总结出的精英管理模式有其实践价值，这种模式在带领村民发展经济、建设家园、处理日常公共事务等方面发挥着积极作用。[①] 但这种模式也有其自身无法克服的弊端，这种模式通常会使得多数决流于形式，而成为少数精英专断的工具。流于形式的多数决比实质上的多数决对少数人权益的损害还要严重，权益受损的村民救济的难度更大，因此更应该引起我们的重视。也就是说，少数精英在村民管理中的把控作用以及法律规制方面的缺失可能带来侵害村民权益的隐患，对此必须完善制度以平衡各方利益，使得多数决发挥正面作用，让所有村民都有在民主管理中发挥作用、体现价值的可能性。

农村在实行自治之后，村民们对村内事务拥有绝对的决策权，然而，村民个体大多是只关注个人的或者是家庭的发展，由于村民每个人的发展需求不同，在村民会议或者村民代表会议上，常常会出现议而不决的现象，会议所决议事项完全由村民讨论表决。会议上经常会出现你一言

[①] 唐京华、张雷：《村民自治单元下沉的价值与困境——黑龙江省方正县试点调查研究》，《北方民族大学学报》2021年第1期，第118~124页。

我一语的混乱场面，村民对所决议事项讨论激烈，却达不成共识，得不到一个满意的结果，在混乱中，少数人的比较明智的见解也被淹没，导致会议形式上非常民主，却不能发挥实际的作用。村民会议依法决定包括土地承包方案、经济项目的立项在内的许多专业性事项。在受教育程度偏低的农村村民中，对专业的事项并不了解，在对自己不了解的事项上行使表决权无疑会出现三种情况。一种是采取漠视的态度，不闻不问。另一种是从个人利益的角度出发，带有强烈的个人感情来决定事情。最后一种就是主动多方面了解所决议的事项，从集体利益的角度来提出自己的意见并行使表决权。可想而知，最后一种的人数是占极少数的。因此，在村民进行民主管理的过程中，仅仅运用多数决的议事决策原则是不够的，在专业的问题上还需要有精英的头脑。精英管理是村民在自治实践中开创的一种不一样的管理模式，这种模式在农村发展上发挥着很大的作用。

何为精英？张英魁等人认为，乡村精英主要是指在经济资源、政治地位、社会关系、社区威信、办事能力等方面具有相对优势，具有较强的自我意识与参与意识，并对当地的发展具有较大影响或推动作用的村民。[1] 还有部分学者将乡村精英分类为体制内的和体制外的。体制内精英就是指村支书、书记等人，而体制外的就是如宗族首领，经济富有的、具有号召力或者经济实力强大的村民。[2] 精英管理的模式现在并没有被纳入基本法甚至是省级实施办法的规制当中，仅在村民实践中发挥实际的效能。

精英管理模式有其独特的作用。首先是带头领导的作用。农村自从实行家庭联产承包责任制以后，农村的发展就以家庭为单位，土地分块，经营分散，每个家庭只负责将自己的经济实力搞上去，这就会出现对集体利益的漠视和较低的公共事业建设的参与度。精英领导可以从村集体的整体利益出发，带头组织兴办公共事业，以其专业的视角来发动群众谋求更长远的发展。他们拥有理性的思维方式以及先进的制度创新头脑，

---

[1] 张英魁等：《重视乡村精英在新农村建设中的作用》，《光明日报》2008年1月26日，第7版。

[2] 张长立、刘胜国：《试论我国乡村精英研究的范式转换》，《中国矿业大学学报》（社会科学版）2010年第3期，第10～14、43页。

可以为农村的发展提供理论支持。其次是为村集体的发展提供强大的经济后盾。农村的发展离不开财力的支持，农村部分有商业头脑的人先富起来，拥有强大的经济实力。这部分人可以为农村的公共事业以及公共产品的补给带来巨大的贡献。再次是村集体中有少部分人具有来自家族或宗族势力的威信，他们的言论可以起到震慑村民的作用，这在化解村民冲突、增强村民凝聚力方面非常有效，可以为村集体提供一个稳定和谐的发展环境。最后是这些精英因为拥有敏锐的观察能力，以及对专业事务的敏感度，可以及时纠正村务发展的错误方向，在村务监督方面也能发挥特有的功能。

精英管理模式以其独特的功能在村民自治中被广泛运用，例如河南省辉县市张村乡农民企业家裴春亮为回报村民，出资为村民建连体别墅，让村民安居乐业。浙江省武义县在精英的领导下，创新监管制度，首创村务监督委员会，极大地促进了村民管理过程中的民主规范、公开透明。但是，由于其缺乏法律制度的规范，在实践中也暴露出许多的问题。[①]

首先，选举制度不完善，这种制度缺陷表现在两个方面。一方面，对于外来投资者来说，因为其在本村投资经营，与村务的管理有着密切的联系。他们拥有雄厚的经济实力和灵活的经营头脑，在致富上有着丰富的经验。但是由于种种原因，他们并没有选举权和被选举权，在村务管理上也没有话语权。没有权利就没有义务，外来投资者因为没有相应的权利也就不会主动去为村务管理做贡献，因此，他们并不能在民主管理上发挥精英的作用。另一方面，对于本村村民来说，强大的经济实力可以帮助他们在竞选的道路上提供许多的支持，但是因为法律制度的不完善，没有明确地规定贿选的含义与界定的标准，可能将其卷入贿选的旋涡当中。因为法律没有对不正当竞选规定完善的惩罚机制，也使得经济实力强大的村民通过贿选等手段谋取不正当的利益，使得村民自治偏离民主的轨道。其次，法律对两委的地位规定不明确。这主要体现在村委会的两难境地问题上。村委会的权力来源于村民的授权，其相当于村民的代言人，为村民办事，替村民谋发展。但另外，村民又是上级政府

---

① 顾金喜:《乡村精英治理研究综述》,《中共杭州市委党校学报》2013 年第 2 期, 第 91～96 页。

各项政策的执行者,当村民利益和上级政府的政策相冲突时,村委会的地位是怎样的?该怎样做?这是个亟待解决的问题。同时,这一问题会激发村委会和村民,或者是村委会和政府之间的矛盾,因此村委会这一政治精英的领导作用便会被弱化。再次,缺乏对精英义务及责任的法律化。法律没有规定精英必须对村民负责并承担发展集体利益的责任,在实践中,他们很有可能利用自己拥有的才学、实力、地位将村集体的财产聚集到自己的手中,更多地谋求自身的发展,弱化公共责任,损害人民群众的利益。最后,法律对村民的权利救济制度规定不完善。村民救济无门,更加助长了精英谋求私利的行为。

2. 村规民约与法律的冲突损害少数人的利益

村规民约或者村民自治章程在村民自治过程中被称为"小宪法"。村规民约是依据党的方针政策和国家法律法规,结合本村实际,由村民会议通过,由村民进行自我管理的一种约束村民行为的社会规范。村规民约并不是一个新的名词,我国北宋时期著名的乡约建立者吕大钧就曾经在家乡蓝田起草了我国历史上第一部村规民约,称之为《吕氏乡约》,它用通俗的语言规定了处理乡党邻里之间关系的基本准则,包括行为规范和礼仪俗规。[①] 现在村规民约仍然存在,在村民自治中发挥极大的作用,基本法律也确定了其合法性地位。《村民委员会组织法》第二十七条规定,村民会议可以制定和修改村民自治章程、村规民约,由此法律确定了村规民约的合法性,而且在村民自治过程中,村规民约在农村的民主管理上也是普遍存在的。它作为我国法律在村民自治规定上的有益补充,在提高村民的守法观念和道德观念以及促进农村社会稳定方面都起着积极的作用。[②] 村规民约的存在给村民自治以规范化的领导,比起基本法和省市级的实施基本法的具体办法,村规民约更加符合村庄的特殊性,是村民在自治实践中,根据不同村庄的不同特点、不同的风俗习惯制定的行为准则。通过村规民约,将村民自治管理规范在一个制度的框架之下,使得村民做每一件事情都有规则可循、有制度作为保障。例

[①] 章亮亮:《法治视域下的"草根宪法"》,《检察风云》(社会治理理论专刊) 2015 年第 1 期,第 25~27 页。

[②] 赵一红:《中国村民自治制度中自治规章与国家法律关系研究》,中国社会科学出版社,2008,第 63 页。

如，2010 年上海市浦东新区合庆镇党委政府探索出一种新的村民自治模式，即"1+1+X"，意思是"一个党的领导+一个村民自治章程+X 个实施细则"。① 每个村根据自己的实际发展情况制定村民自治章程，并在此基础上针对农民福利、基础设施建设、章程的实施、监督等问题制定具体的实施办法。经过一段时间的探索，被上海市组织部誉为"草根宪法"的浦东新区合庆镇《村民自治章程及实施细则》，使浦东新区从一个告状信访不断、秩序混乱、缺乏信任的区变成一个环境稳定、和谐共荣、群众满意的区。

在社会和农村经济的持续快速发展的过程当中，村规民约在制定环节中不可避免地在某些程度上损害了少数村民的权益，这主要体现在两个方面。一方面体现在村规民约和法律法规存在冲突。村规民约的制定过程中会体现不同村庄的风俗习惯，这些风俗习惯在转化为制度的时候，难免会和国家的法律法规的立法精神相冲突，这对于部分人来说是不公平的。例如对妇女权利的保障。在我国《村民委员会组织法》、《妇女权益保障法》以及《农村土地承包法》中都对妇女的权益进行法律保障，明确妇女与其他村民的平等地位。然而在村规民约中，民俗习惯以及农村村民封建落后的思想，如外嫁女不得继承娘家财产等思想，都很可能对妇女的合法权益造成损害。随着民主平等意识的不断增强，妇女有着越来越强烈的维权意识，这就会导致许多民间纠纷以及家庭矛盾的产生。另一方面体现在个人利用村规民约的合法形式来损害少数人的利益。村规民约是为方便本村管理而由村民会议通过的，村民会议采取的是"三分之二、二分之一"的议事规则，即村民会议必须由三分之二的组成人员参加并经过与会人员的过半数通过，所做的决定才是有效的，也就是说村民会议采取的是少数服从多数的议事规则。在农村实践中，常常会有一些村民为了获得尽可能多的村集体利益而利用法律所规定的多数决制度来制定村规民约，否认部分村民的本村村民资格，以达到剥夺少部分村民的土地补偿或者是村民福利等权利的不法目的。例如，在分配土地补偿款或者是分配农村集体经济收益时，对那些户籍并没有迁出本村

---

① 凌燕：《"草根宪法"让村民自治在法律的框架下实现》，《检察风云》（社会治理理论专刊）2015 年第 1 期，第 19~20 页。

的外嫁女的本村村民资格在村规民约中予以剥夺,这实际上是多数村民通过法律所赋予其制定村规民约的权利而对少数村民的财产权利进行剥夺,造成了多数人对少数人的"暴政"。

(二) 民主监督环节的衡平

1. 村民自治中的罢免制度

我国《村民委员会组织法》赋予了村民民主选举的权利,实行的是少数服从多数的议事规则,为平衡多数决机制可能产生的"多数人暴政"的结果,法律同时也赋予村民罢免由其选举产生的村委会成员的权利。[①] 从表面上看,法律似乎对村民的民主选举权利进行了充分的保障,但结合实践来反观法条的相关规定,我们不难发现这在现实中是很难做到的。

从宗族势力对选举及罢免的影响来看。实践中,选举过程中的选亲、选近、选邻、"大姓吃小姓,大村吃小村"的现象时有发生[②],一些宗族势力为了一族之利往往会采取一些不正当的手段,如游说、贿赂甚至恫吓拥有选举权的村民,从而使得一些并未获得村民广泛认可的人进入村民委员会,这就使得村民委员会实际上成了宗族势力的代言人。对此,法律赋予有选举权的村民或者村民代表提出罢免的权利。根据我国《村民委员会组织法》第十六条的规定,本村五分之一以上有选举权的村民或者三分之一以上的村民代表联名,可以提出罢免村民委员会成员。罢免的程序必须由有选举权的村民的过半数参与并经与会的村民的过半数通过,罢免才是有效的。也就是说罢免必须由特定的主体提出,即有选举权的五分之一以上的村民或者三分之一以上的村民代表联名提出才会出现后面的罢免表决程序。但是这在实践中会存在这样的问题——宗族势力介入,使得特定的主体无法提出罢免。因此,要罢免来自宗族势力强大的村委会成员,难度很大。在整个村民委员会的选举过程中,是由宗族势力控制选举结果,所谓的少数服从多数也仅仅是变相地对处于多数地位的宗族势力的妥协。

---

① 陈纯柱、韩兵:《村民民主选举的法律问题研究》,《中共四川省委省级机关党校学报》2012年第1期,第57~62页。
② 陈建:《论村民选举过程中的典型问题与应对之策》,《中共乌鲁木齐市委党校学报》2012年第2期,第27~32页。

从另一个角度即罢免的程序来看，村民提出罢免的要求后，由村民委员会组织该罢免会议的召开。人的趋利避害性使得村委会成员一般不会组织召开对自己不利的罢免会议，在实践中他们会以村民聚众扰乱社会秩序、煽动群众闹事、罢免理由不成立等各种理由对罢免程序设置障碍。有的地方村民自己组织罢免大会表决后，村委会和基层政府拒绝承认罢免结果，有的甚至采取恐吓、抓人、罚款等各种手段压制村民的罢免权。① 因此，如何切实地保障多数决制度的民主行使，同时对少数村民权利进行有效的救济是我国《村民委员会组织法》在完善过程中所应当考虑的问题。

2. 村务监督机构及其成员

按照《村民委员会组织法》第三十二条的规定②，法律并没有直接规定村务监督机构是什么。将这一组织的设定权交给了村民自己，并且对村务监督组织的成员除了要求具备财会、管理知识之外没有其他的要求。部分省份的具体实施办法对村务监督组织的设立、组织成员的条件和任期以及职权做了进一步的细化。例如，《广东省实施〈村民委员会组织法〉办法》就规定村庄内应当建立村务监督委员会，由主任、委员共3~5人组成，任期与村委会的任期相同，在新一届的村委会选举之后参照选举办法由村民选举产生，其任职条件是有选举权和被选举权的村民。村务监督委员会的职责是监督村级事务民主决策、监督村委会成员履行职责、监督村务公开、审核财务账目等。村务监督委员会每年至少召开一次，议定事项采取少数服从多数的原则。乡村根据省一级的实施办法制定村民自治章程对村务监督机构进行更细的规定。例如，广西河池市宜州区屏南乡合寨村村民自治章程规定，村务公开监督小组的成员由村民会议或者村民代表会议从村民代表中推选，人数为3~7人。③

村务监督委员会议事也多采用多数决的原则，然而在其组成成员上并没有一个法定的条件约束和人数标准，在不同村的村规民约中会有不

---

① 詹成付主编《村民选举权利救济机制研究》，中国社会出版社，2007，第60页。
② 《村民委员会组织法》第三十二条规定："村应当建立村务监督委员会或者其他形式的村务监督机构，负责村民民主理财，监督村务公开等制度的落实，其成员由村民会议或者村民代表会议在村民中推选产生，其中应有具备财会、管理知识的人员。"
③ 程瑞山：《村民自治制度文本的体系结构分析》，《保定学院学报》2011年第2期，第1~9页。

一样的规定。有的可能会规定得更加详细和符合现实；而有的可能只是个形式、摆设，并不具有真正的监督意义；有的地方甚至根本就不会设立村务监督机构。在实践中，村务监督委员会的成员大多从村民代表中产生，人数也很少。对于这些成员，法律并没有给予其特殊的待遇，农村是一个熟人社会，村民代表会存在"多一事不如少一事"的心理，为寻求各自家庭经济的发展，村民代表外出打工的现象也常有发生。以上种种原因都会导致多数决的议事规则在村务监督方面并不能产生较好的效果。同时采取绝对的多数决原则也会出现两种极端的现象，一是真正的以权谋私者因得到村务监督委员会大部分成员的支持而免于惩罚，另一个就是寻求私立者运用多数决的议事原则，将本不该受到惩罚的人剔除，在损害少数人权益的同时也不利于村集体的发展。因此，考虑到农村发展的现实，仅仅运用绝对的少数服从多数的议事原则是不够的，还需要对村务监督委员会成员的责任机制进行规定，创新更多的监督机制，并对少数人的利益进行多种途径的保障。在这些方面，我国的法律还是有所欠缺的。

四 权利救济环节的衡平

权利来源于农民是村民自治的根本，村民自治权本质上应该是村民自治而非村民委员会的自治。由于现行村民自治的制度缺陷，村民自治权在行使过程中往往会受到来自各方面的侵害。我国现行的对村民自治进行约束的法律主要是《村民委员会组织法》，该法只是笼统地规定了村民的行政和司法救济渠道，并没有系统地规定关于村民自治权利救济方面的内容。古谚说"有权利必有救济"，没有救济就没有权利，没有必要的保障机制，村民自治权利就会悬空。[①] 目前，对村民自治的救济途径主要有私力救济和公力救济这两种。私力救济在现有的公力救济制度不完善且在短时期内难以得到实质性改变的情况下具有重要的作用，当然这并不足以得出私力救济替代公力救济作为主要救济手段的结论，

---

① 韦少雄：《村民自治的困难及实质——基于权力与权利因素的分析》，《中共云南省委党校学报》2013年第2期，第152~154页。

二者应是互补的。在当前村民自治的制度背景下，不管是私力救济还是公力救济，在村民自治多数决的衡平方面都存在诸多制度缺陷。

（一）私力救济

村民自治下的私力救济主要是指通过制定村规民约和村民自治章程来达到村民的自我管理、自我教育、自我服务的目的。当村民在自治过程中发生情节比较轻微的自治权争议和民事纠纷时，一般会鼓励村民想办法通过合法途径以私力来解决。① 私力救济过程中的当事人往往不局限在侵权人和被侵权人之间，通常存在中立的第三方力量。在村民自治的私力救济中充当着第三方力量角色的是村民委员会，对此我国的《村民委员会组织法》也予以确认。按照《村民委员会组织法》第七条的规定，人民调解委员会是村委会的一个下设组织。②

根据《村民委员会组织法》可知，村委会成员是可以兼任人民调解委员会成员的。因此，村委会和人民调解委员会的利益在某种程度上来说是一致的。法律将人民调解委员会设置为村委会的下设组织的这一规定在实践中并不具有可行性。在农村实践中，村委会侵犯村民权利的事件已经屡见不鲜，而在这个过程中，人民调解委员会作为村委会的一个附属组织，在调解村民与村委会间的矛盾时是无法秉持中立的立场的。既然如此，我们设置人民调解委员会的意义又何在？例如，村民在罢免村委会成员过程中遭到村委会成员的阻挠，以致其权利无法行使。对于这类纠纷，当事人分别为村民和村民委员会，调解主体是人民调解委员会，而人民调解委员会与村民委员会在利益上保持高度的一致性，那么在这种情形下村民委员会实际上就成为自己案件的法官了③，这显然是不可取的。

另外，人民调解委员会调解村民自治纠纷的主要依据是村规民约或者村民自治章程，而村规民约和村民自治章程是由村民合意制定的，并

---

① 赵鲲鹏、杜晓溪：《村民自治权司法救济的完善——对中部地区乡土社会的调查与反思》，《贵州民族学院学报》（哲学社会科学版）2010 年第 4 期，第 84~88 页。
② 《村民委员会组织法》第七条规定："村民委员会根据需要设人民调解、治安保卫、公共卫生与计划生育等委员会。"
③ 谢炜：《中国农村基层民主自治的法律演进、实践困境与路径选择》，《云南社会科学》2012 年第 1 期，第 69~73 页。

不具有法律上的约束力。① 因此,人民调解委员会所做出的调解并不能像司法机关所做出的调解那样具有强制力,所以在实践中,人民调解委员会所做出的调解文书常常成为一纸空文。

(二) 公力救济

虽然我国的《村民委员会组织法》强调村民自治,在发生纠纷时可以采取私力救济的方式来解决,但是私力救济显然并不能解决村民自治过程中的所有纠纷,因此,公力救济的存在就显得十分必要。公力救济的方式主要包括诉讼途径和行政救济途径。②

首先,从诉讼途径来看。要建立一个诉讼法律关系,应先明确诉讼主体。诉讼主体是指与案件事实和诉讼结果有切身利害关系、在诉讼中处于原告或者被告地位的诉讼参与人。村民作为诉讼主体这是毫无疑问的,但是对于村民委员会是否可以成为诉讼主体就存在争议。在民事诉讼中,村民委员会可以作为其他组织而享有诉讼主体资格,这在理论和实践中已经不存在疑问。但在行政诉讼中,村民委员会是否可以享有诉讼主体资格仍然有较大的争议。持否定观点的学者认为,村民委员会是基层群众性自治组织,其权力并不是由国家授权产生的,而是来源于村民权利的"让渡",因此,村民委员会并不属于行政机关,故其不享有行政诉讼主体资格;而持肯定观点的学者认为,村委会符合行政主体的构成要件。③ 行政主体的构成要件主要有三个:一是行政主体拥有独立的公共职能;二是行政主体能够以自己的名义行使行政职权;三是行政主体能够独立承担其行使行政权所引发的法律后果。上述的三个要件,村委会均具备。因此,村委会作为行政机关具备行政诉讼主体资格。对于上述的两种截然不同的观点,均有一定的合理性,但是贸然地将村委会界定为行政机关或者非行政机关过于武断,应当区分村委会的具体行为来对其进行定性。若村委会是为执行国家强制性规定或者是执行乡镇

---

① 王芳著:《我国村委会组织法修改研究》,硕士学位论文,郑州大学,2011。
② 何俊志、朱忠壹:《村民委员会选举中的选票设计与民主质量》,《复旦学报》(社会科学版) 2011 年第 2 期,第 92~101 页。
③ 李利、徐悦:《关于村委会行政主体地位的思考》,《红旗文稿》2008 年第 15 期,第 21~23 页。

政府所委托的事务的，那么它在执行这些规定和事务时的行为就是获得国家授权的行政行为，对这类行为触犯法律而提起诉讼时，村委会就享有行政诉讼主体资格；对于另一种情形，即村委会是作为村民的代理人来行使权利的，在这种情形下发生纠纷，就不能认定村委会是行政机关，也不具有行政诉讼主体资格。

诉讼是指权利人的权利遭到侵犯时向人民法院提起的，请求人民法院对其诉讼请求予以确认、变更、给付的行为，是所有权利救济中的最后选择和最后的权利保障。我国的《村民委员会组织法》并没有提及司法途径的救济措施，所涉及救济方面的内容也仅仅在《村民委员会组织法》第十七条选举权救济中和第三十一条监督权救济中进行了规定，但是这两个法条仅仅规定了村民在其权利受到侵害时可以向法律规定的机关进行反映、举报，并没有对村民享有哪些程序权利的内容进行规定，也没有对村民行使权利后的违法违规者的后果责任进行规定，也就是说该法条的规定在实践中操作性较弱。

其次，从行政救济途径来看。行政救济是行政相对人因行政主体的违法或者不当行为而使其权利或者利益受到损害，依法向国家行政机关请求矫正、改变或者撤销不当或者违法行为，使其权利得到救济的一种行为。[①] 我国行政救济主要包括行政复议和上访、信访救济这两个方面。我国现有的《村民委员会组织法》并没有对行政复议做出相应的规定。按照《村民委员会组织法》第十七条的规定和第三十一条的规定，对于村民自治事项涉嫌违法的，村民有向地方政府举报并要求处理的权利，似乎类似于行政复议但实际上并不属于行政复议范畴，它在本质上应属于行政申诉的范畴。但是作为行政申诉，该法条的规定在实践中的实施仍然具有较大的障碍，如申诉主体不确定。法律规定的申诉主体有四个，即乡级人大会议、乡级人民政府、县级人大会议常务委员会、县级人民政府及其主管机关。法律规定多个申诉主体，从表面上看似乎赋予了村民很大的自主选择权，但是深究下去，我们不难发现在实践中，这容易造成各个机关之间职责的模糊化，进而造成各个机关之间相互推卸责任。

[①] 徐小柏：《村民自治权行使中的问题及制约因素研究综述》，《安徽农业科学》2012年第10期，第6233~6234页。

第五章 村民自治多数决衡平的
国内外实践探索

在我国村民自治的民主进程中，大多数公共决策都是通过多数决即少数服从多数原则完成的。然而多数人的意志却不一定代表着村民的大多数意志，在实际生活中大量存在宗族势力、黑社会、贿选等其他因素的干扰，造成少数村民的意志得不到保护。除此之外，村民自治能否真正实现也取决于村民委员会、村民代表会议、村党支部能否真正贯彻基层民主自治。

近20年来，我国村民自治模式有了很大创新，一些地区也对此进行了深入的探索，在村民自治方面开创了一个基层民主多数决的衡平机制，是当代村民自治改革的宝贵实践经验。

一 河北青县模式

《村民委员会组织法》第二十六条规定："村民代表会议由村民委员会召集。村民代表会议每季度召开一次。有五分之一以上的村民代表提议，应当召集村民代表会议。"村民代表会议与村民会议为村民提供了参政议政的途径，村民通过它们切实参与决定与自己利益密切相关或是关乎村内集体利益的重大事务。相较于村民代表会议，村民会议显然带有直接民主制的特点，是村民实现直接民主的基本形式。村民代表会议更像是代议制的化身。考虑到村民会议闭会期间难以对村内重大事务做出决定，便规定可以由村民委员会召集村民代表会议，根据村民会议的授权对相关事务进行讨论决策。在召开村民代表会议之前，村民委员会应将所讨论的事项在村内公告。村民代表必须充分发挥自己的代表性，深入自己所代表的村民中，听取他们的想法和建议。在会上，将村民的声音和想法如实地反馈，行使自己的表决权，做出的决策由村民委员会执行。在村民自治实践中，相较于村民会议，村民代表会议在现实中的影响力和感召力更强。要而论之,村民代表通常享有较好的名声,具备良好的品质,能促进农村工作中的诸多难题得到较好的解决,为重大村务的决策提供有价值的咨询意见和建议,村党支部和村民委员会易受其影响。不仅如此,村民代表会议召开的客观条件要求较低,无须寻找大规模的会议场地,花费较低。而且,村民代表有更强的名誉感和做得更好的抱负与决心。目前村民代表会议已成为各地农村民主管理和民主决策经常化的重要组织形式,成为村民会议的代议机构,是村民会议的组成部分。而村党支部是党在农村开展工作的基础,主要起着领导作用,引导大政方针和基本方向,是各项工作的领导核心。[①] 村民委员会只是基层群众性自治组织的执行组织,权力组织和决策组织应当是村民会议和村民代表会议。作为权力组织和决策组织的村民会议和村民代表会议将做出的决策交由村民委员会执行,村民委员会是村民通过村民会议和村民代表会议实现其意志和利益的组织者。村民委员会对村民负责,村党支部、村民代表会议与村委会三者是领导、决策与执行的关系。其中,村民会议、村民代表会议分别以直接民主、代议制民主的形式体现多数人意志,所决策事项也要根据少数服从多数原则,听取多数人的意见。因此,关键要建立有效的治理结构和制衡机制,从体制改革和创新上防止多数人的"暴政"侵害少数人的正当权益。

然而,在河北、山东等地,村党支部委员会和村委会的两委矛盾相当突出,二者在工作中进行的决策虽然是多数决下的程序民主,但很可能会损害村民的合法权益,影响实质的公平正义。

在村民自治多数决衡平的实践经验中,以常设的村民代表会议为主要特色的河北青县模式引发了广泛的社会关注。河北青县模式改变了传统的村级组织体制结构,不仅建立了村民代表会议制度,而且赋予村民代表会议以诸多实质性的民主权利。青县的村民代表会议再也非党支部或村委会的附属机构,由原先的虚有其表的象征性表达民意的机关变成常设性的民主管理、民主决策、民主监督的组织。作为实体组织,青县的村民代表会议成为一个良好的议事和监督平台,避免了以往村民代表

[①] 黄晓春:《党建引领下的当代中国社会治理创新》,《中国社会科学》2021年第6期,第116~135页。

会议因运行成本高、召集困难等而造成形同虚设、被束之高阁的尴尬局面，也在解决农村两委问题方面发挥了重大作用。党组织是乡镇、村组织的领导核心，其成员由本村党员选举产生或乡镇党员委任，而村委会的组成是由广大村民直接选举产生的。授权渠道和民意基础的差异，导致在基层民主自治中两委矛盾时有发生。实现村民自治多数决的衡平，首要的原则便是坚持党的领导，青县模式加强了党的领导，同时也提供了具有广泛性和代表性的村民代表会议机制，实现了真正意义上的基层民主。

（一）青县模式的来源

青县是河北沧州市的一个县城，不论是在经济发展方面还是在人口数量方面在河北均算是中等县。但2002年开始的一场关于村治"新模式"的改革使青县名声大噪，青县模式由此得名，成为各地取经学习的好榜样和楷模。所谓的青县模式，就是在借鉴各地村民代表会议实践经验的基础上，在村民自治、新农合、农合组织等方面试点完善农村治理结构，本质上是在基层农村进行的小范围政治制度改革。按照《村民委员会组织法》第二十五条的规定[①]，召集村民代表会议仅仅是在不便召开村民会议时的一种权宜之计，由村委会负责召集。青县的创新之处在于把村民代表会议从虚有其表变成名副其实、从临时性机构变成常设机构，村民代表会议成为村民行使村务决策、管理以及行使对村委会的监督权的平台。

谈起青县模式，很多人认为它的产生具有一定的偶然性，在某种程度上要归功于该县陈嘴乡时家楼村的成功实践。时家楼村曾是青县有名的上访村。陈嘴乡时家楼村大多数的村民都姓时，因居住地域分成南院和北院。南院人多选票多，村干部集中在南院，所以诸如进集体企业工作等好机会也安排给南院人，使得北院的人很难参与村务。长久以来，以时姓家族为主的"北院"和杂姓联合组成的"南院"形成对立，互不

[①] 《村民委员会组织法》第二十五条规定："人数较多或者居住分散的村，可以设立村民代表会议，讨论决定村民会议授权的事项。村民代表会议由村民委员会成员和村民代表组成。"

相让，纠纷不断。① 北院村民苦于无权，经常找县政府要求"分村"，甚至去省政府和中央上访。出于源头上处理时家楼村矛盾的考虑，中共青县县委组建专门的工作小组进驻该村。在经过大量细致的调研工作、扎实的反复考证、听取群众声音和建议，工作组最终提出了"把该村村民代表会议建成一个有权力的实体组织，与村党支部、村委会共同管理村务"的工作思路，让两院中每 10~15 户选出一名村民代表组成村民代表会议，作为常设机构，和村党支部、村委会共同管理村务，这样也使得南院和北院有了平等参与村务管理的机会。村民代表会议一般每月召开一次，1/3 以上的村民代表提议或者遇到特殊情况也可以随时召开，由村党支部、村委会提出议题，2/3 以上的村民代表通过决议便具有执行效力。在此模式中，村委会是村务管理的具体执行机构，负责执行村民代表会议通过的决议。村党支部由过去管钱管物的行政性、事务性领导转到谋全局、把方向、管民心上来，领导村民代表会议发挥好对村委会的监督职能，起到领导核心作用。经过一段时间的运行，这种模式让原本对立的双方能够坐下来一起通过协商解决问题，这种协商解决问题的模式不仅大大节约了成本，而且极大地提高了工作效率。村民代表会议在时家楼村的成功实践成为青县村治模式改革的第一块试金石。②

村民代表会议是村民群众首创，时家楼村的成功经验引发青县的其他村组织纷纷效仿，带来了民主新气象，于是县委决定在全县大力推广时家楼村的"村民代表会议"运作模式。"党支部领导、村民代表会议做主、村委会办事"的青县村治模式由此而来。2002 年 9 月至 2003 年 1 月，青县在 23 个行政村进行了两批新模式试点。在总结试点经验的基础上，借着村民委员会换届的时机，将这一模式迅速推广到全县 345 个村。青县共有 6325 名村民代表，每一位代表都有一枚象征代表身份的小圆章。村民代表应当积极反映各自联系的村民的意见，搜集的意见和建议要做好记录。在村民代表会议做出的决议上，村民代表要特别加盖自己的小圆章，青县模式被称为 6325 枚小圆章验证的民主。

---

① 杨丹娜、邵长剑：《我国村民自治的三种模式及其社会实践意义》，《广东行政学院学报》2010 年第 4 期，第 46~51 页。
② 陈宏亮：《村民选举中两委关系的法律思考》，《法学家》2005 年第 5 期，第 137~141 页。

（二）青县模式的具体内容

在体制运行上，青县模式改变了传统的村级组织架构，创造性地建立了村民代表会议制度，并赋予其实质性的职能，实现民主多数决的衡平。青县模式最显著的特点便是村民代表会议的常设制。村民代表会议由全体村民代表组成，村民代表由每 10～15 户村民推举一人或者由村民小组推选若干人。村民代表会议经村民会议授权，代村民会议行使日常议事、决策和监督权。一般通过将授权事项写入村民自治章程草案中作为授权的方式程序。在青县制定的《村民代表会议工作制度》中，关于村民代表会议的地位和职权有明确的规定：村民代表会议是体现人民当家做主，保障村民参政议政的重要组织形式，是农村基层党组织发挥领导核心作用的最佳载体和有效平台。经村民会议授权，村民代表会议享有对村政村务的决策权和监督权。

村民代表会议须经村民会议授权，授权后的职能主要有以下九项。第一，讨论和修改本村的村民自治章程和村规民约草案，并将草案提交村民会议讨论通过。第二，讨论决定本村的年度工作计划和工作顺利完成的主要措施。第三，听取和审议村民委员会工作报告，监督村民委员会工作。第四，审查村年度财务预算和上年度财务收支决算。第五，向群众宣传并带头执行村民代表会议决定。第六，搜集村民意见，向村民委员会提出工作建议。第七，对造成重大工作失误或不称职的村民委员会成员、村民代表提出罢免建议。第八，讨论决定村干部工作报酬。第九，讨论决定村民会议授权的涉及村民利益的其他重大事项。村民代表会议设主席一职，由全体村民代表投票产生，主要负责村民代表会议的召集和主持工作。

村民代表会议至少每季度召开一次，一般每月召开一次。村民代表会议对党支部或两委联席会提交的议题，组织村民代表充分讨论、发表意见，通过表决形成决议。凡涉及村庄重大发展事项和村民重大利益事项的，需经 2/3 以上的村民代表表决通过。

具体的程序如图 5-1 所示。

通过如此体制设计，青县的村民代表会议已经不再是象征性的临时民意表达机构，而是作为一个常设性的议事、决策以及监督机构。村级

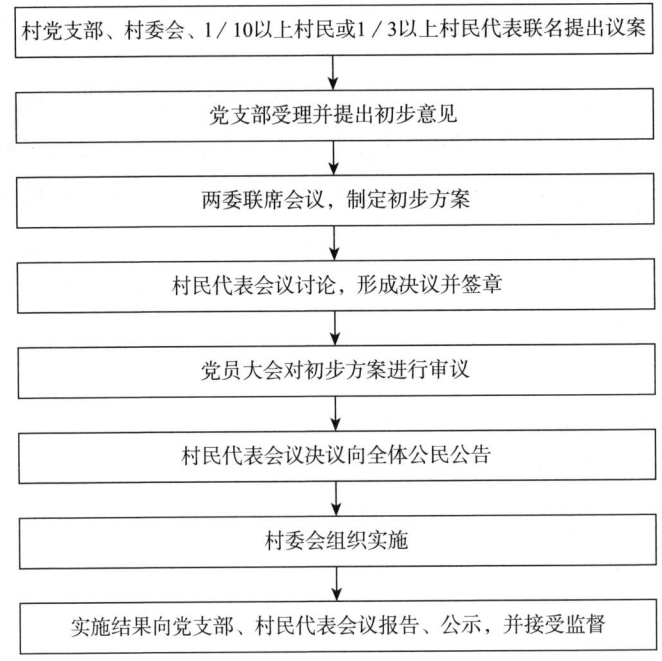

图 5-1 青县模式运行程序

组织架构由原来的党支部、村委会变成了党支部、村民代表会议和村委会。村民代表会议成为村民自治的主要平台，代表着最广大村民最根本的利益，改善了过去大事小事由两委做决定造成的多数决不公，在一定程度上也改变了决策自上而下的传达局面，治理环境也更加民主，农民群众更积极地参加其中，有利于促成决策的认同和实施，改善村民自治的结构。①

青县县委书记赵超英把青县模式总结为四个方面：一是调整村治结构；二是加强党的领导；三是充分发扬民主；四是依法规范管理村务。②具体做法是通过选举村民代表组成村民代表会议，通过实行村民代表会议制度，把原来属于权力机关的村委会转变为具体的执行机构，而把村民代表会议设定为决议机关。凡涉及村务重大事项的，均需通过村民代表会议商议表决通过后，方能交村委会付诸实践。村民代表会议的常设

---

① 翁鸣：《青县模式：一种我国村庄治理的创新机制》，《理论探讨》2011 年第 5 期，第 144 页。
② 新望：《时势造就"青县模式"》，《中国改革》（农村版）2004 年第 2 期，第 22~24 页。

制,事实上使得村务的管理权从村委会移交到了村民代表会议,而村委会则变成村民代表会议的执行机构,村党支部对村民代表会议实行政治领导。

若要简要概括青县模式的内涵,主要有两个方面:一是健全一个组织,二是调整三种关系。

所谓健全一个组织,这个组织是指村民代表会议。《村民委员会组织法》明确规定,村民会议是农村最高权力组织。但是村民会议作为民主多数决的表现形式,在法律上的定位是临时性的非常设机构,由于村民活动比较分散等,往往难以达到理想的自治效果,无法真正实现民主要义。因此青县模式把村民代表会议建成常设性的组织,代行村民会议职权,提倡由村党支部书记兼任村民代表会议主席,保证党的领导。另外,村民代表不仅仅是村干部与村民群众密切联系的桥梁,更是广大村民民主参与和民主管理的保障,有效保证了党的领导,坚持了首要原则,也有益于村民代表会议更好地开展工作。

所谓调整三种关系,指的是调整村党支部、村民代表会议和村委会这三个组织之间的关系。它要求村党支部要抓主要部分工作,由过去的直接管理事务性工作转移到强化政治领导核心作用上,不直接管理村务工作,而是发挥监督作用。村委会负责召集村委会的成员,对村务工作负责,将管理职责行使到位,一改过去大小村务由村党支部包办、村委会概不过问的局面,使村委会真正做到民主,发挥独立行使管理权的作用。新模式中始终贯穿三个原则,那就是加强党的领导原则、扩大基层民主原则和公平效率原则。加强党的领导原则,要求村党支部发动党员融入村民自治组织,要求其抓大放小,不能过多干预村务工作。青县鼓励和支持村党支部书记竞选村民代表会议主席,积极发展非党员的村民代表加入共产党,在村庄一级扎实了党的权力基础、加强了党的凝聚力和吸引力,有效解决了两委之间的矛盾等问题。扩大基层民主原则,指的是由村民推选出村民代表,村民代表通过村民代表会议反映民意,决定农村的重大事项,为着力加强农村基层民主政治建设提供了制度支撑。公平效率原则,指的是村党支部和村民代表会议两个机构要保持的原则。涉及的村务大事由村民代表会议和村党支部实行集体决策,涉及的村务小事就放权由村委会施行,这样做大大提高了工作效率,也有利于两委矛盾的化解。

（三）青县模式的积极意义

河北青县模式是以村民代表会议常设制为主要内容的村民自治探索，为当代农村民主多数决提供了很好的借鉴。村民多数决能有效配置权力资源，但也存在大量的村党支部或村委会借合法权利侵害少数人利益的情况。究其原因，在河北地区，两委矛盾由来已久，对村务工作造成较大的影响，导致其引导下的多数人决策无法代表广大的村民民意。而村民代表会议常设制度，恰恰解决了这一困境，有利于实现村民最大程度上的参与度，在最大范围内合理包容各种诉求，在民主决策中的"多数人"和"少数人"中找到了一个合理的平衡点。当村党支部或者村委会侵害村民权益时，受侵害的村民可以通过村民代表会议撤销两委不正当的决议，这一救济途径为有效发挥多数决的优势以及抑制多数决的弊害提供了很好的制度支持，切实保障并真正贯彻了民主自治。

党和国家都十分重视村民自治在农村事务中的核心作用，但是村民自治中的多数决机制往往会侵害到少部分人的利益，有其局限性。如何寻求一个多数决的衡平成了一个难题。多数决的衡平，关键是在服从多数人意志的同时照顾到少部分人利益。青县模式很好地贯彻了平等决策的原则，实现了村民自治的体制创新。

1. 村民代表会议由虚变实，搭建民主协商平台

青县模式的创新亮点便在于将村民自治的民主决策原则上升为村庄治理的最高原则。现在的村民自治在很大程度上只是体现选举环节的直接民主，而没有经常性的代议民主，因此民主决策、民主管理和民主监督往往都是民主的空壳化。简单地选择"多数决"的方式来办理村务，容易出现"多数人的暴政"，很容易将少数人的利益交给多数人裁决，以至于少数人利益遭到践踏或侵害。

设立村民代表会议之后，村民代表会议成为决定村务的经常性议事组织和决议机关，而村委会从原先的权力机关转变为执行机关。村庄的重大事务先由村民代表会议讨论决策后，再由村委会进一步落实。村民代表会议对权利范围内的村务工作具有最终决定权，凡涉及重大事项的都必须经过村民代表集体讨论决定。如此，村民代表不仅是密切联系干

群的桥梁，而且代表着广大村民参与政治生活，使村民群众的要求和建议得以即时反映和讨论。这样的村治结构使村民代表会议由虚变实，对村务大事进行决策，更加有利于民主选举、民主决策、民主管理和民主监督的实现。村民代表以及村民小组组长对被代表的村民负责，广泛听取他们的利益诉求，在村民代表会议上反映；村委会依法管理，职责权力行使到位，改变了过去由村党支部或村委会独揽村务的现象，真正实现了农村的民主决策；搭建协商民主平台，在遵循少数服从多数的同时，顾及了少数人的利益。

2. 改变了村级组织的运行机制

青县模式赋予村民代表会议以常设性职能的同时，也重新定义了党支部、村民代表会议和村委会的职责和权限。三者是相互配合的关系。党支部是本村各种组织和各项工作的领导核心，是团结带领广大党员和群众建设中国特色社会主义新农村的战斗堡垒，发挥党在基层工作中的政治领导作用，在组织工作、宣传方面和群众工作中发挥重要的领导作用。村民代表会议作为主要的村民参与民主管理、民主决策、民主监督的平台，通过群众推选，选拔村里的精英组成村民代表，组成处理村民事务、决定涉及村民自身利益的代议机构，大大增加村民的参与度。村委会由原来的"议行合一"职能调整为村务管理职能，执行日常的村务管理工作。青县模式中规定了一系列的程序确保治理机制的有效运行。例如在重大村务事项上，凡涉及集体土地、集体资产、农村宅基地、公共事业经费等与农民群众利益切身相关的重大事项，都需征求党员和村民代表的意见，从而对个人村干部的违规决策行为进行制约，将民主管理、民主决策、民主监督制度化和程序化。

农村的基层民主机制更加健全，减少了多数决中少部分人的利益受到侵害的情况。青县的"党支部领导、村民代表会议做主、村委会办事"的模式很好地使党支部、村民代表会议和村委会之间的关系难题迎刃而解，村民有了参政议政的良好平台，参与村务的积极性大大提升，村民自治的各项民主权利落到实处。这种民主机制很好地解决了农村两委之争，之前难以协商的难题现在也可以很理性地协商决策，民意反映渠道更加畅通无阻，议事参与人更加具有广泛性和代表性，凡与所议事项有关联的人都知晓乃至参与或者事先征求意见，保证了决策符合大部分村民的利益，也使少部分人即使利益被侵害也有有效的救济渠道得以伸张权利，实现了村庄"由乱而治"、由"草根民主"到依法治理的蜕变。①

3. 创新了基层党组织的领导方式

构建村民自治中的多数决衡平机制，党的领导原则是首要原则。一方面，党的领导要科学化、民主化、法治化，一定要与"人民当家做主""依法治国"紧密结合，一定要与国家的体制框架接轨，在体制框架内寻找到合法的载体。而村民代表会议正是这个载体。另一方面，党组织也必须改变原先"一元化"的僵化领导模式，摒弃大事小事全权负责，甚至是具体的小事也不放权的做法，应当发挥其总揽全局、协调各方的作用，这也符合基础民主的要求。青县模式调整了三种关系：党支部抓大放小，由过去的直接管理事务性工作调整为管党、管人、管大事、管民心，在法律规定的范围内，通过民主的方式对村民自治实行领导；初步构建起"党支部领导、村民代表会议做主、村委会办事"的民主治理新模式。青县鼓励和支持党支部书记竞选村民代表会议主席，如果党支部书记既没竞选上村民代表会议主席也没竞选上村委会主席，那么党支部可通过村民代表会议平台实现对村委会的领导。如果村民代表会议主席和村委会主席不是党员，要积极发展其入党。对于非党员的村民代表也要鼓励发展加入共产党，这有利于在村庄一级夯实共产党的权力基础。青县模式将党支部的作用通过村民会议和村民代表会议两个组织发挥出来，使党支部也被纳入村民自治的平台之中。另外，党组织的领导方式也进行了创新，从以前的行政式、事务性领导转变到谋大局、把方向、抓民心上来。但是党支部的抓大放小并不意味着简单地把手中的权利移交给村委会，而是把本该属于村委会自治的事宜交还。由党员同志负责村民代表会议和村委会的运作，改变了过去利用党政权力试图非法干涉村民自治活动、侵害少部分村民利益的情况。"党支部领导、村民代表会议做主、村委会办事"的模式很好地使党支部、村民代表会议和村委会之间的关系难题迎刃而解，为解决两委矛盾提供了一条有价值的工

---

① 姚锐敏、汪青松、易凤兰：《乡村治理中的村级党组织领导》，中国社会科学出版社，2004，第59页。

作思路，使党支部在体制内合理地领导村民自治，又在体制内为党的领导和民主政治找到了一个很好的平衡点，使村级治理建立在法律化、制度化、规范化的轨道上，为村民多数决的衡平创造了良好的党政环境。

4. 实行"议行分离"，加强各组织间的相互制衡

为防止村委会通过民主程序损害少数人的正当权益，实现各组织间的相互制衡，青县模式要求"议行分离"。① 具体来说，由党支部和村委会提出议案，交由村民代表会议集体协商讨论。讨论出的结果提交村委会负责具体实施，党支部和村民代表会议负责监督通过议案的实施情况。这样，村务的掌控既不归党组织，也不归村委会，实现"议行分离"。党支部发挥领导核心作用；村民代表会议由虚变实，发挥决策监督作用；村委会依法行使职权，参与到村治中来。在议行之间成立民主制衡机制，对于执行机构而言是卓有成效的监督和制约，有利于体现民意，防止腐败，避免少数人决策的专断，保障每一个村民都能依法直接行使自己的民主权利，有效防范了多数决带来的弊害。

同时，加强了各组织之间的相互制衡，防止权力过于集中形成权力寻租的空间。主要表现在以下几个方面：首先，党支部、村民代表会议对村委会的日常工作进行监督，特别是在财务方面、村务公开方面加强监督；其次，农村党务工作公开和民主评议党员干部，村民代表和党员对党支部成员定时进行民主评议，每年必须至少向群众进行两次村务公开；最后，如果村委会对村民代表会议的最终决策有异议，有权提出复议，提请召开村民代表会议进行表决。

5. 依法办事、规范运作，真正实现民主自治

通过村民代表会议，村治工作能够在合理的框架下有序地运行，之前工作的随意性问题也得到了很好的解决。三个机构各司其职，使得村务管理有章可循，更加民主化和规范化。通过这种模式，青县的大部分行政村的治理都步入轨道。具体体现在民主管理、民主决策和民主监督三个方面。

在民主管理方面，青县模式不仅解决了村民自治中存在的很多问题，

---

① 刘祖华：《农村"一事一议"的实践困局与制度重构》，《甘肃理论学刊》2007年第5期，第101页。

更值得借鉴的是它处理问题的方式是通过提高村民的政治参与积极性，还政于民，从而在根本上缓解了矛盾，而不是通过更高的权力机关介入来调和矛盾。更为重要的是，在多数人权利与少数人权利间找到合理的平衡点，构建了良好的民主协商平台，防止少数人的利益被多数人的利益绑架。主要表现为：村民代表会议成为常设性的组织，群众的村务参与度显著提高，村庄实务管理规范化，两委矛盾得到有效化解。青县模式的实质就是村民通过村民代表会议行使民主权利，管理公共事务，凡涉及重大事项必须经过村民代表会议审议决定，实现了真正意义上的民主自治。

在民主决策方面，青县模式更加科学化和透明化。强调民主办事，防止"一把手""一言堂"。在日常工作方面，强调村民代表会议独立负责工作，避免和党支部、村委会的职能重叠。如此规范运作能够保证各个组织在村民自治环节中真正做到民主自治、体现民意，更加有利于保障少数人的合法权益。由于决策改变了过去自上而下传达的方式，取而代之的是现在体现民意的方式。过去特别是修路打井、整治村容村貌等人文环境建设方面由于各方面意见不统一而导致事情搁置，现在决策都是集思广益，由村民自发实施，农村基层自治组织的权威性和公信力得到质的提升。

在民主监督方面，青县模式建立了监督制衡机制。党支部以民主的方式领导村民自治；村民代表会议由虚变实，由村民代表会议对村务大事进行管理决策，对村委会实行监督；村委会依法实行村民代表会议的决策。这种村治模式，使村庄事务从决策到实施都在人民群众的监督之下，有效防止"一言堂"和以权谋私等腐败现象。

二 湖北官桥模式

（一）官桥模式概述

1. 官桥村发展概况

根据历史记载，官桥村因紧靠官桥铺而得名，官桥铺又因官桥而得名。民间有一个传说，官桥八组是官桥村的组成部分，由老江边、前郭城塘、后郭城塘、王栗林四个自然村庄组成,四个自然村庄均以周姓为主,历史悠久,相传"宋太祖赵匡胤平鄂州时,闻周国俊勇略,招置幕府,平定李煜立有功,晋为镇国将军不受,避居少阳衡山(鱼岳镇青山)。南宋咸淳年间,其后裔周金俊移居官桥"①。元朝仁宗延祐年间,周氏第 51 代第四房兄弟移居老江边村、前郭城塘村、后郭城塘村和王栗林村,以农、渔、商为业。②

官桥八组位于湖北省咸宁市嘉鱼县官桥镇,村庄紧依长江,虽然毗邻京汉铁路和京珠高速,但交通不算便利;地质地貌较差,以低丘岗地为主,抗旱能力差,以红壤为主的土壤比较贫瘠,不利于作物的生长,农业发展受到限制;自然资源也不算丰富,虽然地下水丰富,但是村民很少利用。20 多年前,官桥村是个远近闻名的贫困村:"吃糠粑、穿破袄、栽稻秧、收谷草,住的是土坯房,吃的是返销粮,一个工值 9 分钱,上山砍柴换油盐。"③ 如今的官桥八组闻名全国,在组长周宝生的带领下,全组村民集体创业,开工厂、挖煤矿、办学校……小小山沟里,拥有一批高科技的企业集团、国家级高新技术企业,并逐步形成集工业旅游、农业观光休闲、生态旅游于一体的综合旅游体系。官桥八组共 68 户人家 249 名村民,2012 年,创造了高达 12.5 亿元的集体收入,村民人均纯收入高达 42000 元。未来 3~5 年,官桥村将开发 15000 亩高产油茶基地、3000 亩有机稻、2000 亩特色水产养殖、1000 亩设施农业生态园、800 户农民新村和环村旅游景观带,打造山水、田园、村貌多位一体的新农村。④

2. 官桥模式的内涵和特点

官桥八组能够从一个贫穷落后的山村变成全国文明的新农村,作为经济能人的周宝生无疑起到了至关重要的作用。官桥村的这种发展模式,是典型的"能人治理模式"。所谓"能人治理模式",主要是指经济能人在村庄公共权力结构和村庄公共权力实际运作、管理过程中占据主导地

---

① 《官桥镇志》编纂委员会编《官桥镇志》,黄海数字出版社,2019,第 5 页。
② 《官桥镇志》编纂委员会编《官桥镇志》,黄海数字出版社,2019,第 31 页。
③ 赵三志、陈静:《希望的"田野"——农发行湖北省嘉鱼县支行支持官桥新农村建设见闻》,《农业发展与金融》2013 年第 6 期,第 86~87 页。
④ 徐啸寒:《新春踏访中国十大明星村》,《楚天都市报》2013 年 1 月 27 日,第 A2 版。

位的村民自治运作模式。①

"能人治理模式"主要有以下特点。第一，能人的个人超凡能力在治理中起主导作用。尤其是经济能人的决策效率、动员能力和前瞻性在农村经济发展中起了重要作用。第二，能人治理村庄在本质上是一种村民自治形式。村民自治的核心内容是民主选举、民主决策、民主管理、民主监督，经济能人治理村庄模式是随着村民自治制度的发展而形成的，其治理模式也体现村民自治的核心内容，在村民自治制度框架下发展，必然体现村民自治的本质。就管理村庄公共事务而言，经济能人治理村庄，其权力依然来源于村民，他们只不过是代表村民行使村庄权力，即使是能人的个人意志，也必然要通过民主的形式上升为村庄的意志，所以其实质也是村民自治。第三，经济能人的治村权力源于村民。虽然现在经济能人治村有国家政策的支持，必须受国家相关法律制度的规范，但是，村务的决策权和管理权仍然属于村民群众，因而村民群众才是法定意义上的村庄自治权力主体，村民群众通过民主选举将村庄治理权委托给他们信赖的经济能人，由经济能人实施村务决策和管理，当然经济能人必须在村规民约的范围内活动并接受村民的监督。②

3. 官桥模式在官桥村发展中的具体体现

周宝生是嘉鱼县官桥八组组长，湖北田野（集团）公司党委书记、董事长，其身上光芒四射，如党的十六大代表，第七、八、九、十届全国人大代表。他还是全国优秀共产党员、全国劳动模范、全国优秀企业家。另外，周宝生曾被评为湖北省十佳村党组织书记、湖北省十大杰出公民、高级经济师，享受国务院政府特殊津贴。③ 其作为经济能人对官桥村的发展作用主要体现在以下方面。

（1）带动全村创业，发展经济

周宝生于1978年辞掉让很多人羡慕的"铁饭碗"工作，回到官桥八组务农，于1979年当选为官桥八组组长后，就带领全村实行分田到户，

---

① 裘斌、孙新强：《论能人治理下普通村民的公共参与》，《理论探讨》2012年第2期，第157~160页。

② 卢福营：《乡村精英治理的传承与创新》，《浙江社会科学》2009年第2期，第34~36页。

③ 黄俊毅：《周宝生代表：支持"三农"力度逐年增》，《经济日报》2013年3月6日，第10版。

并带领群众推掉了大部分梯田，兴茶园，种杉树，实现退耕还林。紧接着带领部分村民经商，开办小卖部、熟食店和冰棒厂，第一年就赚了7000元①，这让周宝生看到了经商办企业的希望。于是，周宝生又带领大家开矿挖煤，积累资金办厂，先后创办了铸造厂、家具厂、砖瓦厂等10多个资源密集型企业和劳动密集型企业。在周宝生的带领下，1993年官桥八组的集体账户上已经有了7000多万元的积蓄，人们的生活提前进入了"小康"。此时的创业者们也产生了分歧，一部分人认为应该将积累起来的资金分配给大家；另一部分人认为应该用于扩大再生产，大力发展集体经济。最终，周宝生说服了大家，发展生产才能让村庄彻底摆脱贫困，才能实现共同富裕。

对未来发展有着敏锐觉察力的周宝生认识到，资源密集型企业和劳动密集型企业必定不会长久，只有大力发展高新技术产业才能将发展的路子越走越宽，官桥村才能求得长远发展。② 1993年，周宝生果断关闭了部分尚在盈利的传统企业，组建了"田野集团"，在一座荒山上建设田野高科技工业园，并依照具有现代企业管理制度内涵的公司章程实施企业管理。厂房、设备、制度建好后，周宝生大力引进高科技人才，国家第一批享受国务院政府特殊津贴的磁性材料专家、高级工程师刘亚胜在周宝生的热情邀请下，带着团队和技术加入田野集团，创办了"长江合金厂"。合金厂仅用了不到3个半月时间就正式投产上市，并很快占领了市场，当年赢利50万余元，现在每年可创收1000多万元。它生产的永磁合金被广泛应用于科技领域，以它为材料制造的精密仪器被用于"神舟"飞天。随后，长江缆索公司、钎钢钎具公司、嘉裕管业公司、神农制药公司、中石特种钢管公司等高新技术企业相继落户田野高科技工业园。目前田野高科技工业园被科技部认定为"国家重点高新技术企业"，经人力资源和社会保障部批准设立了"博士后科研工作站"，研究开发新工艺、新技术和新产品。

---

① 余玮：《一个人和一个村庄的传奇——记中国新农村建设的探索者周宝生》，《今日南国》2006年第10期，第35~38页。

② 曲玥：《制造业产业结构变迁的路径分析——基于劳动力成本优势和全要素生产率的测算》，《世界经济文汇》2010年第6期，第66~78页。

（2）加强精神文明建设，发展文化事业

官桥村虽然在周宝生的带领下经济富裕，过上了小康生活，但是村中社会风气和道德风尚还不够高，封建迷信现象时有发生，打架斗殴、盗窃、赌博等恶习依然存在，有的甚至比较严重。1986年，砖瓦厂一名司机熬夜打麻将，第二天开推土机打盹，差点推到厂房，由于及时发现才没有酿成大祸。① 从此，周宝生在抓经济建设的同时，大力抓精神文明建设。

首先是制定规章制度。从生产、经营领域，到勤政廉政、党务工作领域，再到村民的工作、生活等各个方面，形成了一套完整的制度体系，即《湖北田野集团制度汇编》，并发给每个村民、员工，真正做到家喻户晓、严格执行，周宝生自己也带头执行。对于制度的执行实行奖惩结合，违反规定的，不管是谁，严格执行规定。例如，一个副总经理父亲去世后实行假火葬，被周宝生发现后，不仅被批评教育、要求重新火葬，而且给予了罚款处罚；一位婆婆无端生事与儿媳妇发生口角，被停发养老金半年。这些制度看起来比较严厉，但并不是强制的，而是晓之以理、动之以情。曾有一位农妇不顾禁令，砍了集体山林的竹子。组里依规办事，处以罚款。一年后，这位农妇的儿子考上大学，手头吃紧，提出借款3000元。周宝生一边将借条塞回她手中，一边说"罚款，是因为你错了；现在你确有困难，组里就资助3000元。八组是个大家庭，集体约束你，也会体谅你的难处"。一席话，解开了农妇心中结了一年的疙瘩。当然，对于先进工作人员也给予一定的物质奖励。

其次是建立相应的设施。修建农民文化中心，包括图书室、健身房等，还有户外健身器材、球场等；安装有线电视差转设备、电子显示屏，播放文明标语。② 2007年购置电影放映设备，夏秋两季在农民文化中心放映；实现光纤联网，提高网络信息和电视信号传输质量。

最后是设立专门机构和专职人员。除了农民文化中心，2007年，田野集团设立了企业文化部，下辖宣传科、广电科和文化科，专门负责文

---

① 李友清、水延凯：《神州第一组——鄂南明珠官桥八组》，社会科学文献出版社，2009，第97页。
② 王京琼、何培森：《论西部农村全民健身与先进文化的构建》，《成都体育学院学报》2005年第3期，第26~29页。

化建设。为了做好文化思想建设，企业文化部和农民文化中心联合制定了工作目标和管理人员岗位责任制等。

如今的官桥村，乡风文明，村容整洁。走进官桥村，道路整洁通畅，错落有致的农家小院坐落在水泥路边。村内干净整洁，距离适中的垃圾箱摆放在路旁，定期会有保洁员进行清理，农村人居环境舒适。路不拾遗、夜不闭户在这里成为现实。在这里，和谐安定、协调有序，村民自觉遵守村规民约，违法犯罪、封建迷信等不良风气似乎与这儿隔绝，展现新时代农村的精神面貌，成为文明、和谐的村庄。

（3）发展教育事业，培养高技术人才

田野集团除了引进人才，还注重在本村培养人才。官桥村专门设立了村民子女教育、生活费专项补助制度，凡是村里的孩子，从出生到高中毕业，村里每月给予1000元的教育、生活费补助。[①] 村民子弟上大学，按照大专每年1.5万元、本科2万元、研究生2.5万元发放教育、生活费补助。田野集团公布《关于本组大学及以上学历毕业生回家乡工作的有关规定》，对于八组获本科以上学历的应届毕业生，以及年龄在35岁以下已在外就业愿回乡工作、具有本科以上学历文凭的人员，经公司考核同意录用后，给予一定物质上的鼓励和支持。专科学历者，补助2万元；获学士学位者，补助4万元；获硕士学位者，补助9万元；获博士学位者，补助15万元。以上补助在其就职后按照专科生5000元/年、本科生1万元/年、硕士生3万元/年、博士生5万元/年的标准，每年底在其工资以外支付，额满为止。以上人员在公司工作后，希望继续攻读硕士、博士者（半脱产形式），学校收取的费用以及去学校就读的交通费用由公司承担，其学习时间占用工作时间视为出勤。本组村民子女考上高中，并能按公司要求满足公司所需专业者，可签订毕业后回公司工作的就业合同，提前享受相应补助。同时，周宝生抓住国家促进民办教育发展的机遇，经过多次考察与咨询，在许多专家、教授的指导下，与武汉大学与武汉弘博集团合作创办武汉大学东湖分校，培养了一大批人才。除此之外，周宝生还非常重视职工的职业技术培训，先后委托嘉鱼县劳

[①] 李友清、水延凯：《神州第一组——鄂南明珠官桥八组》，社会科学文献出版社，2009，第171页。

动局、技术监督局、人事局等单位培训电工、焊工、车工、锅炉工等特种作业人员,选派公司中的高级管理人才和技术骨干外出培训,学技术、学管理、学维修。

(4) 建立和健全社会保障制度

官桥八组建立了以养老保障和医疗保障为主,以劳动、生活、文体保障制度为辅的社会保障制度,这对官桥村的发展与稳定起到了重要的作用。

首先是在养老保障制度方面。早在1982年,官桥村就开始建立以家庭和集体共同承担、以集体为主的投保办法,其中村民个人承担1/3,每年缴纳120元,其余由集体承担,但此时只有2/3的劳动者参保。到2003年,在岗劳动者100%参保,集体缴费比例也由2/3增至3/4。到2006年,养老保障制度得到进一步完善,例如,投保人年满60周岁以后,有权按照其缴纳的保险费档次及年数领取养老金;领取养老金不足10年的去世者,其保期内剩余年限的养老金,可以由继承人、受遗赠人继承;领取养老金超过10年仍然健在的,按照原标准继续领取直至身亡。[①]

除上述养老保障制度外,还对有特殊贡献者、55周岁及以上的村民和丧失劳动能力的村民分别对待,对于前者由董事会根据情况决定养老金,对于后者按照国家规定的平均养老金标准发放生活补助。

其次是在医疗保障制度方面。改革开放前的农村合作医疗解体后,官桥村于1994年组建了卫生室,由集体经营,服务于官桥村。2002年,官桥村贯彻中共中央、国务院《关于进一步加强农村卫生工作的决定》文件精神,建立了新的农村合作医疗制度和工伤医疗资助机制,全体村民、员工都参加了新型农村合作医疗制度,实行村民员工健康档案制度,每年组织一次免费体检,做到有病早治、无病早防。[②] 建立社区和公司疾病资助机制,对大病患者给予补贴,又投入大量资金为全体员工购买工伤保险。另外,新建田野医院,购置先进医疗设备,引进高素质医务

[①] 杨洁、战梦霞:《新型农村社会养老保险缴费与领取调整的研究》,《开发研究》2011年第3期,第83~88页。

[②] 刘雅静、张荣林:《我国农村合作医疗制度60年的变革及启示》,《山东大学学报》(哲学社会科学版)2010年第3期,第144~151页。

人员。

最后是在其他福利保障制度方面。实行劳动福利保障，调整工资，发放补助。在生活补助方面，修建自来水厂，发放住房补助，完善基础设施建设，兴建专家公寓。还有文体、教育、计划生育等福利保障制度。例如，投资建设图书馆、健身房，对于考取大学的本村子女给予一定的物质奖励等。

(二) 官桥模式中村民自治多数决衡平的经验

按照我国《村民委员会组织法》第二条和第四条的规定①，由于村民委员会是基层群众性自治组织，所以不能算作一级政府组织。但中国共产党在农村的基层组织需要依照中国共产党章程发挥领导核心作用，领导和支持村民委员会行使职权，支持和保障村民开展自治活动。官桥村在贯彻落实国家相关村民自治的法律政策的同时，充分发挥地方的积极性和主动性，在村民自治多数决衡平方面取得了显著的成绩。官桥模式中村民自治多数决衡平的经验主要体现在以下几个方面。

1. 坚持党的领导原则

农村干部既要发展生产，又要肩负村务管理工作，任务重、事情杂，必须坚持党的领导，才能把村民的力量和意志凝聚起来进行农村建设。坚持党管农村也是村民自治的一个原则问题，早在党的十六大报告中就强调："完善村民自治，健全村党组织领导的充满活力的村民自治机制。"官桥八组能够有今天，离不开党政领导，在如今的村民自治中，始终坚持党的领导原则，防止村民多数决的滥用。

为了贯彻党的领导原则，官桥八组加强党的组织建设，充分发挥党员的模范带头作用。加强党组织对官桥八组及其企业的领导，1986年经过上级党组织的批准，突破农村党支部一般建在村的惯例，在官桥八组设立了党支部，隶属于官桥村党总支部委员会。田野集团成立后，又成

---

① 《村民委员会组织法》第二条规定："村民委员会是村民自我管理、自我教育、自我服务的基层群众性自治组织，实行民主选举、民主决策、民主管理、民主监督。"第四条规定："中国共产党在农村的基层组织，按照中国共产党章程进行工作，发挥领导核心作用，领导和支持村民委员会行使职权；依照宪法和法律，支持和保障村民开展自治活动、直接行使民主权利。"

立了"中共田野集团党总支部委员会",下辖5个党支部,为贯彻执行党在村民自治中的方针政策奠定了组织基础。

2. 增强村民的民主意识

在村民自治中,由于长期以来村民自身的文化水平以及知识的欠缺,很多村民的民主意识淡薄,民主参与能力较低。如果村民民主素质不高,就不可能很好地驾驭村民自治的运作,而且还容易被别有用心之人利用,做出违背包括自己在内的广大村民根本利益的事情。[1] 因此,提高村民素质是增强村民民主意识的根本途径,官桥村采取了一系列措施提高村民的素质。兴建图书阅览室,购置和安装有线电视差转设备,实现光纤联网,为村民学习提供硬件设施。在软件方面,创办集团刊物,成立农民文化中心,定期开展文化活动,组织村民学习科学、学习法律。大力发展教育事业,经常开办村民夜校,进行扫盲教育。经过一系列的措施,村民的综合素质和民主意识有了一定的提高。[2] 在选举方面,官桥村严格按照法律法规的规定,由村民直接选举或者罢免村民委员会成员,实行无记名投票,当场唱票、公布选举结果,做到公开、公平、公正。在坚持少数服从多数原则的基础上,充分保障少数人的选举权利。

3. 保障小姓村民的权利,坚持平等原则

谢丽华认为,"我国农村集体经济组织中的家族、大姓非常普遍,分配容易被操纵,形成多数人的暴政"[3]。虽然官桥八组多为周姓后代,但是并没有形成宗族势力,在选举、分配和管理中都是被同等对待的,保证官桥八组的党员队伍和田野集团的高级管理人员中都有小姓成员,选用人才的标准是任人唯贤而不是任人唯亲。在遵纪守法方面,不因为是小姓村民就严厉处理,更不会因为是大姓村民就网开一面。例如,周宝生的妻子周某到县城串门,夜深了还没回来,好心的办公室主任用公家的车把她接回来。第二天,周宝生召开村民大会,宣布周某公车私用,

---

[1] 张景峰:《村民多数决的滥用及制衡——村规民约的启示之二》,《洛阳工学院学报》(社会科学版) 2001 年第 3 期,第 34~37 页。

[2] 曹丽萍:《当前开展村民自治工作的难点及解决对策》,《现代农业》2004 年第 10 期,第 31 页。

[3] 谢丽华:《农村伦理的理论与现实》,中国农业出版社,2010,第 143 页。

当众检讨，并罚款 50 元，而当时八组到县城的车费只要 2 元。①

4. 保障妇女的选举权利

按照我国《宪法》第四十八条的规定，妇女在政治的、经济的、文化的、社会的和家庭的生活等各方面享有同男子平等的权利。国家实行男女同工同酬制度，培养和选拔妇女干部。《村民委员会组织法》第六条和《湖北村委会选举办法》第二条规定，村民委员会成员中，应当有妇女成员。《村民委员会组织法》第二十五条进一步规定，村民委员会中应当有女性成员，妇女村民代表应当占村民代表会议组成人员的 1/3 以上。《中国妇女发展纲要（2011—2020 年）》提出：村民委员会中，女性成员比例要达到 30%。但是，据有关调查，截至 2011 年底，全国各村村民委员会中女性成员比例不高，仅为 21.97%，村民代表中妇女代表比例不高，仅为 23.07%；村委会主任中妇女代表比例不高，仅为 11%，这与农村妇女所占人口比例与发挥的作用不成比例。加上受中国男尊女卑以及男主外、女主内等封建思想的影响，在村民自治中，妇女这一少数人的权利得不到维护，很容易形成男性群体这一多数人的暴政。而在官桥八组，女性占总人口的 48%，田野集团中女职工占 30% 左右，由此可知，其领导人非常重视妇女工作。成立工会女职工委员会，努力促进妇女参与经济建设、精神文明建设和企业文化建设，切实提高妇女的社会地位。保护妇女的劳动权利，在招聘职工时坚持男女平等、同工同酬原则。关于农村妇女参与村民自治比例偏低的原因，张黎明认为还有以下原因：一是农村妇女参与村民自治的机制还不够健全；二是农村妇女参与村民自治缺少积极性，许多妇女不愿意承担社会责任；三是文化水平不高、心理素质不佳、服务手段不多、生活压力较大等，导致参加竞选的竞争力不强，落选比例大，当选后履职能力不强，连任比例小。②因此，官桥村加强对妇女的文化教育培训，组织妇女学习《妇女权益保障法》《村民委员会组织法》《中国妇女发展纲要（2011—2020 年）》等法律法规，鼓励妇女参与村民自治。

---

① 李友清、水延凯：《神州第一组——鄂南明珠官桥八组》，社会科学文献出版社，2009，第 139 页。

② 宋利彩：《政协委员张黎明建议：建立农村妇女参与村民自治的保障机制》，《中国妇女报》2013 年 3 月 12 日，第 A2 版。

5. 关注病残弱势群体

在村民自治中，残疾人权益保障的程度在一定程度上反映出村民自治水平和社会和谐程度，直接表现为对少数人利益的维护程度。我国目前农村残疾人医疗保障和医疗康复水平比较低，加上农村残疾人多是因残致贫，由于残疾导致经常性就医、用药，家庭负担比较重。① 因此保障残疾人的利益是农村发展的一项重要工作。官桥八组在保障残疾人利益方面，除了直接给予一定的物质利益外，更加关注残疾人的就业问题，从发展的角度来保障残疾人利益。同时注意处理个人富裕与共同富裕、整体利益与局部利益的关系。例如，周福生是个侏儒，但他身残志不残，认真学习，刻苦钻研。村组资助他学会修电视机的手艺后，又把他送到城里学医，为他办起了医务室。还有两名村民先天智障，村组也安排他们种草护树，每人每月收入有800多元。② 但是官桥村对残疾人的保障并没有形成一种保障机制，比如村里对残疾人的补助标准、补助项目等都没有统一的规定。

6. 建立档案制度

档案资料既反映了一个村庄的发展历史，也是开展村务工作的重要基础，建立档案制度对一个村庄的政治、经济、文化发展都起着至关重要的作用。虽然《村民委员会组织法》第三十四条有规定村民委员会和村务监督机构应当建立村务档案。但是，目前我国农村很多地区都没有建立档案制度，一些档案资料都是散布在一些村干部家里，没有专门人员管理，有些村干部离职后带走一些资料，导致档案资料丢失，除了给村民自治工作带来一定的不便，有时候也会损害部分群体的利益。例如，A县的一位村民，曾经被判无期徒刑，后来被改判为有期徒刑，但是历届人大代表换届选举他都没有参加，后来经过查找其刑事档案，证实其有选举权，他的权利才得到了维护。③ 现在北京有的地方档案局积极配合镇、村做好村委会主任、委员候选人换届选举工作，对每榜公示均进

---

① 王茜：《新农村社区建设规划的路径选择及建议》，《现代装饰（理论）》2012年第7期，第192～193页。
② 魏劲松、柳洁：《湖北省嘉鱼县官桥村八组：山乡巨变党旗红》，中国经济网，http://district.ce.cn/zg/201107/04/t20110704_22519136.shtml，最后访问日期：2016年4月4日。
③ 陈红玲：《档案与选举权》，《湖北档案》1995年第2期，第43页。

行拍照留影,并进行存档,对村民自治起到了一定的监督作用。官桥八组建立了综合档案室,设专职档案员负责档案的收集与管理工作,有专门的档案库房及其配套设施,还建立相应的档案管理规章制度,目前在湖北省级农村档案管理领域处于领先地位。[①]

(三) 官桥模式对村民自治多数决衡平机制的启示

1. 在村民自治中实行族姓平衡机制

官桥八组是由4个自然村构成的,分别是老江边村、王栗林村、前郭城塘村和后郭城塘村,都以周姓为主,即周姓是大姓。虽然没有形成宗族制度,但是目前官桥村的精英基本是周姓人士,这难免会损害小姓村民的利益。梅志罡认为,应当采取村治权分配上的族姓平衡机制来防止这种情况的产生。[②] 首先,村干部不集中在同一姓氏,大姓小姓各占一部分;其次,全体村干部在族姓间席位分配上的均衡;再次,村治权运作过程中的监督制衡机制,不同族姓相互监督,防止权力滥用;最后,村治冲突中的居间调停机制。笔者认为,这种衡平机制值得借鉴,不仅有利于维护小姓族群的利益,而且有助于团结不同姓氏群体的村民共同参与村民自治,促进村庄的发展,推动村庄向和谐稳定方向发展,进而深入贯彻村庄的经济可持续发展、促进村庄社会和谐。

2. 进一步增强村民的民主法治意识,鼓励普通村民参与村庄治理

虽然官桥村采取了教育、文化等一系列的措施,村民的民主意识和总体素质有了一定的提高,但是整体上还有很大的发展空间,尤其是在政治参与方面,在能人主导下的村民自治运作中,普通村民在选举阶段与选举后阶段的参与常呈现出不协调的现象。[③] 一方面,普通村民对于经济能人有崇拜和依附心理,在他们心目中,经济能人就是权威,这与民主是矛盾的;另一方面,普通村民民主法治意识淡薄,参与度不高。

[①] 方昀、刘守恒:《档案馆档案安全风险评估内容分析和评估指标研究》,《档案学研究》2011年第6期,第74~77页。

[②] 梅志罡:《传统社会文化背景下的均势型村治:机制分析——对河南省汪村的个案剖析》,《村级制度研究(中)》2009年第6期,第87页。

[③] 裴斌、卢福营:《能人治理背景下的村民公共参与》,《社会科学战线》2011年第12期,第163~167页。

在官桥村田野集团的12名骨干中，有9名是中共党员，而且根据调查数据，未参加任何村务活动的人数比例超过30%，这充分说明官桥村村民的民主法治意识还有待增强。除了村民自己要加强学习、转变观念、增强自己的权利意识外，村组织也应该为村民提供更多学习的便利，例如不定期进行培训，组织村民学习法律知识和党在村民自治方面的方针政策，深化村务公开，拓宽村民获取信息的途径等。

3. 健全社会保障制度，保护弱势群体的利益

虽然官桥村采取了一些社会保障措施，对妇女、老年人、残疾人给予了一定的保障，但是尚未形成完善的制度，职工和老年人的保障制度还不健全，各类社会保险的覆盖率不高，在实际操作和执行过程中难免存在不公平现象。对于妇女权益保障而言，应当提高妇女参与村民自治的比例。[①] 对于老年人而言，除了直接给予老年人物质帮助外，更重要的是要解放单位职工，为其孝敬老人创造条件，田野集团绝大多数的职工每周工作6天，还有超过10%的员工每周工作7天，很难有时间和精力照顾老人。很显然，这对子女实现《老年人权益保障法》中的"常回家看看"是有难度的。对于残疾人而言，也未形成相应的保障制度，2007年底，残疾人和重病患者占官桥八组总人口的2.9%，对于残疾人，有的人可能终身需要医治，仅仅靠一时性、一次性的资助是远远不够的，有时候也会显失公平。因此需要形成一种制度来保障，另外还可以建立农村社区服务体系，专门为弱势群体服务，鼓励村民参与公益活动。除了在物质上给予帮助，保障他们的生存外，还要创造条件，保障他们的民主选举、民主决策、民主管理、民主监督等权利。[②]

4. 采取合理措施，保护少数穷人的利益

贫富差距是目前中国社会面临的一个重要问题，村民自治也不例外。在村民自治中，由于经济上的巨大差距，这些贫穷村民在村民自治中存在两极分化。官桥八组4个自然村之间在经济上存在较大的差距，老江边村人均收入较高，恩格尔系数较低，人均家庭财产较多；后郭城塘村人均收

[①] 肖百灵：《对村民自治中妇女参与问题的探讨——以湖南"农村妇女参与村级治理"项目实施为例》，《湖南社会科学》2006年第6期，第88~91页。

[②] 殷啸虎、王建文：《村民自治主体的法律分析》，《河南省政法管理干部学院学报》2004年第6期，第67~73页。

入较低，恩格尔系数较高，人均家庭财产较少。除了自然村落之间贫富差距较大外，村户之间贫富差距也较大。[①] 一方面，对于贫穷的人来说，首先要解决生存问题，然后才会考虑政治参与，这显然不利于村民自治的民主性；另一方面，官桥村对很多违反本村制度的行为处罚很重，对于无意违反的穷人来说，他们很难承受罚款数额。那么这些由多数决形成的管理制度对于少数穷人来说是不是多数人对少数人利益的损害呢？例如，根据官桥村村民管理制度，随地吐痰、骂人、乱扔垃圾等，处以50元以上罚款。针对村里的少数穷人，首先应该从根本上提高他们的经济收入，对他们进行相应的职业培训，鼓励就业。其次在管理制度方面，要具体情况具体分析，相同的行为可以根据不同的人的具体情况采取相应的措施。例如，对于经济困难的乱扔垃圾的村民，可以采取其他惩罚方式，比如学习乡村文明公约，惩罚其进行清洁劳动。这样既能达到惩罚的目的，又能防止加剧穷人的贫穷，防止贫富差距的进一步扩大。最后要鼓励少数穷人积极参与村民自治的各个环节，多听取他们的诉求，尽量满足他们的需求，切实保护少数穷人的利益。

5. 保障外来人员的权利

官桥八组的外来人员，包括外来投资者、田野集团的非本村户籍职工等，他们虽然不具有本村户籍，不是本村村民，但是在某种程度上，与本村有一定的经济利益关系。例如，外来投资者承包本村土地的时候，依照合同不能解决的问题如何处理；非本村户籍的田野集团的职工服从企业的规章管理制度的时候承担与本村户籍村民一样的义务却不享有相应的权利是否会造成不平等对待。这些方面如果处理不好，很容易造成差别对待，甚至是损害这些外来人员的切身利益。因此，对于这些外来人员，除了按照选举制度的规定，居住满一年的，视情况允许其享有选举权，还应该在民主管理、民主决策、民主监督方面使他们享有相应的权利。外来人员虽然不具有本村户籍，但是这些进入官桥八组的投资者和在田野集团工作的非本村户籍职工，在个人知识、民主意识等方面往往比本村一般村民更高，或许能够为本村的治理提出更多建设性意见，

---

① 李友清、水延凯：《神州第一组——鄂南明珠官桥八组》，社会科学文献出版社，2009，第56页。

在民主监督方面也能发挥更大的作用。如果允许他们参与村民自治,在维护这些少数人利益的同时,也将有利于本村的稳定与发展,实现双赢。

6. 建立健全民主监督机制

现阶段的村民民意代表机构主要是村民代表会议,拥有监督村民委员会及其他村级组织的管理活动的权利。[①] 虽然官桥八组制定了一系列的规章制度,但是仍然不够完善,尤其是在民主监督方面,规章制度不完备,特别是制裁性制度的缺乏,既有的规章制度执行不严,导致村级监督组织因为主要职责权限和工作程序等不明确而缺少运作的制度根据,而且缺少强有力的指导和管理,没能尽到监督责任。与此同时,村民民主监督机制缺乏惩戒性制度安排。一项理想的制度的贯彻落实,除了详尽具体的规范性制度规定[②],还应该有对应的惩戒性规定,否则只是摆设,即一个完整的规则也应该包括行为模式和后果。部分村民反馈,纵然对某些村干部的决定和管理活动有所异议,也只能坐以待毙,因为民主监督流于形式,说了和没说没什么区别。比如村务公开、财务公开,公开的都是一些无关紧要的笼统的账目,没有具体收支明细的公开。[③] 官桥八组的规章制度中也有一些惩戒性的规定,但是这些规定的适用对象是普通村民,因此也应该制定一些针对村干部的惩戒性措施,将民主监督落到实处。民主监督机制的有效运作还需要监督保障机制,因为在延续几千年的农村熟人社会里,存在多一事不如少一事、担心受到打击报复的观念,村民都怕得罪村干部,不敢大胆开展监督活动,这就需要有相应的机制保障民主监督活动的进行。例如,拓宽监督渠道,采用传统监督和现代自媒体监督相结合的方式;创新监督方式,实行无记名监督等;对于打击报复的行为进行严厉处罚。[④]

从整体上看,官桥八组在村民自治的过程中,在多数决的衡平上有很多值得我们借鉴的地方,对我们构建村民自治多数决衡平机制有重要的实践意义。同时,我们要看到可能存在的问题,应通过设计相应的预

---

① 张旭光:《论村民代表会议制度及其安排》,《浙江学刊》2001年第1期,第165~168页。
② 卢福营:《民主自治导向下的村级财务监督制度创新——对浙江省H镇村级财务监督制度改革的调查与分析》,《学习与探索》2006年第4期,第91~94页。
③ 陈幼华:《村级民主监督的现实困境及其对策》,《湖北师范学院学报》(哲学社会科学版)2008年第3期,第65~67页。
④ 周志坤:《以无记名方式独立作出评价》,《南方日报》2015年7月16日,第A7版。

防机制，防患未然。

三 美国村治和乡镇治理中的多数决衡平

（一）美国村治中的多数决衡平实践

1. 主要做法

以《纽约乡村法》为代表的美国乡村自治法律，不仅有成熟的法律理念为后盾，还具备完善的地方自治法律体系。主要体现在：村民自主与政府特许相结合的社团村设立模式、村民选任与村长聘任兼备且功能完整的议事执行机构、高度自治并成良性循环的内生公共秩序、充分独立的立法权和财税权、公平正义的民意表达程序、强制手段和惩戒措施并重的权利救济机制。在美国，村共有两类，即社团村和非社团村。《纽约乡村法》内容主要包括村庄社团组织的设立与变更、机构的选举、经费税收、村务管理与决策、村镇规划、区域发展、法的适用等方面。其在乡村自治中关于多数决衡平方面的规定主要体现在以下方面。

（1）在村的设立中

社团村设立的主要程序如下。①提出申请。以村民自愿为原则。请求人应当由拟设村范围内有选举权的20%以上村民，或村范围占50%以上不动产价值的人提出。②公告听证。递交申请之日起的20日内在本地不少于5处重要场所及当地报纸上登载两次，以保证申请内容的真实性。③县政府以受理部门的角色做出是否同意的初步裁决。申请人对裁决不服的，可以申请复审。复审期限为30天。④全村公决。申请通过后，由村所辖的市镇官员、监督员以及村民代表组成的选举委员会组织全体村民，在40天内对社团村是否设立进行公决。如果超过一半的人不同意，则一年内，不能以同样的理由再次提出申请。如果通过，应将此情况报县政府审查批准。从批准之日起，社团村取得法定资格。县政府的裁决程序被放置在全村公决之前，有利于缩减表决的费用，避免出现县政府否定全村公决结果的局面，同时体现了重视与尊重村民整体意愿，做到"由村民做主"。

（2）在村的变更中

《纽约乡村法》也规定了关于村名变更、村界域调整、村的撤销及合并等内容。村的变更程序如下。①申请受理。村的变更并不改变村庄的性质，与设立相比，牵涉村民的利益较少，故申请条件也较为宽松。村的变更只需 25 名以上有选举权的村民提出申请，理事会便可讨论决定是否受理。②调研论证。考虑到村的变更有多方面的原因，具体情形复杂，专业性要求高，专门研究委员会应时而生，开展深入细致的调查，提出可行性论证报告。内容主要有调整的具体计划，比如村庄财产的处置、重大债务偿还、税务、雇员后续的安置、与他人签订的合同、村的解散可能造成的影响等。由理事会决定是否提交村民公决。③村民公决。若要公决便需要在村内按规定发布公告，有效条件为全村 1/3 以上有选举权的村民参与公决。若是通过，则需报县政府进行备案。反之，则 2 年内不可以以同一理由再次提出申请，以此保证申请权不至于被随意运用。因为村的变更极大概率会导致第三方利益受损，为减少甚至避免这种情况的发生，该法规定必须及时公布村庄界域调整信息，对于因隶属关系变化而导致的各种财产、土地纠纷及时进行处理。由此可见，《纽约乡村法》对社团村的设立、变更采取了公司法人的立法模式。

（3）在管理机构上

村的议事机构为理事会，与我国的村民代表会议角色相似。理事会成员一般由 1 名村长、4 名理事组成，通过村民民主选举产生，一般由在当地声誉较高、具有相当影响力的人来担任，任期两年，可连选连任。任期中，理事人数增减需要全村公决决定。权利与义务相伴，《纽约乡村法》赋予理事权利的同时也规定了相应的义务。理事的表决权采用积极行使原则，具有不可放弃性，只能在同意和反对之间选择。理事必须参加会议，无故缺席的理事，极有可能在村审批过后面临临时性的强制措施；也有可能遭遇质询，要求说明缺席原因。

（4）在公共管理和服务上

《纽约乡村法》赋予村规划准法律效力，不能随意更改村规划，如必须更改，应由涉及此规划区域内土地的 20% 以上的拥有人书面提出，并需由理事会简单的多数票通过。此外，对公共设施的建设、改造，需遵循提出、商议、听证、决定等一系列程序。

（5）在财政与税收上

《纽约乡村法》除了对预算的主要内容做详细规定外，还对预算生成方式明确具体程序，主要有以下四点。第一，递交审核。每年的2月份，预算人员应当把预算情况报告（包括预算的测算、预算计划、预算说明等）递交村长审核。第二，理事会召开初审会议。会议票决中如果多数票通过，再提交村民表决。第三，听证表决。通过告示的方式让村民提前了解听证安排，并获取相关预算资料。听证表决的表决票数过半则视为通过。第四，预算执行。预算经表决生效就应当严格执行。在执行的过程中，遇到非法定事由可以进行调整。①

（6）在村民公决上

村民公决主要是指全村当中有选举权的村民通过集体表决的方式对于立法及村的撤销、合并、设立、更名、村选举时间变更等重大事项进行最终决策。考虑到理事会可能会为私利规避公决的可能，为避免此种情况的发生，明确规定若全村有选举权的村民中20%以上村民觉得理事会决议与他们的利益密切相关，有权对决议提出质疑并申请启动公决程序。法律还设置了理事会对于不当决议的自我纠正程序，即在决议做出后15日内，若理事会觉得决议不正确，需要进行变更、放弃的，有权启动理事会复审。撤销决议无须经过公民表决这一环节。已经被公决否决的议题，若想重新提起，则要等到3个月之后或者是下一次总选举时，方可提起。

（7）在惩罚性规则与保留条款上

在具有个人权利保护传统的美国，乡村法保留了对违法者人身自由和财产的处罚权。《纽约乡村法》不仅规定了对个人行为的违法监督，还规定了对立法行为的监督，也就是我们常说的违宪审查。如果发现当地乡村法内容存在违宪的情形，则可启动违宪审查程序。《纽约乡村法》同时还具有一套完善的监督救济程序。

2. 主要特色总结

美国乡村自治法律中关于多数决衡平方面的特色主要体现在以下三个方面。

（1）成熟的法律理念和完善的法律规定

以《纽约乡村法》为代表的美国乡村自治法律，在社团村的设立与变更、机构的选举、经费税收、村务管理与决策、村镇规划、区域发展、

---

① 黄辉：《中国村自治法的制度、实践与理念》，法律出版社，2009，第91页。

法的适用方面都加以详细规定,同时具有高度自治并成良性循环的内生公共秩序、公平正义的民意表达程序、强制手段和惩戒措施并重的权利救济机制。[①] 美国乡村自治法律中的这些规定不仅为乡村自治多数决衡平提供了立法支持,还体现了在美国乡村自治过程中民主法治化程度相对较高,具有较成熟的民主法治观念。较成熟的法律理念和完善的相关法律规定,有利于在乡村自治实行多数决原则进行决策过程中避免其对少数人合法权益的损害,最大限度地保障自身的利益。

(2) 严格程序予以保障

《纽约乡村法》在村的设立和变更、管理机构、公共管理和服务、财政和税收、村民公决以及惩罚性规则与保留条款等方面都规定了严格的程序加以规制,以更好地保障公民的权利,维护民主秩序。例如社团村的设立要经过提出申请—公告听证—县政府作为受理部门做出是否同意的初步裁决—全村公决的严格程序规定;最后在全村公决的结果若是有超过半数的村民持反对意见,那么至少一年期限内,不能以同样的理由再次提出申请。此外,《纽约乡村法》中规定若全村有选举权的村民中20%以上的村民觉得理事会决议与他们的利益密切相关,有权质疑该决议并要求启动公决程序。这一系列程序规定,都是为了更好地保障公民的权益,维护安定有序的民主法治秩序。

(3) 完善的监督救济机制

《纽约乡村法》中规定了完善的监督救济制度。考虑到理事会可能会为私利规避公决的可能,为避免此种情况的发生,明确规定若全村有选举权的20%以上村民觉得理事会决议与他们的利益密切相关,有权质疑该决议并要求启动公决程序。该法还设置了理事会对于不当决议的自我纠正复审程序。也就是在决议做出后15天内,如果理事会认为决议有错误,就可以启动理事会复审(reconsideration)程序。理事会复审撤销决议不需要再提交公民表决。[②]

[①] 郑晓凤、刘颖:《中国乡村精英治理模式的路径探究》,《河北青年管理干部学院学报》2012年第4期,第40~43页。

[②] 黄辉:《论美国乡村自治法律制度——以〈纽约乡村法〉为例》,《当代法学》2009年第1期,第140~146页。

(二) 美国乡镇治理中的多数决衡平实践

美国的乡镇政府主要采取镇民大会、镇民代表大会经理制和镇议会理事会这三种治理模式。镇民大会通常一年一次。其中一些镇每次开会的内容围绕参会者所提出的问题和事项进行商讨并做出决策,另一些镇提前两三天先召开讨论会进行商讨,继而在镇民大会上做出决策。镇民大会内容主要围绕当前社会的热点话题,主要包括:制定地方法律和规章,预算的调整,决定地方税率调整,选举政府官员,讨论完善地方公共基础设施管理等。[①] 镇民大会按照法律规定的程序进行,以保证会议公正、有序,使少数人的意见也能得到充分重视和保障。

布鲁克林镇是马萨诸塞州第一个采用镇民代表大会、理事会、镇行政长官管理模式的镇,并沿用至今。镇民代表、理事、镇行政长官都是由选民直接选举产生,并接受选民监督。布鲁克林镇政府的民主法治化程度较高,其具有有效的监督和制衡机制。该镇一般由镇民代表大会讨论并做出重要决策,政府部门以及各委员会花费大量时间来听取选民的意见,制定议案初稿,继而召开多次镇民代表大会或听证会讨论,不同利益主体有权将自己秉持的不同意见表述出来,最后根据多数决原则,做出一个符合绝大多数人意愿的决策。不仅如此,该镇对权力的监督机制比较完善,既包括镇民代表大会对政府日常工作的监督,也包括选民、镇电视台、报纸、网站等的监督。

在美国,城市土地管理的关键在于土地的使用权问题,一方面是因为美国的土地使用受联邦和州的城市规划法律制约,另一方面是因为美国地方居民如今奉行"不要在我的后院搞建设"[②]的想法,因而马萨诸塞州宪法第四十个授权法案,规定了城市土地规划的法律程序,程序依次如下:规划条例和修正案需由特定地方政府部门或居民提出;规划提

[①] Frank M. Bryan, *Real Democracy: The New England Town Meeting and How It Works* (Chicago: The University of Chicago Press, 2004), p.185.

[②] 西方社会有一种"不要在我家后院"(Not in My Backyard)现象。这种现象是指,公民都知道核电与其他石化能源相比具有很多优点,他们也不反对政府建立核电站,但就是不能建在"我家的后院"。参见 Shelley Dubois《美国红色保守阵营的绿色环保领袖》,2011年8月3日,《财富》官网,http://www.fortunechina.com/business/c/2011 - 08/03/content_65367_ 5. htm。

出后需交地方政府规划委员会；必须在 60 日内举行公开听证会；规划局提交最终讨论报告给地方政府；规划条例须经立法机构 2/3 以上的代表通过。虽然过程中牵扯的利益方众多、决策过程错综复杂，然而整个过程中信息公开透明，民众能及时了解事件的实时动态，能有效消除政府与民众的误会，保持公共参与的热忱，使公众参与落实到政府决策的每一环节，并持续跟踪监督。辩论和讨论以制度化的形式保证，如镇民代表大会、公开讨论会、听证会、当地报纸，以及电话和邮件联系镇政府工作人员等。这些均充分体现了民主、透明、公开、有序等美国乡镇自治的重要元素，展现选民积极参与的热忱和选民自治精神。基于制约平衡不同利益群体之间关系的考量，通常开发商、选民、镇土地规划委员会、镇理事会也会从各自利益角度进行利益博弈，这种利益博弈也体现出对权力的控制和制衡。决策往往不是某个领导人说了算的，也不是某个政府部门可以决定的，而是取决于选民，这有效地防止了权力的滥用。另外，选民可以对政府的不当行为提起诉讼，通过法律途径维护正当权益，这也体现出一种民主保障措施。[①]

美国乡镇政府所实行的民主秉持保护少数的原则，纵然少数人存在异议，也可以又一次召开讨论会，不达到满意的结果绝不停止辩论，这促使政策建议来源多元化，确保政策建议更加完善，符合公共政策的公共利益倾向。在布鲁克林镇，选民集体有权提出规划案，由选民直接选举产生的镇规划建设委员会也有权提出，继而必须召开听证会，在提交给政府后，最后由镇民代表大会表决，表决通过的条件是 2/3 以上的多数赞同。该镇最近几年的法律诉讼，90% 都跟土地规划建设有关，选民秉持"不要在我的后院搞建设"的观念，故而几乎每个大型建设项目都会人言啧啧，然而在争论以后往往会以满意和平静落幕。美国马萨诸塞州布鲁克林镇在保证选民参与政策制定方面毋庸置疑是成功的典范。在该镇镇政府，公共政策是公开透明的，选民有权参与政策制定，并提出自己的见解。若选民的建议没有被听取，选民有权与政府一直辩论商讨，直到选民心满意足。公共政策在制定的过程中得到了充分的辩论与讨论，

---

① 〔美〕B. 盖伊·彼得斯：《政府未来的治理模式》，吴爱明、夏宏图译，中国人民大学出版社，2001，第 107 页。

第五章 村民自治多数决衡平的国内外实践探索

也许花费的时间较长,但是执行中碰到的阻碍便会减少,民众满意度好,执行效率高,有助于城市的长远发展。这为我国村民自治中多数决衡平提供了一个很成功的示范。

美国乡镇政府的整个决策过程是公开透明的,乡镇的各种大小决策几乎没有不经过听证的。听证会制度是充分接收各方建议和意志共同参与公共事务,兼顾各方利益诉求,使公共政策和社会治理具有较强的合法性,使公众合理的利益诉求能够在政策中得以体现,促进政府职能转变的制度。乡镇居民可以自由参与这种听证会,毫无限制,纵使你是外国人也被允许自由旁听。事关全体居民利益的决策,必须经过乡镇居民公决。在这个过程当中,新闻媒体和以不同方式举行的讨论会成为不同诉求表达和意见争论的渠道,也成为决策相关内容信息公开的助推器。在布鲁克林镇,相关部门一旦确定召开听证会,立即向媒体公开听证会的时间、地点、议题和议程,所有人都有权参加,各抒己见,深入探讨,甚至可以辩论。在听证会上,只要没有涉及国家机密,公民都可以任意参加各镇民代表大会、各委员会和各镇政府的会议,如果经过允许,他们还可以就相关事项发表自己的看法,还可以就相关问题向镇民代表、理事、委员和镇行政长官提出意见和建议。① 此外,电视、报纸和网络等媒介,都成为公民参与决策的助推器,是信息的处理者和沟通者。选民借由媒体这个渠道抒发己见,使得政府听到民众的想法,确保决策能照顾到最大多数人的利益。不仅如此,媒体将决策信息和相关行政动态传递给选民,选民实时跟踪调查与监督,使媒体成为社会的"雷达"和"哨兵",使政府的行政更加公开透明。

美国乡镇实行的并非代议制,而是直接民主制。凡涉及该地区公共利益的一切议案都须经过全体公民的投票表决来确定和实施,包括建设道路、桥梁、学校、商场、济贫院、公共卫生、对外防御等,每一个公民都可以平等无差别地参加乡镇会议,从而参与与自己利益密切相关的政策的讨论和决定,建设议案的实施计划及预算等都必须公开讨论。但是,实行直接民主制并不简单等同于投票,原因在于直接民主的原则是

---

① 〔美〕B. 盖伊·彼得斯:《政府未来的治理模式》,吴爱明、夏宏图译,中国人民大学出版社,2001,第107页。

多数人决策的原则,但是并不能确保多数人的决策永远正确合理。现实中,多数人决策往往受多种复杂因素影响,有时可能是极端或者是不辨是非的附和。然而,相比较而言,直接民主制又的确最能代表广大公众的利益,问题的关键在于如何使多数人的决定最大限度地趋向理性和公正。美国乡镇治理中多数决衡平的实践经验主要有以下几点内容。

首先,实行言论自由原则。美国乡镇治理过程中实行言论自由原则,鼓励公众积极参与并认真思考与将要决策事项相关的事宜。美国联邦宪法修正案第一条规定,国会不得制定关于确立宗教的法律,不得制定禁止自由信仰宗教的法律;不得制定剥夺言论自由的法律,不得制定禁止出版自由的法律;不得制定法律剥夺人民和平集会及向政府请愿的权利。[1] 美国的民主政治原则正是源于美国乡镇直接民主的实践,重大事项和公共政策的制定都要通过全体公民投票表决。根据言论自由原则,每个人不但有独立意志的权利,而且有独立思考的义务,任何人的言论都应不受到追究和限制。[2] 当一个自治共同体以投票方式来获得行动时,这被当作明智的行为方式。但如果公民个人不明智,那就会影响到共同体的行为,往往也使得该共同体不明智。因而,要想使决策最大限度地倾向于正确和合理,就要赋予个体以最大限度的独立和自由。作为民众的个体只有在认真深刻地思考过后,才能够更好地了解问题的关键和本质,清楚自己投票的意义、投票后会产生的影响、投票之后又有哪些利益牵扯以及决策后事态可能发展的趋势等。只有清楚情况,公众才会意识到投票的意义,进而认真投出手中的一票。公众考虑到自身利益诉求,进行利益争夺和制约,最终在妥协的基础上形成共同意见。因而在一定程度上,实行言论自由原则是提高公众自我决策水平的最佳办法。

其次,实行听证制度。美国乡镇治理过程中实行听证制度,尽量避免公众决策的片面性。个体思维总是有局限的,因此需要使公众尽量多地获得不同信息和不同想法。因为在决定某一问题的过程中,公民所做的决定是否周全、是否得当、是否符合公共利益,往往取决于该公民对这个问题相关的信息、意见、怀疑、批评和驳斥等的了解和认识程度,

---

[1] 〔美〕卡尔威因、帕尔德森:《美国宪法释义》,徐卫东、吴新平译,华夏出版社,1989年,第5页。
[2] 雷海燕:《美国的基层民主与居民自治》,《党政论坛》2008年第11期,第60~61页。

思考得越深入、越客观、越全面、越独立，其做出决定的合理性就越强。因而，在乡镇会议上，认真倾听别人的发言是非常重要的。法律规定，在投票表决前，公众有义务听取各方面的意见和建议。程序设置应当留有足够时间让所有与问题相关的事实和证据材料在会议上充分展示，便于人们充分了解不同方案的利弊得失，并在不同方案之间进行权衡，从而做出自己慎重的抉择。因此，任何长官意志、舆论导向都不能成为阻止人们倾听所有意见和建议的借口。①给予每位发言者机会相当于保护了听者的知情权，而会议归根到底是为了公众投票时尽量秉持科学公正和谨慎的态度，从而避免因随意投票而侵害其中少数人的合法权益的情况发生。一言以蔽之，一个公民只有经过全面认真的思考才能够公正理性地做出决定，而这种思考也必须基于广泛获得多方的信息与观点，从而避免偏颇。

最后，奉行保护少数原则。美国乡镇政府所实行的民主奉行保护少数原则，纵然少数人存在异议，也可以又一次召开讨论会，不达到满意的结果绝不停止辩论，这促使政策建议来源多元化，确保政策建议更加完善，符合公共政策的公共利益倾向。同时，选民可以依法诉讼政府，通过法律途径维护正当权益。例如在美国马萨诸塞州布鲁克林镇中，选民可以随时随地参与政策制定，能自由抒发己见。若选民意见并不被听取，有权继续与政府辩论商榷，直到选民满意为止。这样做的目的是在多数决原则下，保护少数人的利益。布鲁克林镇政府在保证选民参与政策制定方面的成功经验，对我国村民自治多数决衡平具有很好的借鉴意义。

四 日本社区治理中的多数决衡平

(一) 日本社区治理的组织

町内会是日本的基层居民自治组织，与我国居民委员会类似。日本学者中田实将"町内会"定义为，在一定区域内将本区域居住或经营的所有居民和企业组织起来参加共同管理，以协调和解决在该区域内出现

---

① 雷海燕：《美国的基层民主与居民自治》，《党政论坛》2008 年第 11 期，第 60~61 页。

的各种问题的居民自治组织。① 日本国会 1991 年也在修订《地方自治法》的时候，将町内会、部落会等居民自治组织作为地缘团体写进了法律。通过设立町内会这一基层居民自治组织，居民就可以在该组织的活动中体验到直接民主，从而提高居民的民主自治能力。平等协商是町内会组织运作的一个重要特色，例如町内会的会长和班组长以及町内会下属的青年部、妇女部等部门负责人往往是由推举产生或轮流执政的，这样也因营造一种宽松的民主协商氛围而避免了行政管理色彩。② 这种宽松的民主协商氛围使越来越多的町内会居民可以参与町内会组织，真正和直接地体验民主实践。町内会可以代表不同的利益主体，直接或间接向政府部门反映居民的利益诉求。特别是近年来，在地方公共事业建设活动中的环境保护方面，町内会可以代表社区居民以请愿、申诉等方式向政府行政部门反映情况并进行交涉，以维护社区居民的合法权益。1995 年阪神大地震后，日本社会的少子高龄化问题逐渐突出。伴随《社区营造三法》《地方分权一括法》等法规的颁布，日本都市发展迎来了缩小时代。超大都市开始收缩发展，地方都市也进入了地方分权的自治时代。③ 这一趋势为日本基层自治的进一步发展创造了基础条件。

（二）日本社区治理中的多数决衡平实践

1. 日本社区治理具有民主化的显著特征

日本社区为居民参与民主政治提供多种途径，是居民参与民主政治的重要方式。社区的权力机构是町内会，它是由推选产生的，需对社区居民负责。町内会等居民自治组织的代表可以参加由地方政府召开的审议会、听证会和"市民会议"等许多活动。一方面，社区居民可以在町内会活动中体验直接民主，培养和提高民主自治能力；另一方面，社区居民也可以以参加社团的形式来抒发己见和表达自己的利益诉求，从而影响町内会以及地方政府除了通过社区代议制方式参与社区公共事务之

---

① 闵学勤:《社区自治主体的二元区隔及其演化》,《社会学研究》2009 年第 1 期,第 162~183、245 页。
② 韩铁英:《日本町内会的组织和功能浅析》,《日本学刊》2002 年第 1 期,第 46~63 页。
③ 许懋彦、弋念祖:《从社区营造到社区设计：都市观视野下的日本社区设计发展观察》,《时代建筑》2019 年第 1 期,第 152~159 页。

外的决策。因此，在日本社区的现代治理中，社区居民直接或间接参与民主的方式，形成了社区代议民主制和社区直接民主制相混合的民主自治模式，这使得社区居民的利益和诉求可以更好地通过社区或地方议会，反映到政府部门并得到及时有效的解决。社区代议民主制和社区直接民主制相混合的民主自治模式，显著体现了日本社区治理的民主化特征。[①]

2. 日本社区治理是一种责任治理方式

日本社区的现代治理，既体现了公民积极参与的责任意识，又体现出地方政府、町内会和社团组织对社区居民负责，对他们的相关诉求做出回应的态度。首先，日本社区居民不仅是公共服务的受益者，还是社区治理主体的重要组成部分，这就要求社区居民要具有积极的公民责任意识，要广泛并积极地参与公共事务管理，自觉承担起关注、参与、决定、解决公共事务管理方面的责任。[②] 其次，这并不意味着每一个社区居民都愿意且必须参与社区公共事务的管理，他们也可以按照自己的意愿推选代表来参与社区公共事务管理。社区治理的主体，除了社区居民个人之外，还包括地方政府、町内会以及社区民间组织等。社区居民也可以通过地方政府官员、町内会以及社区民间组织等主体来表达自己的利益诉求，以影响地方政府的公共事务决策。在这种情况下，各社区治理主体必须切实承担起自己的责任。在社区居民的参与压力之下，地方政府、町内会以及社区民间组织等社区治理主体需对社区居民的诉求及时做出回应，对社区居民负责。[③]

3. 日本社区治理需要遵循和谐原则

日本社区的现代治理需要遵循和谐原则。社区治理的和谐原则，是指社区居民对社区的治理既要有积极参与的责任意识，也要具备协调、妥协的观念，充分尊重其他社区居民的利益和想法。一方面，社区居民不仅要具备社区治理的权利和责任意识，同时要具有协商、妥协的宽容态度；另一方面，地方政府、町内会以及社区民间组织等社区治理主体

---

① 宋雪峰：《日本社区治理及其启示》，《中共南京市委党校学报》2009年第3期，第90~96页。
② 韩慧：《公民参与与构建责任政府》，《山东社会科学》2010年第10期，第144~146页。
③ 李晶、红英：《"村落自治"中的国家——日本宫城县仙台秋保町马场村的田野调查》，《云南民族大学学报》（哲学社会科学版）2016年第5期，第46~56页。

要充分考虑不同利益主体的社区居民的各种诉求，不因忽视他们的利益和态度而致使其利益受损害。因此，和谐原则是日本社区治理主体和客体必须遵循的基本原则。在遵守和谐原则的基础之上，社区治理主体和客体之间就形成一种良性的互动关系。社区居民可以在现有的规则之下参与到社区治理中。如果在参与过程中发生意见分歧或意见相左，社区居民也可以通过协商、妥协的方式最终达成双方都满意的结果。[1] 社区治理的和谐原则并不意味着社区治理不考虑治理的时效性和有效性，也不意味着社区治理忽视治理成本而以非理性方式采取行动。

4. 实行居民诉讼制度

居民诉讼制度是日本地方预算执行监督过程中具有特色的一种制度，是从美国判例法中的纳税人诉讼制度移植过来的。日本《地方自治法》第九章财务这一部分专门设置了第十节居民的监察请求及诉讼，该制度的直接目的是预防和纠正地方公共团体职员在财务会计方面的违法或不当行为。居民的监察请求及诉讼制度的实施不仅为居民提供参加地方政治与地方行政的机会，同时居民也可以对地方公共团体财务行为予以监督及诉讼，请求司法审查，以更好地维护地方利益。[2]

按照《地方自治法》第242条的规定，对于普通地方公共团体的行政首长、委员会或委员及其公务人员的违法行为，如公款挪用、不当财产的取得、管理或处置不善、契约的缔结不合规或未履行债务等行为，居民预测该行为的发生具有相当的确凿性，或者认为该行为存在违法或有玩忽职守的事实时，可以附上证明材料，以书面形式向监察委员提出监察请求。监察委员对于居民的监察请求要认真对待，如果认定请求不成立，就应当附上理由书面通知请求人并予以公示；如果认定请求成立，就应当向有关主体发出告诫，要求相关主体在合理期限内采取必要措施解决问题，并将告诫内容通知请求人，同时公示。对于请求需要解决的问题有情况紧急或重大危害情形的，监察委员还可以要求相关主体立即停止行为。但是，由于告诫并不具有强制执行力，所以，相关主体有可

---

[1] 宋雪峰：《日本社区治理及其启示》，《中共南京市委党校学报》2009年第3期，第90~96页。

[2] 闫海、曾祥瑞：《宪政、地方自治与地方财政法制——日本法的经验与借鉴》，《行政法学研究》2011年第1期，第123~129页。

能不予理睬。如果请求人对监察委员的监察结果、告诫内容或要求采取的相关措施不服，居民就可以依据《地方自治法》第 242 条第 2 款向法院提起诉讼，要求中止该执行机关或公务员的全部或部分行为；取消或确认该行政处分无效；确认该执行机关或公务员玩忽职守事实；向该执行机关或公务员提出对相关方损害的赔偿或不正当利益的返还。①

(三) 特色总结

1. 成熟的社区居民自治的理念和社区文化

日本社区居民自治的理念和社区文化的发展、成熟是日本社区治理取得成功的重要基础。日本的历史文化传统造就了日本社区居民向来具有集体意识、自治意识；同时通过社区事务公示制度和相关的宣传教育活动，能够让社区居民及时了解社区的公共事务，有助于提高社区居民参与社区事务的积极性和主动性，营造一个良好的社区文化氛围，提高社区居民的自治能力。由此可见，成熟的社区居民自治的理念和社区文化对社区治理具有重要作用。②

例如，日本社区治理既体现了公民积极参与的责任意识，又体现出地方政府、町内会和社团组织要对社区居民负责，要对他们的相关诉求做出回应的态度；同时日本社区的现代治理需要遵循和谐原则，社区居民对社区的治理既要有积极参与的责任意识，也要具有协商、妥协的意识和观念，充分尊重其他社区居民的利益和态度。这些成熟的社区治理理念和社区居民文化的发展，大大激发了社区居民参与社区公共事务管理的积极性，同时也提高了居民的自治能力，进而推动了社区公共事务的发展。③

2. 治理主体多元化

社区治理包括政府、社区民间组织和社区公民等多元主体的广泛参与，社区治理主体具有多元化的特征。在日本社区的现代治理中，社区

---

① 闫海、曾祥瑞：《宪政、地方自治与地方财政法制——日本法的经验与借鉴》，《行政法学研究》2011 年第 1 期，第 123 ~ 129 页。
② 卢学晖：《日本社区治理的模式、理念与结构——以混合型模式为中心的分析》，《日本研究》2015 年第 2 期，第 52 ~ 61 页。
③ 宋雪峰：《日本社区治理及其启示》，《中共南京市委党校学报》2009 年第 3 期，第 90 ~ 96 页。

居民直接或间接参与民主的方式,形成了社区代议民主制和社区直接民主制相混合的民主自治模式。一方面,社区居民可以在町内会活动中体验直接民主;另一方面,社区居民也可以通过参加社团来表达自己的利益诉求,以影响町内会和地方政府的决策。①

3. 治理方式协商化

日本社区治理的权力来自社区成员的认可,它主要通过合作、协商等方式来实施对公共事务的治理,同时日本社区的现代治理遵循和谐原则。一方面,社区居民不仅要具有社区治理的权利和责任意识,同时要具有协商、妥协的宽容态度;另一方面,政府、町内会以及社区民间组织等社区治理主体要充分考虑不同利益主体的社区居民的各种诉求,不因忽视他们的利益和态度而致使其利益受损害。② 社区居民可以在现有的规则之下参与到社区治理的过程之中;如果在参与过程中发生意见分歧或意见相左,社区居民也可以通过协商、妥协的方式最终达成双方都满意的结果。

4. 社区组织与地方政府是一种功能互补的新型关系

首先,地方政府与作为社区组织的町内会是功能互补的关系。地方政府作为行政机关,主要履行各项行政职能;而町内会是社区全体居民自愿参加的基层自治组织。地方政府负责的各类行政事务与町内会在职能上存在许多交叉重叠,这就决定了日本社区组织与地方政府之间需要相互配合,共同处理社区公共事务。地方政府是实现社会管理的基础,也是日本社区组织持续发展的保障。政府在履行行政职能、处理社会公共事务时,基层社区自治组织的协助配合必不可少。地方政府下达的各种任务,大部分跟居民的生活需求密切相关,对町内会来说在本职范畴之内,有助于充分发挥自身功能。

其次,由于日本处于社会转型时期,地方政府与町内会的传统合作关系也要应对新挑战,抵御新风险,解决新矛盾。例如,随着社区中新移民、青年数量的增多,占比变大,町内会领导层难以代表多元主体的利益,无法使社区居民日益增长的对美好生活的物质和精神需要得到

---

① 韩铁英:《日本町内会的组织和功能浅析》,《日本学刊》2002 年第 1 期,第 46~63 页。
② 陈飞强:《城市社区治理模式的构建与创新》,《中共成都市委党校学报》2014 年第 2 期,第 29~33 页。

满足。

町内会不应该仅限于单纯的行政辅助功能,还应当成为社区整体事业发展的助推器。这就需要日本社区组织与地方政府之间为了应对新的挑战建立一种新型合作关系,以实现组织方式的创新(见图5-2)。

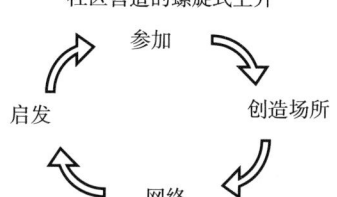

图5-2 日本社区营造的新型创新系统

资料来源:浅海义治《日本社区营造》,载2018城事设计节"城市更新中的新社区"国际论坛论文集,2018年11月18日。

第六章　村民自治中的多数决衡平机制构建

一　村民自治中的多数决衡平机制构建基础

（一）明确村民自治多数决衡平的法律依据

《宪法》对公民的基本权利做出了较为全面的规定，以根本法的方式确立每个公民的基本权利，自然也包括少数人。根据我国于1997年签署的《经济、社会及文化权利国际公约》以及1998年签署的《公民权利和政治权利国际公约》，基本人权包括公民权（人格与身份权）、政治权、经济权、社会权和文化权五个大类。[①] 按照《村民委员会组织法》第三十六条第一款和第二十七条第二款的规定[②]，村规民约虽然以多数决方式通过，但是也不得与法律法规相违背，不得侵害村民的"人身权利、民主权利和合法财产权利"。这些都为少数人利益受侵害时获得有效救济提供了法律依据。有了法律保障，无论是少数服从多数做出的决定侵害了少数人由法律规定的以上权利，还是宗族势力、黑社会势力等扭曲的多数决决策，少数人就可根据上述的法律规定维护自己的权利。

然而，为有效地克服村民自治多数决本身的缺陷，尽量对所有村民合法权益进行平等保护，需要从两方面着手完善相应的立法。一是完善现有各层级立法中有关村民自治多数决的条款，二是制定专门对村民自治多数决进行衡平的法律规范。

[①] 吴越：《经济法思维的宪法指向——兼论经济法学的历史命运》，《法学论坛》2013年第3期，第20页。

[②] 《村民委员会组织法》第三十六条第一款规定："村民委员会或者村民委员会成员作出的决定侵害村民合法权益的，受侵害的村民可以申请人民法院予以撤销，责任人依法承担法律责任。"第二十七条第二款规定："村民自治章程、村规民约以及村民会议或者村民代表会议的决定不得与宪法、法律、法规和国家的政策相抵触，不得有侵犯村民的人身权利、民主权利和合法财产权利的内容。"

实践中,许多村民自治多数决对少数村民权益侵害的案件之所以很难通过司法途径得到衡平,根本原因还是没有法律依据。本书专门针对村民自治多数决中少数人的保护进行类型化分析,发现不管是基于婚姻关系中新成员权益的保护,还是基于外地投资者权益的保护,抑或是外出谋生者权益的保护,少数人在权益遭到村民自治多数决侵害时,通过司法途径维权都非常困难。现有法律对村民自治的原则规定遵循的是多数决,虽然在部分条款中也考虑到少数人权益保护问题,但条文规定太笼统,而且也没有具体程序可供遵循,因而不具有可操作性。至于具体如何完善相关立法,本章第四部分会专门探寻相关路径和方式。这里需要明确的是,要想有效对村民自治多数决进行衡平,完善相关立法是前提,没有这个前提,在当今全面依法治国的时代是很难对村民自治多数决侵害少数人权益的现象进行有效弥补的。换言之,少数人权益由于村民自治多数决遭受侵害,是多数决本身缺陷所致,而这一缺陷是需要制度设计予以克服的,缺乏法律和制度的支撑,村民自治多数决便不可能得到有效的衡平。

(二) 便利村民自治多数决衡平的司法救济

从一个典型案例我们可以看出,当前司法制度对村民自治多数决衡平的重要意义。在2017年福建省高级人民法院再审的一个案件中,邓某为涉案的"外嫁女",徐某村为涉案村庄。徐某村依法定程序就征地补偿分配方案开展村民集体决议,经由村民代表会议表决,过半数村民同意,得出作为"外嫁女"的邓某无权分得征地补偿款的分配方案。邓某不服,诉请人民法院支持其要求分得徐某村征地补偿款。一审法院认为,邓某出生于徐某村,其徐某村的村民资格属于原始取得。虽然邓某2005年外嫁,但徐某村村委会并未提供邓某已经属于另一集体经济组织成员的证据,徐某村村委会根据村规民约的规定,以邓某系外嫁女为由,不再给予邓某村民待遇,与法律法规的规定相抵触。徐某村村委会辩解邓某已经丧失徐某村集体经济组织成员资格,但证据不充分,故法院不予采纳。邓某要求徐某村村委会支付承包地征收补偿费用分配款,符合法律规定,应予以支持。徐某村村委会不服一审判决,提起上诉。二审法院依法驳回上诉人的上诉请求,维持原判。徐某村村委会提起申诉。高级人民法院依法驳回申诉请求。[①] 通过本案可以看到,在村民自治实践中,为少数人权益保护提供有效的司法救济途径是和谐村治的重要任务。司法机关的监督救济可以说是保护少数人权利最为有效的机制,享有独立司法权的司法机关在民主法治过程中制衡多数人的权力和保障少数人的合法权益方面发挥着重要的作用,是对多数决行之有效的衡平方式。

然而,通过司法途径有效地对村民自治多数决进行衡平的比例还是很少的,大多数由村民自治多数决致使少数人利益受侵害的问题还是很难通过司法途径获得满意的解决,其中主要原因是村民自治事项与现有法律的衔接不够,从而给司法裁判造成困扰。从上述邓某案也可以看出,该村的征地补偿款分配方案于法不符,邓某有权分得征地补偿款。依据法律和村民集体决议,得出的"外嫁女"邓某是否享有征地补偿款分配权的结论截然相反,暴露出村民集体决议的民主议定程序难以对抗内容合法性审查的弊端。村民集体决议内容合法性审查规制的缺乏所折射出来的外部法律应对不足,给法院司法解决村民自治多数决致使少数人利益受侵害的纠纷造成了许多困难。目前涉及对村民自治集体决议内容合法性的法律规制,仅有两处。一是《村民委员会组织法》第二十七条规定:村民会议或者村民代表会议的决定不得与宪法、法律、法规和国家的政策相抵触,否则乡级人民政府有权责令改正。二是《民法典》第二百六十五条规定:"农村集体经济组织、村民委员会或者其负责人作出的决定侵害集体成员合法权益的,受侵害的集体成员可以请求人民法院予以撤销。"但在村民自治的实践中,两者发挥的作用尚不足以确保村民集体决议内容的合法性。一方面,《村民委员会组织法》第二十七条的规定过于原则化,实际效果低下。该条属于禁止性规则,而在村民集体决议土地权益分配的实践中,决议结果的内容合法与否的问题超出了村民大众认知的范围。该条款对应由何方主体对村民集体决议内容的合法性进行审查并未做出明确规定,单从文义解释来看,存在村民"既是运动员又是裁判员"之嫌,虽然乡级政府有责令改正的权利,但未强制规定集体决议必须备案,乡级政府的合法性审查无从入手;而且对于何种决

---

① 福建省高级人民法院(2017)闽民申 638 号民事裁定书。

议是于法不符的,只字未提,过于原则性的规定很难指引村民集体决议的正确运行。另一方面,《民法典》第二百六十五条虽规定了受侵害集体成员的撤销权,但制度设计先天不足。农村集体成员资格的认定是该类撤销之诉裁判的先决问题,不同法院对此有不同处理模式,导致"同案不同判"。

在实践中,村民自治事项与现有法律衔接不畅给司法裁判造成的困扰种类繁多。比如对于集体成员资格认定的标准在理论和实践中存在法定化模式与集体决议模式的争议。法定化模式强调农村集体经济组织功能的特殊性,将成员身份与土地保障相联系,认为应以公平正义观为准绳,排除集体的任意;集体决议模式阐释农村集体经济组织的自治属性,认为应将成员资格问题作为内部事项交由集体决议。对于"外嫁女"的农村集体经济组织成员资格的认定采用法定化模式还是集体决议模式,不同的法院有不同的理解。如孙某、程某、程某某与某村某组侵犯集体经济组织成员权益纠纷一案中,原审法院认为对于农村集体经济组织成员资格的认定,我国现行法律无相关依据,不属于人民法院受理范围,裁定驳回了三原告的起诉;二审法院则认为,一审法院裁定错误,应根据法律的公平原则兼顾各方当事人的合法权益,对原告农村集体经济组织成员资格做出司法认定。[1] 然而,即使是统一采用法定化模式的法院,因缺乏裁判标准,在户籍、承包地、住所、履行村民义务等多重因素的考量下,裁判尺度不统一,也难免会出现"同案不同判"的情况。撤销之诉的先决问题成为村民集体决议内容合法性审查的障碍,造成司法审查的困境。

对于村民集体决议内部合法性审查的问题,简单交由法院审查是不可取的,而现行制度设计有其自身的缺陷,更加大了法院通过审判程序救济的难度。比如,《村民委员会组织法》规定了农村基层群众性自治组织中村委会、村民会议、村民代表会议的机构设置,乡级政府在尊重村民自治的基础上予以指导、支持和帮助。而村委会和村民会议是自治的执行机构与权力机构的关系。但是各级村民自治机构都没有关注到村民集体决议内部合法性审查的问题。第一,乡级政府并无此职能,乡级政府指导村委会工作,而集体决议是村民会议做出的,乡级政府的审查

---

[1] 陕西省渭南市中院(2014)渭中民一终字00172号民事裁定书。

缺乏权源。《村民委员会组织法》规定了村民自治章程、村规民约的备案制度，集体决议却不在备案范围内，更加印证了这一点。第二，村民是集体决议产生机构的基本单位，成为内部合法性的审查主体并不妥适，否则会陷入"既是运动员又是裁判员"的逻辑错误。即使上述司法审查的困境得以解决，农村集体经济组织内部的合法性审查也是必要的。《民法典》第二百六十五条提请的撤销之诉属于对集体决议的事后的、被动的审查，在撤销之前决议始终处于生效状态，并且撤销之诉的判决具有局限性，只能对集体经济组织做出的决定进行撤销，不能径行另做决定或者直接做出是某种给付的判决，避免过度干涉村民自治，这就使得权利陷入了二次救济。相比之下，农村集体经济组织内部的合法性审查更有必要、更具优势，做出集体决议前将决议结果草案交由专门的机构进行合法性审查，未经合法性审查或者经审查不合法的，不得做出决定。这是源头上、主动式的自我纠察，是民主议定程序难以对抗内容合法性审查的化解之道。

　　为给司法公正的实现提供更多便利，当下不乏多数决下村民集体决议上报乡级政府备案的实践。例如，在赵某与云南省某居民小组用益物权纠纷一案中，对于每年生活费分配方案，经由民主议定做出决定后，居民小组报所属社区和镇人民政府备案。① 但是目前实践中的备案制度不是村民集体决议内容合法的充分条件，前述案例中的土地补偿分配方案虽经镇政府备案却被法院认定为于法不符。为消除此窘境，对涉及"外嫁女"土地权益分配的村民集体决议的备案审查，乡级人民政府应以指导、支持、帮助村庄治理为宗旨，对村民决议进行实质审查，经审查不合法的，出具法律意见，责令其改正；经审查合法的，村委会得以公告、执行该决议。具体的审查工作可由乡政府法制办予以执行。②

　　当然，在对村民自治多数决衡平的司法实践中，法院也不能坐等他人为司法公正处理提供解决方案，而应该主动寻求解决问题之道。目前，我国法院适用法律的主动性和灵活性都有一定的优势，主要体现在司法解释的法律适用上，也就是最高人民法院做出的适用法律的解释是可以

---

① 云南省高级人民法院（2017）云民申 247 号民事裁定书。
② 丁国民、马芝钦：《多数决下村民集体决议内容违法的克服——以"外嫁女"土地权益保护为中心》，《北京化工大学学报》（社会科学版）2019 年第 2 期，第 44～49 页。

直接作为裁判案件的依据的。故此，人民法院在总结各类村民自治多数决衡平案例的基础上，可以加强研究，出台相应的解决问题的司法解释，在不与上位法相抵触的前提下，提出具体适用法律的可行性方案，以指导解决村民自治多数决衡平司法实践中的具体问题。值得欣慰的是，最高人民法院 2018 年 11 月 7 日出台了《最高人民法院关于为实施乡村振兴战略提供司法服务和保障的意见》。该意见特别强调，要依法妥善处理集体经济组织成员资格纠纷，防止简单以村民自治为由剥夺村民的基本财产权利；依法依规保护农村外嫁女、入赘婿的合法权益；依法保护农民工合法权益，让农民工既入得了城、扎得下根，又回得了村、稳得住心。这一意见为村民自治多数决衡平提供了基本的指导，有利于村民自治多数决中少数人权益遭到侵害后的司法救济。

同时，人民法院创新审判工作方式方法也是解决村民自治多数决衡平问题的有效手段。调研中，笔者考察了福建省泉州市鲤城区人民法院的"家事法庭"，得出以下结论。根据时任鲤城区人民法院院长李清坝的介绍，鲤城区人民法院专门选任 3 名经验丰富、亲和力强的法官担任家事案件执行员，专门办理家事案件。2018 年以来，该家事法庭执结家事纠纷 88 件，执行到位金额 233.67 万元。在办理家事案件中，注重优先保障弱势群体利益。鲤城区人民法院不仅自己注重家事问题的解决，还与公安、妇联等部门构建家事案件联动执行机制，邀请这些部门的协助执行人员到场协助执行诸如分割房屋、抚养权等困难案件，取得了良好的社会效果。鲤城区人民法院还进一步推进社会广泛参与的家事纠纷多元调解机制，探索弱势群体保护新路径。[①] 当然，说是家事法庭，也并非局限于处理家庭内部事务，推而广之，为村民自治多数决中少数人权益保护提供司法救济也成为人民法院本着协商民主和谐社会构建原则处理村民自治事项的有益尝试。在村民自治多数决衡平问题上，国家也可以鼓励和提倡各基层法院像鲤城区人民法院一样探索专门的审判模式。

（三）限制村民自治多数决的适用条件

在村民自治多数决过程中，按照少数服从多数的方式有简化程序、

[①] 詹旋江等：《做好交流窗 架好连心桥——福建泉州鲤城区法院家事审判工作纪实》，《人民法院报》2019 年 8 月 13 日，第 4 版。

节约成本、提高决策效率等的积极作用，同时也容易给其中少数人的利益造成损害，所以，进行决策时要有条件地运用多数决原则，从而有效地克服多数决自身的缺陷。

首先，对个人或群体的不涉及公共利益的私事不应该使用少数服从多数的方式来进行决定。由于个人或群体的不涉及公共利益的私事没有使公众服从的合法性基础，所以，简单使用多数决处理这类问题就很容易将少数人的利益简单地交给多数人裁决，以至于少数人利益遭到践踏或侵害。当一个人的行为并不影响自己以外的其他人的利益的时候，就不能运用多数决的方式来进行决策，否则决策不仅丧失了合法性，而且会使其中少数人的利益受到损害。在一般情况下，和社会公众集体有密切联系的事项适宜用多数决的方式来解决，也就是说，当一个人的行为在影响到他人利益的时候，社会对他就有了裁判权；而在涉及具体公民的私权利方面则一般不适用少数服从多数方式。例如，外出务工者、外来投资者等在没有影响公共利益时，不可以少数服从多数的原则决定其相关事项，不可以以多欺少，也不能排除这类人。多数决规则不能随意使用，否则会对少数人的合法权益造成损害；对个人或群体的不涉及公共利益的私事不适宜用少数服从多数的方式来决定，所决策的事项应当是适用少数服从多数原则来解决的和社会公众集体有密切联系的事项。

其次，在保护少数人权利的基础上，多数决原则只是对多数决理论的衡平而不是根本的否定，少数服从多数仍然是一般原则，保护少数人利益是对多数决衡平的结果。简而言之，就是多数决理论中的多数人必须受到约束，而非恣意，这样才能使多数决理论更趋完善。

二 村民自治中的多数决衡平机制构建原则

（一）党的领导原则是首要原则

多数决在我国村民自治中的运用取得辉煌成果的同时，也产生了一些弊端和不足，因此我们有必要构建一种衡平机制对村民自治中的多数决进行规范，确保少数人的利益得到保障。党为多数决在我国村民自治的运用明确了方向和路径，多数决衡平机制的构建离不开党的指导。

第一，村民自治中多数决衡平机制的构建是巩固党在农村的执政地位的必然要求。美国当代政治学家塞缪尔·亨廷顿曾经提出："农村的作用是个变数，它不是稳定的根源，就是革命的根源。"如果村民对多数决制度在农村基层民主的作用表示认同，它就为党在农村实施的制度方针提供了稳定的基础，反之如果多数决弊端凸显，村民积极地进行反对，那么它就有可能成为革命的星星之火。

以人民为中心的思想是我国政治思想中的宝贵财富。我国是一个农业大国，农村基层民主是我国政治民主的基础，农村稳定是国家稳定的基础，农民问题始终是革命、建设和改革的根本问题。[①] 村民自治中多数决衡平机制的构建与我国农村民主、农村稳定息息相关，可以说村民自治中多数决衡平机制的构建是巩固党在农村的执政地位的必然要求。我们党在农村基层民主长期的建设表明，村民自治多数决是农村民主的牢固基础，没有村民自治多数决，农村民主就难以得到保障。同时农村的各项工作都要坚持一切从实际出发，村民自治多数决在带来长足发展的同时，也产生了很多弊端和不足，在全面深化改革的基础上，我们必须认真解决好农民、农村、农业问题。

加强村民自治中的多数决衡平机制构建，有利于促进农村的作风建设，促进基层组织和农村基层干部按照法定权限和程序行使权利、履行职责；有利于保障广大村民在村民自治中的权利；有利于避免少数人权利遭受"民主暴政"。[②] 加强村民自治中的多数决衡平机制构建，有利于协调好社会主义新农村建设中少数人权益的保护和各方面的利益关系，正确处理和解决村民自治中的矛盾和纠纷，构建和谐融洽的党群、干群关系，扩大党的群众基础，赢得广大农民群众的衷心拥护，促进和谐新农村的建设，从而提高党在农村的执政水平，巩固党在农村的执政地位。

加强村民自治中的多数决衡平机制构建，有利于调动广大村民的政治热情，扩大农村基层民主参与，提升民主政治意义，以此促进党对农村的领导。村民自治是社会主义新农村建设的重要组成部分，而村民自

---

① 袁国宏、张月芳：《马克思主义与当代中国农民问题》，《海南大学学报》（人文社会科学版）2006年第2期，第253~258页。
② 唐孝坤、袁明旭、李春梅：《中国农村村民自治中的法律制度创新》，《云南社会科学》2002年第3期，第15~19页。

治中的多数决衡平机制构建是村民自治的基础环节,因此我国村民自治中的多数决衡平机制构建离不开党的领导。

第二,村民自治中多数决衡平机制的构建必须坚持党的领导。村民自治中多数决衡平机制的健康发展必然要坚持党的领导。发展社会主义民主是中国共产党执政的目标之一,村民自治是中国共产党关注民生、保障民主的重要举措。[①] 无论从政治还是法律方面,我党都规定了相应措施来保障村民自治的有效运转。我国于2018年正式颁布实施的《村民委员会组织法》修正案,不仅进一步强调党对农村工作的领导,而且首次在村民自治法律文件中提出支持和保障村民直接行使民主权利的命题。显然,村民自治中多数决衡平机制的构建作为村民自治中的重点,受到我党的高度重视及关注。可见,我党是村民自治中多数决衡平机制构建的倡导者与领导者。

村民自治中多数决衡平机制构建的政治前提和组织保证是党的领导。实行农村村民自治是我党确立的基本方针,并且在党的领导下制定了多数决制度加以保障,而且还及时采取了多数决衡平机制加以引导,才使村民自治顺利发展。离开了党的领导,村民自治多数决衡平机制难以取得成功,更难以走上法治化的道路。

党的性质、宗旨决定了党在村民自治多数决衡平机制构建中的领导地位。中国共产党是中国工人阶级的先锋队,是中国人民和中华民族的先锋队,是中国社会主义事业的领导核心。中国共产党领导人民浴血奋战,推翻三座大山,进而建立人民民主专政的社会主义国家,从而实现人民当家做主。党的领导核心地位体现在我国长期的农村革命和建设过程中,党在村民自治多数决衡平机制的构建中支持、保障、领导广大村民行使权利,对村民民主的实现起到至关重要的作用。在村民自治中,坚持党的领导地位是多数决衡平机制构建的核心和关键。

我国的国情决定了村民自治中多数决衡平机制的构建必须要坚持党的领导。没有农村的稳定就不会有全国的稳定。我国发展不平衡,农村经济、文化落后,村民自治多数决在实践过程中产生了多数村民意志的

---

① 彭文龙、陈世润:《中国共产党执政伦理的历史脉络、特点与经验》,《广西社会科学》2013年第11期,第1~6页。

扭曲、少数特殊村民利益被侵害、民意被绑架等主要弊端。村民自治中多数决衡平机制的构建过程存在众多艰巨性和复杂性的任务，要使构建进程顺利进行必然需要一个强有力的领导力量来领导，毫无疑问只有伟大的中国共产党才有资格、才有能力、才有意志来承担这个历史任务。

第三，村民自治中多数决衡平机制的构建必须完善党的领导。加强农村多数决衡平机制的构建，给农村基层组织建设提出了新的挑战，必须完善党的领导。

首先，必须更新农村基层党组织观念，改变基层党组织直接决定和处理农村事务的传统观念。一方面要求党继续在村民自治中发挥领导核心的作用，另一方面要求党不得违法干涉村民自治，严格按照法律行使权力。也就是要处理好党的领导和村民自治中多数决独立性的关系。

其次，必须更新党的基层组织管理方式。由于我国农村民主和法治建设比较落后，多数村民在做出决定时并未充分表达其自由意志，而有可能受其意志之外的其他因素的干涉。最典型的是基层党组织对村民选举、村民自治事务的决策、村里财务进行直接干预和控制，导致党群关系紧张、矛盾激化，损害了党的形象与权威性。很多问题会随着农村改革的不断深入和加快接踵而至，这必然要求党要与时俱进，创新农村基层党组织管理方式。

最后，必须提高农村基层党员干部的素质。目前村民委员会大多通过村民自治多数决产生，而农村党支部却大多仍然由上级党委任命。村两委产生方式的不一致，容易造成村两委关系不协调，党支部威信力不够，直接影响党在农村的领导核心地位。因此在更新党的基层组织管理方式的同时，党员干部更要努力地提高政治素养、法治素养、民主观念和业务能力，充分尊重村民自治的权利。

（二）少数服从多数原则是基础原则

在村民自治中，多数与少数是指就某项事务而持有不同观点的村民群体在数量上的差别。特定时空条件下的村民自治中的多数与少数，反映了村民在民主选举、民主监督、民主管理、民主决策中讨论决定某一事项时意见的分歧情况。在村民自治中少数服从多数原则是基础，同时又必须要保护少数，因此村民自治中多数与少数之间是辩证统一的关系。

1. 村民自治中必须实行多数决原则

多数决原则是民主制度的灵魂，民主制度实行多数决原则的理由有两点：第一，多数决原则可以集中众人的智慧，有利于维护政治的稳定和克服作为多数中一分子的每个个体本身的缺陷；第二，多数决原则是社会契约原则的重要体现，民众生而平等，但通过契约决定采取民主制度时，每一社会成员即负有少数服从多数的义务。

在村民自治中之所以必须实行多数决原则，有以下三个原因。

首先，村作为一种组织形式，其组织行动必然要求行动一致。少数服从多数是村民自治制度正常运行的基础，否则村集体就无法采取共同的决策和行动。农村问题关系党和国家事业发展全局，若未实行多数决原则，各村组织就不可能在党的领导下统一意志，采取统一行动处理村民事务。每个村民的权利是平等的，他们都可自由地表达不同的意见和看法，若无多数决原则，村民自治可能会陷入无休止的争论，村民事务难以得到有效处理。

其次，大多情况下，多数村民的意见最能反映客观情况，最能代表多数村民的利益，在村民自治中坚持多数决原则是最合情合理的。即便有时候真理掌握在少数村民手中，也不可否认多数决原则的作用。尽管在一定情形下，少数人由于自身思想的先进性而了解了事物的本质，从而使真理掌握在个别少数人手里，但若经过少数人的解释及村民集体的充分讨论后，大多数村民仍然坚持原来的意见，那就仍应当坚持多数决。因为那说明，在特定的历史条件和发展水平下，多数村民的认识职能达到一定的水平，如果忽视多数人的认识水平，强行推行少数人的意见，则会不利于决策的执行，村民自治的优势就会大打折扣。[1]

最后，在一般情况下，通过多数人多角度的讨论，可全方位地反映实际情况，尽量克服认识的局限性，正确认识事物的概率要高一些，从而使多数决更符合客观实际。从这个意义上分析，在村民自治中实行多数决一方面可以集中大多数村民的智慧和广泛吸收有益的意见，提高决策的科学性和村民参与的积极性，使村民自治得到更好实施；另一方面，

---

[1] 颜杰峰、邵云瑞：《关于正确处理党内多数与少数关系的思考》，《理论探讨》2009年第5期，第121~125页。

多数决的失误率更低，纠正错误时也更容易得到多数人的支持理解。

2. 多数决下必须保护少数

在村民自治中，多数决有其合理之处，但也容易忽视少数人的利益，形成多数人的暴政。多数人无限的绝对的权威可能迫使少数人忍无可忍，逼得少数人诉诸暴力手段，造成混乱局面。多数决确实有其弊端，但不能因噎废食，而是要设法修正，趋利避害。[①] 我们应秉持客观的态度，不能只看到多数决的缺点，对于多数决所带来的弊端，要客观地分辨是偶然性的还是必然性的，是必须忍受的还是可以避免的。

保护少数的利益是近代多数决相对于古代多数决最大的进步。古希腊和古雅典的多数决是没有给少数人利益留出余地的，因此造成了民主暴政。近现代多数决消除了这种弊端，因而受到人们的普遍崇拜。

在村民自治多数决当中，多数村民决策的正确概率高于少数人，但是并不代表多数村民总是正确的。在特定的时间和场合下，真理是掌握在少数村民手中的。不可否认的是，在现实中，少数人由于具有较高的科学文化水平和丰富的实践经验，往往能较大众提前发现事实真相，真理往往掌握在这少数人手中。之后，经过时间的检验，大多数人才能接受和认识少数人之前已认识的真理。

少数村民的利益和权利不能被"多数暴政"剥夺。在村民自治中，区分少数与多数是源于对某些事项观点和意见的不同，但是在地位上，少数村民与多数村民是一律平等的。在村民自治中，为了做出决策，村民才分成多数和少数，但是全体村民仍然是由多数加上少数组成的。[②] 因此多数决的多数标准不能被错误理解为绝对的多数自治，绝对的多数自治就把村民自治变成了多数村民的自治，从而将少数排除在外。相反，如果把民主理解为受少数的权利限制的多数统治，它便与全体人民，即多数加上少数的总和相符合。全体村民一律平等，决定了少数服从多数时不能剥夺少数村民的权利和利益。

保护少数可以达到集思广益的效果。允许少数村民持有不同的观点、意见并无拘束地争论，更能反映客观事物的发展规律，也是尊重科学、

[①] 龚翔荣：《权力限制与民主》，《甘肃社会科学》2002年第5期，第75~77页。
[②] 胡红霞、张俊：《论民主制度下的"多数暴政"问题》，《北京工业大学学报》（社会科学版）2009年第6期，第36~40页。

崇尚民主的体现。在意见不同时，充分听取少数村民意见，有利于汲取多方观点，从而更接近真理。

3. 正确处理村民自治中多数与少数的辩证关系

在村民自治中，多数决与多数保护少数是相辅相成、密不可分的，片面强调其中的某一方面都是不明智的。① 为了避免少数村民置身于村民自治的组织行为之外，避免少数人凌驾于多数人之上，必须坚持多数决是保护少数的前提，同时保护少数人是多数决原则的内在要求。

为使少数心甘情愿地服从多数，多数必须以平等态度对待少数并保护少数。如果多数不保护少数，必然导致村民自治貌合神离。②

在村民自治的实践中，多数与少数并不是一成不变的。在不同的时空条件下，对于相同的问题，多数与少数支持的意见可能是截然相反的。因此无论从纵向还是从横向角度上看，任何村民都不可避免地在某些情况下处于少数地位。若在自己处于多数时不保护少数，又怎么要求自己处于少数时得到多数的保护呢？③

多数决不是不保护少数。为了调动全体村民参与村民自治的积极性，并及时发现村民自治中的缺陷和不足，必须在多数决的前提下，充分保护少数。若出现少数村民的不同意见，不能草率地加以排斥否认，而要充分酝酿讨论。即使在形成决议后，也不可扼杀少数村民持保留意见的权利。

保护少数不是抛弃多数决。在当时的历史条件下，即使后来证明多数村民的意见是错误的，少数也必须在行动上服从多数。当然此时的少数村民还有一个非常重要的责任，那就是在执行多数决的前提条件下，应该按照村民自治的有关原则和程序对多数村民的认识进行修正，争取让多数村民认识和接受正确的意见。因此，少数村民在服从多数的前提下，即使自己的意见被多数人否决，仍然可以保留自己的意见。④

---

① 颜杰峰、邵云瑞：《关于正确处理党内多数与少数关系的思考》，《理论探讨》2009年第5期，第121~125页。
② 杨博：《关于国内多数决原则研究综述》，《重庆科技学院学报》（社会科学版）2011年第14期，第6~8页。
③ 陈纯柱：《对村民自治中民主决策的法制化思考》，《探索》2003年第3期，第134~137页。
④ 张扣林：《论党内和谐视角下的"保护少数"原则》，《理论探讨》2009年第5期，第118~120页。

(三) 多数决事项确定原则是中心原则

在村民自治中多数决衡平机制的构建中，多数决事项的确定是根本。村民自治多数决是法律赋予村民的一项重要权利。但实践中由于很多原因，应该多数决的事项虚置、流失，不该多数决的事项错位、越位。多数决事项的不确定是我国目前村民自治多数决中的一个薄弱环节。导致多数决事项不确定的因素比较多，在内容上多数决事项缺乏实质性规定，在形式上多数决事项缺乏程序性规定。[①] 落实村民自治多数决事项的确定，关键在于促进多数决事项的具体化、明晰化、标准化，让村民自治多数决事项更具可操作性。

1. 多数决事项确定存在的制度困境

什么是多数决事项？怎样确定多数决事项？多数决的客体是多数决事项，但是《村民委员会组织法》等相关的法律法规对于村民自治多数决事项的范围没有做出全面、具体的界定和说明，有列举的多数决事项也过于原则化和笼统。我国《村民委员会组织法》第二十四条规定了经村民会议讨论决定的涉及村民利益的众多事项，如本村享受误工补贴的人员及补贴标准、土地承包经营方案、宅基地的使用方案、征地补偿费的使用及分配方案等。虽然《村民委员会组织法》对村民自治多数决的事项进行了细化，但是仍然过于笼统、宽泛和原则化，从而给实际操作带来相当大的难度，最终导致村民自治多数决的随意性和盲目性。[②]

同时村民自治多数决事项的议定程序缺失。虽然《村民委员会组织法》规定了村民会议有权认定应当由村民会议讨论决定的涉及村民利益的事项，但是只是笼统的原则性规定，对于运作程序没有可操作性的规定。一个完整的村民自治多数决事项确定和执行体系，应当包括多数决事项确定程序、多数决事项讨论决定程序和多数决事项执行监督程序。多数决程序设计缺失，再加上村民对多数决事项的确定关注程

---

① 潘国红：《地方人大"重大事项"确定中的制度设计》，《人大研究》2014年第5期，第10~14页。
② 唐鸣：《村民会议与直接民主》，《华中师范大学学报》（人文社会科学版）2009年第6期，第20~27页。

度不多，从而造成多数决事项确定的困难和争议。村民自治多数决事项确定缺乏程序性规定，实践中难以把握，从而使得村各组织在多数决事项的决定和管理中权责划分不明确，容易造成"争权"或"越权"的问题。

2. 多数决事项的具体化和明晰化

多数决事项的确定不是一成不变的，它会随着时间、地点的不同而不同，随着社会主义新农村的发展而发展，随着村民关注重点的转移而变化，从而导致村民自治多数决事项在不同的区域、不同的时间表现出不一样的内容，这就涉及村民自治多数决事项的边界界定问题。确定村民自治多数决事项主要通过以下两种途径：第一，立法确定多数决事项的边界问题，对于村民自治多数决事项的本质、性质、范围、种类做出规定；第二，由村民会议在边界的范围内具体确定多数决事项的具体内容。我国农村分布广泛、发展不均、风俗文化差异大，使得村民自治多数决事项具有区域性、层次性、动态性的特点，对于村民自治多数决事项无法做出统一的法律规定，只能靠村民会议在实际工作中加以明确，但确定范围必须服从法律规定的边界。

通过立法的形式，对村民自治多数决事项进行确定，但是要详细列举多数决事项的范围存在一定困难。多数决事项的主体内容可根据原则确定，多数决事项的边界确立则可采取原则规定、具体列举和兜底条款的方式进行。原则规定，就是以定义的方式从村民自治、多数决、政治、经济、文化等方面对村民自治多数决事项的本质含义和特征进行确定。具体列举，是指将确定的多数决界限范围内的事项进行一一列举。兜底条款，是指对于未列明进行多数决的事项，法律保留对其列入多数决事项的权利。一般而言，群域事项宜多数决，私域事项不宜多数决；财产行为问题宜多数决，身份资格问题不宜多数决；非法定事项宜多数决，法定事项不宜多数决。

3. 建立完善多数决具体事项的确定程序

制度化的程序是贯彻村民自治过程的基本要素。具体多数决事项确定程序是村民自治多数决运作的基础。村民会议对于法律确定范围内的具体多数决事项的确定需要在实践中依据实事求是的原则加以判定，同时需要确定村民会议确定多数决具体事项的程序，降低任意性

第六章 村民自治中的多数决衡平机制构建

和不规范性。① 目前程序的完善主要包括信息沟通、村民自治多数决具体事项提出程序、村民自治多数决具体事项审查确定程序。

信息沟通主要有两个层面。一个层面是村民会议和村委会之间的沟通。沟通的主要内容是：第一，村民自治多数决事项决定权由村民会议行使的权威性；第二，一定时间段内，村委会拟开展的重点事项或正在开展的重点事项的进展情况；第三，一定时间段内，村民会议的召开计划安排；第四，村民会议确定具体多数决事项的具体情况。② 另一个层面是村民会议和村民之间的沟通。村民会议在确定多数决具体事项时，要完善村民事前知情权，完善村民的参与机制，为村民畅通意见表达渠道，扩大多数决具体事项的来源，充分发扬民主。

村民自治多数决具体事项提出程序。具体操作中，必须细化和明确几个问题。第一，多数决具体事项确定的议题提出主体，这个方面建议由1/3以上村委会成员或1/4以上的村民代表作为提出主体。第二，提出的时间，提出主体提请村民会议审议并确定村民自治多数决具体事项的议题，一般应在村民会议召开前一个月提出，由村委会进行公示，以便各方有充分的时间准备。第三，内容要求，确定村民自治多数决具体事项的议案内容应包括：提请确定为多数决事项的基本情况及相关资料，有关方案及说明，相关依据和案例，有关数据和资料。

村民自治多数决具体事项审查确定程序。有关议案，应该由村民委员会进行充分的公示和论证，提出是否认定为多数决事项的意见和理由，进行利弊分析，然后交由村民会议进行表决通过，同时还要建立完善的公示制度和专业人员论证制度。通过对有关事项是否属于"多数决事项"进行公示和论证，有利于统一共识、保障多数决事项的权威性。除此之外，为使多数决事项议案有可操作性，应就审查论证程序中的"村委会调查研究"和"落实公示和论证制度"制定具体规定和实施流程，以防止多数决事项议案论证流于形式。③

---

① 赵佩、黄德林：《村民自治制度优势转化为治理效能的实现机制》，《湖北行政学院学报》2020年第6期，第36~41页。
② 杨成：《村民自治权性质的异化及其治理》，《农村经济》2010年第8期，第13~16页。
③ 潘国红：《地方人大"重大事项"确定中的制度设计》，《人大研究》2014年第5期，第10~14页。

(四) 多数决诉讼救济便利原则是保障性原则

无救济就无权利，当村民自治多数决被曲解滥用，少数人的权益遭受侵害时，如何为其提供便利的诉讼救济一直是备受关注的问题。在现实当中，少数村民权益切实遭受侵害后，如何进行事后救济，就需要建立便利的诉讼救济体系来填补少数村民的损失，实现村民自治中不同主体之间的利益平衡。诉讼救济的便利性是衡量少数村民权益保护的重要指标，是村民自治中的多数决衡平机制构建的重要保障。保障村民多数决诉讼的便利性可以从两个方面进行努力：一是要给予少数村民充分的法律支持，赋予其足够的起诉权利；二是要降低诉讼的法律成本。

1. 明确村民自治多数决诉讼救济的主要领域

由于我国有关村民自治多数决的法律制度不完善、不健全，村民综合素质整体偏低、民主意识不强，农村基层政治生态环境较恶劣，大多数农村经济社会发展水平较落后，使得村民自治多数决原则容易被利用，形成多数人的暴政，绑架村民的自由意志，限制和侵犯少数村民的合法权益。目前我国村民自治多数决需要诉讼救济的领域主要集中在多数村民意志的扭曲、少数特殊村民利益的侵害、民意的绑架这三块。

多数村民意志的扭曲。在一般情况下，体现多数人意志的决定会被认为是正确的决定而得到认同和服从。但在现阶段我国的农村都是在自然村落的基础上形成的，熟人社会的弊端不可避免。因此，多数村民做出的决定并非其自由意志的表达，而有可能受其意志之外的其他因素的干涉。这些干涉包括上级政府的干涉、宗族势力的影响以及其他如黑社会势力的影响和来自外部的诱惑如贿赂等。

少数特殊村民利益的侵害。在村民自治的视域下，多数决的优点在于每个村民手上都拥有一票的权利，其投票具有相同的效力。这样产生的结果符合大多数人的利益需求，易被大家认可。但是多数决原则在现实社会中往往是以多数人牺牲少数人的利益为结局的。在这一原则掩盖下，多数人公投产生的方案一般都体现多数人的利益，这样一来，少数人的利益很可能以合法的形式被掩盖和限制。对于少数人利益的侵害集中表现为因婚姻而产生的新成员利益侵害、外出谋生者利益侵害、外地投资者利益侵害。

民意的绑架。伴随网络和自媒体的快速发展，在村民自治多数决中绑架民意的情形越发普遍，不论是在民主选举中为了赢得选票，私下里拉关系、找门路，还是在集体事务的决策中通过隐瞒、欺骗等手段诱骗村民做出选择，都是民意绑架的表现。如前文所述，不同的村治模式当中，民意绑架的表现也各异，动员型村治的民意绑架主要是少数村民绑架多数村民的意志，而分配型村治的民意绑架更多的是多数村民对少数村民意志的绑架。

2. 归纳村民自治多数决诉讼救济存在的主要问题

村民在权利受到侵害时，往往采取上访、申诉、复议等非诉讼途径，虽然在村民自治多数决的现实中，苦于村民自治多数决诉讼救济途径的不通畅，大多救济途径也能解决部分村民自治多数决纠纷，但是作为终局性救济的诉讼途径却没有发挥其应有的作用。

村民自治多数决的可诉性是指，在村民自治多数决过程中，当相关主体受到侵害时，有权要求人民法院进行裁判的权利。目前我国现行法律体系关于村民自治多数决诉讼救济的配套法律并不完善，使得我国村民自治多数决诉讼救济存在诸多问题，主要表现为以下几个方面。

第一，诉讼主体不明确。在村民自治多数决中，很多时候村党支部书记和村委会代为行使了基层党政机关的部分职权，充当着党政管理者的角色。当相关主体的权利遭受侵害时，行政诉讼途径的启动便遭遇了尴尬局面。首先，村委会和村党支部在法律、法规和规章无授权的情形下是不能被作为行政诉讼被告而提起行政诉讼的。[①] 在这种情况下，相关主体通过何种诉讼程序，将何方作为诉讼主体，在现有的法律中，并无这方面的规定。其次，基层乡镇政府作为法定的基层政权管理组织，在其职权范围内有行使权，但是由于目前法律对于基层乡镇政府的职权与村民自治二者之间的关系规定不明，乡镇政府在实践中易借"指导和处理"之名，行"侵犯自治权"之实。最后，村民自治多数决的内容具有复杂性，不只包括财产和人身权利，还有大量的民主权利，但在现有的诉讼救济程序中，缺乏针对村民自治多数决的特殊救济。

第二，救济程序不规范。《村民委员会组织法》作为村民自治多数

---

① 徐晓兰：《关于行政诉讼被告的确定》，《理论探索》2003年第3期，第78~79页。

决的基本法律，没有关于村民自治多数决诉讼救济方面的程序性规定，对于村民自治多数决诉讼救济的规定极为简单。这不仅影响了我国村民自治多数决实践的有序开展，而且不利于对村民自治多数决诉讼的法律保障。①

第三，诉讼类型不清楚。在村民自治的多数决过程中，当相关主体利用"多数决"通过相应的自治章程、村规民约、内部会议决议的形式对少数人利益进行侵害时，村民通过何种途径保障自身的合法权益？另外，当村民的民主权利遭受多数决的侵害时，如何进行救济？我国法律对此规定不清。

第四，责任追究不明确。现行法律中缺乏对相关主体在村民自治多数决中侵权责任的相关规定，《村民委员会组织法》规定法律责任的条文也屈指可数，与多数决相关的更是几乎没有。明显缺乏的责任追究制度，使得司法机关无法直接介入，致使相关主体在村民自治多数决的实践过程中通过诉讼途径来追究侵权责任变得非常艰辛。

3. 有针对性地构建村民自治多数决诉讼救济便利原则

在法治社会，诉讼救济是村民自治多数决各种救济方法中最基本的一种救济方法，也是最具权威性、公正性、终局性的救济方法。② 随着我国村民自治多数决实践的不断推进，村民自治多数决的权利冲突日益频发和复杂，为了对村民自治中的各项权利给予充分的保障，构建村民自治多数决诉讼救济便利原则的重要性尤为凸显。

第一，厘清法律关系，以便正确适用诉讼救济程序。村民自治多数决侵害的权利涵盖人身权、财产权、民主权等权利，形成的法律关系非常复杂。因此在构建诉讼救济便利原则时，必须厘清村民自治多数决过程中各个主体之间形成的法律关系，从而明确法律关系的性质，正确选择诉讼救济程序。同时，村民自治多数决适用诉讼救济制度时一定要协调好村民自治过程中产生的各种权力和权利的冲突，充分考虑村民自治多数决的特征，避免对村民自治多数决产生不必要的影响。③

第二，完善村民自治多数决刑事诉讼救济。目前刑法并无对村民自

---

① 王旭宽：《村民自治权冲突及其法律救济的不足与完善》，《云南社会科学》2006年第5期，第14～18页。
② 马俊军：《农村基层民主法律保障机制研究》，博士学位论文，华中师范大学，2011。
③ 梁士兴：《村民自治权法律救济制度研究》，硕士学位论文，山东大学，2008。

治多数决中剥夺选举权的直接规定，在司法实践中可以适用破坏选举中的具体行为的性质，分别适用不同的刑法规定。目前我国村民委员会在村民自治多数决犯罪中不具有刑法上的犯罪主体资格，但是当村民委员会成员实施犯罪后，其责任却不能免除，目前我国刑法已将村委会成员在特定情形中纳入"国家工作人员"的范畴，便于司法机关依法追究上述自然人主体的刑事责任，进而对村委会及其成员实施强有力的法律约束。

第三，完善村民自治多数决民事诉讼救济。村民自治多数决适用的范围具有复杂性的特点，不可以简单地将村委会与村民和其他组织之间在村民自治多数决发生的纠纷一概以民事诉讼论。在实践中，应该根据行为的性质来判断是否适用民事诉讼救济程序。总的来说，只有在村民自治多数决中平等的人身性和财产性纠纷，才可以适用民事诉讼救济程序。

第四，完善村民自治多数决行政诉讼救济。为了能对村民自治多数决提供便利的行政诉讼救济，需要从以下几个方面进行完善。第一，确定相关主体村民自治多数决行政诉讼救济的原告资格。赋予相关行政诉讼原告资格的确定是启动行政诉讼救济的前提条件。① 第二，扩大村民自治多数决行政诉讼救济的被告资格，若村民利益在村民自治多数决中受到相关主体的侵害，应该将相关主体纳入行政诉讼的被告范围之内。第三，扩大村民自治多数决行政诉讼的受案范围，为了对村民自治多数决给予充分的救济，应当扩大我国村民自治多数决行政诉讼的受案范围，同时将地方性法规和村规民约纳入司法审查的范围，以适应我国的村民自治多数决的实践。②

三 村民自治中的多数决衡平机制构建重点

实践证明，在村民自治中以多数决的方式来办理村务有着不可替代的积极意义，有利于保障广大村民的权利，但其也产生了一些不足及弊

---

① 孙春牛：《论我国行政诉讼受案范围与原告资格的关系》，《重庆科技学院学报》（社会科学版）2010 年第 3 期，第 61~62 页。

② 喜子：《反思与重构：完善行政诉讼受案范围的诉权视角》，《中国法学》2004 年第 1 期，第 52~62 页。

端,因此对多数决事项的范围进行界定、构建合理的多数决衡平机制刻不容缓。以下将从主体及事项两个方面阐述村民自治多数决衡平机制构建的重点。

(一) 关于主体

1. 村民自治多数决事项参与人的广泛性

不可否认,村民自治多数决保护了多数人的权利,但侵害了少数人的利益。村民自治多数决往往存在参与人不够广泛等问题,由于种种原因,部分人参与村民自治多数决的权利被剥夺。以村民选举多数决为例,村民必须具备年满十八周岁、是本村村民、未被剥夺政治权利这三个条件才能享有选举权。但是在我国司法实践中,主要依据户籍制度对村民进行界定,若公民的户籍归属于某村,则他就属于该村的村民。相关的法律并没有对"本村村民"范围进行明确的界定,在具体操作中常常因为村民的户籍问题导致众多不便。不可否认,使用户籍制度来确定村民资格保障了大多数村民选举权的行使,但户籍制度也限制了少数村民的选举权。[①] 显然,确保村民自治参与人的广泛性是保障村民权利的前提。

参与是民主的前提。只有保证有充分的参与度,才能保证他们顺利行使自己的自治权,否则就是空谈权利。村民自治事项是以户籍为划分依据的,要扩大村民自治多数决事项参与人的广泛性,必须弱化户籍制度对村民选举、决策、管理、监督的影响。以村民选举制度为例,我国目前村民选举资格的确认主要是依据户籍制度。使用户籍制度来确定村民资格保障了大多数村民选举权的行使,但户籍制度也限制了少数村民的选举权,如外出务工者、外地投资者和因婚姻关系产生的新成员,由于户籍制度,其选举权受到限制。对于外出务工者而言,由于其经常更换居住地导致与村里联系中断、回乡选举经济费用成本大等原因,其参与选举的权利往往被剥夺;对于外地投资者而言,由于其户籍及居住时间的限制,其往往无法参与与自身利益相关的村民会议及村民代表会议;对于因婚姻关系产生的新成员而言,因户籍迁移等问题,其选举权往往

[①] 王雷:《农民集体成员权、农民集体决议与乡村治理体系的健全》,《中国法学》2019年第 2 期,第 128~147 页。

受限，权利无法得到保障。因此，要使村民的选举权得到充分保障，弱化户籍制度刻不容缓。在实践中应该这样操作：《村民委员会组织法》的相关规定主要是用来确定普通村民的选举资格，对于那些偏离了原户籍地的与该村的经济发展、公共事务并没有直接关联的特殊人群如外出务工者、外地投资者、因婚姻关系产生的新成员就不应享有户籍所在村的选举权。某些特殊群体如外出务工者、外地投资者、因婚姻关系产生的新成员虽然不具有本村户籍，但是确与本村经济发展、公共事务有直接关联的，应当享有本村的选举资格。扩大村民自治多数决参与人范围是保障民主的前提。①

2. 村民自治多数决事项参与人的代表性

我国村民自治多数决虽然保障了大多数人的利益，但是仍存在参与人代表性不强，忽视了少数人利益的现状。下面将以妇女的选举权为例。我国《宪法》第四十八条规定："中华人民共和国妇女在政治的、经济的、文化的、社会的和家庭的生活等各方面享有同男子平等的权利。"《村民委员会组织法》第六条规定："村民委员会成员中，应当有妇女成员。"《中国妇女发展纲要（2011—2020年）》提出：村民委员会中，女性成员比例要达到30%。但是，有关调查显示，"截至2011年底，村民委员会中女性成员比例不高，仅为21.97%，村民代表中妇女代表比例不高，仅为23.07%"②，加上受中国男尊女卑以及男主外、女主内等封建思想的影响，在村民自治中，妇女这一少数人的权利得不到维护，很容易形成男性群体这一多数人的暴政。类似的例子比比皆是，参与人代表性不强直接限制了民主的实现。

在村民自治多数决参与人的代表性方面，温岭模式的协商民主恳谈有极强的借鉴意义。温岭模式，即以民主恳谈为核心的中国基层民主实践。以温岭扁屿村制定"新农村建设"协商民主恳谈的策划草案为例。扁屿村支部书记为制定"新农村建设"协商民主恳谈的策划草案，按照代表人数随机抽样产生了30位民意代表，户籍人口与非户籍人口、男女

---

① 陈晓汕、丁国民：《村民委员会选举多数决制度衡平研究》，《三明学院学报》2014年第1期，第12~16页。
② 宋利彩：《政协委员张黎明建议：建立农村妇女参与村民自治的保障机制》，《中国妇女报》2013年3月12日，第A2版。

老少、富裕与贫困等各类型人物均有,甚至驻在村庄的部队也分得了名额,温岭市还从台州学院和市委党校选聘了六位小组讨论主持人,参与人数众多,民意代表十分广泛。①

温岭扁屿村恳谈实践的参与主体代表性非常明显:既有村民代表,也有民意代表,还有专家、镇领导,更有远道而来的参与者。在整个恳谈过程中,各参与主体不存在身份、地位上的悬殊,各位代表平等地代表了各方利益发表意见,使各方意见都得以表达,避免参与主体代表性不强而导致的暴政。保障村民自治多数决参与人的代表性是保障民主的关键。②

3. 村民自治多数决事项参与人的多样性

实现村民自治民主是否要求无一例外地运用多数决原则呢?罗伯特·A. 达尔曾说过,那种认为严格的多数决规则是与民主一致的唯一决策原则是极为令人怀疑的。③ 科恩指出,民主并不是理所当然地仅依靠某一种决议规则。不同性质的社会问题应有不同的规则,但都可以用作民主的宝贵工具。④ 因此,只要有利于真正实现民主,无论是怎样的手段或方法我们都可试用,而不能固执地局限于多数决原则。在村民自治领域也是同理,一味死守地使用多数决原则是不明智的。

有一种观点认为,对少数人的不自由和多数统治弊端问题的解决办法大致有两种:一是修正多数原则,二是赋予少数更大程度的自治。⑤ 对于多数决规则的修正性方案,笔者主张从横向及纵向对多数决进行修正。其中横向修正性方案可以在多数决基础上结合协商、论辩的决策方式,这需要从整个决策的方式、办法和内容来考察;而纵向的修正性方案可以对某些特殊事项采取个人决,关键是要考虑决策的人数。⑥

---

① 戴激涛:《对我国乡村协商民主实践的宪法学解读——基于浙江温岭"民主恳谈"的一种考察》,《江汉大学学报》(社会科学版)2008年第2期,第66~71页。
② 任中平:《四川的选举民主与浙江的协商民主——我国基层民主发展模式的一项比较研究》,《探索》2011年第1期,第65~76页。
③ 〔美〕罗伯特·A. 达尔:《民主及其批评者》,曹海军、佟德志译,吉林人民出版社,2011,第236页。
④ 〔美〕科恩:《论民主》,聂崇信、朱秀贤译,商务印书馆,1988,第64页。
⑤ 〔美〕罗伯特·A. 达尔:《多元主义民主的困境——自治与控制》,周军华译,吉林人民出版社,2011,第71页。
⑥ 辛颖:《论多数决的限制适用》,硕士学位论文,苏州大学,2013。

近来协商民主以其和谐优势日益被人们重视。从决策角度看,协商民主是指公民围绕决策议题,在公共协商的框架内,平等地、自主地陈述理由[1],说服他人站在他人的立场上考虑问题,进行必要的妥协,以最大限度地实现公共利益。在民主协商过程中,社会中的每一个成员都能够平等地参与其中,少数人也可以合理地预期其能够以前所未有的方式影响未来的结果。[2] 在协商过程中,各方都能够提出自己的意见以及理由,以使其他人接受自己的主张,通过各种意见的交涉、协商,最终得出各方都能够接受的结果。不合法的以及不合理的提议不可能作为协商谈判的结果。决策前的讨论和协商,不仅有利于公众亲自参与,更好地了解所要决策事项的相关信息,减少或克服外来因素的干扰,使少数人的利益诉求得到主张;而且有利于克服多数决容易给少数人的权益造成损害的弊端,使少数人的合法权益得到最大程度的保障。因此,实行多数决与协商民主谈判相结合的方式,能够促进决策合法化、合理化,进而克服实行多数决进行投票决策这一形式的种种弊端。

在村民自治中,群体成员对于行动无法形成共同意见,甚至对所争论的集体决策在根本上是否必要也提出质疑的情况下,这时应该尊重个人想法,由个人自己做出决定。根据社会契约论,少数服从多数的法理基础是公民为了使自身获得更大利益的保护而对自身权利向社会所做出部分的让渡或牺牲。因此,对个人或群体的不涉及公共利益的私事不适宜用少数服从多数的方式来决定,因为其丧失了使公众服从的合法性基础。当一个人的行为并不影响自己以外的其他人的利益的时候,就不能运用多数决的方式来进行决策,否则决策不仅丧失了合法性,而且还会使其利益受到损害。在一般情况下,和社会公众集体有密切联系的事项适宜用多数决的方式来解决,也就是说,当一个人的行为影响到他人利益的时候,社会对他就有了裁判权。[3] 而在涉及具体公民的私权利方面则一般不适用少数服从多数原则。因此,多数决规则不能随意使用,否则会对少数人的合法权益造成损害;对个人或群体的不涉及公共利益的

---

[1] 陈映霞:《协商民主的兴起、内涵和基本要素》,《重庆社会主义学院学报》2012年第2期,第83~84页。
[2] 杨炳超:《协商民主:内涵、背景及意义》,《东岳论丛》2010年第2期,第178~182页。
[3] 孙寒:《法律的限度》,硕士学位论文,西南政法大学,2008。

私事不适宜用少数服从多数的方式来决定，涉及公共利益的事项应当适用少数服从多数的方式来决定。

以上协商、个人决的适用不是片面的，而应该采用辩证统一的思想，相互交叉、综合适用。一个方案的确定要具体情况具体分析，最终决定既可以是经过协商、辩论之后由个人自己决定的，也可以是通过多数决决定的。

（二）关于事项

1. 群域事项宜用多数决，私域事项不宜用多数决

在利益多元化的时代，复杂的民意并不完全真正代表公共决策的公平和正义，因此村民自治不能简单地照搬"少数服从多数"的投票模式决定公共决策的命运，否则公共决策很可能会沦为"多数人的暴政"，进而断送民主本身。在村民自治中采取多数决时不应"一刀切"，不能单纯地为了实行多数决而多数决，而应立足于实行多数决的本质——民主。

由于多数决伴随民主制度的产生和发展，人们理所当然地把多数决与民主等同起来。民主的本质是从公民利益出发的，其目的是保障公民的基本权利，从而建立一种和谐、稳定的政治秩序。如果把民主简单地等同于单纯的多数统治，一部分人民就会因此而变成非人民，民主并不等同于多数决。[1] 因此村民自治所要求民主不能以多数决来自限，而应根据具体情况选择相对应的民主规则。群域通过正当程序矫正失衡的利益格局，合理地分配利益和负担。就群域事项而言，其涉及的多是公众利益，此情况下采用多数决有以下合理之处：一是最大限度地体现共同意志，实现民主与自由的目标；二是彰显平等的理念；三是促进正确决策的形成。

然而，私域包括公民权利、私人利益、个人和家庭生活、私人财产等因素，不存在控制与被控制关系的个体生活和私人关系。[2] 在这一领

---

[1] 颜杰峰、邵云瑞：《关于正确处理党内多数与少数关系的思考》，《理论探讨》2009年第5期，第121~125页。

[2] 郑雄飞：《"土地换保障"权益协调机制建设——基于"公域""私域"与"第三域"的法社会学探索》，《北京社会科学》2014年第3期，第12~19页。

域，公民行使的是公民权利，进行的是私人生活，实现的是个人利益。若对私域过多干涉，无疑会侵犯公民的基本权利与自由。况且对私域事项采用多数决，某些村民会把个人不喜的任何行为视为一种加害，在这样的情形下，个人的独特性就往往受到了排挤。但是正是因为人们在法律容许的范围内把个性逐步培养起来，才使人类世界变得丰富多彩。因此，对于个性应采用包容的态度。当然，个人独特性表达也要受一定程度的限制，即个人事项没有干涉他人权利时，个人自由就应该被尊重，多数人的意志也不应该被强加到个性上，而是应当最大限度地尊重个人的意志。因此，我们绝不能简单地采用多数决规则对私域事项进行决策。

在村民自治的私域事项中，多数决无法保证民主，我们便需在法律权限范围内寻找合理的多数决修正方案。在私域事项领域，可借鉴合同中的意思自治原则，采用个人决规则代替多数决规则。

私域事项基本上是无关公共利益、无关他人权利的个人选择。私域事项无非包括个人利益及个人生活方式。就个人利益而言，只要自己最清楚自己的个人追求，任何后果也由自己承担，那么公众无权干涉他人利益。个人有权基于自己的内心，根据自己的理性判断，做出自己的抉择，保障自身的人身、财产以及自由不被侵犯的权利，这也是基于平等和尊重的考虑。就个人生活方式而言，也应基于平等与自由的考虑，不干涉个人基于自己的情趣及品味选择自己喜欢的生活方式，尊重个人独特性。

总之，在涉及村民自治的具体事项中，为了平衡各方利益，在遵循大多数人意见的同时，要关切少数人意志的实现和利益的保护。简言之，群域事项宜用多数决，私域事项宜用协商决。

2. 财产行为问题宜用多数决，身份资格问题不宜用多数决

村民自治多数决是目前最能体现民主的规则，但村民多数决是否就等于村民自治的民主？显然，答案是否定的！以下笔者将以四川某市"村民民主投票"剥夺轮换工农民身份案为例阐述。四川某市的一位农民因轮换工身份在本村享有土地承包权，但他同时又拿到了作为退休工人的养老金。当全村分享征地拆迁补偿时，村民们便认为那些拿到退休金的农民有双重获益的情形，这是不公平的，因此他们不能分得拆迁补偿，于是便通过民主投票的方式剥夺了该农民的村民资格，使他无权得

到拆迁补偿。① 这条短新闻，成为社会热点与争议焦点。

从法律角度来看，该票决案实际上涉及的是农村集体经济组织成员资格的认定标准问题。我国宪法为保护村民群体生存权，规定农村土地属于集体所有。农村集体经济组织新成员的加入及丧失成员身份均有法律政策加以规范，组织成员根据成员身份而享有权利，也因失去成员身份而不能再行使权利。即使自然人加入团体对其他成员的现有财产权利有所侵害，但成员的加入是由法律规定的，其他成员不能拒绝新成员的加入，且本村村民的经济收益分配应一律平等，不因任何原因有差别待遇。根据《村民委员会组织法》的规定，村委会有权对土地补偿款进行分配，这也是村民自治的范围。但对集体经济组织成员资格的认定，应当属于法律、政策规范的，不应当是村民自治的范围。② 显然，村民自治多数决不是绝对不变的，一般而言，财产行为问题宜多数决，身份资格问题不宜多数决。

查阅土地补偿分配纠纷案件我们发现，对农村集体经济组织成员资格的认定标准主要有三种模式：一是户籍模式，也就是以户籍所在地来确定村民是不是具有农村集体经济组织成员资格；二是居住模式，也就是以是否在本村实际长期居住生活来确定村民是不是具有农村集体经济组织成员资格；三是折中模式，也就是以户籍所在地来确定，根据长期居住的事实状态来确定村民是否具有集体经济组织成员资格。③ 以上几种资格确认标准都有一定的道理，但都不全面，都会使一些人员在获得成员资格的同时，将另一些人员排除在外。随着社会的不断发展、进步，人们的生活、工作早已不再局限于其户籍所在地，因此，过分强调户籍不仅落后于时代，也显然不利于合理界定集体经济组织成员资格。随着我国市场经济的纵深推进，城镇化水平越来越高，农村剩余劳动力外出经商、务工的比例越来越高，如果还以居住模式来确定农村集体经济组

---

① 冉金：《"民主投票"剥夺了农民身份》，《村委主任》2010年第1期，第6~7页。
② 郭殊：《地方自治视野下村委会选举的法律规制——基层民主的规范与监督》，《江苏社会科学》2011年第5期，第124~130页。
③ 那艳华、荆珍：《城市化进程中农村集体经济组织成员资格确认问题分析》，《东北农业大学学报》(社会科学版) 2012年第4期，第140~144页。

织成员资格是不合时宜的。① 每一种标准放在特殊的个案中,都可能有一定的弊端。因此该问题只能通过立法加以完善。然而对于农村集体经济组织成员资格的认定,法律尚未做出明确规定。虽然最高人民法院对于涉及农村集体经济组织成员的资格问题已有一些判例,但法律和司法解释没有明确规定谁有权认定成员资格。立法总是具有滞后性。由于缺乏统一认定规则,各个地区各行其是,各自制定本地规范性文件,从而使得各法院处理纠纷时使用标准不统一,不同地区有很大差异,这样的结果是损害了司法权威。因此,需要制定规范农村集体经济组织成员资格的法律来对农村集体经济组织成员资格认定标准问题予以解决,同时,人民法院也可以尝试在法律没有明文规定的情况下创新司法,充分利用判例和司法解释解决涉及农村集体经济组织成员资格的问题。②

3. 非法定事项宜用多数决,法定事项不宜用多数决

村民多数决是村民民主权利的一种重要体现,是村民自治过程中的一项基本原则和制度。村民自治事项处处体现了村民多数决的精神。村民多数决原则妥当性的根据在于,虽然村民都有追求和谐稳定发展、建立文明村落的内在要求,但是由于不同村民有不同的利益诉求,其在一些村务上会存在不同观点的冲突。为了使村务工作正常开展,最大限度地维护村落的整体利益,有必要采用少数服从多数的村民多数决原则。无论从多数决内在还是客观历史条件来看,村民多数决的产生均有其合理的历史必然性,无论时代如何变迁,村民多数决在村民自治中的作用都是不可磨灭的。因此,村民多数决是村民自治得以运行的保证和关键,是村民自治过程中必须坚持的制度。但是,村民多数决原则不可能也不应当是绝对的,在实践中村民自治多数决的运用不仅出现"多数人的暴政"的弊端,甚至在有些情况下与宪法、法律法规相违背。③

例如,马某与残疾女民办教师李某登记结婚后将户口迁入李某所在村组。不久,该村组根据人口增减的情况对责任田进行调整,因李某和

---

① 于毅:《浅议农村集体经济组织成员资格的界定》,《农业经济》2014年第6期,第70~72页。

② 杨攀:《农村集体经济组织成员资格标准的法律分析与实践》,《西南政法大学学报》2011年第3期,第24~35页。

③ 张景峰:《村民多数决的滥用及制衡——村规民约的启示之二》,《洛阳工学院学报》(社会科学版)2001年第3期,第34~36页。

马某已育有一女,遂向组里提出分配责任田的请求。该村组专门召开群众大会反复讨论,拒绝了他们的请求,理由如下。根据10年前定下的村规民约:男方到女方家落户的对象必须是独女户或纯女户,姑娘结婚后,不论户口是否迁出,调整土地时一律收回责任田,因此他们更不可分得责任田。

以上案例无不体现着村民自治中的多数决思想,案例依据村规民约对责任田的分配问题淋漓尽致地体现了"少数服从多数"的思想,但是侵犯了村民的基本权利。宪法是母法,是基本法,村规民约必须以宪法精神为依据制定,否则村规民约不具有约束力和实行力。村民若是以"多数决"之名制定出与国家正式规范相冲突的村规民约,轻者偏离村民自治的轨道,重者侵犯村民的人身及财产权利。考夫曼认为,在民主制度中,需要以多数决原则为准据。虽然多数人可以做很多事情,但唯两件事做不得:一是多数人不能任意废除多数决规则以及民主制度,二是多数人不得侵害他人的基本权利及人权。因为基本人权是先于国家而存在的,基本人权不是国家赋予的,而是需要国家加以保护的。[①] 考夫曼有句经典的话,就是"禁止杀人是不能拿来讨论的"。[②] 显然,宪法所保障的公民的一些基本权利和原则应该被视为是神圣不可侵犯的,像多数决这样所谓的民主规则更不能去侵犯。

公民的基本权利到底有哪些内容呢?对此,康拉德·黑塞提出,基本权利首先是根本权利,是个人性的权利,基本权利的内容不只是作为一种狭义上的人权与公民权,还能够保障一些法律制度或生活领域的自由;基本权利同时也是共同体客观秩序的基本要素。[③] 以上基本权利是神圣不可侵犯的,在村民自治中更无法用多数决原则对此进行干涉。

在村民自治中,若决策将侵害某个个体或是某个群体的基本权利或基本自由时,那么采取多数决原则来做出最终决定是个错误的选择。对此,我们可以参考罗纳德·德沃金使用的一个案例,他说,假设有一群旅客被困在公海上一个即将沉没的救生艇中,必须要有一个人能够跳进

---

① 孙鞲:《试析村规民约设置惩罚条款的合法性》,《贵州民族大学学报》(哲学社会科学版) 2012年第5期,第73~77页。
② 〔德〕考夫曼:《法律哲学》,刘幸义等译,法律出版社,2004,第415页。
③ 〔德〕康拉德·黑塞:《联邦德国宪法纲要》,李辉译,商务印书馆,2007,第226页。

或被丢进海里，其他人方能幸存，那么，这一群体该如何决定谁将被牺牲呢？[1] 在案例中通过群体投票表决剥夺公民的基本权利显然不具有合理性和正当性。因为在这个表决中是血缘、友谊、恩怨、怀疑而不是民主起决定作用，它并未赋予每个人以同样的活命机会，这个表决本身是违背民主的。同理，对于可能剥夺公民的生命权、人身自由权、财产权的审判，应当通过法官经过严格的法律程序进行，也不是草率地采用多数决投票的民意审判方式进行，否则不仅不能保障民主，反而影响民主的进程。村民决议无法决定所有事项，法治才是在决定剥夺或限制一个人的基本权利方面应当采用的方式。[2]

四　村民自治中的多数决衡平机制构建方式

实践证明，仅仅简单地运用多数决的方式来办理村务，不可避免地会出现多数人暴政的问题。但是多数决的民主体现是不容否决的，正如马里旦所言："民主在一条脆弱的船上载着人类尘世的希望……我们一定要原谅民主制度偶然的弱点和缺陷。"[3] 针对多数决的弊端和少数人权益保护的困难，我们需要设计出一套村民自治多数决衡平机制，在满足大多数人利益的同时，还能够保护少数村民的合法权益。

（一）完善立法

1. 巩固村民自治的根本法基础

我国《宪法》第一百一十一条规定，村民委员会是基层群众性自治组织，村民委员会的主任、副主任和委员由村民选举。由此可见，我国宪法对村民自治是一种间接规定，这为村民自治的立法提供了根本保障。但是经过分析，我们可以发现，作为根本大法的《宪法》对村民自治的立法存在两点不足之处：第一，将村民自治的条文放在第三章第五节的

---

[1] 〔美〕罗纳德·德沃金：《民主是可能的吗？——新型政治辩论的诸原则》，鲁楠、王淇译，北京大学出版社，2012，第125页。
[2] 辛颖：《论多数决的限制适用》，硕士学位论文，苏州大学，2013。
[3] 肖芃：《论少数人的权利》，《华南理工大学学报》（社会科学版）2008年第2期，第38~43、61页。

"地方各级人民代表大会和地方各级人民政府"中,使人误认为村民自治组织属于地方行政机关,这与村民自治的性质不符;第二,条文仅规定村民委员会的性质、成员的设置和产生方式,并没有对村民自治权进行确认。①《宪法》作为调整国家权力与公民权利关系的根本大法,理应在条文中明确村民自治权以及权利内容。

《宪法》作为根本大法,必须准确地对村民自治权的概念、原则进行总则性规定。实行村民自治,首先应当规定村民自治权,依法区分自治权和行政权。通过前述分析我们发现,村民自治权从本质上看是一种社会性权利,而不是社团性权利,我们应当以村民自治权为核心建立实现村民自治权的各种组织机构和制度,而不是以村民委员会为核心建立组织机构和制度。②因此,笔者建议撤销《宪法》第一百一十一条的相关规定,在总纲第二条中增加一款这样的规定"在国家政治生活之外的其他社会生活领域实行社会自治"。这样修改的好处有:首先,排除村民自治组织属于国家行政系统的误解;其次,可以明确村民自治权的性质,村民自治权作为一种社会性权利,行走在国家政治生活之外;最后,社会中存在其他类似村民自治体的自治组织,如此原则性的规定有利于其他组织依法行使自治权。仅在总纲第二条增加如此规定还是不够的,村民自治权作为村民对村内自治事务的议事权、决策权、管理权、监督权,它是村民的一项基本权利,故而建议在《宪法》第二章"公民的基本权利和义务"增加一条:"在城市或者农村居住的公民,按照一定的地域范围依法享有自治的权利。"如此规定的好处在于:首先,这样的规定确认了公民在其他社会生活领域内依法享有的自治权;其次,个人可以基于不同的身份,参与不同的社会关系。③

民主原则在立法中存在一定的悖论而使其在保护人民权利、规范社会秩序中可能有缺憾,我们在遵守民主原则进行立法时也要清醒地认识

---

① 赵东喜:《和谐社会下新农村村民自治制度的法律思考》,《政治与法律》2007年第4期,第56~59页。
② 何泽中:《论村民自治权的法律救济》,《法学论坛》2005年第5期,第85~88页。
③ 梁成意:《村民自治制度的宪法完善与法律创新》,《吉首大学学报》(社会科学版) 2012年第4期,第109~113页。

到并尽量避免由这种缺憾所造成的不公。①《宪法》第三十三条规定,中华人民共和国公民在法律面前一律平等。这里的公民包括多数人,也包括少数人,是指所有的人在法律面前享有的权利、承担的义务都是平等的。该条文并非针对少数人的特殊地位进行特殊规定,而是确保每个人的地位平等。现有村民选举、决策、管理、监督过程中,均采用少数服从多数的原则进行,在这种原则体制下,存在少数人合法权益被多数人侵害的情形。多数决是实现民主的主要形式,但是给予少数人的合法权益以特殊保护也是不容忽视的。对少数的特殊保护,是多数决原则的补充措施,在实现民主的同时,最大限度地保护了少数人的合法利益。各国宪法对少数人权利的保护可分为以下几种情况:一是确立禁止歧视原则;二是确立少数人的宪法权利;三是规定对少数人权利的积极保护措施。禁止歧视原则与确立少数人的宪法权利,在我国的《宪法》中表述得非常清楚,但是在对少数人权利的积极保护措施方面,却较少提及。《宪法》作为一部根本性的大法,要做到面面俱到是很难的,所以只能在大体上起一个统领性作用。对少数人的保护,相关的立法存在诸多悖论,倘若片面强调保护少数人的权益,则会造成不平等的错觉。而现有的立法技术,又局限于《宪法》根本大法的地位,无法在条文中,表述出对少数人权利的积极保护,仅能从侧面对其进行描述,如上文对村民自治权条框的相关修改,即"在城市或者农村居住的公民,按照一定的地域范围依法享有自治的权利"。其中"依法"两字是自治进程中的合法性保障,如果部分人因意见不同导致权利受到侵害,可以依据相关救济措施进行挽回。

2. 完善村民自治的基本法规定

在我国现行立法中,《村民委员会组织法》比较集中地规定了村民委员会和村民会议、村民代表会议的相关内容,而在其他法律法规中则极少涉及这些内容。《村民委员会组织法》从试行到不断修改完善,如今在对村民事务的自治方面发挥了积极的作用,有效保障了村民的基本权利,同时也加快了农村基层民主的发展,促进了我国基层民主

---

① 陈琛:《保护少数人权利的正当性、悖论及其策略》,《安庆师范学院学报》(社会科学版) 2012 年第 2 期,第 126 页。

法治建设。① 但该法过于强调民主选举、民主决策、民主管理、民主监督中多数人的利益，如选举村民委员会时，候选人要获得参加投票的村民过半数的选票，方可当选；又如申请罢免村民委员会成员时，要求本村 1/5 有选举权的村民或者 1/3 以上的村民才能提出罢免，而罢免村民委员会成员则需要登记参加选举的村民过半数投票，并经投票的村民过半数通过；再如按照《村民委员会组织法》的规定，召开村民会议，应当有本村十八岁以上村民的过半数，或者本村 2/3 以上的户代表参加，村民会议所做决定应当经到会人员的过半数通过。由此观之，村民表决权必须以多数决为前提。但是随着社会的变迁，大量的农村人口涌入城市，或是因婚姻出嫁外地，或是外地谋生，根据以上条文的规定，当提起罢免、举行选举、会议表决的人数未达到法定的数额，则无法顺利进行，这将严重阻碍村民自治权利的行使，严重影响了农村管理事项的决议。

多数决的规定在另一方面可能带来少数人权利的损害。实践和经验证明，多数人的观点不一定是正确的，真理往往掌握在少数人手中。由于村一级处于行政体制之外，多数村民意志极容易受到宗族势力、黑社会势力、贿赂等非法图谋的影响，破坏农村治理的正义性。当村中的一些决议损害到少数反对者权益的时候，少数反对者的权益如何保障？在《村民委员会组织法》第三十六条中仅规定了村委会做出的决定侵害村民合法权益的，受侵害的村民可以申请人民法院予以撤销，相关责任人依法承担法律责任。此处有几点需要周详考虑的地方：第一，当村民委员会做出合法的决定，侵犯了少数村民合法权益的时候，是否就应当认定村民会议做出的决定是错误的，如政府征收农村土地，部分村民不同意拆迁或者对拆迁补偿不满意，而村民会议经过多数决投票做出了同意拆迁的决定；第二，受侵害的村民救济途径狭窄，根据该条文规定，村民只能通过申请人民法院进行自我救济，忽视了其他救济方式；第三，救济效果单一。根据《村民委员会组织法》第三十六条的规定，村民只能申请人民法院撤销村委会做出的决定，而法院的审判是需要时间的，

---

① 赵东喜：《和谐社会下新农村村民自治制度的法律思考》，《政治与法律》2007 年第 4 期，第 56~59 页。

这样一来就使得那些已实施、已造成实际损害的决定不能得到及时有效的矫正。

关于现有立法技术问题也是需要进一步斟酌的,这个问题直接影响到村民自治法的严肃性和权威性。作为村民自治的基本法律,必须做什么,不能做什么,应当做什么,法律用语必须准确、严格,不能含糊其词,这样才能树立国家法律的权威性和严肃性,否则,原则性的规定就为法律的实施预留大量的弹性空间,甚至可能使法律实施走样。[①] 因此,我们还需要对现有法律进行立法技术上的完善,比如基于少数人的特殊性,需要对其范围进行合理界定。当前最迫切的就是外嫁女、外出务工者以及外地来村投资者的权利保护问题。而这些问题在司法实践中已多次出现,但在立法中不仅没有可供遵循的依据,就连相关的概念界定都没有。

3. 完善村民自治的地方法规范

我国是一个法制统一的中央集权国家,法律体系原则上是统一、协调的,制度只能从宪法、法律而来,而天下之事不难于立法,而难于法之必行,为使法律得到切实有效的执行,必须要有地方性法规的具体规定。这是由于我国疆域辽阔、人口众多、民族复杂以及各地的政治、经济、文化发展差异较大,只有紧紧依靠各地方政府的法规规章,根据各地的实际情况,将宪法、法律规定的一些原则性问题具体化,才能更好地实现村民自治的立法目的。

目前,我国尚未出台《村民自治法》,故而我们应当紧紧围绕《村民委员会组织法》拟定具体的实施办法和选举办法。《村民委员会组织法》强调的是村民委员会、村民会议、村民代表会议等组织规制,更多强调的是如何合理规范村民委员会的行为。由于我国现状的制约,作为基本法的《村民委员会组织法》无法针对全国制定出详细的实施办法和选举办法[②],各地应该根据本地所特有的风土人情,制定出更符合自身实际情况的可行办法。

[①] 陈忠禹:《村民自治权保障论——基于科学发展观视阈》,知识产权出版社,2012,第41页。

[②] 张景峰:《村民自治内在机制重新法律定位探讨》,《河北法学》2005年第2期,第156~159页。

在地方规范的运用中，不能简单重复上位法的规定，而应在不与上位法冲突的前提下，大胆创新，使得上位法精神更加灵活具体地运用于实践。如针对少数人权益易受村民自治多数决侵害的现实情况，广东省人大常委会于2007年6月7日审议通过的《广东省实施〈妇女权益保障法〉办法》对"外嫁女"的权益做出了明确规定，不得以结婚、离婚、丧偶为由，阻挠、强迫农村妇女迁移户籍和侵害其合法权益；农村集体经济组织成员中的妇女，结婚后户口仍在原农村集体经济组织所在地，或者离婚、丧偶后户口仍在男方所在地，并履行集体经济组织章程义务的，享有与本农村集体经济组织其他成员平等的权利。① 在"外嫁女"问题上，许多地区存在以少数服从多数的借口来损害弱势群体利益的现象，主要体现为土地承包经营、征地补偿款分配、宅基地分配、集体福利分红等方面的侵害。由于种种原因，"外嫁女"的维权道路艰难。又由于在妇女权益保障以及财产权的保护方面，我国虽有相关法律的明文规定，但实际落实情况难以保证，可操作性差。即使《妇女权益保障法》中明确规定妇女在农村土地承包经营、集体经济组织的收益分配、土地征收或者征用补偿费使用以及宅基地使用方面，享有与男子同等的权利。但常有村委会委员以"村规民约""村民自治"为借口拒绝履行法律的规定。与此同时，即便《村民委员会组织法》第二十七条规定"村民自治章程、村规民约以及村民会议或者村民代表会议的决定不得与宪法、法律、法规和国家的政策相抵触，不得有侵犯村民的人身权利、民主权利和合法财产权利的内容"，但却缺少其违反后应承担的"法律责任"的规定。广东省人大常委会通过的实施办法，针对"外嫁女"的合法权益和相关的司法救济途径专门做出了明确规定。譬如，若放在过去，外嫁女认为权益受到侵犯后不可以直接提起诉讼，应当先向镇政府投诉村的做法，直到镇政府做出行政处理决定，若仍然无法解决，才可以向法院提起诉讼，被告主体为镇政府。为保证维权者的司法救济途径畅通，该办法首次提出："违反本办法第二十三条、第二十四条规定，以妇女婚姻状况变化等为由侵害妇女及其符合生育规定的子女在农村集体

---

① 邓新建：《广东率先为"外嫁女"立法 改变其维权困难局面》，《法制日报》2007年6月7日，第5版。

经济组织中的合法权益的,由乡镇人民政府、街道办事处依法调解;受害人可以向人民法院提起诉讼,人民法院应当依法受理。"该办法的重要意义体现在,地方立法对于解决上位法无法具体明确的事项具有重要的补充作用。充分发挥地方立法的作用,对于有效衡平村民自治多数决对少数人的侵害、便利少数人权益救济至关重要。具体来讲,在村民自治的多数决衡平方面,地方规范应着重做好如下制度安排。

第一,搭建协商民主平台。所谓协商民主,是指所有参与表决的人员通过改变自己的偏好,最后达成协商一致。它与多数民主不同之处在于,协商民主具有柔和性,顾及少数人的利益偏好。各地方可以根据实际情况,制定一种协商制度,使得少数者与多数者彼此在自己的可容忍范围内达成一致看法,这才是真正做到民主。

第二,构建保障少数村民自治的具体措施。在坚持多数决原则的前提下,以协商作为补充,最大限度地做出广泛群众都可接受的决定。这是一种理想状况,但是现实生活必然存在许多不可调和的矛盾,而矛盾的背后,又势必会有人的权益受到侵犯,而这部分受到侵犯的人,往往又是与多数人持有不同意见的少数人,所以完善的救济措施是少数村民利益的最终保障。各地方人大、政府应当适度对农村事务进行监督,针对具体决策事项,要求必须有合理的补偿或赔偿方案。另外,地方性法规规章必须制定权利救济机制。

第三,确认村民自治章程的"社会契约效力"。村民自治章程是在遵守相关法律法规的前提下,村民彼此之间达成的一种契约关系,所有村民都应当遵守章程。从章程制定的程序来看,经调查,绝大部分是由县市级或乡级政府,对本县市或者乡内所有村落草拟一份初步章程,然后由各村民委员会根据具体的实际情况,对草拟章程进行修改,接着通过村民会议的投票产生最终的章程,最后报请乡级政府进行备案。① 经过这些程序后,才能产生有效力的自治章程。虽然从表面上看,这样的制定程序是符合法定要求的,但是这样的程序严重局限了村民自治权的行使,看似一种被驳回提议权、制定权后剩下的村民自治权残留部分。

---

① 龚艳:《当前村民自治章程制定中的问题及完善对策——基于 T 市 X 区 21 个村的调研》,《社会科学家》2021 年第 3 期,第 122~127 页。

村民自治权是为每个村民所有的，而作为一种完整的自治权，它当然要包含制定村规、决策方案、自我管理等权利。从章程制定的程序来看，村民之间的这份契约本身就缺乏意思自治的成分，失去了意思自治，也就谈不上自治了。政府草拟章程，村委会修改章程，绝大多数村民却无法参与到章程制定的程序中来，这样容易为以后因多数决造成少数人利益损害埋下伏笔。少数人对章程的条款有所不满，但其又不是制定或者修改主体，在多数人投票面前，他们就只能被强制性地接受这样的章程。所以，章程的制定可以由县市级或者乡级政府进行初步草拟，形成一些指导性意见下达到村后，则应当让所有村民知晓该草拟章程，并告知他们有提出修改、增加、删减的权利，并将这些意见收集在一起，进一步完善章程；然后在召开村民会议前15日，将章程发放给所有村民；最后在村民会议上，就自治章程内的所有条款进行逐项表决，本村十八周岁以上村民的过半数，或者本村2/3以上的户的代表参加，章程的制定应当经到会人员的过半数通过。如此才能最大限度地保证村民自治权的实施，才能更好地保障少数村民的合法权益。参照村民自治章程制定的程序，对村内事务的决策、管理、监督都可以适用这样的程序，真正实现村内民主。①

4. 明确政务与村务的界限

行政权与村民自治多数决的混乱状态，容易造成行政权对村民自治多数决的干扰局面，确定村务与政务的界限是新时期从源头上预防和治理腐败的有效机制。反腐倡廉是事关党和国家生死存亡的重大政治问题，也是全党全社会的共同任务。近年来，各级党委和政府认真学习贯彻落实科学发展观和党的十八大精神，高度树立反腐倡廉作风，有效遏制了腐败现象的滋生和蔓延。但是由于处于行政体制的边缘地带，基层党组织和乡镇政府腐败作风依然盛行，"乡政村办"的现象比比皆是。合理区分政务与村务的界限，有利于实现村民自治的民主化。

(1) "乡政村办"的主要原因

第一，思想认识存在偏差。一些乡镇、村作为政务、村务公开的主

---

① 唐鸣、尤琳：《村委会选举中选民登记标准的变迁逻辑：动因、发展方向和条件——兼评新〈村民委员会组织法〉》，《中南民族大学学报》（人文社会科学版）2011年第3期，第72~78页。

体对政务和村务区分的重要性和必要性认识不到位。一方面，许多乡镇政府仍然认为农村是归属乡镇管理的，村委会是乡镇政府的下级行政机构，为了自身工作更加便利，则以强制性的手段命令村委会完成原本属于政务的事项；另一方面，一些村委会主任的认识不到位，紧紧依附于乡镇政府的行政职权，认为自己当然属于乡镇在本村的代理人，为乡镇办事。

第二，腐败意识滋生。由于政府的政绩乃至政府官员的升迁与维护社会治安的指标相联系，地方政府往往采取"一票否决制"来处理政务。乡镇官员常常为一己私利，将这些政务工作转嫁给本来从事村务的村民代议代行组织——村委会，自己坐收功劳、撇清责任，眼中只有自身政绩及仕途发展，而无村民利益。

第三，监督力度不足。监督权的行使以知情权为前提，而知情权的实现必须紧紧依靠政务、村务公开程度。就现阶段而言，村委会的政务、村务公开情况存在诸多弊端。首先，就公开形式而言，仅在政务、村务公开栏上公开，村民了解渠道少；其次，就公开内容而言，"避重就轻"，公开内容过于片面；最后，就公开时效而言，公开不及时，公开的时间和次数随意性较大。以上三点导致了村民监督力度不足。

(2) 明确村务内容以克服"乡政村办"的弊害

《村民委员会组织法》的制定贯彻也是源于现代国家与社会的分权现实和需要。[①] 实践中，部分乡镇行政管理职能由自治组织代行，而村民在不知不觉中被迫承担了管理费用，与村民自治权的本义背道而驰。村民委员会代议代行的权利来源于村民的委托授权，而不是来源于行政机关的授权。明确村民自治的权限，合理规定村民委员会的代议代行内容，对村民自治的意义深远。

村民自治权的主要内容是民主选举、民主决策、民主管理和民主监督。根据《村民委员会组织法》第二十四条的相关规定，作为村民自治权的代议代行组织，村民委员会必须紧紧围绕"四大民主"，必须以服务村民为宗旨，组织、带领村民积极开展经济活动；针对村民情况，制定计划方案。现行《村民委员会组织法》第七条、第八条、第九条、第

---

① 张景峰：《〈村民委员会组织法〉修订若干问题探讨》，《河南科技大学学报》（社会科学版）2007年第3期，第100~104页。

十条均是对村民委员会的职能规定，根据这几个条文的规定，可以总结出村民委员会有以下职能：第一，村民委员会有调解纠纷、协助维护社会治安和公共卫生等职能；第二，有组织开展各种形式合作经济和其他经济，促进农村生产建设和经济发展的职能；第三，有管理村里各项集体财产，引导村民合理利用自然资源，保护和改善生态环境的职能；第四；有维护以家庭承包经济为基础、统分结合的双层经营体制，保障村内合法权益的职能；第五，有宣传法治理念、开展社会主义精神文明建设的职能；第六，有遵守并组织实施村民自治章程、村规民约，执行村民会议、村民代表会议的决定的职能；第七，其他服务村民自治的职能，特别是关注村民切身利益的事项。① 明确村民委员会社会地位，确定村务的具体范围，明确村委会必须忠诚于村民，贯彻执行村民会议讨论做出的决定。明确的村务事项能够在一定程度上避免政务与村务的交叉执行现象，避免"乡政村办"的现象，确保村民自治权利免受外部因素的干涉。缺少了行政因素的约束，作为弱势的少数群体，不管从心理上还是生理上，都容易实现自我的权利。当少数村民利益因村民委员会的决定而受到损害时，他们不再畏惧背后公权力的撑腰，使得少数村民能够与村民委员会处于平等的地位，更有利于彼此之间的利益权衡，拉近彼此的协商距离，最大限度地维护好每个村民的权利。

（二）健全司法

1. 建立和完善村民自治多数决的权利救济途径

无救济就无权利，这句法律谚语昭示出权利救济的重要性。针对村民自治多数决产生的少数人权利受侵害的各种情形，如果没有必要的救济渠道，就很难谈得上有效的衡平。

首先，需要畅通救济渠道。《村民委员会组织法》及相关法律明确规定，当村民自治中少数人权益因多数决而受到侵犯时，受侵犯的少数人可以通过向权力机关、司法机关、行政机关提出救济申请，获得公力救济。当然，法律也应当为私力救济留有一定的空间。由于村民自治多

---

① 梁成意：《村民自治制度的宪法完善与法律创新》，《吉首大学学报》（社会科学版）2012年第4期，第109~113页。

数决对少数人利益的侵害通常是可以通过非官方途径解决的,所以法律也应当对私力救济进行规范,一方面弥补公力救济之不足,另一方面也可有效防止少数人在权利受到侵犯时投诉无门的现象。

其次,明确各种救济途径的程序、条件和方式。程序正义是实体正义的另一种表现形式,是实体正义得以实现的外在表现。少数人权益在村民自治多数决中受到侵害时,必须有行之有效的救济程序,才能便利权利人请求的提起,也才能便利权利人正当利益的实现。而现行法律显然对村民自治多数决中少数人权益保护问题缺乏应有的程序、条件和方式的规定。

再次,要明确请求权利救济的主体的条件。个人或组织在什么样的情况下,才能作为权利主体提出权利救济的请求是权利救济的一个先决条件。村民自治多数决中少数人权益受到侵害的情形多种多样,但并非千篇一律予以救济,法律必须设定条件,使得满足条件的权益得到及时有效的救济,没满足条件的权益虽然不能获得救济,但当事人也能够心中有数。只有这样才能体现法律定分止争之功用。

复次,应当赋予村民和其他主体选择救济途径的权利。也就是说,他们可以向权力机关提出救济,也可以向行政机关或司法机关提出救济,但应当确保司法救济渠道的畅通。虽然我们通常认为司法救济是最有力的保障,但并不排斥其他救济途径的有效性,甚至在某些情形下,其他救济途径有着司法救济无可比拟的优越性,更能够满足村民自治多数决中少数人权益实现的需要。比如行政救济与司法救济相比,往往具有周期短、见效快的特点,便于村民自治多数决中少数人权益的及时救济。

最后,对相关的诉讼程序法做出相应的修改和完善。目前尚没有专门针对村民自治多数决中少数人权益救济的专门程序法,因此完善现有的程序法,尤其是行政诉讼法就显得尤为重要。是否可以在行政诉讼程序中增加有关村民自治程序的规定是值得我们深入研究和论证的。目前来看,村民自治多数决中少数人权益受到侵害往往来自文件、命令、村规民约等,对这些文件、命令、村规民约等提起诉讼很大程度上类似于行政诉讼,因此,可以考虑在行政诉讼程序中增加有关村民自治程序的规定。同时,民事诉讼法和刑事诉讼法中也应当配套增加有关村民自治程序的规定,使三大诉讼法能够与村民自治的有关法律衔接起来,相互配合，达到保护村民自治权利的目的。①

理论界对救济的分类有不同的观点，有部分学者认为，权利救济途径包括"事前救济"，指出在进行某一较为重大或者合作某件事之前，提前对双方的权利和义务、违约责任、解决争议的方式、适用的法律等做出尽量详细明确的书面约定，使双方的合作有了法律依据，即便发生纠纷，也有法可依、有据可寻。上文已经有所阐述，村民自治组织是一种基于社会契约的集合体，自治体内部的关系是平等的协商关系，每个个体转让自己的部分权利给一个集合体，该集合体就成为一个代议代行机构。"事前救济"同样适用于村民多数决权利平衡机制，村民可以就集体自治内容事先做出明确约定，或者法律事先做出明确规定将来选择什么样的纠纷解决机制。但是这种"事前救济"并非此处的救济机制。我们必须明确一点，权利救济是一种事后救济，"事前救济"仅是一种事前防范。从法理角度而言，事后救济的必要性不言而喻。首先，这是法律规则结构本身的要求。众所周知，法律是以国家强制力保障实施的，其强制力体现在归责问题上，缺少了法律后果，法律也就失去了其本该有的强制性特征。其次，无救济则无权利，立法的目的是保护权利，而权利救济机制就是将权利所代表的利益恢复到未受侵犯之前的状态。最后，权利救济在一定程度上起到威慑作用，将侵权者的行为扼杀在摇篮之中。从现实角度而言，首先，为避免多数人的暴政、防止少数人权益被肆意侵犯，相应的权利救济机制也是很有必要的；其次，对规范村民自治权行使的外在环境，制定权利救济措施也是很有必要的。因此，权利救济有以下作用：第一，有利于避免来自乡镇的行政干预；第二，有利于避免来自宗族势力的侵犯；第三，有利于避免两委争权导致的侵犯。为此，我们需要建立多层、立体的权利救济体系。

2. 完善村民自治多数决衡平之法律责任制度

法律责任的本质决定了法律责任作为一种通过惩罚、补救等措施来减少违法行为、保护法律确认、恢复被破坏的法律关系和法律秩序的纠错机制。因此，法律责任的设置不论是内容还是形式，都必须考虑违法

---

① 黄荣英：《村民自治权利救济的法律缺失与完善》，《行政与法》2010年第3期，第82~86页。

行为的动机、影响、后果等因素。① 责任的承担既包括不履行相应义务的责任承担，又包括侵权责任承担。具体在多数决侵犯少数人利益的问题上，包括多数决的滥用和权益之间的冲突两种情况。后者由于没有侵犯合法权益的动机，故而不会产生相应的法律责任。而因滥用多数决导致少数人合法权益受损的行为，相应的责任人就应当承担法律责任。

首先，在村委会选举过程中。基于多数决的程序机制未通知或者拒绝有资格参加选举的村民，如果属于故意，则应当归责为非法剥夺他人选举权。按照刑法相应的规定，对于非法剥夺他人选举权的行为，视其情节进行相应的定罪量刑。如果属于过失的，给予警告处罚。如果存在多次过失的，则可免除村民委员会委员资格。

其次，在村民决策中。如果基于多数决的程序做出损害少数人合法权益的行为，则行为的召集者应当承当相应的法律责任。由于决策事项涉及方方面面，需要根据不同情形区分对待。少数人的利益因为在决策环节受到侵害的情形千差万别，因此要区分对待、分类规定。

最后，少数村民根据合理理由提议罢免村民委员会委员被恶意阻止的法律责任。考虑到这类权益受侵害往往属于确认性质，而不带有补偿性质，因此法律责任的设定也往往具有确认性质。比如少数村民根据合理理由提议罢免村民委员会某委员被恶意阻止的，经审查具体情况属实的，应当罢免该委员职务。总之归责必须严格考虑行为人的行为动机、影响、后果等诸多因素，对满足条件的行为人给予处罚。

3. 规范村民自治多数决衡平之私力救济制度

在熟人社会中，邻里之间矛盾的解决机制往往偏向于自我协商。协商解决或者调节解决是解决纠纷效率最高的方式，也是最有利于村民内部和谐的手段。但需要指出的是，对于刚性的利益，即当纠纷涉及法律强制性规定保护的利益时，则不再适用通过私力救济进行处理。基于村民自治的社会契约性质，纠纷的软性成分占据着很大的部分，法律对于这部分的纠纷允许也鼓励村民内部进行自我调解。通过私力救济，许多可以通过协商解决的案件不必最后流入有限的司法程序中，既维护了当

---

① 王辉：《论法律责任的困境与经济法责任的超越》，《甘肃政法学院学报》2011年第2期，第72页。

事人双方的友好关系，也节省了司法成本。

根据意思自治原则，当事人双方可以通过直接对话的方式，也可以通过第三者协调的方式进行协商，但在实践中，绝大部分都是通过第三者进行调解。[①] 现有的调解机制存在以下两个问题。第一，自社会的大发展以来，宗族势力渐渐削弱，纠纷调解机制从曾经的宗族领袖调解转变为现在的村民委员会下属的人民调解委员会调解。根据《村民委员会组织法》第二条、第七条的规定，人民调解委员会委员是村民委员会的下属机构，而担任调解员的又是村民委员会委员。这里就产生一个当村民与村委会发生纠纷时，谁来担任调解员的问题。现有的制度设计使人民调解委员会成为村民委员会的一个附庸，中间地位的丧失使其在调解的过程中不能秉持中立的态度。而在现实生活中，村民委员会和村民之间因为利益冲突所产生的矛盾屡见不鲜，在这样的背景下，人民调解委员会调解民间纠纷的作用就被架空。第二，人民调解委员会所做出的调解决定并不具备强制执行能力，它只是纠纷双方当事人之间形成的一种契约关系，这种契约关系最后是否能够实现权利义务，只能靠双方当事人的自觉。

针对以上两点关于现有村民调解制度的问题，应当制定出更好的解决方案。首先，独立人民调解委员会地位。从人事任免上看，将人民调解员与村民委员会委员的职能分开，设村民代表会议成员为人民调解员。因为村民代表会议成员有以下两点优势：第一，村民代表会议委员具有一定的权威性；第二，其在调解村民委员会与村民纠纷时，态度能够做到中立。[②] 其次，加强对调解方案的监督。经调解后，双方达成协议，在不违反法律法规、协议内容合法合理的情况下，双方理应履行该协议相关的权利义务，否则可以申请法院强制执行该调解协议。

4. 完善村民自治多数决衡平之公力救济制度

尽管公力救济介入村民自治制度中还存在理论乃至实践上的困难，但是不可否认，权利救济的最主要、最有效的方式仍是公力救济。特别是在弥补私力救济缺陷、调和私力救济过程中所出现的矛盾，甚至在少

[①] 于语和、雷园园：《村民自治视域下的乡村德治论纲》，《山东大学学报》（哲学社会科学版）2020年第1期，第134~142页。

[②] 杨成：《村民自治权的性质辨析》，《求实》2010年第5期，第80~82页。

数人利益受损的情况下，公力救济是站在一个权威且中立的立场来评价纠纷和解决冲突，其所发挥的作用是巨大的。公力救济的途径多种多样，包括诉讼救济途径、行政救济途径、人大监督救济以及社会舆论途径等，下文将分析一二。

（1）诉讼救济

对于诉讼救济的完善，必须首先解决一个前置性问题，即由少数人利益所组成的利益团体是否可以成为诉讼的主体。少数人利益团体作为一个对抗村民自治多数决的团体，其力量是单薄的。为了维护农村社会秩序的稳定、促使广大农民群众能主动积极行使民主权利，应该考虑允许少数人利益团体享有诉讼的主体资格。解决了诉讼主体资格问题后，可能还会面临一个问题，即当少数人团体的利益受损而进行诉讼时，举证责任如何分配。这里笔者不主张传统民诉上所强调的"谁主张谁举证"责任，因为很明显，少数人利益团体多处于弱势地位，在面对多数人团体时举证有一定难度，但如果采用过错推定，以举证责任倒置的方式也许能弥补他们在诉讼中的弱势地位，实现双方利益的平衡。

诉讼救济是所有的权利救济中最后的选择和最后的屏障。完善诉讼救济制度，应主要做好以下几个方面。第一，司法的公正。司法公正是保障权利得以维护的核心因素。由于少数人在诉讼过程中本身处于弱势地位，他们可能面临来自多数人的压力，甚至是政府机关对多数人的利益倾斜，在这样的环境下，更应当避免多数人利益保护的路径依赖，确保司法的公正不受外界环境施压的影响。第二，完善诉讼救济法律制度。目前的法律体系中，对少数人利益保护的特别机制并没有得到健全，因此对少数人利益的保护缺少明确的法律依据，也使得在现有的法律框架体系内倡导少数人利益保护显得苍白无力。第三，降低诉讼成本。目前在我国法律框架下，诉讼成本是比较高的，并且司法诉讼普遍存在周期较长的情况。鉴于少数人利益保护的特殊性，可以考虑允许其在诉讼前少交或者不交诉讼费用，待诉讼结束后补齐。同时，通过适当简化诉讼程序，缩短诉讼周期，也有助于降低诉讼成本。

（2）行政救济

所谓行政救济，是指通过向行政机关提出申请，请求对其遭受侵犯的权利做出保护的救济途径。在我国的司法实践中，行政救济主要包括行政复议、上访和信访救济两方面。行政复议是指公民、法人针对行政机关侵犯自身合法利益的具体行政行为而向上级行政机关提出复议的请求。当然，行政复议面临着与上述诉讼救济中所提及的同样问题，即少数人利益是否具有行政主体的资格，此处不再详述。笔者认为，利益团体可以成为行政复议的对象，虽然说法律上没有明确行政复议对象包括利益团体，但我们可以采取近似行政复议的方式（或者更贴切的说是行政申诉），强化对少数人利益的保护。

我国法律对行政申诉的规定极为简陋，特别是关于申诉的程序性规定，缺少一种程序上的保障，导致申诉在司法实践中成为一种抽象且极不具有可操作性的权利。为了弥补行政申诉的缺陷，我们可以采取以下几点措施。第一，明确接受申诉的主体。当少数人团体利益受损时，他们通常不知道该找谁申诉，因为法律并没有明确指明应向哪一个机关申诉，这不仅导致他们申诉受阻，甚至造成各行政机关间的相互推诿。第二，明确申诉程序。由于法律存在漏洞、缺少程序性保障，行政机关极易暗箱操作，肆意简化申诉程序，偏袒多数人。在申诉程序制定完成后，还可以适当增加法律条款，明确违反程序操作者所应当承担的责任。第三，行政申诉公开化。公开的申诉程序可以保证少数人知晓申诉的程序与进度，避免行政机关暗箱操作的风险，同时也是我国政务公开的一个重要方面。

行政救济的另一个重要途径是上访和信访。信访是公民、法人或者其他组织采用书信、电子邮件、传真、电话、走访等形式，向各级人民政府、县级以上人民政府工作部门反映情况，提出建议、意见或者投诉请求，依法由有关行政机关处理的活动。笔者认为，信访并不是一种常态下的行政救济，而是不宜提倡的一种救济方式，只能说是一种补充性的救济手段。① 尤其是在少数人利益受损的情况下，或者在多数村民与村民委员会、乡镇政府已经达成共识的情况下，行政申诉可能会有偏袒，通过越级上访、信访的方式，利益受损者可能会得到更实质的解决方案或者更公平的裁判。此外，行政申诉也能降低门槛，解决诉讼成本高昂

---

① 《信访条例》第十四条规定："对依法应当通过诉讼、仲裁、行政复议等法定途径解决的投诉请求，信访人应当依照有关法律、行政法规规定的程序向有关机关提出。"

的问题。

(三) 构建少数人权益保障的具体制度

1. 完善村民自治多数决衡平之少数人利益补偿制度

一般而言，权利的内在正义要求权利的历史正当性，而权利的外在正义则要求制度内容和体系结构符合社会发展进步与人的全面自由发展的要求。① 因此，合理的制度设计对于保护少数人的权利有着不同寻常的作用。在少数人与多数人权利冲突的问题上，约翰·罗尔斯强调对少数人应当在形式上给予平等的机会，同时还要通过国家或社会给予其特殊的保护或优待。② 为使社会民主进程顺利进行、建设和谐社会，必须为少数人权利设计消极和积极的保护制度，在兼顾多数人和少数人权利的同时，通过各种优惠政策和倾斜保护措施，保护少数人的权利。

权利的保护分为消极保护和积极保护。在村民自治中，消极的保护制度，要求他方不侵犯少数人的合法权益，充分给予少数人实现其权利价值的机会，如保护村民的选举权、决策实现的参与权等。而积极的保护制度，要求村民会议所做决议侵犯少数人权益时，必须给予少数人特殊的保护。针对特殊情形，相应的保护措施会有不同的要求。当村民自治多数决被滥用时，权利人经过申诉、上访、诉讼等程序维护自身合法权益，相应的责任人应当按照相应的赔偿准则对其进行赔偿，包括金钱上的、名誉上的。而当村民自治多数决并非在滥用的情况下，侵犯了少数人的合法权益，此时属于合法利益之间衡量孰轻孰重的问题，根据集体利益大于个体利益、大利益优先于小利益的价值评判，就只能选择集体利益、大利益优先的原则，但也必须对个体利益、小利益受害者进行相应的补偿。村民会议做出的决议侵犯了少数人权益时，应当由谁对其进行补偿的问题是一个重要的难题。比如说，在一起拆迁事件中，大多数村民同意拆迁也同意相关的拆迁赔偿方案，而少数人不同意拆迁或者不同意拆迁赔偿方案，此时应当由谁对高于拆迁赔偿方案的赔偿金进行

---

① 李精娥：《从权利正义的角度论少数人权利保护》，《知识经济》2009 年第 2 期，第 20 页。
② 李文立：《少数人权利保护之正当性探析》，《贵州民族学院学报》（哲学社会科学版）2010 年第 3 期，第 98~103 页。

补偿。其他村民虽然是做出决定的共同主体,但是并非侵权的责任主体,当然不作为补偿主体。此时,应该让拆迁方与这些少数人进行协商,就高出赔偿额部分进行补偿。但是并非所有的拆迁方都同意这样的拆迁补偿办法,那么高出拆迁赔偿的金额经过合理计算,应当由国家给予补偿。如此才能最大限度地保护少数人的合法利益。总之,补偿机制不同于赔偿机制,赔偿机制的责任是侵权当事人,当侵权时的赔偿能力不足以弥补受害人的时候,应当将国家作为其权利补偿的主体。

2. 完善村民自治多数决衡平机制的制度辅助

(1) 发展农村经济以增强村民自治的经济基础

落后的农村经济,造成了大量的农村人口将时间和精力全部花费在经济建设、满足自己温饱问题上,间接导致他们没有足够的时间和精力进行农村事务管理。法律制度是社会的上层建筑,是由经济基础所决定的。要保障村民自治的高质量运作,经济上必须具备两个条件。一是日益强大的集体经济。村集体经济的发展壮大能够增强村民自治的吸引力和凝聚力,为村民自治提供坚实的经济基础;集体经济的发展,使村干部的补贴标准得到提高,在很大程度上也能够调动村干部的工作积极性。二是发达的市场经济是造就村民自治平等和民主意识的前提条件。发达的市场经济往往会导致人的依赖关系的解体,从而造就具有自主性、独立性的人格主体,而自主、独立人格的形成,是现代民主得以产生和发展的先决条件。[①]

(2) 优化农村政治生态以提高村民自治能力

农村传统政治文化的影响,是制约村民自治走向深入的关键因素之一,因此必须大力加强农村政治生态的构建,提高村干部整体文化程度、政治觉悟。[②] 首先,加大宣传教育力度,强化民主意识和法治观念。积极利用村内所有宣传工具,摆脱形式主义的宣传方式,认真做好宣传工作准备,引起人们思想上的真正重视。其次,完善村民自治法律制度,推动民主参与。制度的完善、更具可操作性和能够有效实施,将促进培

[①] 刘友田、林美卿:《对村民自治的实证研究》,《山东省农业管理干部学院学报》2008年第4期,第12~15页。

[②] 刘友田、刘洪仁:《村民自治是建设社会主义新农村的重要保障》,《前沿》2006年第9期,第201~206页。

育村民民主意识，有利于提高村民的政治参与能力。再次，抓好培训工作，建设高素质干部队伍。村干部是农村基层干部的主体，其素质高低与村民自治的实际运行息息相关。培养村干部队伍民主意识，掌握指导村民自治的基本知识，学会综合运用法治的方法开展各种村内活动。最后，开展思想政治教育事业，塑造村民合格政治主体地位。开展现代化思想政治教育活动，增强群众的民主与法治观念。

（3）加强农村文化建设以营造村民自治氛围

农村文化建设具有凝聚、规范、同化村民群体心理和行为的作用，加强农村基层文化建设是构建村民自治多数决衡平机制的内在要求，是建设社会主义新农村的重要内容。首先，加强农村文化建设，营造村民自治的氛围，有利于推动村民自治的发展。其次，加强农村文化建设，不仅可以提高村民的科学文化水平，还能帮助村民提高民主法治素养，有利于促进其积极参加村民自治，同时为村民自治输送大量的优秀人力资源。村民是村民自治多数决的真正实践者和受益者，村民科学文化素质的高低直接关系到农村的发展，并决定着社会主义新农村的建设成果。

（四）完善村民自治多数决衡平的监督制度

1. 人大监督制度

人大在我国属于权力机关，监督权是人大所享有的一项固有的权利。在少数人团体利益受侵犯时，可以请求人大机关对村民自治内容予以监督，保证少数人团体在村民自治中享有应有的权利，但是保证这种权利的享有在性质上的界定以及行使的程序，在法律上并没有做出明确的规定。因此，我们可以在村民民主选举推荐的过程中，加强人大的监督，这是人大监督救济的一个核心环节和关键领域。[1] 对于人大监督救济，可以分为事前的介入和事后的救济。事前的介入主要是指在选举开始前，人大应当积极监督，提前遏制可能出现的威胁、贿赂、伪造选票等不正当手段，并对破坏选举的行为人给予行政处理，情节严重的处以法律处分。人大的监督救济主要是事后的救济，即人大机关接受群众的举报，

---

[1] 莫纪宏：《在法治轨道上有序推进"全过程人民民主"》，《中国法学》2021年第6期，第5~24页。

审查村民自治中村民委员会选举的不适当的决定和命令,对于确有违反程序或者其他法律规定的,可以宣布选举无效,择期重选;而对于没有法律程序上错误的,应当对举报人的虚报、谎报给予批评教育,情节严重的给予法律惩罚,以实现对少数人团体的村民自治权的救济。与此同时,这样的审查救济还可以扩展到村民自治的其他侵犯少数人利益的不当事务的干预中。这种审查是事后的被动审查,其启动程序依靠村民的举报和申诉,因而,应该确保人大与村民密切联系,畅通民意表达的"快车道",加强信息传递,这一点主要体现在信访渠道的建设和保障上。各级人大代表应当重视信访案件,跟踪落实收集到的群众意见和诉求,针对侵犯村民利益的事件,应该责令相关部门及时处理纠正。同时,县级以上人大也可以成立调查委员会,自行行使调查权,并通过调查报告做出处理。

2. 社会舆论监督制度

社会舆论监督主要是多数人基于一定的需要和利益,针对特定的现实客体,通过言语、非言语形式公开表达态度、意见、情绪并通过一定的传播途径将交流内容进行传播。[①] 虽然说,社会舆论监督实际上只能间接促进权利救济,但是不可否认的是,社会舆论在保护少数团体利益中功不可没。当社会民众的持续关注形成一股强大的民意浪潮时,它对行政机关的冲击是巨大的。伴随高科技产品的不断更新,微博、微信等通信工具的兴起,社会舆论在传统媒体发展的基础上,在新兴媒体中发挥了更大的作用,这也使得舆论监督由过往的精英掌控走向了全民监督。同样,当少数人利益受侵犯之时,该群体可以通过社会舆论的方式,公开事情的真相,并由社会舆论媒体予以持续的关注,促使村民自治委员会严格遵照法律程序,按照法律的规定办事,使得事情的解决更加容易,切实保障少数人团体的利益。由此可见,村民利益的保护问题始终是关系党和国家全局的根本性问题,是影响我国改革、发展与稳定的重要因素,而村民自治中如何切实保障少数人群体的合法权益,更是与打造和谐发展的新农村和保障部分农民群众利益密切相关。在全面推进村民自治实现的路途中,社会舆论监督必不可少。

---

① 倪新兵:《论我国信访制度的困境与出路》,《岭南学刊》2012年第1期,第117~120页。

第七章　村民自治多数决下的少数人权益保护

一　婚姻关系新成员的权益保护

（一）婚姻关系新成员的界定

家庭是社会的基本细胞，也是农村的基本组成单位，婚姻又是影响家庭稳定的最直接因素。婚姻关系为农村集体组织带来了新成员，在一定程度上可以认为，新成员权益的保护直接影响着婚姻关系的稳定性，进而影响整个农村的政治、经济、文化建设。对新成员权益的保护的一个重要方面是农村集体经济组织成员资格的认定。从我国村民自治的实践来看，农村集体经济组织大多能形成调控自身成员资格的村规民约，有通过集体章程的形式加以明确的，也有虽未形成章程，但通过集体决议的方式以村社传统和成员众意为基础的。[①] 然而，无论是村规民约还是其他形式的集体决议，都是以少数服从多数为原则的村民自治制度的产物，熟人社会里的多数意见损害或是疏于考虑新成员的权益乃不足为奇之事。为促进婚姻关系新成员在村民自治多数决制度中的权利保障、权益保护，保证婚姻关系新成员的农村集体经济组织成员资格认定问题解决的公平性和正义性，防止多数决对新成员村民资格认定的专制弊端是婚姻关系新成员权益保护的第一性问题。从"农村婚姻关系——农村婚姻关系新成员——农村集体经济组织成员资格认定"这一逻辑可知，对农村婚姻关系的考察和农村婚姻关系新成员的界定是农村集体经济组织成员资格认定的基础和前提。

[①] 戴威：《农村集体经济组织成员资格制度研究》，《法商研究》2016年第6期，第84~94页。

1. 对农村婚姻关系的基本考察

婚姻是男女两性依照法律和社会风俗的规则建立起来的夫妻关系，作为一种人与人之间的关系，婚姻是一种特殊的社会关系，是两性结合的社会形式。① 顾名思义，家庭婚姻关系就是夫妻以家庭为单位，形成的双方以结婚并长久生活为目的、稳固的婚姻关系。自新中国成立特别是改革开放以来，我国女性得到了空前解放，农村妇女的地位发生了巨大变化。农村女青年可以自由选择婚姻，虽然一直存在"父母之命，媒妁之言"的羁绊和思想束缚，但是总体来看，恋爱自由、婚姻自由已经深入人心。农村婚姻形式也以主流的嫁娶婚，往嫁娶婚、赘婿婚、"并家婚"共生共存的方向发展，出现新型的婚姻关系。传统婚姻受男尊女卑观念的误导多以嫁娶婚为本位，男娶女嫁更是农村寻常百姓婚姻缔结的根本形式，但男女平等思潮的涌动、女性地位的稳步提高，加之国家婚育政策带来的独女户、双女户现象，同时现代婚姻对经济实力的高度关注，多种因素的催化撼动了嫁娶婚的地位，21世纪以来农村涌现出大量的赘婿婚和"并家婚"现象，并且日益增多，婚姻形式呈现多元化。

同时，农村新青年的婚姻观念和婚姻的大地域跨度使得现代农村婚姻关系呈现不稳定性。传统农村婚姻在客观条件上，由于交通不变，婚姻缔结受地域限制，大多在熟人社会中建立，通常形成周围几个村的通婚圈；在主观方面，在中华上下五千年文化潜移默化的熏陶下人们坚定信仰"百年修得同船渡，千年修得共枕眠"，因此，大多能维持比较稳固的婚姻。而今，由于交通便利，外出务工的农民数量不断增多，跨市、跨省的婚姻在农村已不罕见，不同地域带来的价值观不同以及婚姻自由观念的深入人心都为农村婚姻关系的不稳固埋下了隐患，加上农村劳动力向城市转移，引发了农村夫妻长期分居问题，这些都加剧了农村婚姻的危机。此外，农村中开始出现闪婚的现象，男女双方缺乏足够了解和深厚感情基础，婚姻很难维持长久，闪婚容易带来闪离，在此引用一组关于2001~2011年农村闪婚闪离的数据（见表7-1）。多因素的催发使得农村婚姻关系越发趋向于不稳定性。

---

① 魏可欣：《论婚姻利益及其法律保障》，硕士学位论文，郑州大学，2006。

表 7-1　2001~2011 年各地闪婚与闪离现象

单位：人

地域	自然村人口	2001~2011年闪婚数量	2001~2011年闪离数量
苏北孙建村	206	15	11
苏北修南村	289	12	5
皖中鲍大郢	242	6	3
鄂东花湾村	165	3	0
鲁西北章村	900	4	0
赣中毕家村	1100	17	1
豫南孙桥村	156	5	2

资料来源：王会、欧阳静《"闪婚闪离"：打工经济背景下的农村婚姻变革——基于多省农村调研的讨论》，《中国青年研究》2012 年第 1 期，第 57 页。

由于农村婚姻关系的不稳固趋势，相应的婚姻家庭新成员的人身关系和财产关系在法律上也出现经常变动的情形。这种法律关系的变动性，表现在婚姻家庭新成员的身份确定、父母子女关系、财产继承、因集体财产变动而产生的重新分配、村民自治事务的参与等方面也日趋复杂。这种不稳定的农村婚姻关系也成为近年来农村矛盾纠纷的重要源头，如何从法律制度层面进一步有针对性地完善相关立法、加强司法资源的供给、创新农村基层矛盾纠纷解决的体制机制，也是近年来社会各界关注的焦点问题。前述福建省泉州市鲤城区人民法院在这方面无疑有了成功的尝试，将"枫桥经验"[1] 进一步发扬光大。

2. 农村婚姻关系新成员的基本范畴

妇女地位的提升带来婚姻形式的多样性，使得婚姻关系视角下的新成员不再呈现单一化，新娶媳妇和"新入赘女婿"成为农村婚姻关系新成员的两大鲜明类别。对于婚姻关系新成员，也有学者认为应当包括新娶媳妇、"新入赘女婿"婚后所生育的子女。笔者认为，尽管新生子女符合"新成员"的标准，但婚姻关系属于其产生的基础因素，

---

[1] 20 世纪 60 年代初，浙江省绍兴市诸暨县（现诸暨市）枫桥镇干部群众创造了"发动和依靠群众，坚持矛盾不上交，就地解决"的"枫桥经验"。1963 年毛泽东亲笔批示"要各地仿效，经过试点，推广去做"。2013 年 10 月习近平就创新群众工作方法做出重要指示，强调"把'枫桥经验'坚持好、发展好，把党的群众路线坚持好、贯彻好"。

并不是直接因素,"新生子女"更接近于基于生育关系形成的新成员。因而,我们对婚姻关系新成员的界定是仅包括新娶媳妇和"新入赘女婿"两类。

(1) 新娶媳妇的范畴

新娶媳妇的表述在学界使用较少,通常描述为"外嫁女",二者实际上是从娘家和婆家两个不同角度对同一主体的称谓。因而,新娶媳妇的概念和范围可参考沿用"外嫁女"的界定。"外嫁女"的概念有广义和狭义之分,狭义上的概念指与村外人结婚,户口留在本村或户口迁出后又迁回本村的妇女;广义上的概念还包括嫁入本村、户口也迁入的"内嫁女",离婚或丧偶的外嫁妇女,入赘女婿,以及上述人员的子女等。[①] 由此,我们认为,对新娶媳妇的概念应借鉴"外嫁女"的广义内涵较为合适:与村外人结婚,户口留在本村或迁入配偶村、离婚或丧偶的妇女。具体包括:①嫁入本村但不迁入户口的妇女;②嫁入本村且户口也迁入的妇女;③嫁出本村后户口又迁回本村的妇女;④未迁出户口的离婚妇女等。

(2) "新入赘女婿"的范畴

"新入赘女婿"是赘婿婚的产物,在民间通常称为"上门女婿",是对赘婿婚中男方的一种称呼。"新入赘女婿"与新娶媳妇的区别仅在于性别,因而我们认为,"新入赘女婿"的界定应与新娶媳妇大同小异,指与村外人结婚,户口留在本村或迁入配偶村、离婚或丧偶的男性。具体包括:①入赘本村但不迁入户口的男性;②入赘本村且户口也迁入的男性;③嫁出本村后户口又迁回本村的男性;④未迁出户口的离婚男性等。相比于新娶媳妇,"新入赘女婿"的地位不高容易受到来自两方面的歧视,一是来自女方家族集团中的人,二是来自整个村落社区中的人。[②] 他们不仅在精神上有很大压力,大多数人还受到族中人的歧视,因而作为婚姻关系新成员的"新入赘女婿"权益更易受到侵害。

[①] 孙海龙、龚德家、李斌:《城市化背景下农村"外嫁女"权益纠纷及其解决机制的思考》,《法律适用》2004年第3期,第26~30页。

[②] 云霞:《当代中国农村招婿婚姻研究述评》,《合肥学院学报》(社会科学版)2009年第4期,第23~27页。

(二) 婚姻关系新成员农村集体经济组织成员资格的分析

农村集体经济组织是对集体资产独立进行管理、使用、收益、处分，对集体土地享有所有权的一种经济组织。其成员的身份是唯一的、封闭的，需具备一定的条件才能享有，加入和退出均需要民主程序表决，财产来源是以集体所有的土地为基础的公共积累。[1] 本村村民是成为农村集体经济组织成员的必要不充分条件。对农村集体经济组织成员资格的认定关系到本村村民的土地权益、政治权利等切身利益。

1. 农村集体经济组织成员资格的认定现状

（1）农村集体经济组织成员资格的取得

通过对中央立法的考察，发现有关农民切身利益的几部法律，比如《土地管理法》《农村土地承包法》等，都使用了农村集体经济组织的表述，但对集体经济组织的成员认定均未做出明确规定。最高人民法院发言人在2005年公布《关于审理涉及农村土地承包纠纷案件适用法律问题的解释》的新闻发布会上指出，由于农村集体经济组织成员的资格关系到全国村民基本的民事权利问题，根据《立法法》第四十二条第一款的规定，其解释权在全国人民代表大会常务委员会。因此最高人民法院根据《立法法》第四十三条的规定，建议全国人民代表大会常务委员会对农村集体经济组织成员的资格做出立法解释与相关规定。

通过对地方立法的考察，发现我国对农村集体经济组织成员资格认定的省级立法规范可分为两种：一种以农村集体经济组织为专门调整对象，将成员资格作为其组成部分予以规定，如《浙江省村经济合作社组织条例》；另一种是为具体实施《农村土地承包法》，以农村土地承包经营权为调整对象，将成员资格作为享有该权利的基础予以规定，多以省级人大制定实施办法的形式出现，如安徽、陕西、湖北、浙江、内蒙古等省、自治区。通过分析可得，对户籍有要求是各地方法规的共同规定，即必须具备农村集体经济组织所在地户籍，大致可以区分为两类：一类是仅规定了户籍要素，以安徽省为代表；另一类是在户籍基础上还要结合其

---

[1] 吴春香：《农村集体经济组织成员资格界定及相关救济途径研究》，《法学杂志》2016年第11期，第45~50页。

他要素，如与既有成员的亲缘关系、权利义务关系、劳动能力等（见表7-2）。其中与既有成员的亲缘关系主要有子女关系、配偶关系。同时也有部分省、自治区、直辖市赋予集体自主决定权，即认可集体经济组织可通过合理程序，以自治方式接纳其他人员为其成员，如陕西、辽宁、内蒙古。

表7-2 农村集体经济组织成员身份认定类别列举

类别	法规名称	法条规定
户籍	《安徽省实施〈农村土地承包法〉办法》	第八条 符合下列条件之一的本村人员，为本集体经济组织成员：……（五）其他将户口依法迁入本村的
户籍+亲缘关系	《浙江省村经济合作社组织条例》	第十七条 户籍在本村，符合下列条件之一，且遵守村经济合作社章程的农村居民，为本村经济合作社社员：……（三）与本社社员有合法婚姻关系落户的
户籍+权利义务关系	《广东省农村集体经济组织管理规定》	第十五条 ……户口保留在农村集体经济组织所在地，履行法律法规和组织章程规定义务的，属于农村集体经济组织的成员
户籍+劳动能力	《湖北省农村集体经济组织管理办法》	第十五条 凡户籍在经济合作社或经济联合社范围内，年满16周岁的农民，均为其户籍所在地农村集体经济组织的社员

"我国农村集体经济有效实现的法律制度研究"课题组对全国12省36个普通村的调研成果显示，在农村集体经济组织成员的资格取得上，几乎接近全数的受访农民表示本村采用了户籍标准，包括具有村集体所在地户籍的村民及其子女；大约60%的受访农户认可通过集体决议确定成员资格的方式；仅58.6%的受访农户表示基于婚姻关系的新成员可以接纳为集体经济组织成员，但接纳程度亦体现了较强的地域性：在湖北，认可这一方式的受访农户占91.4%；而在广东，这一比例仅为38.9%。[①] 可以发现，户籍标准仍在农村集体经济组织成员资格的认定中占据了主导地位。

（2）农村集体经济组织成员资格的丧失

农村集体经济组织成员资格并非永远不变，资格丧失便意味着相关

---

① 陈小君、高飞、耿卓：《我国农村集体经济有效实现法律制度的实证考察——来自12个省的调研报告》，《法商研究》2012年第6期，第44~55页。

权利义务也随之终止。从我国立法规定和农村实践考察的分析中可得，农村集体经济组织成员资格的丧失一般包括以下几种因素。

一是经济组织内成员的死亡。公民在死亡后，其民事主体资格归于消灭，便不再享有任何权益。主体行为能力的消失伴随其集体经济组织成员资格的消灭，理所当然不再享有任何权利以及不再承担义务。

二是成员户口的"农转非"。依据我国《农村土地承包法》第二十七条第二款和第三款规定①，成员户口由农业户口转为非农业户口的，如成为城镇企业职工的，则享有城镇的社会保障，因为一个公民不能同时享有两份社保，其农村集体经济组织成员资格便自动消灭。

三是加入其他集体经济组织。依据资格界定的唯一性原则，任一村民只能拥有一个农村集体经济组织的成员资格，在加入其他集体经济组织的那一刻，其在本地的经济组织成员资格也就相应消失。

四是农村集体经济组织终止或解散。因国家政策重大调整、国防建设或巨大自然灾害等原因，成员所在集体经济组织终止或解散的，其成员资格也随之丧失。但与此同时，在新产生的集体经济组织中，成员可以取得新的集体经济组织成员资格。

2. 婚姻关系新成员的农村集体经济组织成员资格的认定

（1）户口迁入的婚姻关系新成员

从我国农村集体经济组织成员认定的立法现状来看，我国婚姻关系新成员农村集体经济组织成员资格的认定缺乏上位法的规制；地方立法普遍采用"户籍+婚姻关系"的复合认定标准，即户口迁入本村且与本集体既有成员形成婚姻关系的外来人员可以取得本村集体经济组织成员身份，并以地方性法规的方式发布，如《浙江省村经济合作社组织条例》第十七条的规定。

从上述对农村集体经济组织成员资格的农村实践考察中，可以发现各地对婚姻关系新成员村集体经济组织成员资格的认定呈现出地方特色，《湖北省农村土地承包经营条例》中规定：因合法婚姻户口迁入本村的

---

① 《农村土地承包法》第二十七条第二款规定："国家保护进城农户的土地承包经营权。不得以退出土地承包经营权作为农户进城落户的条件。"第三款规定："承包期内，承包农户进城落户的，引导支持其按照自愿有偿原则依法在本集体经济组织内转让土地承包经营权或者将承包地交回发包方，也可以鼓励其流转土地经营权。"

认定为集体经济组织成员,这一规定受到91.6%受访者的认可;而在广东省这一做法的接受度仅达到38.7%;总体上仅有大约半数的受访者认可将成员配偶接收为本集体成员。① 尽管立法有对婚姻关系新成员的村集体经济组织成员资格做出规定,但在法治程度还不高、实行村民自治制度的农村,婚姻关系新成员的农村集体经济组织成员身份认定与群众认可度紧密相连,在多数决的集体决议中实际做法和法律规定会出现偏差,户口迁入的婚姻关系新成员在村集体经济组织成员身份的取得上依然存有不利因素。

(2) 户口未迁入的婚姻关系新成员

由于地方立法大都对基于婚姻关系并且户口迁入本村的新成员,即新娶媳妇、"新入赘女婿"的本村集体经济组织的成员身份认定做出正面规定,但是前文论述中提到新成员还包括因合法婚姻户口未迁入本村的新娶媳妇、"新入赘女婿",就目前的立法而言,均无对此类新成员的农村集体经济组织成员身份做出规定。在实践中,村集体经济组织对婚姻关系新成员的接受要求以户口为标准,户口未迁入本村的难以取得本村集体成员身份,但又面对部分农村固有观念——"嫁出去的女儿泼出去的水",外嫁人员应界定为嫁入村集体成员的局面,基本未将已经结婚但户口在本村的外嫁人员登记在册,最终形成户口未迁入的婚姻关系新成员既丧失户籍地的村集体经济组织成员身份,又无法取得嫁入地的村集体经济组织成员身份,成为无集体人员。

(三) 婚姻关系新成员权益的阐释

1. 农村婚姻关系新成员权益确立的基本原则

新成员权益确立的基本原则,是指"新成员权益"的确立过程中所应当始终贯彻的某些重要原则,并且这些原则通常能够反映出新成员权益的重要特点。学界目前虽未有对此的归纳和总结,但并不意味着关于新成员权益确立的基本原则不重要。反之,通过梳理这些基本原则能够帮助明确和理解"新成员权益"的概念。以社会弱势群体权利的法律保

---

① 戴威:《农村集体经济组织成员资格制度研究》,《法商研究》2016年第6期,第84~94页。

障为切入视角,结合现有资料对新成员权益确立的基本原则进行归纳和总结,我们认为,具体包括合法性原则、平等原则、公序良俗原则、村民自治原则四项原则。

(1) 合法性原则

一般认为,合法性原则在此处可分为广义和狭义两方面来理解。狭义上,合法性原则指新成员权益虽未有明确的法律规定,但是这一权益的提出也未违背《宪法》等法律的规定或相关政策精神。广义上,合法性原则还包括未来在新成员权益方面的立法中,不得违反《宪法》等法律的规定或相关政策精神,同时包括与新成员权益相关的执法、司法和守法过程中的合法性规则。可见,在新成员权益确立这一问题上,采用广义上的理解是比较适宜的。

新成员权益存在的合法性是新成员各项权益保护的前提,只有在新成员权益在合法的前提之下,才能更好地探讨并维护这些新成员的各项权益。

(2) 平等原则

此处的平等原则是指法律上的平等,而非事实上的平等。法律上的平等更关注实质平等,但却不等于实质平等。国内许多学者往往容易混淆这一点,动辄就要以倾向性保护的观点去涵盖所有相关的问题。应该注意的是,法律意义上的平等是指,同等情况下的同等对待。①

平等原则要求在新成员权益保护的相关立法、执法和司法方面应当同样对待,但允许合理性的差别。中国地域广阔,各地农村的情况差异较大,就农村婚姻关系新成员的情况而言,因各地经济、政治、文化以及传统环境并不一致,所以在立法、执法和司法的过程中做出适当的调整是合理的,但应当保证在具体的、同等的情况之下的平等执行。反思当前新成员的合法权益遭受侵害往往是因为新成员某项"合法"权益未得到法律意义上的平等对待。因而,在确立新成员的具体权益时,必须要将平等原则纳入其权益确定的基本原则之列。

(3) 公序良俗原则

公序良俗原则,又称为"公共秩序与善良风俗原则"。作为民法的

---

① 袁纲:《农村外嫁女权益保护的思考》,《法治论坛》2011年第1期,第82~90页。

一项基本原则，公共秩序是指国家或者社会发展所要遵从的一般秩序和规则，所体现的是国家和社会的公共利益。善良风俗则是指一般性的道德，体现的是人类行为的一般准则。① 在社会生活中，往往需要在国家利益、社会公共利益与个人权利或利益之间寻找到两者的契合点。新成员权益的确立所要寻找的正是妇女权益与国家利益以及社会公共利益之间的平衡。新成员权益兼具公法和私法的属性，对新成员权益的保护在公法领域中所涉及的问题仍然需要私法领域中的公序良俗原则予以规制。例如，在村民自治的过程中，新成员与村民委员会或者村民自治组织并非处于一个平等的地位，但是在新成员参与决策的过程中或者"被决策"的过程中，这些决策就应当符合公序良俗的内涵，否则即使是形式上达到合法要求，在实质上也会被认定为违法决策。因此，在新成员权益确立的过程中，该原则是一项基本原则。

（4）村民自治原则

村民自治是我国农村基层民主的重要内容，也是实现农村直接民主管理的重要形式。据相关的调查，新成员权益屡遭侵害的重要原因也要归结于村民自治过程中的"不合法"。但是，不难发现国内学者在分析农村婚姻关系新成员土地权益保护的问题时，多将侵权的"罪责"归于农村村民自治制度本身，这是一种错误的解读。胡锦涛同志在党的十八大报告中曾提出"制度自信"，而村民自治是中国特色社会主义理论下具有中国特色的民主制度，是实现农村民主来之不易的制度。② 重新审视新成员权益保护问题，不难发现，问题并不在制度本身，而在执行的过程中。新成员权益原则及其具体内容的确立必须要依托于村民自治这个坚实的基础，因此村民自治这一原则也必定始终贯穿新成员权益保护的相关问题讨论中。

2. 农村婚姻关系新成员权益保护的主要内容

前述内容中已经提及新成员权益的主要内容涉及政治、经济、文化

---

① 许芃：《公序良俗原则适用之法理学思考》，《法制与社会》2013年第24期，第13~14页。
② 2012年11月，胡锦涛同志在党的十八大报告中提出"三个自信"，即道路自信、理论自信、制度自信。他指出，"三个自信"源于对中国特色社会主义的坚定信念，是对全党全国各族人民精神状态的新要求。

等方面的权益。政治权益对新成员而言,主要体现为基础性的权益,而经济权益和文化权益则更多体现为发展性的权益。从新成员权益的保护现状以及学者对新成员权益的探讨来看,对于新成员在政治和经济方面的权益保护问题有所侧重,因为总体而言,这两种权益在农村的现实环境中是最容易遭受侵害的。

(1) 政治权益

在政治权益方面,随着基层民主建设在农村的普遍实践,新成员的政治权益是否能在农村基层民主法治实践的进程中得到有效保障,是学者较为关心和重点讨论的地方。

一般认为,新成员的政治权益主要是指,在村民自治中,新成员有权选举或者被选举为自治组织的干部,并有权参与对新成员的政治、经济和文化等重要事项的决策,有对部分农村事务进行管理、对村民自治组织进行监督的权利。在此需要说明的是,第一,新成员的政治权益来源于我国公民资格权利的发展。公民资格的发展在一定意义上可看作普通公民与权力精英之间通过权利的行使和权力的让步来管理社会的妥协产物。[1] 迈克尔·曼(Michael Mann)对公民资格权利的发展之原因阐释为:精英社会中统治阶级将公民资格作为统治策略从上到下推行。[2] 新成员的政治权益的基础在于其公民资格及权利的确认。第二,新成员的选举权和被选举权是村民自治机制运作的首要保障。村民自治实践通过选举、决策、管理和监督等环节将部分农村的精英人物纳入村级治理的制度化轨道中,使一些利益矛盾得到解决,一定程度上消解了利益矛盾加剧的可能。[3] 村民自治实践的第一步是"海选"农村的精英人物。村民自治组织中的决策实际上是一种"精英们"的多数决,在利益诉求的制约下,决策结果很可能与新成员的权益诉求是背道而驰的。一般认为,村民自治组织(如村民委员会、村集体经济组织等)具有"政府"的形象和部分功能,因为村委会一般会被授权或经委托对某项农村事务实施

---

[1] 〔英〕安东尼·吉登斯:《民族-国家与暴力》,胡宗泽、赵力涛译,生活·读书·新知三联书店,1998,第7~8页。

[2] Michael Mann, "Ruling Class Strategies and Citizenship," in Bryan S. Turner and Peter Hamilton, eds., *Citizenship: Critical Concepts* (London: Routledge, 1994), pp. 63 – 79.

[3] 褚松燕:《权利发展与公民参与:我国公民资格权利发展与有序参与研究》,中国法制出版社,2007,第230页。

相应的行政管理工作，行为产生的实质性影响施加于包括新成员在内的普通村民。公民参与决策的事项往往也就是某些能对公民产生实质性影响的决策性事项，新成员参与决策对村民的政治、经济和文化等方面的权益产生实质性影响或者有利害关系也是一项政治权益。

(2) 经济权益

目前，我国学者对新成员的研究普遍将重点放在对新成员的经济权益的研究，较为常见的是农村土地权益和经济收益权益的研究。我国学者陈小君教授在《走在乡间的小路上（代前言）——漫谈我国农村土地法律制度之"四面墙"》一文中，形象地将目前我国农村土地法律制度存在的四个主要问题，即农民的法律地位问题、农村土地权利结构的配置问题、农村土地权利的运行体系问题以及农村土地权利的救济问题比作城堡的四个坚硬的墙壁。的确，目前在新成员的经济权益中，农村土地权益保护方面的问题备受关注，但是就新成员的经济权益本身而言，概念的外延是非常广泛的，在此只阐释容易引发纠纷的相关经济权益。经过相关的整理，可以把新成员的经济权益大致分为以下几种。

第一，土地承包权和土地承包经营权。这里探讨的土地承包权是狭义的农村土地承包权。一般而言，土地承包权是指农村集体经济组织成员依法承包由本集体经济组织发包的农村土地的一种权利。该权利的取得与农民身份的权利和农民集体成员资格是相匹配的。[①] 因此，非本集体经济组织成员虽然通过土地承包权流转获得土地承包经营权，但不能理所当然地取得承包权。基于此，新成员一般需要具备婚姻居住地村集体经济组织成员身份才享有在该村的土地承包权。土地承包经营权是指权利人对其承包经营的农村土地依法享有占有、使用、收益的权利，除了处分权能受到较多限制之外，已与所有权区别不大，与身份利益没有任何关联，属于财产权。[②] 村集体经济组织成员资格—土地承包权—土地承包经营权是新成员享有土地承包经营权的内在逻辑。

《农村土地承包法》对土地承包的主体、条件、程序等都做出了具

[①] 罗志文：《土地产权、村庄治理与征地补偿费分配》，博士学位论文，南京农业大学，2015，第5页。

[②] 丁文：《论土地承包权与土地承包经营权的分离》，《中国法学》2015年第3期，第159~178页。

体规定，这些规定也是新成员土地承包权益的主要依据。按照该部法律的规定，土地承包分为家庭承包和其他方式的承包两种形式。家庭承包的承包方只限于本村集体经济组织内的农民或农户，非本集体经济组织的农民和农户则不能成为家庭承包的主体。其他方式的承包是除家庭承包以外的，不宜采用家庭承包方式的荒山、荒沟、荒丘、荒滩等农村土地，这种性质的土地发包需要通过招标、拍卖和公开协商等方式进行。①

第二，征地补偿款的分配权益。在农村的社会保障制度尚未全面建立的情况下，目前土地仍然是新成员生活的最基本的生活保障。征地补偿款是农村集体因土地被征收而获得的增值收益，包括土地补偿费、安置补助费、青苗和地上附着物补偿费。现行的征收补偿标准中的征地补偿安置，是针对农村集体经济组织和农民（包括其他合法使用集体土地的单位和个人）而言的。因此，有关农村集体经济组织所得的征地补偿款的分配问题一直是新成员经济权益的核心问题之一，也是近年来学者较为关注的问题之一。

2005年9月1日起施行的《最高人民法院关于审理涉及农村土地承包纠纷案件适用法律问题的解释》第二十四条规定："农村集体经济组织或者村民委员会、村民小组，可以依照法律规定的民主议定程序，决定在本集体经济组织内部分配已经收到的土地补偿费。"结合我国《村民委员会组织法》第十九条关于"须经村民会议讨论决定的事项"之规定，可以得出这样的结论：有关农村征地补偿款的分配问题属于农村村民自治的范畴。那么新成员在征地补偿款的分配上是如何享有相关权益的呢？很明显，辨别"新成员"是否属于农村集体经济组织的成员就成为征地补偿款分配问题的关键所在。而这一关键点也正是新成员在面对征地补偿款的分配收益纠纷时认定相关权益的最主要依据。

第三，股权分配和分红等权益。为推进农村集体经济体制的完善，经济较发达的地区施行农村集体产权制度，以股份合作社为普遍模式，在坚持集体所有制的前提下，以集体所有的资产投入，量化成股份，分配给村集体成员，并以股份为依据分配收益，在判断本集体成员时，主

---

① 丁关良：《土地承包经营权若干问题的法律思考——以〈农村土地承包法〉为主要分析依据》，《浙江大学学报》（人文社会科学版）2004年第3期，第28~35页。

要以户籍为依据。① 近年来，各地关于新成员因户籍制度的限制而无法成为农村集体经济组织成员，进而无法获得嫁入村的集体经济组织的股权分配或者分红。2014年7月，国务院印发的《关于进一步推进户籍制度改革的意见》（国发〔2014〕25号）提到，户口登记制度将取消农业户口与非农业户口之间的性质区分，统一登记为户口居民。农村资产的主要来源是村集体土地，股权的固化是对《农村土地承包法》中关于"增人不增地，减人不减地"原则的贯彻。② 新成员的股权分配和分红等权益应当落实，但原农村集体经济组织的权益也应当受到法律的保护。因而，新成员股权分配的解决机制实际上是新成员权益与原农村集体经济组织权益的平衡。原来农村的股权分配是以地域（户籍）作为唯一的依据，各地进行的股权制探索，诸如股权固化或者股权确认等③，是有效地解决新成员资格问题的新方式。

第四，宅基地分配权益。根据《民法典》第三百六十二条和第三百六十四条之规定，新成员的宅基地分配主要包括两种情况，即初始分配和重新分配。初始分配指的是，根据农村集体内部成员的初次申请而分配得到的宅基地使用权。重新分配则是，在自然灾害发生后，由于原宅基地不可能用于建设住宅，其使用权被消灭。作为一种基本的保障模式，须对丧失居住条件的农村集体经济组织成员提供新的宅基地，应当按照规定的标准分配给仍属于本集体且丧失基本居住条件的村民。由此，无论是初次分配抑或是重新分配，都限定于本村集体经济组织成员之范畴。因而，新成员的宅基地分配权益的关键在于集体成员资格之认定。

第五，农村社会福利。由于目前我国农村的社会保障制度尚未真正建立起来，需要澄清的是，"社会化福利"和民政部所提的"社会福利社会化"在概念的理解上有很大的不同。就现实的状况而言，"社会化

---

① 邱秀娟：《农村股份合作社股权设置与流转问题探析》，《公民与法》（法学版）2016年第3期，第48~51页。
② 段思午：《东莞农村股权探索转让或购买》，《南方日报》2015年3月23日，第DC01版。
③ 李程、袁嘉雯、谢校炜：《农村户口迁出仍可参与分红》，《羊城晚报》2014年12月5日，第FA22版。

福利"这一概念更符合农村的实际发展状况。① 因此,新成员的农村社会福利应该采取狭义上的理解,通常包括农村集体医疗合作、养老保险、农村低保、农村子女教育(如入托、入学)方面的权益。

(四)村民自治多数决对婚姻关系新成员权益的侵害及其原因

1. 村民自治多数决对婚姻关系新成员权益的侵害

在村民自治的实践中,探寻婚姻关系新成员权益保护的一些问题需要站在法律的一般原则层面来审视。约翰·罗尔斯认为,任何一个人基于正义的精神都享有不可侵犯的利益。即便是为了集体的整体利益,也不能以任何方式剥夺个人的利益,以大部分人享有的利益来弥补少部分人的利益是不正义的。② 因此,即便是出于村集体整体利益的考虑,村民委员会也要听取少数人的意见,兼顾少数村民的利益。在村民自治中,少数服从多数的治理方式无须要求村民具有一定的知识水平,只需村民从个体利益出发,考虑其参与决定的事项是否符合其个人利益。当大多数村民都对关乎其利益的行为做出同一决定时,该决定因体现大多数人的利益诉求而被认为是合法的。由于多数决未全面考虑所有人的利益,婚姻关系新成员的权益可能会受到损害,或者存在多数村民为自身利益,故意损害婚姻关系新成员利益的现象。

(1)侵害婚姻关系新成员的政治权利

新成员的政治权利是指新成员对村民自治组织的干部享有选举权和被选举权,并有权参与对新成员的政治、经济和文化等重要事项的决策,有对村务进行管理、对村民自治组织进行监督的权利,涉及村民自治中的"四个民主"的基本内容,即民主选举、民主决策、民主管理、民主监督。在村民自治的实践中,多数决贯穿民主选举和民主决策的整个过程,以二者为考察视角,发现我国村民自治多数决确实会侵害婚姻关系新成员的权益。

第一,选举权与被选举权。男权思想在我国上下五千年的传统文化中根深蒂固,文化水平稍微低下的农村构筑起了以男性为中心的政治文

---

① 徐道稳:《农村社会福利的制度转型和政策选择》,《广东社会科学》2006年第4期,第185~190页。
② 〔美〕约翰·罗尔斯:《正义论》,何怀宏等译,中国社会科学出版社,1988,第47页。

化，农村妇女参与民主选举本就受到传统文化的阻碍。妇随夫居是我国自古以来的传统，除了入赘，绝大多数农村地区实行的婚姻迁徙制就是妇女结婚以后要到所嫁入的村里去居住、生活。在这种情况下，新媳妇相对于其丈夫而言生活在一个完全陌生的环境之中，从区位上来说的确是个随从者。① 新娶媳妇需要一段相当长的时间去认识新村落的村民，村民对新娶媳妇的了解同样也需要一定的时间。外来性无疑给新娶媳妇选举权和被选举权的行使增设了更为不利的因素，其意志在多数决的选举结果中难以得到表达。

新成员选民资格的认定问题是新成员选举权与被选举权实现的逻辑起点和首要步骤，以村民自治多数决的方式剥夺新成员选举权与被选举权构成了对公民基本权利的侵犯。我国《村民委员会组织法》第十三条第二款第三项规定，无户口人员获得选举的资格需要同时符合两个条件：一是在该村居住一年以上，二是本人申请参加选举并经过村民会议或者村民代表会议同意。也就是把户口未迁入配偶所在村的婚姻关系新成员的选举资格交由村民会议或村民代表会议决定，赋予了村民自治组织很大的自由权衡空间，并且没有明确自由权衡时所依据的条件。人们参加选举并不是出于政治性的目的而仅仅是为实现自身的利益，新成员为保障自身利益的实现而参加村委会选举并无不当，法律限定一年的期限本就欠缺妥当。② 在满足居住年限的基础上再苛以经决策机关多数决同意的要求是变相对新成员选举权的侵害。即使决策机关的多数成员不同意满足居住年限的新成员的选举参与申请，也不得做出新成员不列入选民名单的决定，新成员的选举权只能自己放弃，他人不得借以任何方式剥夺。

在选举中，若选举举行在新娶媳妇取得对整个新村村民的认识之前，村民对初来乍到的新娶媳妇亦是知悉甚少，新娶媳妇选举权和被选举权都不能得到实质意义上的实现，其意愿在村委会成员或村民代表的选举中得不到表达，其权益保护在后续以少数服从多数为原则的集体决议中难以被充分考量。在选举之前，首先要成立选举委员会，选委会负责组织村民选举活动，其成员的产生是村民按照少数服从多数的原则推举出

---

① 费孝通：《乡土中国　生育制度》，北京大学出版社，1998，第 72 页。
② 陈晓汕、丁国民：《村民委员会选举多数决制度衡平研究》，《三明学院学报》2014 年第 1 期，第 12~16 页。

来的。由于村民对新娶媳妇的不熟悉，推选其担任选举委员会的可能性几乎为零。基于同样的理由，新娶媳妇也不可能获得多数村民的支持被推选为候选人，成为村委会成员亦缺乏可能性。村民自治多数决直接把新娶媳妇剔除在选举委员会成员、候选人、村委会成员的范围之外。同时，在选举中，由于陌生环境，新娶媳妇会采取两种态度：一是放弃参与新村落的村委会选举，基于对新村民的不熟悉主动放弃，本质上是客观因素作用的结果；二是盲目地跟风投票，缺乏对自身利益保护的充分考量，形式意义上选举权的行使将会滋生投票选举的村委会无法保护选举人权益的恶果。

若是选举举行在新娶媳妇取得对整个新村村民的认识、村民对新娶媳妇也具备一定的了解之后，新娶媳妇虽然可以较为理性地行使选举权，但依然无法克服多数决弊端进而实现选举权和被选举权。新娶媳妇经过在新村落一定时间的生活对候选人情况有相当的了解，可以理性行使选举权，依据自身判断理智地把选票投给关注婚姻关系新成员权益保护的候选人，实现实质意义上选举权的行使。但法治程度相对不高的农村，宗族势力和派别现象仍比较严重，这些势力和派别往往人数众多，容易通过各种途径在多数决中控制选举，使得一些公道正派的人因势单力薄而在选举中难以当选。[①] 即使新娶媳妇能确保其投票的候选人能够真正代表外来媳妇这一群体的意愿，但投票人数上的小占比导致其意向候选人无法成功当选村委会成员。同时，新娶媳妇的被选举权也易受到多数决的侵害。尽管新娶媳妇始终难以获得和男性平等的地位，但不能否认新娶媳妇这一群体中也不乏有能力的女性。综观历次村委会选举中鲜有选取妇女担任村主任、副主任的情况，妇女顶多是当选为妇女主任。[②] 妇女当选的情况已是罕见，新娶媳妇当选的低可能性自不必说。究其原因，村民自治的多数决原则是一大因素，新娶媳妇本身是外来人员，对于熟人社会和保守观念明显的农村，村民的排外性以及新娶媳妇群体人数占比小，导致即使新娶媳妇的各方面素质优于其他候选人，其获得的

---

① 龙立：《村民自治背景下的村霸治理》，《西南民族大学学报》（人文社会科学版）2012年第4期，第33~36页。

② 王瑜：《关于农村妇女参与村委会选举问题探究——以S省Q村为例》，《广西教育学院学报》2017年第5期，第56~59页。

选票也是极少数的，难以成功当选。

本课题组于2018年7月中旬前往福建省武夷山市的调研结果也显示，婚姻关系新成员的选举权和被选举权受到村民自治多数决的限制。

本次调查共发出《婚姻关系新成员问卷》302份，共收回265份，有效问卷为235份。对收回的有效问卷进行统计分析，结果显示，本次调查中，调查对象中的女性比例略高，男性为87人，女性为148人，其中已婚男性为52人，女性为107人。为更直观地说明问题，以已婚村民为对象，对参与原村落和本村落的民主选举进行数据分析，结果如表7-3、表7-4所示。

表7-3 婚后参加原村落的民主选举情况

单位：人

次数	男性	女性	总计
0次	42	73	115
1~3次	9	21	30
3~5次	0	8	8
5次及以上	1	5	6

表7-4 婚后参加本村落的民主选举情况

单位：人

次数	男性	女性	总计
0次	10	34	44
1~3次	5	11	16
3~5次	3	16	19
5次及以上	34	46	80

从表7-3、表7-4的统计情况来看，在选举问题上，呈现出超过一半的婚姻关系新成员表示婚后没有回到原村落参与选举活动，比例为72%，这一比例中又以女性居多，女性数量接近男性的2倍。

第二，重大村务决策参与权。民主决策对破解农村治理难题、制定村内利益分配方案具有重要意义，也是村民自治多数决原则体现最为明显的地方。新成员享有参与村民自治决策的资格是新成员权益保护的前提条件，但是多数人意志的决策结果有时会侵害婚姻关系新成员重大村务的决策参与权。

需要强调两个问题,一是,从参与主体来看,新成员既可以以个人或者由数人组成的小团体为名义参加,也可以在农村中依托其他组织的参与而进行参与决策,如农村中的工会、共青团和妇联等组织的群体性决策参与;二是,并不是所有的事项均需要新成员来参与决策。村民自治组织对村庄的管理涉及大大小小、方方面面的事,村民参与决策的事项往往也就是某些能对公民产生实质性影响的决策性事项。因此,需要新成员参与决策的事项也主要是能够对新成员的政治、经济和文化等方面的权益产生实质性影响或者有利害关系的事项,如村庄的选举事项、村落土地承包经营事项、村规民约的制定、本村土地征收补偿款的分配等。

理论上,村民自治多数决对新成员重大村务决策参与的侵害主要表现为两种情形:一是以多数决的形式阻碍新成员所有重大村务的决策参与权,二是以多数决的形式剥夺与新成员利益紧密相关事务的决策参与权。现实中,前者的情况比较少见,多以排除妇女参与重大村务决策的形式连带涵盖了新娶媳妇和"新入赘女婿"。但随着男女平等观念思想的传播和妇女权益保护的强化,这类现象基本上消失了。后者由于人类天生的趋利性,损害新成员的权益使自身获取更大利益的现象在农村地区还是存在的。直接剥夺新成员参与诸如土地承包方案、土地征地补偿款分配方案的制定等涉及新成员与原村民利益平衡的事项时,为实现自身利益最大化、减少不必要的麻烦,以事先集体决议多数通过的方式将新成员排除在正式村民会议之外。很多户口未迁入婆家的新娶媳妇和原村落村民小组纠纷发生后,经过很长时间才诉诸法院寻求司法救济的原因在于,新娶媳妇对原村落通过的土地承包方案、土地征收补偿款分配方案等关乎自身利益的集体决议并不知情。

(2)侵害婚姻关系新成员的经济权益

土地承包权和土地承包经营权、征地补偿款的分配权益、股权分配和分红权益、宅基地分配权益、农村社会福利等经济权益无一不与村集体经济组织成员的身份密切相关。就经济权益的保护而言,新成员的资格确认问题就基本上决定了本村对新成员权益保护的态度。目前我国对农村集体经济组织成员的资格认定尚无高位阶法律的规制,多以各省地方性法规的方式做出规定，其中对婚姻关系新成员的村集体经济组织成员身份的认定通常采用户籍和合法婚姻关系的复合标准，将户口未迁入婚姻居住地的新成员排除在外。户口未迁入的新成员在原村落的村集体经济组织成员资格由代表集体的农村集体经济组织或者村民委员会、村民小组等通过民主程序制定出的村规民约确定，而不是由法律强制规定。①

在现实中，许多村干部利用自己在农民集体代表机构中的权力制定出了严重背离相关法律规定的"自治章程"，并以多数决的方式通过，或者是通过集体决议多数通过的方式做出不合法、不合理的决策，从而"严格"地将新成员排斥于农村集体经济组织成员名单之外，进而谋求个人或者某一个利益团体的非法利益。例如，在广西某地，凡是发生外嫁女权益纠纷的村落都存有一个明确把外嫁女从本村集体除名的村规民约，不给予外嫁女相同的村民待遇。② 司法实践中就有不少村集体决议剥夺户口未外迁的外嫁女的村集体经济组织成员身份而产生的纠纷，如2017年福建省高级人民法院再审的三明市徐某村村委会、邓某英承包地征收补偿费用分配纠纷一案〔（2017）闽民申638号〕，案件的核心争议在于作为外嫁女但户口未迁出的邓某英是否享有徐某村集体经济组织成员资格，徐某村村民代表会议表决通过、经过半数以上村民同意并进行公告后做出邓某英无权分得征地补偿款的征地补偿分配方案，福建省高级人民法院在裁定书明确写明以结婚为由侵害妇女在农村集体经济组织中的各项权益的内容不受法律保护。又如，湖南省衡阳市珠晖区法院审理的原告陈某某诉被告衡阳市珠晖区酃湖乡某村民小组承包地征收补偿费用分配纠纷一案〔（2015）珠民一初字第246号〕，被告以组里制定的排除外嫁女不参与补偿款分配的村规民约和分配表（每个到会的村民都签字同意）为由，做出不赋予原告农村集体经济组织成员资格的决策，没有给原告分配征地补偿款。但法院判决书指出被告制定的分配表即使经村民小组同意也是违法的，认定原告具有依法享有被告村集体经济组

---

① 刘志刚：《法律缺位状态下村民基本权利研究》，《北方法学》2011年第6期，第24~37页。
② 宋敏、王新萍、陈国飞：《村民自治与外嫁女权益——新农村建设背景下民间习惯规范的价值研究》，《中外企业家》2011年第8期，第120~122页。

织成员的各项权益，判决被告支付承包地征收补偿分配费用。从上述案例中不难发现，在认定新成员村集体经济组织成员资格问题上，集体决议的方式会出现多数人通过的村规民约、土地征收赔偿方案等其他决议结果违反法律规定而侵害新成员村集体成员身份认定的现象。

第一，土地承包权和土地承包经营权。土地承包权和土地承包经营权是农民最重要的土地权益，是其赖以维持生计的权利。但在农村村民自治的实践过程中，其权利却常常遭到利益导向下其他村民以多数同意的方式的侵害，在村民因为结婚、离婚、入赘等原因而发生身份"变动"的情形下表现得尤其明显。婚姻关系并不固然要求新成员户口的迁移，户口迁到新家自然意味着集体成员身份发生更改。大多数新成员在婚后居住在新村落，而在原村落承包的土地并不会因为婚姻关系的出现而进行迁移。婚嫁后，原村落发包方可能根据"大稳定、小调整"的土地原则，通过村民会议等集体决议的方式收回外嫁人员承包的土地，而新村落则会以同样的方式做出不予即时调整承包地的决议，进而造成部分新成员结婚多年后才分得土地，有的甚至始终未能分到土地。① 而新成员的户口若是未迁到新村落则是面临更大的困境，本章第二节已谈及各地方立法都采取户籍要素的新成员新村集体经济组织成员资格认定标准，不具备新村集体成员身份的新成员缺乏获得土地承包权和土地承包经营权的可能性，原村落村集体以"户在人不在、为空户"的理由剥夺外嫁人员的村集体成员资格。由于农村的土地资源稀缺，村民的数量往往直接决定了村集体收益分配的多少，每多一个成员，就会占去一部分资源，每个成员就会少分一份，从而使得村集体和原村民可预见经济利益受到减损。② 因此，每一个村民都想扩大自己承包的土地，具体表现在村民自治实践中就会有本村人并非出于恶意，而是出于本能地排斥"新入侵者"的现象。

在实践中，本课题组在福建省武夷山市的调研结果显示，在土地分配问题上，就户口未迁出原村落的外嫁女而言，结婚后在原村落仍能分

---

① 罗颖、郑逸芳、黄森慰：《农村外嫁女土地权益保护情况分析——基于福建省108份问卷调查数据》，《内蒙古农业大学学报》（社会科学版）2017年第1期，第16~22页。
② 张开泽：《从制度视角看农村外嫁女权益纠纷》，《中山大学学报论丛》2007年第12期，第218~220页。

得土地的占极小部分，共计15名已婚女性做了肯定选择，仅占14%；户口迁出原村落的外嫁女中没有一位选择婚后在原村落分得土地。对于婚后能否在婚后居住地分得土地，除与户口是否迁入婚后居住地息息相关外，各村落分田年限也是关键因素，有85位由他村嫁入本村的女性在婚后居住地分得土地，占比为受调查已婚女性总数的79%。由于农村受传统文化影响较深，有10份问卷由当地赘婿填写，其中8位指出自己未在婚后居住地分得土地，2位指出分得土地；9位指出婚后自己未在原村落分得土地，1位指出分得土地。同时，对于应否对户口未迁出原村落的外嫁女、上门女婿进行土地分配的问题，71%的受调查村民主张对基于婚姻关系已不在原村落生产生活的人员，不应再享受本村的土地利益，主张不再分得本村的土地，与土地相关的一切利益也应终止享有。对于户口未迁入本村的婚姻关系新成员，84%的问卷填写人认为不应分得本村的土地，仅14%的人认为可以分得本村的土地。

第二，征地补偿款的分配权益。征地补偿款是农村集体因土地被征收而获得的增值收益，征地补偿款分配是以产权为依据的分配，要分配征地补偿款，就涉及哪些人有参与分配的资格的问题。由于分配征地补偿款涉及每位村民的经济利益，一般都会通过村民会议的形式对征地补偿款的分配进行集体讨论，通过表决方式产生分配方案。基于新成员的冲击，农民一方面希望减少其他分配对象以提高自己的分配份额，另一方面又受传统思想观念影响，担心得罪人。这种矛盾交织的结果就是少数服从多数这一民主决策程序潜伏着对新成员的排斥。[①] 在村民会议上，人口数量占优势的村民凭借村民自治制度赋予他们的自由，根据多数决的原则通过村规民约，披上"合法"的外衣，剥夺人口数量占劣势的新成员村集体收益的分配权，并且《村民委员会组织法》还规定乡、民族乡、镇的人民政府不得干预依法属于村民自治范围内的事项。在村民自治制度下形成的村规民约便成为棘手的问题，地方政府在面对该类村规民约时，也是远而避之的。在实践中，以村民自治多数决方式侵害新成员征地补偿款分配权的例子层出不穷。例如，2017年福建省高级人民法

[①] 桂华：《论法治剩余的行政吸纳——关于"外嫁女"上访的体制解释》，《开放时代》2017年第2期，第8~9页。

院再审的三明市徐某村村民委员会、姜某娣承包地征收补偿费用分配纠纷一案［（2017）闽民申569号］中，该村民委员会称，本次征地补偿分配方案是经过村民代表会议表决通过、经过半数以上村民同意并进行公告后做出的，合法有效，根据该分配方案，户口迁出的外嫁女姜某娣无权分得征地补偿款。村委会的直接证据就是本村多数村民同意的分配方案，它认为多数决得出的结果是对新成员征地补偿款分配权的有效抗辩，但是法院的裁定结果表明该分配方案构成对外嫁女姜某娣的侵权。

第三，股权分配和分红权益。股份合作社是经济发达地区为推行农村集体产权制度而采取的普遍模式，将集体资产量化成股份，村集体成员以分得的股份为分红依据。新成员的股权取得和征地补偿款面临相同的难题，实践中股权分配遵循村民自治，而新成员的户口若是未迁到新村落就缺乏获得合作社股权的可能性，原村落也会收回新成员的股权，新成员遭受"两头空"的窘境。广东省高级人民法院受理的一起再审案件［（2016）粤行申899号］中就可寻觅到此现象，再审申请人某村合作社的意见中有这样一段话：本社依法自治，成员是否持有股权证并享有股权收益，这一系列重要事情都要以本社章程规定以及村民会议表决通过为准。本社重大事情由股东大会决定，本社最高权力机构即全体成员大会（股东大会）高票通过做出决议，坚决不同意给外嫁女及其子女持有股份、享有本社成员同等待遇（股权收益）。该表决结果应当无条件严格执行。再如，最高人民法院再审的一起案件［（2017）最高法行申5157号］中，一审原告和二审上诉人提出本村通过的章程中规定，外地嫁入本村且户口已迁入、离异后与村外的其他人再婚的妇女及随其生活的子女，不予配置股权。以此来剥夺诸如原审第三人这样的户口已迁入的离婚后又再婚的新成员的股权分配权。也就是说，新成员的股权以及分红收益在村民自治的实践中取决于全体成员大会中多数人的意见，新成员的权益保护并不是主要考量因素。这种以集体决议决定他人的权利有无，得出的只会是对新成员股权分配和分红收益的侵害结果。

第四，宅基地分配权益。新成员的宅基地分配权益也受到村民自治中不民主多数决结果的侵害。例如，南宁市中级人民法院判决的一起案件［（2016）桂01民再3号］中就有体现：原审被告坛岭坡××、××队在晓元村村公所召开村民户主会议，制定并以户为单位投票表决通过了一份专门针对本村外嫁女和外甥等成员的会议决定,其主要内容是给本村户口未迁出的外嫁女一定数量的金钱作为补偿,此后外嫁女、外甥、女婿由国家另行安置除外,不得再享受本村集体的宅基地分配、补偿金分配、分红等所有利益。坛岭坡××、××队以村民户主会议多数决的形式违法通过了一份侵害外嫁女宅基地分配权的决定,并在村内执行,严重损害了外嫁女的权益。

第五,农村社会福利。村民自治多数决对新成员权益的侵害和上述几种经济权益受损的机理如出一辙,要么是通过现行村民自治多数决得出侵害新成员农村社会福利的最终决策,要么是通过以前制定并由多数村民表决通过的村规民约得出最终决策,这里就不再赘述了。

2. 村民自治多数决侵害婚姻关系新成员权益的原因

(1) 户籍制度及人口流动的影响

第一,户籍制度的捆绑和束缚。我国户籍制度的长期存在造成了城乡二元结构不断发展的现象,影响了新成员的正常流动。新成员的政治、经济权益无法得到有效保护,其根源在于户籍制度的"区别对待"。"区别对待"本身并不意味着户籍制度对新成员的区别对待,而是指在目前,全国上下的农村集体经济组织基本上在涉及新成员落户时的土地承包经营权和征地补偿款的分配权益以及股份分配权益的问题方面都会"约定俗成"地以新成员和本集体经济组织成员之间的隶属关系作为权益确定的标准。然而,在前述内容中业已提到,我国法律对农村集体经济组织成员资格的界定始终处于一个真空状态,农村婚姻关系新成员又因为这种真空状态而频繁引发权益纠纷进而处于迁徙的不稳定状态,以致其集体经济组织成员的身份不能得到有效确认而不了了之。[①]

于是,有学者就有的村规民约规定的"与城里非农业户籍的人结婚的农村妇女,是否必须把户口迁出"这一问题进行了问卷调查,调查结果显示,有42.2%的人认为按村规民约应当迁出,即使户籍不迁出,也不能分得土地;而19.5%的人却认为应当尊重妇女本人意愿,如果妇女本人愿意留下来也可以,但待遇要降低,所谓的待遇无非是土地承包经

---

① 陈小君、麻昌华、徐涤宇:《农村妇女土地承包权的保护和完善——以具体案例的解析为分析工具》,《法商研究》2003年第3期,第77~81页。

营权受限、补偿和其他福利减少等；2.1%的人认为承包期内待遇不变，承包期满不再分给土地，这也是一种变相降低待遇的做法，因为在第二轮土地承包中，外嫁女就会失去土地。①

第二，打工经济背景下的人口流动。众所周知，长期以来的城乡二元制格局，让中国的农民无论在教育、医疗、劳动保障、养老、福利这些社会待遇上，还是在流通、交换、分配、就业、赋税这些经济待遇上，都出现了严重的失衡。② 出于对更好生活的向往和追求，20世纪80年代至21世纪初，我国发生的由农村向城市的大规模人口转移，是我国新成员权益问题凸显的开端。通过分析发现，有一点是需要特别注意的，即人口流动的双重含义。第一层含义是指，在打工经济的背景下，农村大量劳动力的转移；第二层含义是指，"农嫁非"情形的增多所造成的人口流动。在第一层含义下，通常会引发农村婚姻家庭关系的变化，进而在有限资源无法得到有效分配的情况下，新成员的相关政治、农村土地权益无法得到相应的保护。在第二层含义下，因为户籍制度的限制，当新成员远离原居住的村庄，客观上为部分人侵犯农村婚姻关系新成员的政治、经济等权益提供了便利的条件。由此，两层含义都直接或间接地促成了新成员权益问题的凸显，也让新成员权益保护成为社会民众所关注的热点问题。

（2）农村固有治理观念与文化风俗的影响

第一，"人治"重于"法治"的农村治理观念。从学者的研究成果以及进行的相关实地调查结果来看，目前农村地区发生的诸多新成员权益纠纷问题基本上都可以归结于多数人的暴政。从土地政策的历史发展中可以看出，我国的土地政策长期以来为"大稳定、小调整"的格局，因此某个农村的集体经济组织的成员在权益总量方面不会发生较大变化的情况下，自然也不会愿意让新成员参与进来并分"蛋糕"。于是，在一个民主的程序中，因为多数人的利益驱动，诞生了违背民主的决策，而这正是由于人治的历史造成的。特别应当注意，这种错误的思维让本身就缺少法律信仰的农村会进一步失去对农村民主制度的信心，进而导

---

① 蒋月等：《农村土地承包法实施研究》，法律出版社，2006，第98页。
② 张绍鹏：《从城乡二元体制看农村社会保障发展》，《前进论坛》2006年第10期，第40页。

致新成员权益保护的纠纷问题发生时,新成员首先想到的往往不是用法律的武器来维护自身的合法权益,而是通过各种手段去寻求某些可以利用的关系。正如习近平总书记在中央政法工作会议中指出,"我国是个人情社会,县级地域不大,人际关系比较紧密,亲属圈、朋友圈、同事圈等比较热络。领导干部有权,自然找的人就多。面对老领导、老同事、老同学、老朋友、老下属,还有远的近的各路亲戚,如何正确对待和把握是对领导干部一个很现实的考验"。[①]可见,我国有着关系社会的传统,有着人治残余的影响,这种情况在农村社会尤为严重。由于人治在人们心目中被确立为比法治更为有效的治理思维,因此有一些人也就更愿意推崇这种思维形成的社区治理模式。此外,近年来,现行的法治宣传工作虽然在农村取得了一些成效,但是从新成员权益保护的现状来看,我国农村的法治理念依然没有深入,许多农村基层干部的思维也没有脱胎换骨。

第二,落后的农村文化风俗。一方面是讲究"重礼轻爱"的中国传统婚嫁文化。[②]传统婚姻的主体不是个人,而是家庭及宗族,这一传统影响至今。所谓"父母之命,媒妁之言",不谈个人的婚嫁意愿是"重礼轻爱"的重要表现,也从侧面反映出妇女是家族利益的牺牲品。同时,大家经常讲到"嫁出去的女儿泼出去的水",这就是在宗族制度根深蒂固的影响下,对农村新娶媳妇地位卑微的一种形象的描述。当然,特别应当注意的是,传统的婚嫁文化本身并不会对新成员权益保护问题带来任何的负面效应,只是这种文化所折射出的地位不平等被人为地利用并加以放大之后,才会逐渐成为被村民自治多数决利用进而构成新成员权益保护工作的真正阻碍。另一方面是以男性为中心的父权思想,在这种思想的长期作用下,"重男轻女""男主女从""男尊女卑"的思想至今在我国许多农村地区依然十分盛行。"重男轻女"的这种父权文化,实际上是妇女经济边缘化和社会依附化加强的结果。[③]加之儒家文化中对

[①] 《习近平在兰考县委常委扩大会上的讲话》,2015年9月8日,新华网,http://www.xinhuanet.com/politics/2015-09/08/c_128206459.htm。

[②] 李桂梅、禹芳琴:《试论中国传统婚姻习俗的文化内涵》,《常德师范学院学报》(社会科学版)2000年第4期,第11~14页。

[③] 魏清利、赵敏:《对农村妇女土地权问题及解决机制的法律思考》,载贵州省法学会主编《当代法学论坛(2008年第4辑)》,中国方正出版社,2018,第29~31页。

妇女道德、行为和修养有"三从四德"①之要求，于是就造就了新娶媳妇地位的不平等以及对新娶媳妇本身的歧视。这种文化和婚嫁文化尚存在较大的区别，因此一般认为，村民自治多数决借助以男性为中心的父权文化从实质方面而言对新成员权益保护的工作产生了不利影响，并在客观方面对新成员权益保护工作产生了负面作用。

进一步深入地对以男性为中心的父权文化进行分析，发现这种文化和现行农村社会中风俗习惯的文化是有紧密联系的。在传统农业社会中，宗法制度文化的影响所形成的村集体的村规民约、农村土地权益决策等，基本上都是以男性家族为本位的。而受新娶媳妇本身的地位卑微以及自身麻木等限制性因素的影响，她们几乎不可能打破这种强大的、风俗习惯决定下的男权利益格局。②当然，农村社会对于风俗习惯的认可也推动了以男权为中心的利益格局的形成。至今仍然能够清楚地看到，许多新成员权益被以多数决的方式非法地剥夺也是这种违法的风俗习惯被当地"普遍认可"的结果。

（3）法律的缺位与实施的偏离

关于新成员权益的保护，我国目前已有多部法律予以规制，如《民法典》《农村土地承包法》《村民委员会组织法》《妇女权益保障法》等，同时我国也正在加快制定相关的政策来保护新成员的各项权益。但是，也应该能看到，这些法律和政策的规定中涉及村民自治多数决原则下新成员权益的保护并不多，真正遇到纠纷时，其尚不足以适用。

第一，新成员村集体经济组织成员资格确认存在法律困境。在户籍制度改革覆盖面积仍然较小、相关方案尚未具体落实的背景下，应当把重点工作放到法律制度的完善上来。就新成员权益保护的问题，目前最大的困境在于，我国法律对农村集体经济组织成员资格的确认并没有形成明确的调整机制。而这一机制形成的紧迫性就在于，有关新成员的资格确认以及农村集体经济组织的成员资格的确认在全国并没有形成统一的标准，地区与地区之间往往在司法和行政领域会产生截然不同的做法。

---

① 三从四德的具体含义为：三从，是指幼从父、嫁从夫、夫死从子；四德，是指妇德、妇言、妇容、妇工。
② 李永安：《农村妇女土地权益问题探讨：历史与制度双重视角》，《农业经济》2014年第2期，第11页。

例如，我国《立法法》第四十五条规定，法律的解释权应由全国人民代表大会常务委员会行使的两种情形，而在实际中，针对农村集体经济组织成员资格确认的这一重大问题，目前仅有2005年发布的《最高人民法院关于审理涉及农村土地承包纠纷案件适用法律问题的解释》，而没有法律对该新成员资格确认的问题予以规制，法律解释与现实的诉求之间出现了较大的裂痕和矛盾。由于没有可供参考的法律标准，有的村则趁机借助村民自治多数决的方便否定新成员的资格地位，十分不利于新成员权益的保护。

第二，法律规定过于宽松。法律规定过于宽松，显得偏"软"，在实务中适用、执行法律时，会因为不协调的出现而难以适用或者无法执行的情况，这也是新成员欲通过法律途径维护自身权益的一个重大障碍。《妇女权益保障法》作为一部单行法，本来对新成员权益保护问题应该具有不可替代的作用，但事实上，该法第三十二条和第三十三条的规定过于抽象笼统，在没有进一步释明的情况下，很难适用。再如，根据《最高人民法院关于审理涉及农村土地承包纠纷案件适用法律问题的解释》第一条的规定，农村土地承包合同纠纷、土地承包经营权侵权纠纷、土地承包经营权流转纠纷、承包地征收补偿费用分配纠纷以及土地承包经营权继承纠纷等都属于人民法院受理民事案件的范围。[①] 首先，该司法解释规定的受案范围具有一定的局限性，仅涉及土地承包经营方面的纠纷。而事实上，新成员权益的范围非常广泛，即使不一定都能纳入司法领域加以调整或解释，但是，诸如新成员股权分配、分红、医疗、子女教育以及保险等方面的权益仍有司法领域管辖之必要。其次，现实中有许多法院会以纠纷属于村民自治的范围而不予以受理有关农村土地承包经营及收益的相关权益纠纷案件，使得村民自治多数决的错误决策得不到司法审查。这主要包括两个方面的原因：其一，是部分人对法律、

---

① 2005年3月29日由最高人民法院审判委员会第1346次会议通过的《最高人民法院关于审理涉及农村土地承包纠纷案件适用法律问题的解释》，其第一条明确规定，人民法院应当依法受理涉及以下的农村土地承包民事纠纷：承包合同纠纷；承包经营权侵权纠纷；承包经营权流转纠纷；承包地征收补偿费用分配纠纷；承包经营权继承纠纷。集体经济组织成员因未实际取得土地承包经营权提起民事诉讼的，人民法院应当告知其向有关行政主管部门申请解决。集体经济组织成员就用于分配的土地补偿费数额提起民事诉讼的，人民法院不予受理。

法规和司法解释的理解不精准；其二，是法律与法律之间、法律与司法解释之间并没有衔接好，在适用法律的时候出现了困境。

第三，村民自治监督机制的法律缺位和村规民约的地位过高。村民自治的方式主要包括民主选举、民主决策、民主管理和民主监督。就新成员权益保护的问题而言，民主选举、民主决策和民主监督这三个环节是至关重要的。在民主选举环节，即使新成员选出的代表没有反映新成员的真实意愿，但至少也应该构建一套民主协商的机制，即民主决策这一环节。在此环节中，如何保证新成员的参与度是问题的关键，但是就现实的情况来看，受文化教育的影响，很多人都不愿意参与。民主监督是最重要的一个环节，也是遏制权力滥用的一个救济环节。按照我国《农村土地承包法》第二十八条规定，承包期内，因自然灾害严重损毁承包地等特殊情形，对个别农户之间承包的耕地或草地需要适当调整的，必须经过本集体经济组织成员的村民会议的 2/3 以上或者 2/3 以上的村民代表同意。在上述条文的规定下，涉及自治事项就适用村民自治的程序规则。然而现行的《村民委员会组织法》虽然也规定了村民会议 2/3 以上成员或者 2/3 以上村民代表表决的有效性，但是却没有规定村民对村委会决议形成有效的监督机制。这也为许多违法的决策披上了"合法"的外衣。

有学者认为，在农村社会内部，因为法律认可集体经济组织成员权的存在，这就使得本村的成员侵犯其他农村土地经营者的权益成为可能。本村村民可能利用法律与政策的模糊性而主张农村土地成员应享有的权利，或者与村集体合谋实现对其他农村土地经营者权益的侵犯。[①] 村规民约，就是农村村民认可成员权的重要产物。但是因为村民对村规民约的态度本身既非完全感性，也非完全理性，而是一种实践理性的态度[②]，所以在许多权益纠纷面前，往往更容易接受村规民约的处理，即使这种规定是违反法律强制性规定的。"在他们看来，政治原则、法律和各种人为设施好像都是可以创造的，而且可以按照他们的意志加以改变和组合。"[③]

---

① 杨紫烜主编《经济法研究》（第 4 卷），北京大学出版社，2005，第 186～187 页。
② 高鑫：《论村规民约与国家法律的冲突》，《广东行政学院学报》2001 年第 6 期，第 33 页。
③ 〔法〕托克维尔：《论美国的民主》（上卷），董果良译，商务印书馆，1989。

这一共同的想法也往往容易被某些居心叵测的干部利用,借以侵犯新成员的权益。同时,必须要思考一下这样的问题:村规民约究竟处于一种怎样的地位。要把村规民约置于这样的一个前提:村规民约不得与法律法规的基本原则和强制性规定相抵触。由此,不得不反思许多村规民约是否具有合法性。目前各地的村规民约在制定的过程中多数都缺乏有效的指导和政策指引,加之村规民约没有经过合法性审查和建立相应的备案制度,容易出现许多规定即使违法也无人审查纠正的局面。

(五) 婚姻关系新成员权益保护制度的完善路径

实现村民自治多数决的衡平,完善婚姻关系新成员权益保护可谓任重而道远,这是由新成员的特殊性与新成员权益保护路径的复杂性所决定的。自党的十八届四中全会之后,党和国家领导人越来越关注农村的法治建设工作,为确保我国的法治改革能取得更大的成果,新成员权益保护的具体落实工作已经提上了日程。特别是 2015 年 12 月底,公安部召开电视电话会议,部署全国公安机关推进户籍制度改革,提高户籍人口的城镇化率。该会议指出,要突出重点,即以农村学生升学和参军进入城镇的人口、在城镇就业和居住 5 年以上以及举家迁徙的农业转移人口等四类群体为重点,逐一研究落户政策,逐一提出解决方案。[①] 通过对新成员权益保护存在困境的原因分析,探究出新成员权益保护的具体完善措施主要包括以下几个方面。

1. 明确新成员权益保护的基本理念

众所周知,法律理念本身就要高于法律观念和法律概念。就农村现实状况来看,要实现农村社区法治观念的普及不是一步到位的,也不是短期能够实现的。如何在新成员权益保护这一问题上贯彻法律理念呢?只有将新成员权益保护的相关原则问题提升至更高层面才能更好地营造出农村法治的氛围,让更多的新成员权益问题得到实质性解决,所以需明确新成员权益保护的基本理念,这是纠正在新成员权益问题方面存在的执法不严和司法不力等问题的重要前提,更是新成员在保护自身权益

---

① 于洪军:《二元户籍制度破解语境下农业转移人口市民观培育》,《社会科学家》2015 年第 4 期,第 45~48 页。

时免受村民自治多数决侵害的必要盾牌。

(1) 新成员地位之平等

许多学者在研究新成员权益保护时都引入了弱势群体的基本理论，并且提出了弱势群体的权益保护应该秉承平等之理念。在新成员权益确立的基本原则中也将平等这一基本原则写了进去，其目的就是想突出男女法律地位平等在新成员权益保护中的重要性。但也应当注意到：第一，新成员地位平等之理念是探讨其他基本理念的基石；第二，新成员地位平等之理念不仅应体现在立法和修法之过程中，也应该体现在包括执法和司法的整个农村社区法治化的过程当中。

第一，立法中的平等理念。实际上，我国的立法活动以及相关政策文件的制定活动中已经充分体现了新成员地位平等这一理念，总体而言，对新成员地位平等的规定是比较完善的。例如，我国《农村土地承包法》、《妇女权益保障法》、《中共中央　国务院办公厅关于切实维护农村妇女土地承包权益的通知》以及很多地方性法规和政府规章等规范性文件对平等原则都做出了详尽的规定。但是反观整个法治过程，仅有立法意义的平等理念是不够的，形式上的价值和执法乃至司法活动中所体现的实质价值是无法相提并论的。

第二，执法中的平等理念。在村民自治多数决的构架中，其本身就存有相当的局限性。也正是因为这种局限性才导致新成员权益保护的某些漏洞至今未得到修补。反思广大农村干部在民主管理过程中的所作所为，就明白执法活动中始终秉承平等理念的重要性。虽然一直在提农村法治，国家的很多政策（如解决农村土地权益问题的相关政策）也在积极响应这一趋势，但如果农村的广大干部在执法中不能坚守这一理念，新成员对自治机构权力的公信力将无从构建，新成员权益的保护也就无从谈起。

第三，司法中的平等理念。许多司法工作者对平等一词缺乏深刻的理解，造成新成员权益纠纷案件在受理时遭遇困境。在具体的审理过程中，也会因为对平等一词理解的偏差而造成在理解和适用法律时酿成重大错误。司法救济是新成员权利救济路径的最终保障，如果司法工作人员不能很好地秉承这一理念办案，新成员权益保护的工作也将难以落实。

(2) 依法办事之理念

依法办事，在此处的含义主要为"依法行政"，即农村的自治组织和机构应该依据法律法规的规定设立、依法取得并行使其权力，对其行为的后果依法承担相应的法律责任。尤其需要强调的是，责任追究制度是依法办事理念的核心内容。[①] 新成员权益保护受村民自治多数决侵害的困境之一就在于新成员权益内容本身并没有直接而详细的规定，主要依据各地农村的村规民约，而许多地方即使村规民约明显违法、村干部的行为明显已构成侵权，也因为没有建立完善的责任追究制度而使这些人置身于法律外。另言之，在新成员权益保护的语境下，在构建和完善农村民主协商制度中，依法办事之理念必须要贯穿始终，否则将为新成员权益保护的创新举措带来新的困难。

(3) 特殊保护之理念

新成员的特殊性是新成员权益问题所必须涉及和深入探讨的关键问题。我国《妇女权益保障法》第三十三条的规定直接突出了妇女的特殊性，这与妇女在生理和生产、生活中的特殊性是密不可分的。对新成员权益的保护，似乎也应该基于这样的一种理念：在社会的转型期间，为了能够秉持新成员地位平等的理念，应该格外关注新成员自身的弱点并通过权力的介入，尽量降低这种弱点所带来的社会失衡效应。实际上，这也是二代人权理论发展的必然要求，即当代的人权发展要求国家合理地承担在新成员这部分弱势群体权益保护中的责任。[②] 社会弱势群体的相关理论认为，倾斜性保护或称特殊保护正是对实体正义的追求，因为特殊保护具有矫正正义的功能，而新成员权益又有矫正之必要，因此国家通过特殊的调整可以在保障新成员权益的同时增进整体社会福祉。[③]

---

① 刘峰:《建立重大决策终身责任追究制度及责任倒查机制》,《理论视野》2015年第1期, 第15~18页。
② "三代人权理论"是20世纪70年代由法国学者、联合国教科文组织前法律顾问卡雷尔·瓦萨克提出的一个关于人权划分的理论。第一代人权是指十七八世纪的资产阶级启蒙思想家最先提出的公民权利和政治权利；第二代人权是指社会主义运动最先提出的经济、社会和文化的权利；第三代人权是指联合国成立以来出现的新的权利, 比如民族自决权、发展权、和平权、环境权等。参见胡欣诣《三代人权观念:源流、争论与评价》,《泰山学院学报》2011年第4期, 第69页。
③ 张晓玲主编《社会弱势群体权利的法律保障研究》, 中共中央党校出版社, 2009, 第257页。

2. 建立和完善新成员权益保护的法律体系

现行法律、法规以及其他规范性法律文件中关于新成员权益保护的具体条文规定明显偏"软"。许多都是原则性的文字表述，缺乏能够真正解决问题的举措。在具体问题面前，由于缺少相应的法律解释、实施细则和统一的认定标准而难以实际执行。而在已有的各项规定之间，又缺乏良好的衔接性，在这种情况下，加之社会民众对法律的理解也往往存在较大的偏差，即使能够在部分农村执行下去，执行得到的结果也会产生较大的冲突或产生巨大的差异。要从根本上强化保护新成员的各项权益，就应当通过建立和完善新成员权益保护的法律体系来实现。

（1）增强法律条款的可适用性和可执行性

针对适用难和执行难的问题，有必要增强法律条款的可适用性和可执行性，主要采取以下具体措施。

第一，明确新成员和新成员权益的概念。见诸我国现行法律的规定，没有任何一条款对新成员和新成员权益进行严谨的界定，这种情况通常称之为不确定法律概念。[1] 不确定法律概念通常也是引起所谓适用难和执行难的主要原因，甚至在个别时候这种概念会产生极大的适用和执行风险。我国有些学者虽然也认识到这一难点问题的重要性，但他们认为应该修改《农村土地承包法》《土地管理法》等法律。然而这一做法失之偏颇。因为新成员人数毕竟只有少数，不宜在普通法中对这部分人群做出特殊的规定，所以相关立法者应该把《妇女权益保障法》作为新成员权益保护的单行法并明确相关概念，增加对其权益保护的新内容，这是比较妥善的做法。[2]

第二，加强推进释法工作。虽然现在有关农村土地权益和征地补偿权益等法律不宜做出有关新成员权益保护的直接规定，但是完全可以在现有规定的基础上，通过解释法律条文的方法来加强与新成员权益保护相关的法律的可适用性。在新成员权益保护方面，至今尚没有以全国人民代表大会常务委员会作为主体的法律解释出台，这一点是非常令人遗

---

[1] 王青斌：《论不确定法律概念与处罚法定原则的冲突和协调》，《法学评论》2011年第1期，第26~30页。
[2] 于阳：《刑事禁止令司法适用中的法律监督机制探究》，《湖北社会科学》2013年第6期，第168~172页。

憾的。① 新成员权益保护问题是新时期农村社区法治工作向前推进的重大瓶颈问题，也是农村法治工作开展的重心所在。例如，在新成员和新成员权益的概念界定方面，以及新成员资格的认定标准等问题方面，有关解释主体完全可以在户籍制度尚未配套实施之前予以明确，这样也可以为法院在受案和审理等工作上提供明确的法律依据，进一步拓宽和畅通新成员权利救济的渠道。

同时，应该看到新成员的农村集体经济组织成员资格的界定关乎新成员各方面权益实现问题，特别是经济权益几乎与农村集体经济组织成员资格的界定息息相关。但是目前我国对此问题缺乏中央立法的规制，地方立法又普遍难以脱离户籍要件的捆绑，实践中，对户口未迁入的新成员村集体经济组织成员资格的界定多借以村民自治的自由实现对新成员村集体经济组织成员资格的专制剥夺，继而出现新成员和村集体的纠纷。既然上位法中不适合对农村集体经济组织成员资格的认定做出规定，那么由全国人大常委会就此做出解释最为合适。② 最高人民法院根据《立法法》的规定，也已经建议全国人大常委会对农村集体经济组织成员的资格做出立法解释与相关规定。对被户籍制度束缚的认定标准做出修正，制定一个真正能实现新成员权益保护的农村集体经济组织成员资格认定的立法解释，在认定上应采取总体标准，即以是否以本村集体经济组织资产为基本生活保障，以是否与本村集体经济组织形成较为固定的生产生活关系为主要标准和条件，以是否依法登记为本村集体经济组织所在地常住户口为综合考虑因素，兼顾是否有丧失原有农村集体经济组织成员资格的情形。

（2）制定新成员权益保护的实施规则

除了修法和释法工作之外，当前应当尽快制定出与新成员权益保护理论相符合的实施规则。我国有许多法律、法规和规章以及其他规范性法律文件都包含新成员权益保护的问题，但是都缺乏具体的实施规则。如《农村土地承包法》第五十五条明确规定："因土地承包经营发生纠

---

① 张立刚：《论我国法律解释体制的缺陷与冲突》，《哈尔滨师范大学社会科学学报》2012年第2期，第35~45页。
② 杨攀：《农村集体经济组织成员资格标准的法律分析与实践》，《西南政法大学学报》2011年第3期，第24~35页。

纷的，双方当事人可以通过协商解决，也可以请求村民委员会、乡（镇）人民政府等调解解决。当事人不愿协商、调解或者协商、调解不成的，可以向农村土地承包仲裁机构申请仲裁，也可以直接向人民法院起诉。"2003年至今，尚没有一部完整的实施规则与之匹配。

新成员权益保护的实施规则应当重点包括新成员权益总论和新成员权益保护的具体对策。而具体对策应当注意以下几点：第一，具体对策要建立在农村的实际环境的基础之上；第二，具体对策要注重合理区分（如地域间的经济水平区分）；第三，具体对策应当充分考虑新成员的利益诉求；第四，具体对策应当符合我国法律的强制性规定。同时，由于目前释法主体态度并不明确，所以各地可以先行制定相应的实施规则来加强对新成员权益的保护。

（3）建立和完善村民自治审查监督机制

我国农村的法治氛围尚未完全建立，虽有村民自治程序来运作农村民主，但是在新成员权益保护的问题方面，自治程序也存在局限性，即缺乏有效的审查监督机制对民间法的合法性和村民决策进行有效的监督，还应该在村民自治的前提下，从以下几个方面来建立和完善村民自治审查监督机制。

第一，加强以农村法治建设为主题的系列普法宣传。在探究农村土地被强制调整后的权利救济时，有学者认为，村委会、村委会主任、村支书等对正常民事交易活动的不当干预会导致当事人错失交易良机。[1]通过实地走访等多种方式，更清晰地认识到了这种不当干预的危害性。有人认为，这是村民自治制度没有法律化的重要体现[2]，但这一观点没有被大多数人认同。我国农村的村民自治制度已经建立在法律化的基础之上了，但其法治基础并不牢固。其中表现较为突出的就是，以农村法治建设为主题的普法宣传力度尚有较大的欠缺。例如，许多村民至今还无法分清法治和法制的区别，甚至许多农村干部对法治以及法治文化的理解还存有巨大的偏差，认为村民自治并不是一种法治，农村法治文化和法治理念并未深入村民心中。而村民自治的完善无疑要依赖法治文化

---

[1] 陈小君等：《后农业税时代农地法制运行实证研究》，中国政法大学出版社，2009，第105页。

[2] 张开亮：《农村妇女土地权益法律保护》，《法制博览》2015年第11期，第252页。

的底蕴作为其深厚的基础，让村民自治在法治氛围之下走向法治化的道路。村民自治组织毕竟有其局限性，无法承担起法治文化宣传的工作。乡（镇）政府在普法宣传的工作方面拥有更多现实的便利条件和资源，因此，乡（镇）政府的有关部门应当承担相应的法治文化宣传工作的重任，破除封建迷信的传统观念的禁锢，逐步营造出农村社区的法治氛围，同时让农民形成自觉的法治信仰。这也是建立和完善村民自治审查监督机制的大前提。

第二，创新有关村规民约的新内容。许多村民自治组织的干部非常喜欢用村规民约来"打压"新成员。究其原因，这本身并不是村规民约的错，而是与村规民约有关的制度出现了漏洞。

首先，目前村民自治组织在制定村规民约时，几乎就没有技术指导一说，因此在规范性和合法性方面往往存在较大的问题。因此，应该增加村规民约制定的事前指导这一环节，以规范村规民约，使得村规民约符合法律的强制性规定。但是，应该由谁来提供指导呢？《村民委员会组织法》已将村规民约纳入其自治的范畴，那么政府相关部门的介入必然属于违法行为，这本身就与农村法治相背离。但是，村规民约的技术性指导完全可以交由法律工作者完成，例如村民自治组织可以规定，在涉及制定或修改村规民约时，可以聘请法律顾问，对村规民约的制定提供相应的技术指导；也可以设置临时性的工作机构，如村规制定工作办，让法律工作者成为机构的组成人员，对村规民约的制定提出相应的法律意见，使村规民约合法化。

其次，村规民约缺少监督机制，新成员的监督意识不强。村规民约存在大量的违法规定以及其适用时造成大量的违法现象，这与相应的法律监督机制的缺位不无关系。现行《村民委员会组织法》第二十条明确规定，村民会议可以制定村民自治章程、村规民约，且只需报送乡（民族乡）、镇人民政府备案即可。可以看出，村民自治章程和村规民约缺少相应对的审查监督机制，尤其表现为新成员的审查监督机制的缺位。应明确规定对村民自治章程和村规民约的审查规则，应搭建以事先审查为主、事后审查为辅的监督框架。有一些学者认为，还应该加入事中的监督方式，但这完全没有必要，只会增加相应的执法成本。因为以事先审查为主、事后审查为辅的审查监督机制足以解决村民自治章程和村规民约的合法性问题。[①]

新成员参与监督能够有效地化解新成员与农村集体经济组织或者自治组织之间因权益保护纠纷而引起的矛盾问题。目前，新成员的村民自治的参与性具有极大的局限性，例如新成员较少地参与到村民自治章程或村规民约的事前或事后的监督过程中。如果农村地区能够根据自身情况，组建由合理比例的新成员以及法律专业工作者组成的审查小组，这将对维护新成员的权益具有积极的保障作用。

（4）逐步建立并完善社会保障制度

随着城乡一体化建设的推进，农村地区社会保障制度的全面建立也备受关注。在我国长期的工业化进程中，城乡二元化发展模式造成了农村地区的社会保障制度严重落后于城镇。近年来，新成员的医疗、就业和子女教育等方面的权益保护比较突出。新成员的土地权益问题在短期内要想得到有效的解决，也离不开新成员就业渠道的拓宽与就业服务质量的提升。新成员基本上属于农村的弱势群体，离开土地或者丧失农村土地权益后，其生活将会极为困难。因此，除了改善新成员就业问题，政府也应设定相应的补助标准，为新成员提供低保以保证其基本的生活需要。

由于我国目前缺少统一标准的社会保障法律制度，所以应当将构建标准统一的城乡社会保障法律制度作为长期目标。与此同时，应当尽快出台相应的暂行规定，以满足新成员基本权益保护的合理诉求。就新成员权益保护而言，目前应当凸显《妇女权益保障法》在新成员权益保护上的功能价值，通过社会保障法律体系的调适为新成员权益保护争取最大的空间，并积极探索和积攒新成员权益保护的经验，为未来可能出台的《社会保障法》打下坚实的基础。

3. 拓展新成员权益保护的范围和内容

目前新成员权益保护的范围和内容较为狭窄，保护机制也因为权益保护的范围和内容的局限性而存在不协调的情况。因此，拓展新成员权益保护的范围和内容是完善新成员权益保护路径的重要举措。在界定新

[①] 龚艳：《当前村民自治章程制定中的问题及完善对策——基于T市X区21个村的调研》，《社会科学家》2021年第3期，第122~127页。

成员权益保护的具体内容时，应该采用广义上的理解，即新成员权益保护的内容可以具体涵盖政治、经济、文化等方面。应该鼓励引入标准统一的城乡社会保障制度，这也是关于拓展新成员权益保护的范围和内容的新举措和新思考。

要实现新成员权益保护的范围和内容的拓展，首先应该保证相关规范性文件对新成员权益的范围和内容予以明确；其次公安部的户籍改革工作应着力解决新成员的落户问题。不少人认为，《农村土地承包法》第十五条和第二十一条明确规定，土地承包合同是以农户为单位，一般情况下也只登记户主的名字，而这个户主的名字一般情况下不会是新成员的名字。① 因此，新成员在婚变之后就往往失去了主张权益的依据。此外，农村地区发生的新成员资格确认的困难现象也主要归咎于户籍制度这一历史遗留的问题。即使努力拓展新成员权益保护的内容，例如增加医疗合作、就业权益保护等内容，新成员权益又会因在资格上的否定而重蹈覆辙，所以，解决好户籍制度的矛盾点，当前应该促使更多的新成员获得农村集体经济组织成员资格，这是拓展新成员权益保护的范围和内容的基点。关于拓展新成员权益保护的范围和内容的具体举措，前文中已经提及，在此不再赘述。

4. 构建新成员权益保护的多元化纠纷解决机制

通过农村实地走访不难发现，新成员权益保护纠纷的解决机制单一甚至缺失。多元化的纠纷解决机制的缺失使得许多新成员不断感到自卑，本身就处于弱势地位的新成员，在遭受纠纷解决机制设计断层或空白的打击之下，经常会漠视自己手中的权利，认为没有办法或者无所谓。因此，设计并构建一种多元化的纠纷解决机制对有效地保护新成员权益具有重要的法律意义。

新成员权益保护纠纷并不是不可以谈，也不是"谈不拢"，而是在许多情形下没法好好谈，甚至没地方可以谈。所以一旦新成员权益保护的纠纷发生，农村社区必须确保建立相应的良性沟通机制作为平台，而且这个平台应当由发生权益纠纷的当事人以及第三方共同参与，通过协

---

① 因为在农村婚姻家庭中，户主通常是男性，故土地承包经营合同的登记也以男方名字登记为常见现象，所以新成员的名字很少出现在土地承包经营的登记手续中。

商来初步化解矛盾。大家都知道，纠纷的发展随着时间的推移会表现得更加复杂化，因此通常来讲，在矛盾或者纠纷最初形成的时候来处理，是纠纷解决成本较低的时候，同时也是可选择纠纷解决途径最多的时候。因此，为了提高新成员权益保护纠纷的处理效率，建议在村委会下设置特殊的机构，由权益纠纷当事人以及没有任何利害关系的第三人组成临时性的对话机构，通过民主对话，为双方增进互信和理解提供便利的条件，以便于权益纠纷的双方之间实现利益平衡以及畅通表达。

同时，应当注意做好沟通机制与行政和司法救济机制之间的协调和转化工作。如果谈不拢，那么这个临时性机构就应该停止其职能，而转化为行政或司法救济机制。应当注意，这个转化是一种双向的转化，类似于调解。但无论如何，转化的前提是一定的，即只有符合合法情形以及当事人自愿的条件，才有彼此转化的可能性。

此外，应该倡导搭建一种功能强大、资源充足的诉调对接平台，建立形式多样、运行规范的诉调对接机制。[①] 应当充分发挥人民法院在非诉纠纷解决模式的潜力，尽量以最少的成本将纠纷当事人的矛盾化解在萌芽的阶段。

二 外地来村投资者的权益保护

近十年来，在中央新农村建设等相关政策的鼓励、支持和引导下，我国农村地区投资的数额以及吸引外地来村投资的比例都呈现日益快速增长的趋势。农村投资的多元化和多层次化对实现新农村建设的快速发展，对实现广大农民增收的迫切希望具有重要的意义。尤其是在新形势下，外地来村投资者的参与，对解决农村地区长期以来存在的投资资金不足、投资对象单一、技术力量薄弱、管理经验不足等"固有短板"具有重要的作用。

值得关注的是，2019年中央一号文件对发展壮大乡村产业、大力发展现代农产品加工业、发展乡村新型服务业、实施数字乡村战略、促进

---

① 详见周强在十三届全国人大二次会议举行第三次全体会议上做的《最高人民法院工作报告》。

农村劳动力转移就业、支持乡村创新创业等做了全面系统的部署。文件还提出，鼓励外出农民工、高校毕业生、退伍军人、城市各类人才返乡下乡创新创业，支持建立多种形式的创业支撑服务平台，完善乡村创新创业支持服务体系。落实好减税降费政策，鼓励地方设立乡村就业创业引导基金，加快解决用地、信贷等困难。加强创新创业孵化平台建设，支持创建一批返乡创业园，支持发展小微企业。[①] 随着改革开放以后城镇化的快速推进，农村人口净流出现象仍在持续。但随着中央经济政策的调整，注重基础产业、注重高质量发展和绿色发展等理念得到社会各界广泛认同。可以预见，在未来的一段时间内，来自外地的农村服务业的投资规模将进一步扩大，农村三大产业融合的力度将加大，如农村电商、农村休闲旅游、健康养老的快速发展也必将带动农业生产和农产品加工的快速发展。

然而，有一个现实的问题需要我们注意：我们不断吸引外地投资者加入乡村振兴的同时，如何从法律层面保障外地投资者的权益，让外地投资者可以安心地在本村内进行投资？

在村民自治多数决机制下，外地来村投资者的权益容易受到侵害，村民自治中少数服从多数的表决方式能够合理地体现多数人的权利，实现多数人的利益。但面对外地投资者，全体村民几乎都会站在同一立场上，甚至通过"集体暴力"等方式，将那些与他们争夺利益、资源的外地投资者驱赶出村庄。在面对外来"入侵者"时，这种方式使村民们团结起来，可以很好地保护村民集体的利益不受侵害。但俗言道"强龙斗不过地头蛇"，外来投资者与当地村民相比，常常处于弱势地位。若村民及村民集体以排外的方式对待那些外来投资者，力量悬殊可想而知。问题是，闭关自守地发展乡村经济很难成就大业，必须让村外的能人和优质资源，包括技术、管理和市场等带动乡村经济发展。遗憾的是，理想总被现实打破。如果我们的制度设计没能很好地保护外来投资者合法权益，本地村民朴素的自我保护和本村村民利益最大化的想法就会占上风，就会破坏外来投资者当初根据投资合同所建立起来的平衡。为了推翻当

---

① 参见 2019 年 1 月 3 日中共中央、国务院《关于坚持农业农村优先发展做好"三农"工作的若干意见》。

初的合同，村民和村干部往往意见会惊人的一致，通过村民自治多数决的方式撕毁合同、驱逐外来投资者、霸占外来投资者财产等。情节严重的，甚至会给外来投资者带来人身损害，乃至生命安全的威胁。村民自治多数决如果不加以适当衡平，很容易形成"多数人的暴政"，通过集体的力量剥夺那些外地投资者的权利，这种漠视他人权利的行为并不是实行村民自治多数决制度应有的结果。因而面对新形势、新状况，积极完善村民自治多数决衡平制度，保护外地投资者的权益不被侵害，不仅是保护外来投资者的需要，也是发展和稳定乡村经济、实现乡村振兴目标的需要。

（一）外地来村投资者的基本界定

关于外地来村投资者的相关理论，学者进行系统论述的情况还比较少，很少有人对外地来村投资者的界定、分类和特点做出相应的系统总结。因此，在基本界定这一部分的内容设计方面，应该从外地来村投资者的释义、外地来村投资者的特征进行系统的论述，这才是其重点内容的应有之义。

1. 外地来村投资者的释义

外地来村投资者，是指在投资动机的驱使下，以资金、技术、管理等为资本的要素投资于本村，以期在本村实现营利的外地投资者。应当注意以下方面的情况。第一，此处的"投资者"与金融学中的"投资者"概念有一定的区别：外地来村投资者的投资领域并不仅局限于金融领域方面，而其重点也不在金融领域。应该将外地来村投资者的投资领域扩大化、综合化、创新化。一方面，应当将重点放在诸如农、林、牧、渔等种植业和养殖业的投资方面；另一方面，在新时期和新的时代背景下，农村的实业投资也将迅速在各地扩展，诸如医疗保险、"农家乐"旅游项目等农村新兴服务业领域的投资正在兴起。第二，外地来村投资者的范畴目前仍然要以户籍制度作为主要的认定标准。尽管公安部于2016年初已经着手部署了户籍制度改革的相关工作，但是还需要预见到：其一，有关户籍制度改革的具体举措有待进一步具体落实；其二，目前已知的户籍制度改革动向的局限性仍然比较明显，无法覆盖农村的所有人群。因此，可能在相当长的一段时期内，我国的外地来村投资者仍要以户籍制度作为区分的标准。第三，外地来村投资者概念的核心在于对外地来村的投资行为的认定。"投资"或者"投资行为"来自经济学上的概念，一般意义上理解的"投资行为"属于宏观经济学的理论范畴。通常认为，投资行为是指投资主体出于实现增值、获取预期收益或社会效益的动机，在一定经济环境下向一定领域的标的物投放现期的一定资财（有形或者无形）的经济行为。由此，投资行为的重点又在于收益或资金增值，与邻近概念"投机行为"有着重要的区别。简单而言，投机行为就是低买高卖。

2. 外地来村投资者的特征

由外地来村投资者本身的释义中可以看出，外地来村投资者主要存在以下特征。

（1）投资者来自本村以外的地区

所谓"外地来村"，即投资者本身是来自外地的，不具备本村村民资格。村民资格是一种身份资格的象征，一旦认定某个个体享有村民资格，则意味着他可以享受该村民身份的所有权益。村民是法律上经常被提及的概念，但罕有法律文本对其进行详细规定。在我国实践初期，由于国家对人口流动的严格限制，特别是城市和农村之间的人口流动有着严格的限制，所以村民资格的认定通常都是以户籍为标准，例如某个人户籍在A村，则其享有A村村民的所有权益。随着改革开放以来我国对人口流动限制的放松，各地区经济发展水平不尽相同，经济发达地区吸引了大量来村投资者。因此外地来村投资者关注的重心不是原来户籍所在村，而是现在工作、生活的乡村。有学者提出，对于村民资格判断应该以其是否承担了本村的义务、是否遵循了村规民约、是否与本村的公共事务产生了实质上的利害关系为判断标准。[①] 然而这些都是学术界的谈论，目前基于我国现行严格的户籍制度，我国对村民资格的判断一般采用户籍制度作为标准。所以外地来村投资者虽然不具有投资村的村民资格，但其必须遵守村规民约，必须承担所在村的义务，同时享有本村村民合法、相应的权利。

---

① 任自力、伊田主编《中国村民自治与法律维权经典案例评析》，法律出版社，2005，第44页。

(2) 营利性

营利性实际上就是，商法中商行为的重要特征。商事营利性，无论是传统商事理论还是现代商事理论都认为，谋求利益的最大化是营利性概念的核心构成。由于外地来村投资行为和商行为是一种交叉的逻辑关系，加之"投资"的概念决定了外地来村投资者是以营利为其最终目的，营利性的描述也正体现了外地来村投资者的概念特征。因此，外地来村投资者的一个重要特征就是营利性。

(3) 以法律和政策导向为重要依据

外地来村投资者以法律和政策导向作为其存在的主要依据。从外地来村投资的主体来看，我国《民法典》对个体工商户、农村承包经营户、法人、其他组织等都有明确的规定，这也为外地来村投资者提供了直接的法律依据。从现实情况来看，法律的规定仍有其局限性。个体工商户、企业法人和其他组织在投资时，由于资本要素投入的有限性，必须具有相应的风险意识。而新农村投资的相关政策就可以有效地减轻外地来村投资者的风险压力，尤其是诸如税收、土地等方面的优惠政策会极大地激励外地来村投资者的投资活动，进而国家和地方的政策导向也会成为外地来村投资者的主要投资依据。

(二) 外地来村投资者权益保护的困境

一些外来投资人员大量涌入村庄，扰乱了村庄的安宁和稳定，村民自治也面临着新的挑战。一方面，本地村民不愿意给予外来的投资者们更多的权利，不希望他们参与村民事务的决策，也不甘心让与他们集体分红。另一方面，这些外来者由于背井离乡，不可能行使其在原住所享有的村民权利；又受制于户籍制度，无法参与新农村的事务管理，但同时又要遵守所在村庄的自治章程，自治权利不能实现，特别是本村限制外地来村投资者享有村民委员会的选举权。通过调研发现，超过3/4的外地来村投资者不享有投资者的选举权，他们当中有九成以上都在投资村工作且居住。根据随机采访外地来村投资者的结果来看，他们不享有投资村的选举权的主要原因有三个：一是受访群体中不知道《村民委员会组织法》上有规定户籍不在本村的公民在符合一定条件的情况下也可以参加选举；二是部分外地来村投资者不关心投资村的选举情况；三是受访者表示自己有向村委会提出申请参加投资村的选举，但是由于户籍不在投资村，故在村民代表会议上多数村民反对其参加本村的选举。可见《村民委员会组织法》第十三条赋予户籍不在本村的外来人的选举权，在实践中并没有取得较为理想的效果。

按照学者蒋成旭的观点，村委会选举权纠纷背后的原因关键在于，农村人口与土地及其他相关集体财产利益密不可分，本村村民与外地来村投资者之间产生权益纠纷。① 村民的经济利益与村集体关系密切，若是取得本村的村民资格，便意味着享有占有土地的处置权和其他的经济利益。如前所述，除了户籍制度外，对于外地来村投资者来说，不存在一个确认形式来确认其是否属于本村村民，是否享有村民相应的合法权益，于是村委会选举名单登记就成了代替这样一种确认机制的方式。虽然 2018 年新修订的《村民委员会组织法》第十三条规定户籍不在本村的外地人，在本村居住一年以上，本人申请参加选举，并且经村民会议或者村民代表会议同意，可以参加选举。② 但他们参加选举仍要经过村民会议或村民代表会议同意，给予外地来村投资者选举权也就是同意他们参与村庄事务管理，因而作为理性人的村民个体，一般情况下不愿意把仅有的利益分给他人。即使是村民集体同意让与这些外地来村投资者部分权利，其权利也与本地人不平等。有些地方规定外来者只有选举权，没有被选举权；有些地方在责任地的分配中，外来人口没有参与决策权，其分到的责任地也是本村村民挑剩的；还有地方在征地补偿款的发放中，外地来村投资者只能按本地人的一定比例领取补偿款。在村民自治多数决机制下，村集体通过种种方式在各方面侵犯外地来村投资者的权益，而外地来村投资者寻求权利救济的途径却受到限制，人民调解委员会面

---

① 蒋成旭：《阻断司法救济的村民自治——以村委会选举权为视角》，《西北农林科技大学学报》（社会科学版）2015 年第 4 期，第 141~149 页。
② 《村民委员会组织法》第十三条规定："年满十八周岁的村民，不分民族、种族、性别、职业、家庭出身、宗教信仰、教育程度、财产状况、居住期限，都有选举权和被选举权；但是，依照法律被剥夺政治权利的人除外。村民委员会选举前，应当对下列人员进行登记，列入参加选举的村民名单：（一）户籍在本村并且在本村居住的村民；（二）户籍在本村，不在本村居住，本人表示参加选举的村民；（三）户籍不在本村，在本村居住一年以上，本人申请参加选举，并且经村民会议或者村民代表会议同意参加选举的公民。已在户籍所在村或者居住村登记参加选举的村民，不得再参加其他地方村民委员会的选举。"

对外地来村投资者与村委会之间的纠纷束手无策,而漫长的诉讼程序极大地损害了外地来村投资者的利益。

例如,在王某与A县某村民委员会租赁合同纠纷上诉案中,作为外地来村投资者的王某与该村民委员会签订租赁合同,合同约定王某租用该村原学校校址和部分土地兴办学校,租期二十年。该村民委员会在收取王某租金的情况下,以其租赁的集体土地兴办学校属于非农业建设,严重违反了土地管理法的规定,应为无效合同,拒绝交付土地。该案经历二审,从2017年一审法院判决合同无效,到2018年4月二审法院改判部分有效,合同继续履行,王某足足等待了2年,推迟了秋季招生的计划,极大损害了其投资利益。[1] 而在浙江省A县某村民委员会与浙江顺益房地产开发公司合作开发房地产合同纠纷案中,三位村民以村委会与该开发公司之间签订的协议村民并不知情为由,并且通过改选村委会委员和村主任,向法院诉称原村委会与该开发公司签订的协议书属恶意串通损害村民集体及其他竞标人合法利益的行为,属无效合同,双方应当返还各自取得的财产。该案经最高人民法院二审后,支持了部分村民诉讼。

在这类村委会与外地来村投资者之间的合同问题中,凡涉及村民利益的事项和村民会议认为应当由村民会议讨论决定的涉及村民利益的其他事项,村民委员会必须提请村民会议讨论决定后方可办理,《村民委员会组织法》也规定了召开村民会议时,根据需要邀请驻村企业列席会议。但实践中,涉及外地来村投资者利益时,村委会委员往往不会邀请驻村企业参加,导致外地来村投资者与村民委员会签订的协议处于不稳定状态,进而造成投资计划的推迟甚至落空。[2]

侵犯那些外地来村投资者的利益,是村民自治多数决的显著弊端之一。人口的频繁流动和城镇化进程要求我们必须在设计更完美的村民自治制度时充分考虑保护外地投资者的权益。村民自治中少数服从多数的表决方式能够合理地体现多数人的权利,实现多数人的利益。但面对外地投资者,全体村民几乎都会站在同一线上,甚至通过"集体暴力"等

---

[1] 河南省驻马店市中级人民法院(2018)豫17民终765号。
[2] 最高人民法院(2006)民一终字第59号。

方式，将那些与他们争夺利益、资源的外地投资者驱赶出村庄。在面对外来暴力时，这种方式使村民们团结起来，可以很好地保护村民集体的利益不受侵害。但若村民集体以这种方式对待那些弱者，不可避免地会形成"多数人的暴政"，通过集体的力量剥夺那些外地投资者的权利，这种漠视他人权利的行为并不是实行村民自治制度该有的结果。因而面对新形势、新状况，积极完善村民自治制度，保护外地来村投资者权益不被侵犯的形势变得紧迫。

（三）外地来村投资者权益保护存在障碍的原因分析

1. 外地来村投资者的选举权受限制

民主决策是村民自治的核心内容之一，民主决策权是指凡是跟村民利益相关的事由村民根据自身的意愿自由做出决定的权利，民主管理权是指村民对村内公共事务和公益事业、经济建设、个人行为等事项进行管理的权利，民主监督权指的是村民对村民委员会的行为及相关工作进行监督的权利。民主选举是搞好村民自治的前提条件，必须确保民主选举的真实性，夯实自治基础；民主决策直接决定村民自治的实现程度，起关键性作用；民主管理是村民自治工作的核心内容；民主监督是推进村民自治制度健康运行的保证。

如前所述，外地来村投资者不具有村民资格，因此外地来村投资者想参加投资村的选举必须符合相关法律的规定。《村民委员会组织法》第十三条规定，户籍不在本村，但在本村居住一年以上，本人申请参加选举，并且经村民会议或者村民代表会议同意参加选举的公民，可以列入选举名单。因此，外地来村投资者选民资格确定的关键在于村民会议或者村民代表会议的同意。但是实践中，村民对于外地来村投资者的选举权申请仍然普遍存在一种淡漠或者反对的态度。这和利益有关，是否召开村民会议或者村民代表会议以及是否同意外地来村投资者的申请皆有利益因素的影响。首先，长期的小农思想与农本位主义往往使得村民只在乎个人或者家庭集体的利益，当村民会议或者村民代表会议不涉及个人私有利益时往往采取冷漠态度，即很少会为了外地来村投资者的事情而召开村民会议或者村民代表会议。其次，出于理性经济人的村民一般不会将自己的权益分给外地来村投资者，即便是召开了村民（代表）

会议，在村民自治多数决机制下，全体村民几乎都会站在同一线上，通过少数服从多数的票决民主等方式，否决外地来村投资者的选举权申请，避免外地来村投资者与他们争夺利益、资源。

2018年《村民委员会组织法》虽然赋予了外地来村投资者参与村务管理的途径，但在实践中，外地来村投资者享有的选举权情况却不尽如人意。深圳市人大常委会委员李从欣说，在深圳市2011年的区级人大代表选举中，有60多名像张彩虹一样的非深圳户籍代表产生，占2011年全市1300多位区级人大代表总数约4.5%。而深圳的户籍人口只有300多万，但常住人口超过1400万。[①] 与1998年《村民委员会组织法》相比，2018年的《村民委员会组织法》放宽了外地来村投资者参加本村选举的条件，但在村民自治多数决机制下也很难保障享有本村的选举权和被选举权，外地来村投资者在本村的管理权和发言权缺失的现象依旧存在。《村民委员会组织法》中对外地来村投资者的选举权申请规定过于原则化，缺乏可操作性，例如外地来村投资者向谁提出申请，是否书面申请，村民会议或村民代表会议审议通过的标准是什么。在村民自治多数决机制下，出于理性经济人的村民，很容易以少数服从多数的方式，侵害外地来村投资者的选举权。因此，《村民委员会组织法》赋予了外地来村投资者享有选举权的途径，但在村民自治多数决背景下，外地来村投资者的选举权受到限制。

2. 村民自治多数决中票决民主的机械使用

票决民主是以少数服从多数为原则的决策方式，票决民主的基本共识是形式各异的"多数决策制"，意味着在众多的政策方案中，哪一个方案取得法定多数选票支持就将是合法的公共利益的代表。洛克从社会契约论出发，提出了一套支撑多数决的逻辑体系。他认为，当某些人基于每个人的同意组成一个共同体时，他们就会把这个共同体整合为一体，从而使其具有作为一个整体行动的权力，这需要经过大多数人的同意和决定。也正因如此，该整体中人人都应根据这一同意而受到约束。[②] 所以，票决民主形成的结果往往是多数人对少数人进行统治的政治模式。

[①] 乌梦达、王攀：《深圳探索扩大保障外来人口选举权》，2011年12月16日，中国新闻网，http://www.chinanews.com/sh/2011/12-16/3539034.shtml。

[②] 〔英〕洛克：《政府论》（下篇），叶启芳、瞿菊农译，商务印书馆，1964，第60页。

在公民利益趋同化的情况下，这种多数决是有利于全社会公共利益的实现的；但是在社会分化、利益激化的情况下，多数决很容易成为社会冲突的导火索，同时也会成为维护某种特定利益的武器。① 特别是在村民自治多数决机制下，外地来村投资者共享了村民的利益，与本村村民直接形成了利益的冲突，通过票决民主极易形成维护本地村民特定利益的决策，不利于外地来村投资者的权益保护。

　　社会选择理论有助于我们清楚地梳理实际政治生活中票决民主背后交叉复杂的关系。在分析票决民主时，社会选择理论假设选民的每一张票就代表着他们个人的理性取向，投票的动机便是谋求利益的实现，所以以投票方式所做出的决策能够视为个体理性通过投票规则而形成的聚合性社会偏好，即这种社会选择是调和个人价值与集体价值的一种理性平衡状态。在社会选择理论看来，票决民主实质上就是将投票作为公民利益偏好的核心表达的重要内容，其实际投票过程中受到投票规则、偏好顺序、策略性投票以及选民的非理性、理性不足、理性胡闹等因素的影响。② 在村民自治多数决机制下，票决民主往往被机械地运用，直接以票数的多少作为决策的结果。实践中，由于村民的理性不足、偏好自身利益、集体排挤外地来村投资者，票决民主的结果通常以压倒式的票数优势，直接做出不利于外地来村投资者权益的"多数决定"。这种票决民主的机械使用，剥夺了外地来村投资者充分阐述其异议的理由和存在的特殊困难、利益的机会，忽视了外地来村投资者对本村建设的特有贡献，不利于外地来村投资者的利益保护。

　　3. 外地来村投资者在村务决策中的话语权缺失

　　民主决策权是指凡是跟村民利益相关的事由村民根据自身意愿自由做出决定的权利。按照《村民委员会组织法》规定，在村民自治范围内，村民会议或者村民代表会议就是村庄的最高决策机关，因此凡是本村的重大事务都应交由全体村民共同做出决定。而一些日常事务可交由村民委员会在广泛征求村民意见的基础上，根据多数决原则进

---

① 郇雷：《协商民主对票决民主的改造和完善》，《上海师范大学学报》（哲学社会科学版）2016年第5期，第37~44页。
② 王鉴岗：《协商民主与票决民主的结合及模式的选择》，《四川省社会主义学院学报》2014年第2期，第3~5页。

行决策。① 民主决策是村民自治的关键，民主决策的实现意味着村民可以代表自己和集体的利益参与村务的集体决策，有助于激发个体的积极性和主动性。然而，在村民自治多数决背景下，外地来村投资者在村务决策中的话语权缺失严重。具体表现在以下几个方面。

首先，《村民委员会组织法》第二十二条第二款规定，召开村民会议时，根据需要可以邀请驻本村的企业、事业单位和群众组织派代表参加。此处关于外地来村投资者参与村民会议决策的规定过于抽象，其中存在"根据需要"的法定情形包括哪些、邀请外地来村投资者的决定由谁做出、做出决定的标准和程序是什么、列席村民会议的外地来村投资者能否提出自己的特殊困难和需求、他们的需求能否得到尊重等一系列问题。外地来村投资者跟本村村民一样，同等条件地遵守村规民约和村民自治章程，甚至为本村的经济建设、发展做出了特殊贡献，理应跟其他村民享受同样的权利待遇，特别是决策权。在村民自治多数决机制下，外地来村投资者在村民（代表）会议或者村委会的占比低，对于村务的决策基本上难以表达自己的诉求。

其次，村规民约和村民自治章程是我国《村民委员会组织法》明确规定必须建立的两项制度，是为了更深层次地保护村民的自治权。村规民约和村民自治章程是在宪法、法律、法规和国家政策的基础上，结合本村的实际情况，通过多数决民主的方式制定的在本村具有一定约束力的规则。这些规则由于是本村村民自己讨论通过的，具有通俗易懂、与村民切身利益关联等特点，因而容易被广大的村民知悉和遵守。因此，在村民自治实践中，村民自治章程和村规民约常常发挥着更重要的作用。② 但是根据《村民委员会组织法》第二十七条规定："村民自治章程、村规民约以及村民会议或者村民代表会议的决定不得与宪法、法律、法规和国家的政策相抵触，不得有侵犯村民的人身权利、民主权利和合法财产权利的内容。"村民自治必须在法律的框架内行使。虽然村民自治章程、村规民约都是经过多数村民同意，但是这并不能排除在多数决的幌子下，对外地来村投资者的权利侵害。实践中有村庄规定对征地补偿

---

① 民政部基层政权和社区建设司编《村民自治工作指导》，中国社会出版社，2001，第86页。
② 丁国民：《中国村民自治权研究》，法律出版社，2013，第146~150页。

款的区别待遇，本地村民可以分得全额，而外地来村投资者却只能享有6成。在分析文献和实践调研中，我们发现存在部分村庄的村规民约和村民自治章程对外地来村投资者的权益保护严重不足甚至产生偏差的问题。实践中，有的村规民约直接约定外地来村投资者不得参与村务管理，在拆迁补偿方面不享有或者只享有一定比例的拆迁补偿款。例如，2015年7月17日，因为五夫朱子文化园项目建设的需要，福建省武夷山市国土资源局和武夷山市某村民委员会签订了178.49亩的集体土地征收协议书，其中规定由该村民委员会全权负责征地后安置及补偿费用分配工作，土地被征收后，多余劳动力由村民委员会自行安排解决。在拆迁协议中，将补偿款的分配完全交由村委会决定，对于涉及外地来村投资者租赁的土地没有具体规定，容易造成集体多数决侵害外地来村投资者权益。在村民自治多数决机制下，村规民约、村民自治章程都可以由村民会议制定和修改，但是由于外地来村投资者的特殊性，他们的决策权得不到保障，更有甚者会受到村民"集体暴力"决策的侵害。

最后，根据法律规定，村民会议、村民代表会议以及村民委员会都是村务决策的主体，但是法律却没有明确重大事务和日常事务之间的区分标准，容易造成决策分配的混乱，极易损害外地来村投资者的决策权利。例如，本来应该属于村民会议决策的重大事务，却由村民委员会行使决策权，使得外地来村投资者列席村民会议的机会被剥夺了。虽然《村民委员会组织法》第十三条规定了驻村企业可以参加村民委员会委员的选举，但是却要经过村民会议或者村民代表会议的同意。由于重大事务和日常事务区分的界限不明确，村民会议或者村民代表会议与村民委员会之间的决策事项分配混乱，极易造成外地来村投资者的选举权申请陷入死循环，进而导致外地来村投资者的决策权得不到保障。

4. 外地来村投资者权利救济的局限性

"多数人的暴政"实际上是村民自治多数决的一个极端表现。在现有农村社会实际情况下，村民自治是一种最好的方式，但是这样的民主方式同样也存在弊端，其中最致命的是村民自治多数决对少数人的权利未能做到很好的保护，可能存在以多数人同意为借口侵犯少数人的权益的情况。"多数人的暴政"产生的原因往往是村民的从众心理以及容易被煽动。在我国大部分的农村地区，农民普遍存在民主政治素养不高的问题，极易被经济利益等因素诱惑。在调研中，我们发现部分村庄存在买卖选票的问题，一张选票价值50～200元不等，这样始作俑者很容易得到多数村民的支持。实践中，我们经常看到的外地来村投资者的权益保护问题便是很经典的案件。民众在分享利益时，总是希望自己的利益能够尽量地多，此时如果外地来村投资者过来分"蛋糕"，他们自然会存在抵触心理，一旦有本村村民很好地利用这种心理，那么在村民集体利益分配中容易以多数决为由，拒绝对其利益的分配，这就是外地来村投资者权利救济的必要性。权利的救济是对权利受损的事后圆满，从现行立法来看，针对外地来村投资者的权利救济尚缺明确途径，只能依据传统的纠纷解决机制进行，包括私力救济和公力救济。在村民自治多数决背景下，这种多元化纠纷解决机制对于外地来村投资者的权益保护显得尤为重要。由于大部分农村地区的现代化程度较低，如果简单粗暴地推行现代司法下乡，往往会造成"法治秩序的好处未得，而导致了礼治秩序的弊端发生"。[①] 因此，在肯定公力救济是权利救济的主要方式时，也应该看到私力救济的重要性。所以，我们在研究外地来村投资者的权利救济时，应该对现有的私力救济和公力救济进行详细的研究，发现其不足后方能对症下药。

（1）私力救济途径分析

私力救济是依据村规民约、自治章程，基于民众合意而达成的对自己权利的限制和利益分配机制的认可。私力救济以传统的人情文化维系人与人之间的关系为基础，达到纠纷内部消解的目的，营造和谐的社会生态。在实践中，私力救济往往是借助权威的第三方力量来解决纠纷。在外地来村投资者权利纠纷中，私力救济一般也通过借助宗族内权威人物或者人民调解委员会解决纠纷。对于本村村民之间的纠纷，宗族是民间纠纷的首道处理器，可以相对公平、快速地解决村民双方的纠纷。但是对于外地来村投资者来说却存在不利的一面。一方面，碍于"血亲情谊""人情面子"，在村子的熟人社会里面，宗族的权威人物难免会更倾向于偏袒本村村民，从而得出对外地来村投资者不公平的调解结果。另

[①] 费孝通：《乡土中国 生育制度》，北京大学出版社，1998，第58页。

一方面，根据《村民委员会组织法》第七条规定①，人民调解委员会属于村委会的下属机构，并且村委会成员可以兼任人民调解委员会的成员，即村民委员会与人民调解委员存在大致相同的利益，当村委会通过多数决机制剥夺、限制了外地来村投资者的权利时，作为村民委员会的附庸——人民调解委员会将无从发挥作用。另外，针对上文提到的外地来村投资者的选举权申请，当村民会议或者村民代表会议明显不当地拒绝了外地来村投资者的选举权申请时，人民调解委员会更无法提供救济，因为在村民自治权力架构中，村民会议是最高权力机关，其依据多数决做出的决定，是无法通过私力救济途径撤销的。

（2）公力救济途径分析

随着市场经济的深入开展，维系农村的社会结构和价值观念发生了巨大的改变，大量的劳动力流向城镇，而相对发达的农村也吸引了大量的外地来村投资者。原先较为封闭的农村社会环境被打破，加之科技媒体迅猛下乡，使得现代化的价值观念和生活方式逐渐融入农村生活，村民与村民、村民与外来者之间的交往方式也逐渐摆脱了"血亲情谊"的束缚，传统的熟人社会逐渐被淡化，开始走向以利益为主导的交往方式。传统的私力救济对于解决日益复杂的民间纠纷显得力不从心，转而由公力救济站在权威且中立的立场来解决纠纷。公力救济作为外地来村投资者权利救济的主要方式，其主要包括行政救济、权力机关救济以及司法救济等途径，但是这些纠纷解决途径都陷入了一定的制度困境。

首先，对外地来村投资者选举权保护的缺失。从上文分析可以看出，由于村民会议是村民自治框架中的最高权力机关，人民调解委员会等私力救济对于村民会议或者村民代表会议、村民委员会所做出的决定无法发挥作用，只能依靠公力救济途径。但是，当外地来村投资者不服村民选举委员的选民资格处理决定时，人民法院是否可以受理？2018年的《村民委员会组织法》对此没有规定，司法实践中法院对选民资格案件的处理方式也存在差异。例如，2011年发生在河南省的卢某等不服"选

---

① 《村民委员会组织法》第七条规定："村民委员会根据需要设人民调解、治安保卫、公共卫生与计划生育等委员会。村民委员会成员可以兼任下属委员会的成员。"

民资格处理决定"案,法院最终做出驳回起诉的裁定,判决依据是《村民委员会组织法》第十四条和第三十六条,法院认为村民选举委员做出的选民资格决定属于村民自治范围,不属于原《民事诉讼法》第一百六十四条关于选民资格案件的规定。又如,2012年8月在福建省A县发生的一起同样性质的李某案件,A县法院受理并做出了判决,判决依据是原《民事诉讼法》第一百六十四条。① 那么外地来村投资者基于选民资格案件的村民选举委员会的处理决定提起诉讼,法院能否受理?面对选民资格案件实实在在的诉讼需求,2018年修订的《村民委员会组织法》为何不将司法救济纳入其中?这是法律的疏忽,还是立法者有意排除司法对村民自治的干预?这些问题均体现出对村民自治的特殊考量。

其次,对村民委员诉讼主体资格的确定。当村民委员会利用村民多数决侵害外地来村投资者的合法权益时,受侵害的外地来村投资者如何寻求法律救济。《村民委员会组织法》第三十六条规定,村民委员会或者村民委员会成员做出的决定侵害村民合法权益的,受侵害的村民可以申请人民法院予以撤销,责任人依法承担法律责任。那么村民委员能否成为行政诉讼的主体?这个问题的解决对保障外地来村投资者的权利救济具有十分重要的意义。由于诉讼的种类不同,所花费的时间、精力、成本以及举证程度不同,外地来村投资者可以根据实际情形,选择对自己最方便、最有利的救济方式。对于村民委员诉讼主体资格的问题,根据宪法和法律的规定,村民委员会属于自治组织,是自我管理、自我教育、自我服务的基层群众性自治组织。基层政府对村委会的工作只能给予指导、支持和帮助,而不能对依法属于村民自治范围内的事情进行干涉。如果将村民委员会纳入行政诉讼范围,则意味着其属于国家公权力机关,与宪法规定的自治性相悖。但实践中,村民委员会却承担了税务义务、土地征用补偿费用的管理以及国有土地的经营和管理等行政性义务,似乎成了乡镇政府的代理人。例如,《统计法》要求村民委员会如实提供国家统计调查所需要的情况,但《统计法实施细则》却规定村民

---

① 蒋成旭:《阻断司法救济的村民自治——以村委会选举权为视角》,《西北农林科技大学学报》(社会科学版) 2015 年第 4 期,第 141~149 页。

委员会指定专人负责行政村的统计工作,而村委会的统计人员在统计业务上又受乡、镇统计员的领导。① 这些规定和做法从根本上扭曲了村民委员会的角色定位,从而使原本作为群众性自治组织的村民委员会的公权力特性越来越明显。还有一些事项,如集体投票决定征用外地来村投资者的土地,直接干预和侵害了外地来村投资者的合法权益,此时,外地来村投资者与村民委员会属于平等的民事主体间的民事纠纷还是不平等主体间的行政纠纷?

最后,对村民会议、村民代表会议决定的司法审查缺失。"有权力的人们使用权力一直遇到有界限的地方才休止。"② 在孟德斯鸠看来,所有权力拥有者都有可能滥用权力。村民会议或者村民代表会作为村民自治结构中的最高权力机关,也有可能滥用权力。《村民委员会组织法》第二十四条赋予其决定征地补偿款的使用、分配方案、土地承包经营方案以及本村公益事业的兴办和筹备方案及建设承办方案等权利。虽然这些事项的决定要经过多数人的同意,但是一旦多数村民期望获得更多利益,村民自治多数决就有可能造成少数人群,特别是外地来村投资者的合法权益受到侵害。③ 虽然《村民委员会组织法》第二十七条④赋予了基层人民政府责令其改正的权利,但是行政机关的救济程序不规范、随意性强,并且很多时候基层政府与村民会议、村民委员会的利益相同,加上村民委员会具有公权力的特征,容易导致行政机关怠于履行职责。虽然《村民委员会组织法》第三十六条赋予了法院审查村民委员会决定的权利,但是对于村民会议、村民代表会议决定的内容却没有审查权。实践中,常常发生外地来村投资者不服村民会议通过的征地补偿分配方案,向人民法院起诉,法院只能以不是法院的受案范围为由不予受理。这对外地来村投资者的权益保护极为不利,村民会议、村民代表会议往往利用少数服从多数原则,排斥、侵害少数人合法权益,特别是涉及农村土地承包的纠纷案件,外地来村投资者往往诉求无门。根据《最高人民法院关

---

① 何海波:《通过村民自治的国家治理》,清华大学出版社,2003,第136~162页。
② 〔法〕孟德斯鸠:《论法的精神》(上册),张雁深译,商务印书馆,1982,第154页。
③ 赵正斌:《村民自治权利司法救济的现状与完善》,《中国检察官》2016年第4期,第36~39页。
④ 《村民委员会组织法》第二十七条规定:"村民自治章程、村规民约以及村民会议或者村民代表会议的决定违反前款规定的,由乡、民族乡、镇的人民政府责令改正。"

于审理涉及农村土地承包纠纷案件适用法律问题的解释》第二十四条规定，法院仅就当事人对农村集体经济组织或者村民委员会、村民小组决定的方案不服的，法院才可以受理，唯独村民会议、村民代表会议决定的内容没有纳入受案范围。司法审查缺失，导致了村民自治多数决机制下外地来村投资者的权益容易受到侵害。[①]

（四）外地来村投资者权益保护的路径

1. 完善我国外地来村投资者选举权的内容

《村民委员会组织法》第十三条规定，外地来村投资者要想获得本村的选举权资格，除了符合相关法律规定的条件外，还必须经过村民会议或者村民代表会议同意。但在村民自治多数决机制下，出于理性经济人理论，本村村民很难会同意外地来村投资者共享本村利益，一般会通过少数服从多数的票决民主拒绝外地来村投资者的选举权申请。故法律应该对这种村民多数决机制进行衡平，以保障外地来村投资者的选举权。目前《村民委员会组织法》对于外地来村投资者的选举权申请规定比较笼统，缺乏可操作性。未来应完善对我国外地来村投资者选举权内容的规定，例如法律应该明确规定对于外地来村投资者选举权的申请，符合哪些条件村民会议或者村民代表会议必须同意，当然也可以设定否定条件，例如不承担本村义务等，村民会议或者村民代表会议即可一票否决。外地来村投资者选举权申请内容的明确，是防止村民自治的"多数暴政"对外地来村投资者选举权的侵害，是对村民自治多数决机制的一种衡平。

当然也有学者从户籍管理制度入手，将户籍管理改为居民管理，例如外地来村投资者在本村居住满一年以上，即可获得居留证，即可参加选举。当然，实践中也应该明确外地来村投资者不能同时在本村和户籍村行使选举权和被选举权，即所有选民在一次选举中只能投一个选票，

[①] 2005年《最高人民法院关于审理涉及农村土地承包纠纷案件适用法律问题的解释》第二十四条规定："农村集体经济组织或者村民委员会、村民小组，可以依照法律规定的民主议定程序，决定在本集体经济组织内部分配已经收到的土地补偿费。征地补偿安置方案确定时已经具有本集体经济组织成员资格的人，请求支付相应份额的，应予支持。但已报全国人大常委会、国务院备案的地方性法规、自治条例和单行条例、地方政府规章对土地补偿费在农村集体经济组织内部的分配办法另有规定的除外。"

所有选票的效力完全相等，保证"一人一票、每票等值"。[①]

2. 坚持票决民主与协商民主相结合的多数决机制

票决民主实行少数服从多数原则，是多数人对少数人的专制，外地来村投资者的意见和建议很可能并不给予考虑，不仅不利于保护少数人的权益，而且还可能因为少数人对票决结果的抵触而导致决策结果在实际执行中难度增加。民主意味着少数服从多数，但是现代意义的民主更不能忽视少数人的权益保护，如何兼顾多数人和少数人之间的利益保护是现代民主所要追求的目标。在村民自治多数决中，村民和外地来村投资者共同参与村务的管理和服务，有时意见不统一，投票是必需的，但不意味着以多数压制少数。特别是在村民自治多数决背景下，外地来村投资者的人数占比明显低于本村村民，我们不能简单地通过票决民主，剥夺外地来村投资者应享有的权益。因此在村民自治多数决机制下，不能机械地使用票决民主，而应该认识到票决民主不仅仅是由票数的多少来进行决策，有时候票决民主更是一种民意的测验。[②] 票决民主的结果只是做出决策方案的一种根据，还应该辅之以协商民主，以便吸收更广泛的民意，形成兼顾各方利益的最佳决策。

协商民主被视为防止多数群体对少数群体利益侵害的一种方式，在村民自治领域，则作为一种村民自治多数决的衡平机制。协商民主源于古希腊的雅典，在20世纪八九十年代受罗尔斯、哈贝马斯推崇。[③] 协商是指村民和外地来村投资者相互交换信息和利益协调或讨价还价以寻求合作的过程。协商民主则是强调协商双方在平等权利基础上寻求一致的结果。协商过程相当于村民和外地来村投资者利益方程的求解过程，求得方程的合作解。通过协商，村民和外地来村投资者之间有充分的信息交流、利益协商和整合，使得双方的利益都会照顾到，外地来村投资者的要求也得到尊重，不会出现多数人否定少数人利益的决策结果。另外，协商民主的方式比较柔和，能够照顾到村民和外地来村投资者的情感，在心理上容易被双方接受，符合双方的合作预期，在协商一致的基础上

---

① 焦洪昌：《选举权的法律保障》，博士学位论文，中国政法大学，2005。
② 姜明安：《酒仙桥危改：不妨多一些民主形式》，《人权》2007年第5期，第54~55页。
③ 卫梦宇：《票决民主制度下的少数人权利保护问题研究》，《山西青年职业学院学报》2017年第4期，第51~54页。

形成的决策、方案更容易得到双方的认同和支持，实施起来更有效率。

当然，我们也应该清晰地认识到协商民主也存在一定的缺陷。例如，协商的成本较高，当村民和外地来村投资者之间的意见分歧较大时，协商的次数和时间增加，协商结果的确定也具有不确定因素。因此，在村民自治多数决机制下，应坚持票决民主和协商民主相结合的多数决机制，让每个村民和外地来村投资者都可以按照自己的意愿表述自己的想法与意愿并能够倾听他人的意见，在票决之前先行协商，或者在票决结果出来后进一步商榷，在公平自由的环境中进行辩论与磨合，在妥协的基础上达成双方都可以接受的结果。坚持票决民主和协商民主相结合的多数决机制可以避免票决结果遭到反对者的严重抵制，更有利于对外地来村投资者权益的保护。

3. 提高外地来村投资者对村务决策的话语权

（1）明确外地来村投资者列席村民会议的条件

目前我国《村民委员会组织法》只规定外地来村投资者有条件地列席村民会议，却没有明确规定条件的内容。作为我国村民自治体系中最高权力机关的村民会议，如果缺少了外地来村投资者的参与，那么决策的内容就不能代表全村的意志，同时极易造成本村村民通过多数决方式侵害外地来村投资者的权益。因此，外地来村投资者列席村民会议的条件应该明确。例如，召开村民会议时，可以邀请驻村企业、群众组织派代表参加，如果村民会议内容涉及外地来村投资者的权益则必须通知相关外地来村投资者和代表列席会议。同时，应明确工作人员的责任。如果由于工作人员通知的失误，相关外地来村投资者没能参与村民会议，使得村民会议的决策内容侵害了外地来村投资者的权益，外地来村投资者可以请求乡、镇人民政府以及人民代表大会、县级有关主管部门救济，并追究相关工作人员的责任。明确外地来村投资者列席村民会议的条件，能有效地防止村民委员盲目利用多数决机制排斥、干扰外地来村投资者参与村民会议的集体决策。

（2）成立外地来村投资者权益保护协会

由于外地来村投资主体各异、想法和需求也不一致，如果让每个外地来村投资主体都参与集体决策，显然是不现实的。因此有必要成立外地来村投资者协会，让全体外地来村投资者在协会中阐述自己的观点，充分阐述自己的需求，最后统一意见，由外地来村投资者协会列席村民会议，参与集体决策，参与制定村规民约、村民自治章程。外地来村投资者协会的主要目的和宗旨是维护自然人个体、个体工商户、乡镇企业和其他经济组织等外地来村投资主体的各项合法权益，促进外来的资本、技术和人员在农村市场中进行有序流动，活跃本村经济，促进本村市场健康有序发展。外地来村投资者协会应该具有非营利性、公益性和独立性等特征，主要帮助外来投资主体发挥参与调解、进行谈判、协商偿付、支持诉讼、列席影响外地来村投资者合法权益的村民会议的作用，保障外地来村投资者的决策权，并对外地来村投资者进行法制宣传和实施投资者教育等，确保外地来村投资者在不违反现行的法律和相关政策条件下，进行生产经营活动，获取合理的收益或利润，并保障其合法权益。

（3）建立外地来村投资者与村民委员会之间的协商机制

外地来村投资者要与本村集体经济组织的代表村委会进行沟通与协调，有利于发挥村委会在投资者与纠纷者之间的交流与沟通作用。外地来村投资者往往受到入驻的村民小组指责或干扰，一旦村民小组会议通过多数决，讨论决定的属于村民小组的集体所有土地、企业和其他财产的经营管理方案不利于外地来村投资者。村民小组往往是与外地来村投资者之间产生直接纠纷和利益冲突的群体，需要村委会或基层政府力量对其进行干预和管制，而不能对发生的涉事问题无作为，否则会对外地来村投资者造成不良的影响。外地来村投资者对这些村民小组的无理取闹行为并不能进行预防，需要本村集体经济组织给予协助和处理，避免外地来村投资者合法权益受到更严重的损害。在外地来村投资者与村委会之间建立参与村民自治的协商机制，不一定非要外地来村投资者加入本村集体经济组织或取得选举权或被选举权，而是要求在处理本村的重大问题方面，需要外地来村投资者参加并发挥积极作用，真正解决与其相关的重大利益问题。可以与外地来村投资者采取直接谈判方式，将参与村民自治的相关事项以协议的方式加以固定，或者邀请其直接参与制定村民自治的相关制度，通过制度或协议将不可预见的、需要参与的自治事务确定下来，以保障外地来村投资者决策权的充分行使，也能为其合法权益保障提供必要条件。

4. 创新外地来村投资者权利救济制度

（1）设立村民自治监督委员会

外地来村投资者的私力救济旨在通过民间途径实现对自己受损害利益的保护。如前所述，人民调解委员会是村民纠纷的调解机构，但是由于其是村民委员会的下属机构，其无法监督村民委员会的行为，也无法调解村民委员会与其他人之间的纠纷，更有甚者联合村民损害外地来村投资者的合法权益。因此，笔者认为应该设立村民自治监督委员会，设立于村民会议之下，将人民调解委员会从村民委员会中独立出来，由村民自治监督委员会的成员担任人民调解委员会委员，村民委员会委员不能担任村民自治监督委员会委员，另外其委员中必须包含外地来村投资者权益保护协会。在外地来村投资者权益保护当中，我们既要保护他们的合法权益，也应尽量考虑到村民自治多数决的初衷，不能违背国家推行村民自治制度的宗旨。作为基层直接民主实践的村民自治多数决，其本质特征是村民自我管理、自我教育、自我服务，主要通过民主选举、民主决策、民主管理、民主监督等形式实现村民自己的事情自己做主的愿望。[①] 在当前村民自治结构中，村民会议或者村民代表会议或者村民小组会议是村民自治中最高决策机构，而村民委员会是执行机构，唯独缺乏村民自治监督机构。从现有法律规定来看，村民会议或者村民代表会议以及村民小组会议都享有对村民委员会的监督权，但由于它们都是非常设机构，无法对村民委员会的全过程进行监督。故，有必要设立村民自治监督委员会，一方面有权全过程监督村民委员会的行为，另一方面有助于民间纠纷的解决。村民自治监督委员会由村民会议或者村民代表会议选举产生，对其负责，独立于村民委员会并有权监督村民选举委员会、村民委员会进行村民自治的一切行为。另外，其吸收了人民调解委员会的职能，有权调解村庄内的民事纠纷。

（2）构建对村民会议或者村民代表会议的决定附带性审查制度

村民会议、村民代表会议决定的内容属于村民自治范围，本来司法权不应该过度干预村民自治。但即便是村民自治，也应该是在法治轨道

---

① 石佑启、张显伟：《村民自治：制度困境与路径选择——村委会选举中选民资格纠纷解决机制探索》，《湖北民族学院学报》（哲学社会科学版）2010 年第 5 期，第 140～145 页。

下实行村民自治,不能随意侵害他人的合法权益。我国《村民委员会组织法》第二十七条规定,村民会议等的决定不能违反宪法、法律等规定,不能侵犯村民的人身权利、民主权利和合法财产权利。显然,村民会议、村民代表会议决定的合法化是村民自治的必然要求。此外,现实中有许多案件是由村民会议或者村民代表会议的决定不合理引起的。《村民委员会组织法》赋予了其大量事项的决定权,一般涉及村民利益的事项都要由其决定,如果一旦村民会议、村民代表会议滥用多数决,损害外地来村投资者的合法权益,作为维护社会公平正义的最后一道防线的司法机关却不能为其提供救济,不仅不利于外地来村投资者的权益保护,长此以往更会使村民自治权遭受到深层次的破坏。因此,应将村民会议、村民代表会议的决定纳入司法审查范围,具体可以借鉴行政诉讼法中对抽象行政行为的附带性审查。在外地来村投资者不服村委会执行的事项向法院提出侵权诉讼时,法院可以附带性审查该事项所依据的村民会议、村民代表会议做出的决定。经审查认为村民会议或者村民代表会议所做的决定违反宪法、法律法规以及国家政策时,不作为认定村民委员会或者村民委员会成员执行事项合法的依据,同时抄送乡、民族乡、镇的人民政府,向其提出处理建议,由人民政府责令村民会议或者村民代表会议改正,并将处理结果反馈至人民法院;经审查认为村民会议或者村民代表会议的决定合法的,人民法院应当确认有效,并驳回外地来村投资者的诉讼请求。

三 农村外出谋生者的权益保护

(一)农村外出谋生者的界定及其特征

1. 农村外出谋生者的基本界定

农村外出谋生者是我国经济社会转型时期的特殊概念,是指户籍身份仍然是农民,从事农业生产,并拥有自己的承包土地,但其主要是从事非农业、以工资薪金为主要收入来源的人员。狭义的农村外出谋生者一般是指,跨地区外出进城务工的村集体经济组织成员或其他农闲人员。广义的农村外出谋生者的内涵由以下两部分构成:一是跨地区外出进城务工人员,二是在县域乡镇内从事第二、第三产业的农村劳动力。[①] 农村外出谋生者这一充满生命力的新生事物,既是中国社会从传统转向现代的一项重要标志,亦是推动我国工业化、城镇化快速发展的新型劳动助推力,同时还是促进我国经济和社会结构变革的强有力支撑,也是改革开放深入发展的新产物。历史上关乎我国农村外出谋生者的政策经历了三个阶段:第一是"自由迁移"到"严格控制"阶段;第二是"离土不离乡"到"离土又离乡"阶段;第三是"消极应对"到"积极引导"阶段。[②]

2. 农村外出谋生者的特征

(1) 数量规模正在增长

国家统计局数据显示,2017 年全国人户分离人口(即居住地和户口登记地不在同一个乡镇街道且离开户口登记地半年以上的人口)有 2.91 亿人,其中流动人口 2.44 亿人。工业化和城镇化的加快发展扩大了城镇吸纳就业的容量。年末全国就业人员 77640 万人,其中城镇就业人员 42462 万人。从城乡结构看,2017 年中国城镇常住人口 81347 万人,比上年末增加 2049 万人;乡村常住人口 57661 万人,比上年末减少 1312 万人;城镇人口占总人口比重(城镇化率)为 58.52%,比上年末提高 1.17 个百分点。[③] 我国农村外出谋生者的人数逐年增长,举家的农村外出务工的谋生者数量也正在逐年增长。从农村外出谋生者的输出地区视角来看,在农村外出务工的谋生者人数上,中部地区远超过西部地区农村外出务工的谋生者数量,西部地区则又高于东部地区的农村外出务工的谋生者数量。中西部地区农村外出谋生者的数量总和又远远超过东部地区的数量。以四川省和河南省为例,两个省份的外出务工谋生者都高于 1000 万人。

(2) 长期流动特征明显

在全球经济日趋一体化和中国市场经济蓬勃发展的形势下,当前普遍的农村外出谋生者就业模式是流动就业,我国农村劳动力将继续涌向

[①] 国务院研究室课题组编著《中国农民工调研报告》,中国言实出版社,2006,第 1 页。

[②] 于海侠:《农民工劳动权益法律保护研究》,硕士学位论文,中央民族大学,2009,第 5 页。

[③] 国家统计局:《中华人民共和国 2017 年国民经济和社会发展统计公报》,2018 年 2 月 28 日,国家统计局官网,http://www.stats.gov.cn/tjsj/zxfb/201802/t20180228_1585631.html。

经济基础扎实、市场活跃地区的集市和城镇，但在流动规模不断扩大的同时流动就业的增长速度却日趋平稳。在新形势下，农村外出谋生者的基本特点也显现出更加复杂的内容，例如流动就业的数量规模、广度和跨度、组织形式和流动形式等方面，这也意味着农村外出谋生者流动就业将逐渐浮现出更多新特点。

第一，农村外出谋生者的就业稳定性继续提高，且倾向于城里或镇上的长期外出务工。在农村外出谋生者年龄增加的同时，外出谋生者流动就业也趋于稳定。长年进城务工的农村外出谋生者不断增多，完全脱离了农业生产、长年外出打工的农村外出谋生者的就业人数占比较大，就业范围较广，且多数回乡的外出谋生者还有可能继续外出务工，这也意味着农村外出谋生者对流出地村落的熟悉度和了解度降低。

第二，举家外出务工和居住的农村外出谋生者稳定性不断提高。因外出谋生者的长时间流动就业，农村外出谋生者举家外出务工和流动"家庭化"更加频繁，以"家庭"为单位的外出谋生者比重不断增加。

第三，农村外出谋生者在流入地和务工地城镇居住的状态具有长期性特征。农村外出谋生者流动就业特征由原先季节性流动转变为全年性、多年性流动，同时有趋于在务工地和流入地长期居住的迹象。季节性流动是指以原籍务农为主，只有在农闲时节才外出务工的就业流动。全年性、多年性流动是指以跨区外出务工为主，并将务工工资收入作为主要生活来源的就业流动。农村外出谋生者在务工居住地稳定居住的时间呈逐年增长的趋势，并且返回户籍地老家的次数逐渐减少，融入居住地城镇化的现象逐渐增多。

(3) 村民自治参与意识有限

村民自治要求参与村民具备一定的文化素养，但一般情况下农村外出谋生者难以或者较少有机会接触到教育领域，整体的知识素养和文化水平较低，并且大部分没有接受过任何形式的职业技能培训，在权利意识和法律意识方面较为薄弱。总体来看，农村外出谋生者受教育程度以初中文化为主，教育经历贫乏，甚至有一定比例的劳动力仅具有小学文化水平，但相对于留在农村的劳动力，该群体文化水平要偏高一些。从文化程度角度来看，农村外出谋生者的受教育程度属于文盲或者小学水平的仍是少数，属于初中水平的群体仍然是多数，并且属于高中及以上文化水平的人数也在不断增加。可以说，村民外出务工的整体文化程度要高于全部农村劳动力的平均水平。但是受制于外出谋生的客观环境，诸如劳动报酬低、生存压力大、工作强度高等多种因素，农村外出务工的谋生者绝大部分没有机会得到再教育机会，对于自身享有哪些权利义务、如何充分利用自身素质参与村民自治都基本没有概念和意识。

（二）村民自治多数决下农村外出谋生者权益的现状及困境

1. 村民自治多数决下农村外出谋生者权益的现状

（1）选举权与被选举权遭受歧视

选举权与被选举权是公民行使国家权力的基本形式，是宪法规定的"一切权力属于人民"的直接体现。根据我国《宪法》和其他法律的相关规定，选举权与被选举权是公民政治参与权益的集中体现，也是公民参与国家政治生活、参加国家和社会管理的最重要的基本权益。《村民委员会组织法》延续了《宪法》在此的规定，同时结合基层民主自治的特点，在第十三条中对有选举权和被选举权的情形做了详细规定，另外还对排除情形做了明确规定。据此，在法律制度层面确保了村民享有这两项权利。对于参加选举的村民名单，该条文也明确了"户籍在本村，不在本村居住，本人表示参加选举的村民"也在村民名单之列。农村外出谋生者正是符合第二款的情形。除了上位法的规定以外，各省份也出台了相应的办法来保障农村外出谋生者的选举权和被选举权。可是在现实生活中，如何切实有效地保障农村外出谋生者的选举权依旧是一大难题，现实中不乏相关的事件。

据《检察日报》报道[①]，广东省A市某村村民林某由于在2002年未缴纳新型农村合作医疗保障金，村委会以此为由开除其村籍。村委会称，由于已经开除林某的村籍，林某不享有选举权，也没有任何福利。林某是该村人，从小到大便与父母居住在村里，户籍所在地仍为该村。林某和妻子在1997年大学毕业后便在阳江的一家港资企业务工，目前在A市经营一家美容院。在2011年3月该村委会举行换届选举时，林某夫妇没

---

① 杨涛：《村民被剥夺选举权，根源是政府部门不作为》，《检察日报》2012年10月22日，第6版。

有分到选票，便找到该村村支部书记兼村主任黄某询问理由。村支部书记称林某的村民资格早在 2005 年就被取消了。林某认为这应该归因于 2002 年没有缴纳新农合。该村在 2003 年开始试点新农合。2002 年下半年，村委会开始向村民收取每人 10 元的费用，林某并没有缴纳。他当时的公司已经替他买了医保，林某因此没买村里的。林某称，从第二年起，夫妇俩每年都参加新农合。2002 年 12 月中旬，村委会抽调 20 人到各家各户做工作。当时林某以"在国家单位工作，不属村委会管"为由拒绝缴纳费用。村支部书记黄某称："这是他自我确认不是村民身份。"林某并不承认黄某的解释："我当时在港资公司，怎么会申报自己在国家单位呢？就算我申报过，那也需要人事档案来证明。这是他们的借口。"林某感到有口难辩。与林某一样自称"被开除村民资格"的还有 72 岁的张某。由于他第一年没有购买新农合，村里自 2003 年起便没给他发过养老金。为此，他在最近六七年内频频上访却没了下文。对此，黄某解释，享受养老金待遇的前提是村经济联合社社员的身份，而第一年筹集个人合作医疗保障金期间，拒绝缴纳合作医疗保障金的，即视为自动放弃本村经济联合社的社员资格。依照村务管理文件规定，该村取消或中止上述社员福利待遇的村民一共有 91 人。

  村务管理文件是民主管理的重要体现，也是村民自治的核心，村务管理文件一般是由村民会议审阅通过，而传统的村民自治之下，多数人的同意并不能代表少数人的利益，也无法回应包括农村外出谋生者在内的少数人的利益诉求。由于我国选举制度的种种缺陷，广大农村外出谋生者群体的政治权益长期被政府和全社会漠视，因而，农村外出谋生者的选举权与被选举权意识也逐渐被淡化，难以得到充分发挥。受制于客观的现实条件以及自身的认知水平，农村外出谋生者不愿回乡参加籍贯地或所居住村庄的选举活动，并且委托手续繁杂难以委托，甚至没有意识到可以委托其他合适的人代表其行使选举权和被选举权，他们也不能参加城市街道、居民社区的民主选举和事务管理。同时，农村外出谋生者很难享有与城市市民同等的政治权益，更难以维护农村外出谋生者有关参与用工企业职代会的民主管理与政治组织权益。在现阶段以户籍为标准来划分选举区域的状态下，流动的农村外出谋生者难以在城镇中享有选举权与被选举权，这正是导致他们的基本权益得不到有效保障的原因之一。

（2）民主决策权遭到剥夺

由于大部分村庄的青壮劳动力都远离家乡外出工作，全体村民会议的召开实际上已经失去了可操作性，农村外出谋生者的决策权也不能得到有效的保障。黑龙江省 A 镇 12 个村庄就是一个典型的例子。2014 年 A 镇实际从事农业生产活动的劳动力占劳动力总数的比重最低的一个村庄为 15%，有 8 个村庄的比例都在 50% 以下，而参与外出打工的劳动力比例最高的村庄高达 80%，2014 年 12 个村庄均未召开过全体村民会议。①因此，在这些村庄，民主决策的组织机构就剩下了村民代表会议。

农村外出谋生者在村民自治多数决下遭受的权益侵害分布（见图 7-1）如下：选举权与被选举权占比 38%，民主决策权占比 13.4%，政治自由占比 10.1%，土地权益占比 36.7%，其他占比 1%。②

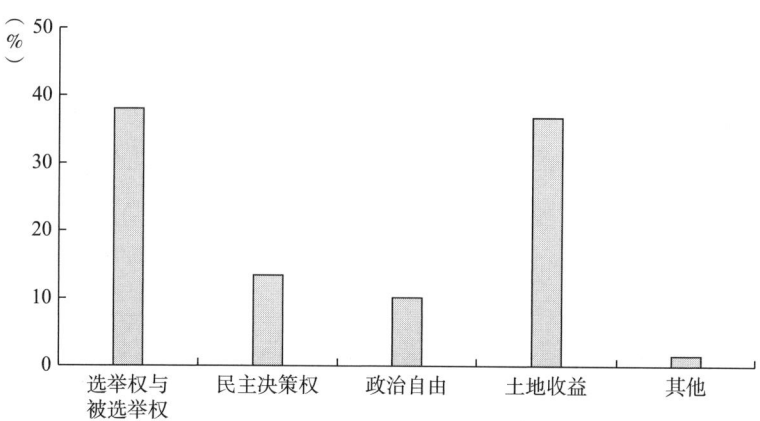

图 7-1 农村外出谋生者在村民自治多数决下遭受的权益侵害分布

资料来源：以上数据来源于本课题组在福建省武夷山市五夫镇的调研结果。

---

① 叶静怡、韩佳伟、杨洋：《依法治国之村民自治——以黑龙江省 A 镇 12 个村庄的调查为例》，载孙祁祥主编《时代节点的眺望》，北京大学出版社，2016，第 139~147 页。
② 本课题组于 2018 年 7 月在福建省武夷山市五夫镇进行关于村民自治的调研。下列是关于农村外出谋生者的调研情况：①调研问卷设计了被调研对象农村外出谋生者回乡参加村民选举的情况、对乡村事务的了解程度以及对村委会的工作整体满意度和建议等问题，采用单项选择题和多项选择题两种题型；②调研方式采用问卷调查、村主任访谈、村支书座谈会、实地走访参观等；③调研范围为武夷山市五夫镇五夫村、翁墩村、五一村、典村、兴贤村等多个村庄；④调研对象为村民和村主任以及外来投资者。本次问卷共发放了 580 份，回收 571 份，其中有效问卷 557 份。

调查数据显示，每个由联户（居住相近的 5~6 户村民组成）组成的村民小组会推选产生 1 名村民代表，一个村共计约 35 名村民代表；每个村的村民代表会议每年至少召开 4 次，最多的在 10 次以上，大多数村级事务，如村集体经济所得收益的使用，村建桥梁、水利等村公益事业的资金筹措方案，征用土地时各项补偿费用的使用方案、承包方案及村公益事业的建设承包方案等，基本都由村支书或村主任主持召开的村民代表会议讨论决定。而这也将传统村民自治多数决的弊端暴露出来——并不能很好地兼顾少数人（包括农村外出谋生者）的利益。

村民代表有责任和义务代表村民小组参与村庄重大事项决策，并及时将各项决策的相关内容和信息传达给其代表的每一个农户，是村委会与村民联系的纽带。在调查中发现了一些影响村民代表功能正常发挥的问题。首先，个别村民代表的主要工作不是在家务农，而是在外务工经商办厂，并没有长期待在村内，对于村内的事务也是一问三不知。其次，当问及村民代表是否有及时向村民小组的其他农户传达村民代表会议的决定时，有的说有，有的说找不到人、无法传达。村民代表大多是在村民中有威望的、得到村民认同而被推荐的，他们当中外出工作的比例这几年有增加的趋势，这给村民代表会议的正常召开和民主决策带来一定的困难，农村民主自治在村民大量外出的情况下亟待寻求新的改进思路。

农村外出谋生者的自身特性决定着该群体长期在农村外活动，处于农村的时间短暂。而村民自治多数决通常是在一个村庄中，对于属于村民自治范围内的各项事务，由村民按少数服从多数的原则共同决定，多数人的选择倾向对少数人具有拘束力，在一定条件下少数人只能接受。民主决策就是村民自治多数决的体现之一。村民自治多数决是村民自治中的一项基本制度和原则，是村民民主权利在村民自治中的体现。做出决策的主体是全体村民，形式是直接参与，按照平等原则和少数服从多数原则，对属于村民自治范围内的重大事务进行商议、共同讨论决定，确保每位村民的发言权。民主决策强调村民以主人的身份平等参与本村公共事务的决策，经过平等对话达成共识，就有关利益分配形成最终决定，最终的决定结果是大多数人意愿的表达。全村在决策时，决定的做出需与会人员过半数同意方可。虽然决定是以与会人员过半数同意为主，但这并不能否认每一个与会人员在整个决策过程中所发挥的作用。农村外出谋生者虽然长期在外，但是作为村庄的一分子，理应享有参与决策的资格和权利。但是往往由于一些实际因素和现实原因，他们的决策权难以得到保障。以村务公开为例，村务公开是实现民主决策的重要前提，也是实现农村民主管理的最基本形式。通过村务公开，村民才能实时了解村务情况，及时监督，实现当家做主的权利。农村外出谋生者因外出，对村务公开信息的了解程度相较于常年在村内生活的村民要低，掌握的公开信息的时效性、具体性、真实性也都较差。即便能够回乡参与决策，也会因对村务了解得不够深入，影响原本的决策。

（3）土地权益得不到保障

20世纪80年代初期开始的家庭联产承包责任制让中国亿万农民有了农村土地承包经营权，为农村经济腾飞添砖加瓦。2014年1月，《关于全面深化农村改革加快推进农业现代化的若干意见》明确提出"落实所有权、稳定承包权、放活经营权"，承包地所有权、承包权、经营权"三权分置"正式成为农村土地改革的政策指导。2018年1月2日，中央一号文件《中共中央 国务院关于实施乡村振兴战略的意见》明确提出：第一，要深入推进农村集体产权制度改革；第二，第二轮土地承包到期后再延长30年；第三，宅基地所有权、资格权、使用权"三权分置"。同月15日，时任国土资源部部长的姜大明在全国国土资源工作会议上表示，要完善农民闲置宅基地和闲置农房政策，探索宅基地所有权、资格权、使用权"三权分置"，落实宅基地集体所有权，保障宅基地农户资格权，适度放活宅基地使用权。我们过去对农村土地实行所有权、承包权、经营权"三权分置"，现在要对宅基地实现"三权分置"，之后可能会出台相关文件。当前农村外出谋生者数量增加，导致我国大量宅基地闲置。"三权分置"后，宅基地的集体所有权不变，农户资格权也不变，将使用权流转出去。2018年的中央一号文件提出，在符合土地利用总体规划的前提下，允许县级政府通过村土地利用规划，调整优化村庄用地布局，有效利用农村零星分散的存量建设用地；预留部分规划建设用地指标用于单独选址的农业设施和休闲旅游设施等建设。对于利用收储农村闲置建设用地发展农村新产业新业态的，给予新增建设用地指标奖励。但是，明令禁止利用农村宅基地建设别墅大院和私人会馆。

然而,城镇化进程速度提升,农村土地权属不清问题日益显现。2017年2月15日,江苏省泰州市中级人民法院举行新闻发布会,发布信息称,该院自2014年1月至2016年10月期间,全市18个人民法庭共受理涉农土地权益纠纷案件250起,其中与土地承包经营权相关的各类纠纷占比达71.2%,案件类型包括土地承包经营权确认纠纷、承包地征收补偿费用分配纠纷、土地承包经营权转包合同纠纷、土地承包经营权转让合同纠纷、土地承包经营权互换合同纠纷、土地承包经营权出租合同纠纷六类案件。一方当事人为基层村民自治组织的案件数量占半数,案件所涉矛盾较大。在这些案件中,因为涉及土地流转双方等利益主体及经济利益的补偿问题,无法兼顾多方的利益诉求,且一户土地的调整又事关整个集体经济组织全体成员的利益,一着不慎便可能满盘皆输,在农村具有典型性。其中就有一起农村外出谋生者遭受村民小组对其土地权益侵害的典型案件。

2003年9月15日,原告袁某与被告某村12组村民肖某登记结婚,婚后于2003年12月31日生育大儿子肖某1,于2006年8月12日生育二儿子肖某2,原告袁某的户籍于2004年3月16日由湖北省A县迁入被告某村12组。2015年3月原告袁某之子肖某2患白血病,原告袁某在医院照料三个月后,于2015年9月外出务工至今。被告某村11组和12组有部分山岭土地是集体共同管理的,A县某化工厂因建设需要,征用了两被告村民小组的部分山岭土地并支付了征地补偿款。2017年1月,被告某村11组和12组决定分配征地补偿款,通过计算每人分得征地补偿款41500元,已分配完毕。被告某村12组以原告袁某外出务工长期不回家为由,未向原告袁某分配41500元的征地补偿款。最后,审理法院依据《最高人民法院关于审理涉及农村土地承包纠纷案件适用法律问题的解释》第二十四条"农村集体经济组织或者村民委员会、村民小组,可以依照法律规定的民主议定程序,决定在本集体经济组织内部分配已经收到的土地补偿费。征地补偿安置方案确定时已经具有本集体经济组织成员资格的人,请求支付相应份额的,应予支持"的规定,认为"被告某村11组、12组主张如原告要分钱,就必须回某村住上一年,被告就把钱分给原告"损害了原告的合法权益,其抗辩的理由不能成立,不予采纳。同时，支持原告袁某请求被告某村 11 组、12 组支付征地补偿款 41500 元。[①]

以前，农村土地承包纠纷多为土地承包经营权确认纠纷、因侵害农村土地承包经营权发生的纠纷。随着经济发展速度的不断加快、工业化进程的不断发展，农村人口流动性增大，大部分农村劳动力到城市务工。农村外出谋生者将分得的土地承包、流转给他人耕种，但因缺乏法律常识，其签订的土地承包经营权流转合同存在瑕疵，在合同履行的过程中容易引发纠纷。此外，随着城镇化的推进，多数农民长期进城务农，农村中多为老人和妇孺，撂荒弃耕现象屡见不鲜，直接影响到农村土地确权之后土地的科学利用，桎梏现代农业的可持续发展。由于长时间以来一系列问题的堆积，尽管土地流转经营日益活跃，然而仍有许多由权属不明、利益相冲突、流转不规范、程序不明确等问题造成的承包权、经营权纠纷案件，而有些案件的起因竟是村民委员会侵害农村外出谋生者，源头在于传统村民多数决的不平衡，导致"多数人的暴政"侵犯了少数人的利益。

2. 村民自治多数决下农村外出谋生者权益的困境

根据我国《宪法》的相关规定，我国的行政机构设置的边界在乡级或镇级，乡村地区的治理则由村民选举村委会实行村民自治。村民自治这一制度安排，在很大程度上引发和推进了传统的国家与农村社会关系的重构过程，使农村社会获得了与国家互动式谈判的资格。[②] 在农村外出谋生者的大量流出的大背景下，村民自治多数决在保障农村外出谋生者权益方面也遭遇了很多现实的困境。

（1）民主选举空心化

在选举主体方面，农村主体的大量流出，造成选举主体缺失的局面。依据《村民委员会组织法》第十五条第二款规定："选举村民委员会，有登记参加选举的村民过半数投票，选举有效；候选人获得参加投票的村民过半数的选票，始得当选。"对于长期在外务工的农村谋生者来说，每次回村选举所要承担的代价是很大的。一方面要顾及务工地的工作，

---

① 中国裁判文书网（2014）郴民一终字第 442 号。
② 金太军、王运生：《村民自治对国家与农村社会关系的制度化重构》，《文史哲》2002 年第 2 期，第 151~156 页。

另一方面回村参加选举必须要对村民选举的参选人员、村委情况有一定的了解，而农村外出谋生者长期不在村内，对于选举的相关内容知悉甚少，故也缺乏相应的主动性，再加上自身素养的缺乏，也不会主动参与选举，而这样极有可能导致的后果是选出的村民代表并不能将外出谋生者这一少数弱势群体的诉求表达出来。现实生活中却时常有村干部竞选时积极，竞选后消极的现象。在农村，村干部大都有自己的产业，他们竞选时很积极，但一旦选上村干部，对村民的事情往往不再热心。除了上级部门要求开会，以及完成上级交办的任务外，他们大部分时间都在忙自己的事情和产业，村民自治制度只是"墙上制度"，存在村民去办事时常常不见村干部人影的现象。此外，虽然《村民委员会组织法》第十五条第四款规定："登记参加选举的村民，选举期间外出不能参加投票的，可以书面委托本村有选举权的近亲属代为投票。"但在实际生活中，"委托选举"并未实施到位。主要有以下几个问题：第一，登记参加选举的农村外出谋生者欠缺委托意识，不会主动申请委托近亲属代为行使权利；第二，农村外出谋生者即便有委托意识，但出于对《村民委员会组织法》相关规定的不熟悉、不了解，以及一些现实因素，多选择口头委托而不是书面委托，形式不符合法律规定，并不能发挥应有的效力；第三，受委托方的近亲属是"委托选举"中的重要角色，具有很大的主观能动性，近亲属若不提交，或者未及时提交选票，都会使委托选举的农村外出谋生者的选举权化为泡影。

根据本课题组在福建省武夷山市五夫镇的调研结果，农村外出谋生者回乡参加村委会选举、投票的比例为96.6%，不回乡的比例为3.4%。

农村外出谋生者不回乡参加村委会选举、投票的原因（见图7-2）如下：路途遥远占比47.0%，没有兴趣占比37.1%，无人告知占比14.7%，其他占比1.2%。

（2）民主决策表面化

民主决策是村民自治的核心内容之一，是村民以平等的身份直接参与，根据少数服从多数原则，对与村民利益密切相关的村中事务进行商议、共同讨论决定，确保每位村民的发言权。民主决策强调村民以主人翁的身份平等参与本村公共事务的决策，经过平等对话达成共识，就有关利益分配形成最终决定，最终的决定结果是大多数人意愿的表达。民

第七章　村民自治多数决下的少数人权益保护

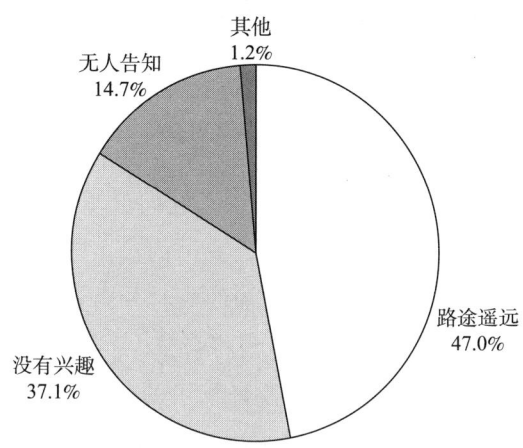

图7-2　农村外出谋生者不回乡参加村委会选举、投票的原因
资料来源：以上数据来源于本课题组在福建省武夷山市五夫镇的调研结果。

主决策最能体现村民当家做主的政治思想，是村民自治的主要内容，也是该制度的核心和关键。大量的劳动力外流使得流出地的人口结构发生变化，老龄化、幼龄化问题凸显。如此的人口结构导致村庄关联度降低，宗族关系和传统伦理在村庄关联中的基础地位也正逐步为新型的契约关系所取代。① 外出谋生者外流使得流出地不再是其获得经济收入的主要地区，大部分时间外出谋生者不在流出地生活，因而外出谋生者与流出地很少有直接的经济关系。经济关系的脱节进而影响政治关系，导致外出谋生者缺乏对流出地事务的参与热情。而这也会导致在民主决策当中发生很多问题，民主决策停留在表面，在实际环境中不能发挥出应有的民主性和科学性。首先，农村外出谋生者的大量流出会让流出地的村民会议难以如期召开，因为参与的村民人数不能达到法定的人数要求，民主会议都难以召开，更何况民主决策，决议方面也难以进行，做出的决议极有可能只是表面形式。其次，由于农村外出谋生者相较于其他村民素质较高，且多为青壮年，农村人口的大量流出引发"空心村"现象，留守乡村的人员因素质较低，在民主决策方面并不能很好地兼顾各方利益。最后，在做出决策的过程当中，决策结果很有可能被一些人员操纵，

---

① 李伟：《论人口流动对流出地农村村民自治的影响》，《云南行政学院报》2005年第2期，第92页。

做出的决议变成某些个人的意愿,民主决策只是空谈,缺乏实质性内容,难以发挥应有的效果。

(3) 民主管理复杂化

民主管理,即对于村中的所有公共事务,由全体村民通过一定的组织形式,共同制定管理制度和管理办法,共同参与管理。[①] 然而,随着经济社会的快速发展,大量农民流动,我国的民主管理变得复杂化。首先,在民主管理的主体方面,逐年增加的农村外出谋生者减少了流出地农村的人员储备,民主管理的主体数量将会减少。其次,《村民委员会组织法》在第五章"民主管理和民主监督"中的第二十九条规定:"村民委员会应当实行少数服从多数的民主决策机制和公开透明的工作原则,建立健全各种工作制度。"少数服从多数诞生出的管理机制如果未能反映出少数人群体的利益诉求,意味着该项管理机制失之偏颇。返乡的农村外出谋生者较少有机会参与流出地农村的民主管理,即便参与民主管理,受制于有限的乡村信息,也难以及时参与到本村的公共事务中去。法律赋予农村外出谋生者应有的权利在实际生活中并不能得到切实的保障。最后,人员的大量流动也会给民主管理带来更大的困难和挑战。随着社会和城镇化的飞速发展,进城务工大潮裹挟着一批批乡村青壮年外出,村庄中多为老人和妇孺,农村村民自我防范与治安防卫功能逐渐下降,容易被不法之徒钻空子。城镇化大潮席卷乡村,大量的青壮年转移至城镇,许多儿童与城里打工的父母两地分离,减弱了在子女人格塑造方面的教育功能;孤寡老人留守空巢乡村,对老年人的关心缺少,亲情的缺位为农村的发展蒙上一层雾;青壮年外出务工,撂荒弃耕日益增多,乡村学校大量撤并,缺少与城镇同步的教育设施、教育氛围。随着劳动力的流失,许多农村民主管理问题暴露出来,乡村安全感消解,让人担心农村基本安全保障的防线也面临失守的危险。在村庄"空心化"、老人"空巢化"、儿童"留守化"现象突出的农村,迫切需要更为科学合理的民主管理,而纯粹直接的"少数服从多数"的机制并不能满足当前农村的形势要求。

[①] 赵兴洲:《论完善民主管理与深化村民自治》,《新闻爱好者》(理论版) 2007 年第 7 期,第 71~72 页。

(4) 民主监督形式化

民主监督是村民自治当中不可或缺的部分，它既是衡量村民委员会各项工作的标尺，也是检验村内各项事务的工具。它既是每一位村民对村民委员会和村干部进行监督的权利体现，也是每一位村民在村民自治过程中权益的保障制度。在民主监督过程中，村民委员会和村委会干部都应该虚心接受村民的提议意见、批评指正。从一定意义上说，民主监督是"为了防止个别利益危害整体利益，维护村庄正常治理秩序，实现有效的村务管理而对村庄公共权力实施的一种必不可少的调整和控制措施"。[①] 但是在日常生活中，农村外出谋生者的民主监督存在形式化问题。如今各地农村的青壮年大多长年在外打工，我国进城务工人员已多达到2.7亿人左右，即便他们进了城，他们仍然是家庭的顶梁柱、乡村社会的中坚力量。他们迫切想要知道家乡社会民生、经济发展等方面的情况。即便县级以上政府已经开通网上政务公开，但是乡镇一级由于经济不够发达、技术欠缺等原因还不能实现，有的乡镇虽然建立了政务公开网站，但更新滞后、内容不全、信息闭塞，外出务工的村民无法及时了解家乡的发展情况，从而无法参与村中重大事务，更谈不上切实行使合法权益，甚至因此在家庭大事方面发挥不了决定性的作用，更甚者蒙受重大损失出现矛盾，毕竟留守家里的多为老人与妇孺。农村外出谋生者在民主监督方面面临时效性差的问题。此外，村民委员会和村干部作为民主监督的对象，经常利用手中的权力以及信息与融合两大优势，寻求自我利益的满足，想尽办法规避民主监督。这些问题都会导致民主监督变成一种形式，难以达到实质性的效果。

（三）农村外出谋生者权益保护的逻辑基础

1. 农村外出谋生者权益保护的重要性

（1）关乎该群体的基本人权

尊重人权和保障人权作为社会主义民主政治的外在表现，已经成为现代世界民主政治的发展方向。中国公民权利意识的不断强化也引起了社会相应的变化，我国已将"国家尊重和保障人权"纳入现行宪法框架

[①] 卢福营：《农民分化过程中的村治》，南方出版社，2000，第178页。

之中。基本人权保障不再是一句空话，成为我国宪法的基本原则，让人权保障有了法律明文规定的强有力支撑，极大促进了我国人权理论和人权事业的发展。换言之，国家是保障人权的核心主体，公民也是享有人权的重要主体。

中国正处于经济社会转型的阶段，农村外出谋生者群体不仅是现代化建设不可或缺的力量，更是中国公民的重要一分子，也应受我国宪法和相关法律的保护，享有平等的权利，其中也包括人权保护。全社会应当尊重和保障农村外出谋生者的基本人权，对农村外出谋生者给予更多关注，给予更多政策支持，积极维护和保障他们合法的基本权益。但是农村外出谋生者的生存权、发展权、政治权等基本权益在保护形势上不容乐观，常常面临现实的障碍。农村外出谋生者难以享有流出地农村村民自治中的"村民"待遇。在传统村民自治多数决机制下，农村外出谋生者的基本人权难免会沦为其他村民的牺牲品，这将深刻影响到他们的人身自由、政治、经济、文化和社会等方面基本权益的保护程度。正因如此，我国政府和全体社会成员应当认真贯彻"尊重和保障人权"的宪法精神，平等看待农村外出谋生者群体，尊重他们的人格尊严和劳动价值，妥善解决他们的问题，将保障外出谋生者群体的基本权益落到实处。

（2）影响我国社会公平

如果不能对农村外出谋生者这一群体的权益进行合理科学的界定，并采取有效的保护措施，将造成的直接后果就是农村外出谋生者在相对发达的地区不能实现其基本的生存保障，在实际过程中虽然都是"村民"身份，但是在村民自治中并不能享受到自治的果实，相反，还要他们承担在村民自治多数决机制下的负面效果。在权益上，与其他同村村民相比存在不公平现象；在心理上，与其他同村村民相比会产生不平衡的想法，会引发和加剧社会矛盾，对社会正常秩序也会带来潜在的危害。

现代和谐社会的基本要求是：所有社会成员之间应该形成良好的人际关系，每个成员均可平等地享受基本的生活保障、社会服务和公共资源。农村和谐社会建设是一个复杂的系统工程，也是中国社会不断自我完善的建设过程。农村外出谋生者基本权益的保障问题的有效解决将有助于中国农村社会整体和谐的发展。达成我国农村和谐社会建设目标，需要政府部门积极支持。政府部门应继续高度关注和重视社会民生，尤其是重点关注以农村外出谋生者为代表的弱势群体的基本权益保障。实现全社会稳定发展的现代化建设目标需要，以切实维护和保障农村外出谋生者的基本权益为基础。切实保护弱势群体的相关权益有利于维持社会的稳定、和谐。在中国经济社会深化改革和现实发展中诞生了农村外出谋生者群体。由于现实客观环境因素，他们具有特殊的社会身份和地位，这也是导致农村外出谋生者基本权益保障面临各种限制的重要原因。

公平和平等一直是人类不断追求和崇尚的价值目标，是人们心中美好的夙愿。公平和平等亦是构建社会主义和谐社会的基石，是推动社会发展的前进力量，是中国特色社会主义核心价值体系的最核心理念。社会公平由程序公正和实质公正这两部分构成，两者相辅相成、不可或缺。实质公正的注重点在于保护社会成员的基本权益，创造平等的机会并按照劳动程度和贡献程度完成社会初次分配，之后进行社会再分配调剂的有机整体。程序公平则是从另一角度阐述公平、保障公平，从而保证实质公平能够发挥实质效用。改善并解决农村外出谋生者合法权益遭受歧视甚至侵害的局面，一方面，我国政府部门以及社会全体成员应当共同公正、平等地对待农村外出谋生者，尊重他们的社会地位，倾听他们的合法诉求，高度重视并保障他们的基本权益，进而更好地维护社会公平与正义；另一方面，加大惩罚侵犯农村外出谋生者合法权益行为的力度，不能因为农村外出谋生者长年背井离乡就歧视其在农村中的"村民"身份，形成农村"多数人的暴政"，应从严惩违法行为的角度促使社会处于相对公平的状态。

（3）群体人数庞大，增速较快

依据国家统计局发布的《2019年农民工监测调查报告》，2019年农民工总量达到29077万人，比上年增加241万人，增长0.8%。其中，本地农民工11652万人，比上年增加82万人，增长0.7%；外出农民工17425万人，比上年增加159万人，增长0.9%。在外出农民工中，年末在城镇居住的进城农民工13500万人，与上年基本持平。分区域看，在东部地区就业的农民工月均收入4222元，比上年增加267元，增长6.8%，增速比上年回落0.8个百分点；在中部地区就业的农民工月均收入3794元，比上年增加226元，增长6.3%，增速比上年回落0.8个百分点；在西部地区就业的农民工月均收入3723元，比上年增加201元，增长5.7%，增速比上年提高0.6个百分点；在东北地区就业的农民工月均收入3469元，比上年增加171元，增长5.2%，增速比上年提高3.8个百分点。① 可见，从全国层面来看，农村外出谋生者的群体在不断扩大，每年的增速也在提高，农村外出谋生者的权益保护不容忽视，维护村民自治多数决下农村外出谋生者群体的权益也是当前现实情形的需要。

2. 农村外出谋生者权益保护的可行性

（1）依法治国战略的现实需要

依法治国是履行现代宪法的基本要求，是实现民主自由的先决条件，是中国特色社会主义的本质要求和重要保障。现代法治的具体要求是，统治阶级必须严格按照民主原则，治国理政与管理社会，实现法治理念，形成良好的法律秩序。法治是公平正义的重要载体，也是保障公平正义的重要机制。法律面前人人平等，任何组织和个人都不能拥有凌驾于法律之外的特权。依法治国尤其强调宪法和法律至高权威的地位，任何组织和个人都无权超越宪法和法律规定的界限。② 村民自治之下，即便是以少数服从多数为原则，也不能因此认为多数人拥有侵犯少数人合法权益的理由和借口。在当今法治社会中，弱势群体能够通过宪法和法律来保障实现享有的基本权益，从而抵御他人的侵害。法治社会下的政府应当担起保护弱势群体合法权益的责任，勇于承担维护公平正义的使命。同时，法治理论则为保护弱势群体提供法律理论基础。当前农村外出谋生者的合法权益保护问题日益严峻，面临极大的挑战，我国宪法和法律更应该注重保护农村外出谋生者的人身权利和民主权益。

（2）"三农"政策的重要环节

从政治层面来看，党的十八大以来提出了全面建设小康社会的奋斗目标，而如何妥善解决"三农"问题正是实现全面建设小康社会的主要瓶颈和重点问题。党中央和国务院以中央一号文件的形式，制定和发布了《中共中央 国务院关于促进农民增加收入若干政策的意见》，并明确提出了要将解决"三农"问题作为全党工作的重中之重。"三农"问

---

① 国家统计局：《2019年农民工监测调查报告》，2020年4月30日，国家统计局官网，http://www.stats.gov.cn/tjsj/zxfb/202004/t20200430_1742724.html。

② 张文显：《习近平法治思想的实践逻辑、理论逻辑和历史逻辑》，《中国社会科学》2021年第3期，第4~25页。

题的核心问题在于解决农民问题,而转移农村剩余劳动力、减少待业的农民人数则是解决"三农"问题的根本渠道。

为了切实保障农村外出谋生者的基本权益,国家必须制定法律制度或出台相关政策以促进农村外出谋生者真正独立于土地,并能够秩序井然地朝城市转移,才有机会让农村外出谋生者在城镇生活不遭受歧视,在福利待遇上能得到公平的对待。有效解决"三农"问题,推动农业朝着产业化、规模化和现代化方向发展,才能实现人民共同富裕,全面建设农村小康社会。深刻探究并解决农村外出谋生者基本权益的保障问题,可以帮助强化农村外出谋生者群体的人权意识,有助于依法维护和保障他们的基本人权。即便农村外出谋生者的生长环境存在差异,但在文化水平和维权意识上,农村外出谋生者都得到一定的提高,并开始重视这方面的内容,在所需维权的内容、方式和措施上也相应改变。

(四) 农村外出谋生者权益遭受侵害的主要根源

1. 户籍制度的束缚

导致农村外出谋生者基本权益保障缺失的制度性根源是以传统户籍制度为核心的城乡二元经济社会体制和结构,这是有目共睹的。与当前中国政治、经济、文化、法律和社会等方面的制度紧密联系的传统户籍制度,主要以城乡分治为特征,也深刻影响着上述方面的日常生活与工作。我国在长时间以来都是按照选举人口的户籍登记造册来支持公民政治权益的行使和保障。我国公民选举权的行使和保障的重要载体是传统户籍登记和管理制度。[1] 多数农村外出谋生者往往是季节性往返城乡之间,流动性和不稳定性的特征让他们无法在城镇中行使选举权和被选举权等政治权益,这也意味着他们不能通过上述途径充分表达其在外地谋生所在地的政治诉求和政治意愿。另外,受到客观环境限制,他们也无法返回家乡积极行使拥有的选举权和被选举权,正是这样尴尬的处境使其严重缺乏政治参与和政治表达的重要途径。倘若农村外出谋生者没有权利选出其自身的政治代表,以及构建其必要的政治发言机制,农村外

---

[1] 王露璐:《中国式现代化进程中的乡村振兴与伦理重建》,《中国社会科学》2021年第12期,第89~109页。

出谋生者就不能真正推选出其权益代言人,也无法构建直接表达其权益诉求的主要渠道,其基本权益难以得到根本保障。加之由于农村外出谋生者与城镇居民城乡户籍不同而社会保障权益等待遇有所差距,广大农村外出谋生者群体难以适应和融入城市。农村外出谋生者不能行使和保障其基本权益的制度根源在于传统户籍制度,农村外出谋生者基本权益保护与传统户籍制度紧密相连,户籍制度在无形中造成了权利分级和权利差距。城市与乡村相分离的二元户籍管理制度与经济社会机制,逐渐成为中国城乡人口和社会交流的鸿沟。

2. 相关立法体系有待完善

在关于农村外出谋生者基本权益保障方面,原则性法律条文和立法条款较多,大多为笼统、概括的条款,缺少细节具体的规定,而这也给保障该群体权益带来巨大的困难和挑战。例如,执行的主体不明确,将降低具体的可操作性。权益保障的主体不明确,配套的法律法规和规章又难以及时颁布,导致在维护和保障农村外出谋生者的基本权益上缺少具体明了的法律依据和执行依据。在传统村民自治多数决的弊端之下,农村外出谋生者在遭受权益侵害之后,在穷尽其他方法之后,极有可能选择司法保护解决纠纷。司法保护,作为实现农村外出谋生者基本权益保障的一项重要渠道,却在农村外出谋生者最需要的时候面临阻碍。例如,司法救济渠道常常受到阻滞而不畅通,司法保障和司法救济难以发挥预期效能,效率低下。另外,缺少有助于农村外出谋生者维权的风险代理和司法鉴定等法律、法规和其他规范性法律文件。农村外出谋生者因为普遍性地具有较低的法律素质,在维权官司上屡遭碰壁,他们不敢更不擅长打官司。在自身法律素质达不到要求的条件下,倘若农村外出谋生者要切实维护好其合法权益,最理想的选择就是找一名律师代其维权,律师具备较高的法律素养、有关法律的经验和专业知识丰富,但这又必然会带来向律师支付报酬的问题,间接地提高维权成本和费用。农村外出谋生者维护自身权益的道路依旧十分坎坷。

3. 农村社会保障制度不健全

受到城乡二元社会结构和传统户籍制度的影响,中国社会保障制度的二元化特征突出明显。现阶段中国农村和中国城镇实行的保障模式是截然不同的,城镇的社会保障系统较为健全和完备,农村的社会保障系统整体水平较低。长期以来，农民将土地作为传统生活保障的依托，将获得的土地收益用来保障家庭的日常生活。事实上，农村农民群体获得的社会保障权益是十分有限的，而国家对他们却没有提供充足的社会保障服务。农村外出谋生者长期往返于城镇与农村之间，流动性大的特点也导致他们在社会保障方面处于模棱两可的境地，现有的社会保障制度并不能及时满足他们的利益诉求。目前，农村外出谋生者社会保障法律的有效制度供给严重不足，致使农村外出谋生者社会保障法律制度承保的结构问题较为瞩目。因此，受制于我国户籍制度的框架以及城乡二元化影响，农村外出谋生者的地位略显尴尬。在城镇中难以享受到与城镇居民相同的社会保障力度，在农村中也难以与其他村民获得同样的权益保护。中国在调整或者保护农村外出谋生者社会保障权益方面明显存在具体的法律制度缺失，致使侵犯农村外出谋生者权益的行为主体产生投机取巧的心态，利用法律漏洞随意侵犯农村外出谋生者的社会保障权益，有关行为和事件仍然屡见不鲜。针对农村外出谋生者就业的流动性特征，在过程中如果没有统一、规范的社会保障制度，而是各行其道、互不衔接的社会保障模式，农村外出谋生者的社会保障权益几乎不可能得到实现。有效的制度供给要以公平、开放和明确的农村外出谋生者社会保障制度作为基础，但现有农村外出谋生者社会保障制度及其配套法律制度仍然存在很多不足，有待完善。依据宪法和相关法律的规定，社会保障权益是公民应当享有的合法权益，农村外出谋生者作为公民的重要部分，应当有权通过劳动价值的实现来衡量是否取得各项社会保障权益，而不应该因社会身份或社会地位问题遭到排斥和歧视，从而随意剥夺他们的社会保障权益。

农村外出谋生者社会保障权益还存在制度结构等缺失，增加了农村外出谋生者社会保障权益实现的难度。诸如户籍制度、就业制度、社会保障制度和土地制度等类似社会问题，都切实影响着农村外出谋生者基本权益的具体行使和相应的切实保障程度。农村外出谋生者社会保障的制度结构问题的根源在于农村外出谋生者社会保障不平衡、不协调的制度环境。

4. 乡镇政府职能缺位

政府作为我国公民公共利益的代表，应当惠及处于社会弱势地位的农村外出谋生者群体，为他们提供获取公共服务的最低条件和相关标准，最大限度地实现社会正义。为此，各级政府应该高度重视农村外出谋生者权益的保障问题，要树立和强化平等、自由的公民观和人权观，倾听农村外出谋生者的呼声，了解他们的需求，破除传统的"城乡分割"的观念，给农村外出谋生者以应有的待遇。按照《村民委员会组织法》第五条和第三十六条的规定①，在村民自治的过程中，乡镇政府无权干涉自治范围内的事务，但是在纠正村民委员会的错误决议上是有义务责令其改正的。政府对村民自治有指导、支持和监督的职责和义务，对于村民自治组织的规定与法律相悖的，乡镇政府有义务责令村委会改正。

但事实上，有些乡镇政府在村民自治过程中的角色是缺失的，但有些甚至是越界干涉村民的自治过程。前述广东省 A 市林某案中，农民林某夫妇就因为村民委员会的不正当决议被"剥夺"了村民资格和选举权，村民委员会的实施办法明确违反宪法、法律、法规和国家政策，侵犯村民权利，是无效的。但是，此事件发生一年之后并没有得到解决，虽然阳春市法院的一位干部和两位街道干部也曾到该村委会进行协调，然而，村干部以"取消村民选举资格的决定是村民代表会议通过的，是村民自治的事情，政府不应干涉"为由，使得这件事不了了之。对于村民自治事务和村集体经济组织成员的选举，一些乡镇政府正在走两个极端。一是某些乡镇政府漠视《村民委员会组织法》，不把村委会视为村民自治组织，依旧按以往的做法，将村委会视为下属组织，频繁干预村民选举和村委会事务，使得村委会具有浓郁的政府色彩，导致村民怨声载道。二是某些乡镇政府对于村委会侵害村民权利的事情，以属于村民自治事务为由，置若罔闻、不作为，使得违法行为明目张胆，以便村委会将政府交办的事情推行下去。保障农村外出谋生者权益不仅仅是社会公正、公平的重要体现，更是政府的基本职责所在。乡镇政府应切实将"为民做主"的旧观念，转变成"让民做主"的新思想，使得"乡政村治"，准确定位好自己在村民自治中的角色，指导和协助村委会自主管理村中事务。只有这样，才可以避免村民自治的违法行政情况的发生，村

---

① 《村民委员会组织法》第五条规定："乡、民族乡、镇的人民政府对村民委员会的工作给予指导、支持和帮助，但是不得干预依法属于村民自治范围内的事项。"第三十六条规定："村民委员会或者村民委员会成员作出的决定侵害村民合法权益的，受侵害的村民可以申请人民法院予以撤销，责任人依法承担法律责任。"

民自治工作才能迈上健康有序发展的轨道。

5. 法律意识和维权意识淡薄

现阶段存在农村外出谋生者的文化素质普遍不高以及社会认知滞后的现象，法律知识的匮乏以及对我国现行法律的生疏，导致他们缺少权利意识、维权意识和自我保护意识。束缚于农村外出谋生者自身较少的文化知识，对于中国现行法律、法规、规范性文件等一系列制度政策的了解也是少之又少，法律意识普遍欠缺。多数农村外出谋生者根本不知道、不了解与他们维护自身合法权益密切联系的劳动法、工伤保险法、选举法等相关法律法规，自身享有哪些基本权益也不明确，更不懂得当基本权益遭受侵害的时候运用法律武器维护。对相关法律知识不了解、法律意识淡薄以及缺失法律信仰，都将直接影响到农村外出谋生者群体的懂法、守法、用法和监督法律的制定和实施，这将不利于农村外出谋生者群体在融入务工环境的同时不被流出地农村摈弃，不利于保障农村外出谋生者作为"村民自治"成员的基本权益，更不利于我国现代化和城镇化建设的全面推进。

农村外出谋生者的法律观念、权利观念和维权观念比较淡薄，缺失法律信仰，自我保护能力较弱。文化水平的低下、法律素养和法律意识的薄弱都不利于培养和强化农村外出谋生者群体的维权意识。现实环境的限制致使他们无法利用"劳资博弈"改变合法权益遭受侵害的局面，只能将保护自身合法权益寄希望于村民委员会、村民小组、政府部门各主体对法律法规的自觉践行上。当合法权益遭受侵害时，他们不懂得拿起法律武器保护自身，不懂得寻求非政府组织、社会机构和法律援助的帮助，而只能通过亲朋好友、老乡、工作同事等私人关系来解决问题。当劳资协调机制和具体法律制度在维护农村外出谋生者自身合法权益时失灵，少数农村外出谋生者甚至采取自杀、跳楼等极端方式或者过激手段甚至是违法犯罪行为来引发社会关注，提高解决问题的可能性，而这将加剧社会不稳定性。

据调查，农村外出谋生者主要希望通过三种途径改进村民自治多数决：村民自治模式创新占比38.2%，培育民间组织占比23.7%，政府发挥相应作用占比26.9%，其他占比11.2%（见图7-3）。

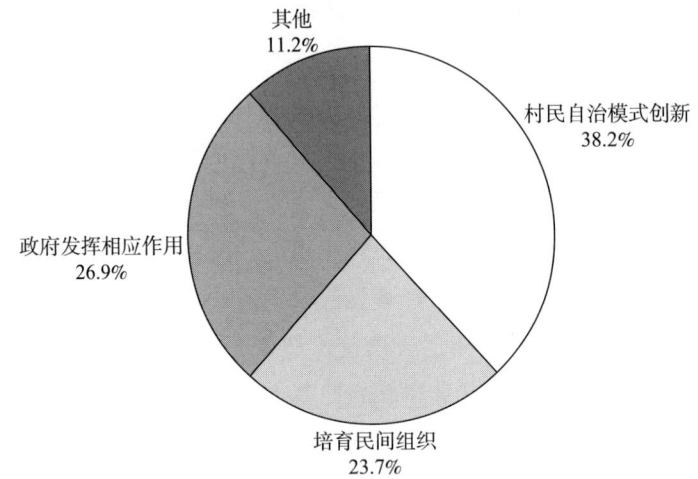

图7-3　农村外出谋生者希望村民自治多数决改进的途径

资料来源：以上数据来源于本课题组在福建省武夷山市五夫镇的调研结果。

（五）农村外出谋生者权益保护的解决框架

1. 农村外出谋生者权益保护的原则

（1）坚持党的领导原则

党的十九大对党的建设和领导问题给予了改革开放新时期以来前所未有的重视。尤其对党的领导的内涵、地位、原则、要求等做出了具有新时代特点的全新阐释，提出坚持党对一切工作的领导。这些重要原则对推进新时代中国特色社会主义建设意义重大。[①] 毫无疑问，在村民自治过程中，在农村外出谋生者权益保护的过程中，必须坚持党的领导原则，并且作为首要原则和根本原则。

自1978年改革开放以来，中国的农村社会结构、生产经营方式和乡村治理模式都发生了翻天覆地的变化，这得益于中国共产党长期的实践经验和科学创举，在农村民主政治和村民自治方面突破原有的瓶颈，使农村得到有目共睹的发展。当前，传统的村民自治多数决已经不能适应当前农村社会情形的需要，该机制之下的弊端也逐渐暴露出来。在村民

---

① 董江爱、梁俊山：《基层党建引领农民发展的制度创新研究——基于一个村庄村民自治实践的考察》，《广西大学学报》（哲学社会科学版）2019年第3期，第8~14页。

自治多数决中引入衡平机制，能够有效避免村民自治过程中多数人将个人意愿上升为自治决策，从而保证少数人利益不受多数人侵犯。在村民自治中，基层党组织的领导核心地位也是不容动摇的。在衡平机制建设的进程中，进一步完善符合中国国情的农村基层治理机制，建立健全既保证党的领导又保障村民自治权利的村级民主自治机制，成为新形势下加强农村基层党组织建设、完善党领导农村工作的体制机制的重要课题。

在坚持党的领导基本原则中，必须做到以下三点。第一，定位基层党组织在村民自治中的位置，淘汰不合时宜的观念。一方面，要求党继续在村民自治中发挥领导核心的作用；另一方面，要求党不得违法干涉村民自治，严格按照法律行使权力。第二，基层党组织在管理方式上也应做到与时俱进。由于我国农村民主和法治建设比较落后，多数村民在做出决定时并非其自由意志的表达，而有可能受其意志之外的其他因素的干涉。基层党组织对村民选举、村民自治事务的决策、村里财务进行直接干预和控制，导致党群关系紧张，激化社会矛盾，减损党的形象与权威性。很多问题会随着农村改革的不断深入和加快接踵而至，这必然要求党创新农村基层党组织管理方式。第三，在农村基层党员干部管理方面注重提高综合素质。农村基层党员干部更要努力提高政治责任、法治素养、民主观念和业务能力，充分尊重村民自治的权利，这对协调衡平村民自治中多数人利益与少数人利益的关系具有不可替代的作用和意义。

（2）坚持法律面前人人平等原则

确立农村外出谋生者权益保护立法的基本原则，有利于维护法律体系的统一性，有助于消除法律、法规和其他规范性法律文件的模糊性，可以有效填补漏洞，解决立法滞后的问题。法律原则在保障农村外出谋生者基本权益方面提供了本源的、综合性的、指导性的价值准则，有助于公开、公平、公正地切实保障农村外出谋生者的基本权益和合理诉求。

当务之急是完善农村外出谋生者权益保护的立法原则。应当把"法律面前人人平等原则"作为其核心原则内容。确立此原则的目的在于，我国宪法规定，任何公民在法律面前人人平等，每个公民平等地享有宪法和法律规定的权利，又要平等地履行相应的法律义务。长期以来，农村外出谋生者群体未被纳入城镇社会的公共服务体系之中，在农村村民自治中也没有赋予农村外出谋生者应有的"村民资格"。在村民自治的视域下，多数决的优点在于每个村民手上都拥有一票的权利，其投票具有相同的效力。这样产生的结果符合大多数人的利益需求，易被大家认可。但是多数决原则在现实社会中往往是以多数人牺牲少数人的利益而结局的。在这一原则掩盖下，多数人公投产生的方案一般都只体现多数人的利益，而少数人的利益很可能以"合法"的形式被掩盖和限制。

农村外出谋生者在城乡二元化中处于尴尬的境地，保护力度也不尽如人意。为了依法维护和保障农村外出谋生者的基本权益，必须强化平等地保护农村外出谋生者基本权益的法律原则和法治理念，依法建立平等地保护农村外出谋生者基本权益的制度和机制。农村外出谋生者基本权益保障制度的改革和立法步伐也应加快，不断制定和落实立法规划，扩大实施范围，依法维护和保障农村外出谋生者的每一项基本权益。

（3）坚持平等保障与特别保护相结合原则

长期以来，受城乡二元经济社会结构、工业化发展战略和思维定式的影响，政府部门在制定各项政策和规划时，常常只照顾到多数人的利益诉求，却忽略了农村外出谋生者的基本权益。在村民自治过程中也同样爆发出这样的问题。村庄不只是村民定居生产生活的地方，在精神层面，它使得村民感受到身份认同感、心理归属感和集体融入感，这些构成了村民的共同体意识。村民的共同体意识是建立在宗族、伦理、人情或者新型契约关系的基础上的，因为村庄内错综复杂的社会联系和对共同体的共同内心追求而得以维持。农村外出谋生者的流动性致使他们脱离农村生活。农村是人们生产生活的主要场所，也是村民生产关系和生活关系的发生地。农村外出谋生者长期与农村生产生活脱节，与其他村民之间的关系不仅变得很淡，而且往往不再是直接的利益关系。即便如此，依旧要将农村外出谋生者与其他村民平等看待，杜绝发生村委会擅自决议就将外出谋生者的村民资格废除，而是给予其应有的、平等的权益保障。

目前，对农村外出谋生者群体的权益保护存在渠道不畅、缺少法律规定等限制，难以切实有效地保护农村外出谋生者，而他们作为城镇社会的弱势群体，需要国家法律、法规和相关政策的倾斜保护。倾斜保护农村外出谋生者这一弱势群体有利于彰显社会正义，有利于从根源上促进"三农"问题的解决，有助于建立稳定和谐的社会发展环境。我们还需要不断创新城镇社会的管理模式和服务理念，对农村外出谋生者等弱势社会群体进行相应的区分，采取有针对性的政策措施来保护这部分弱势群体的合法权益。

2. 农村外出谋生者权益保护的具体思路

（1）完善农村外出谋生者的户籍制度

长期以来，导致农村外出谋生者基本权益保障缺失的制度性障碍是城乡分割的二元户籍制度。深入挖掘并探索农村外出谋生者基本权益保障问题的解决之道，改革和完善我国现行的户籍制度势在必得。当前中国户籍改革的任务有以下三项要求：第一，突破城乡分割的二元户籍管理局面；第二，逐渐形成全国城乡统一的户口登记管理制度；第三，制定并施行以身份证、出生证为主的人口管理办法。参考并借鉴国际上各国关于人口管理的做法，结合社会主义市场经济特征，以户籍证件化、法治化、信息化管理为主要手段，建设与经济基础、上层建筑相适应的新型户籍管理制度。[①]

农村外出谋生者一直没有摆脱户籍制度的藩篱，该制度对他们潜在的控制和约束主要表现在其政治制度的行使以及权益的保障方面。特别应该注重村民自治制度对该部分群体的影响以及权益保障，确保农村外出谋生者能获得真正的政治权利、经济权益以及完美的权利救济的渠道及相关措施。农村外出谋生者政治权利的行使，特别是选举权和被选举权的行使，不能废除其应享有的农村集体经济组织政治权利，应通过立法予以保障。对不能亲自到场的外出谋生者，需要经过一定的程序措施予以补救，如通过电话或短信等行使选举权和被选举权，或者授权村内德高望重、公平意识较强的村民来行使，但代表其行使权利的其他村民不得滥用选举权和被选举权为村内某些人谋取私利。对于解决村集体发包方与农户承包方的长期分离，村集体与外出谋生者的长期分离，联产承包家庭与家内主要劳动力的长期分离，降低农村组织向心力不强、村民自治被虚化和异化的危险，农村党组织长期涣散等问题，确实应该加快现代农业发展，夯实村民自治的基础；深化农村产权制度改革，建立

[①] 张翼：《农民工"进城落户"意愿与中国近期城镇化道路的选择》，《中国人口科学》2011年第2期，第14页。

城乡平等的资源要素交换制度；健全村民自治制度和基层民主协商机制。[1]特别应对村民自治制度进行细化安排和合理设计，采取措施促进外出谋生者积极回流，切实增加来村投资项目，提升谋生者的综合素质，运用法治手段保障其充分行使各项权利，对农村外出谋生者采取分层分类的一体化管理，拓展谋生者的就业渠道，完善新型城镇化的社会保障制度体系，消除户籍歧视，创新流出村的基层民主管理制度。关于完善和健全农村外出谋生者流出村的村民自治制度应该具体情况具体分析，既要充分吸引农村外出谋生者积极回村发展经济和健全基层民主制度，又要给农村外出谋生者提供各种便利，使其在流入村的各项权益得以保障，使其在流出地的民主自由等政治权益切实得到延伸保护。

（2）完善农村外出谋生者权益保护的具体法律制度

鉴于现行农村外出谋生者非城非乡、亦城亦乡的"边缘人"属性[2]，应该将农村外出谋生者的流动与土地流转、农村人口迁移结合起来，不断完善传统的农村人口身份治理制度，建立公平自由的人口流动管理机制，努力消除有歧视性的制度，保障农村外出谋生者的各项政治经济权益。大量的外出谋生者不断流出本村必将造成农村管理主体缺位，其对乡村治理的影响日益扩大，并加大村民自治的难度。应该不断改善乡村治理的法治环境，推进村民委员会依法履责，并促使社区组织不断"减负增效"[3]；对村民委员会协同帮助政府工作的程序规则、内容安排以及条件标准进行具体细致的规范，从而保证村民委员会组织村民开展自治活动；深化公正有序的民主直接选举实践，确保外出谋生者选举权和被选举权的有效及时行使，不断完善民主决策制度，主要以村民会议、村民代表会议形式，形成以民主集中、科学效用、村务公开、民主评议为原则和内容的民主管理模式，从程序上、制度上、规范上提升村民自治程度。开展多样化、多层面、多方位、多途径的基层民主协商机制，确保农村党组织、村民自治组织与外出谋生者之间的畅通交流和信息沟通，

---

[1] 黄元武、黄美琳：《完善乡村治理机制提升乡村治理能力——新型城镇化背景下的乡村社会治理探讨》，《决策咨询》2015年第1期，第62页。

[2] 李翠霞：《人口流动背景下的乡村治理困境——以川东B村为例》，《西南科技大学学报》（哲学社会科学版）2009年第3期，第47页。

[3] 黄元武、黄美琳：《完善乡村治理机制提升乡村治理能力——新型城镇化背景下的乡村社会治理探讨》，《决策咨询》2015年第1期，第63页。

建立并强化农村外出谋生者与农村集体经济组织、农民合作组织之间定期的双方协商和对话机制，不断完善多种渠道和多种手段的协商沟通机制，积极拓宽外出谋生者的协商渠道，推动基层民主协商向外出谋生者群体不断延伸。

（3）健全农村外出谋生者的利益表达机制

农村外出谋生者利益表达充分是保障该群体权益的重要前提，是国家立法工作的首要环节。而国家关于农村外出谋生者基本权益保障的执法落实力度和有效性，也将决定农村外出谋生者基本权益表达机制构建的科学性和有效性。随着我国市场经济的快速发展、农村外出谋生者利益分化和利益诉求差距的扩大，并结合当前我国农村外出谋生者的数量规模、流动分散和自身局限等现实特征，我们需要优化农村外出谋生者的利益表达路径，建立保障农村外出谋生者基本权益的维权组织，注重发挥组织力量，维护农村外出谋生者群体的力量。农村外出谋生者群体用自己的汗水浇灌着城市的现代化发展，为中国经济的发展创造了巨大的财富。但从现行的法律制度来看，他们却不能参与城镇社会的政治生活，更不用提城镇社会的政治话语权。农村外出谋生者群体陷入表达困境，相关政府部门回应度低，利益表达渠道不够通畅，自然导致其在城市生存面临极大的挑战。农村外出谋生者群体只有通过其他阶层和间接渠道，才能及时有效地表达出农村外出谋生者的基本权益。

在我国法治社会进程中，宪法和其他法律应当疏通农村外出谋生者基本权益的表达渠道，保证他们有序参与政治生活，利用合法渠道将利益需求输入政府决策过程中。我国实行的精英决策体制将极大地冷却农村外出谋生者政治参与的热情和积极性。由于多种因素的影响，农村外出谋生者没有机会参与城乡政治生活，甚至出现自动放弃享有的权益的极端现象，利益表达需求性与表达条件的有限性不相匹配。切实保障农村外出谋生者的基本权益，引导农村外出谋生者有序参与政治生活，充分发挥其在参政过程中的智慧和作用。同时，为了保障农村外出谋生者的基本权益，还应该建立健全与此相关的政府信息披露制度。对于农村外出谋生者群体来说，我国劳动信访制度作为农村外出谋生者基本权益表达的有效、便捷渠道，不仅有利于构建和谐劳动关系，还有助于表达出农村外出谋生者的基本权益和政治参与意愿。我国各级政府部门能够及时了解农村外出谋生者的各种困难和具体处境,直接表达农村外出谋生者的利益诉求。可见,农村外出谋生者群体可以主动向政府的劳动信访部门以及社会组织、大众传媒等表达其利益诉求,以便促进农村外出谋生者与政府部门之间的信息沟通和利益表达。

(4) 加强农村外出谋生者权益保护的多方协调

由于农村外出谋生者权益保护问题不是一个简单的社会现象,而是一个系统的、复杂的社会问题,现今我国应当加强农村外出谋生者权益保护的多方协调机制。政府部门和社会各界必须重视农村外出谋生者的权益问题,应该构建系统完善的农村外出谋生者社会权益保障的维权机制,拓宽社会保险对该群体的覆盖维度。有关政府部门和机构必须从观念上转变传统管理意识,增强服务观念,创新制度理论。将"以人为本"的科学发展观贯彻到客观分析和解决农村外出谋生者保障问题中,在观念上逐渐由"管理"意识转变为"服务"意识,切合实际地保障农村外出谋生者的基本权益,倾听他们的合理诉求。

提升政府部门的服务自觉性,深入分析并探索农村外出谋生者所面临的具体困难的解决方法。另外,政府部门应积极运用多样化途径和措施,加大对农村外出谋生者基本权益保障的宣传力度,引导舆论进行思想上、政治上的宣传教育,营造公平对待农村外出谋生者的良好氛围,消除歧视和偏见,提倡关心和帮助弱势群体的社会风气。在新的管理服务理念指导下,地方各级政府部门应当树立创新意识,改进各类管理和服务机制,并且及时有效地维护和保障农村外出谋生者的基本权益和合理诉求。多层次、多方位、多角度、及时有效地保障农村外出谋生者的基本权益,需要充分调动社会各界和民间力量,集聚各力量优势,协同发挥在农村外出谋生者维权道路上的作用,引导全社会共同关注和保障农村外出谋生者基本权益,构建和谐的社会风气。当前,以电视、广播、报纸、杂志、微信、微博为代表的一系列信息媒体工具,在信息交流和讯息传播上扮演着不可或缺的角色,在维护和保障农村外出谋生者基本权益方面发挥着重大作用。[①] 一方面,在传播平台上对农村外出谋生者

---

① 杜姣:《利益分配型治理视角下的村民自治研究》,《南京农业大学学报》(社会科学版) 2019 年第 2 期,第 46~53 页。

维权事件、社会热点问题、农村外出谋生者基本权益受损个案信息披露等新闻报道将引发全社会对农村外出谋生者的密切关注；另一方面，宣传教育维护和保障农村外出谋生者基本权益的法律法规和方针政策可以强化社会各主体的法律观念、引导建立平等的思想观念，让全社会深刻清晰地了解农村外出谋生者群体的"边缘化"现象和他们的基本权益的保障现状。新闻媒体报道和披露带来的舆论压力，将是促使政府机构和村民自治组织迅速有效地解决农村外出谋生者基本权益保障问题的工具。

(5) 提高村民自身素质和法律意识

针对农村外出谋生者法律意识和维权意识淡薄的现状，应该不断提升全体社会成员的整体法律意识，既要从农村外出谋生者自身角度增强法律意识，也要从相对方，例如其他在村村民、村民委员会成员等，加强他们遵纪守法的意识，促使其形成严谨负责的工作态度。村民作为村民自治的主体，村干部作为村民委员会的重要组成部分和执行主体，其综合素质水平影响着村民自治的质量和效果。因此加强村民和村干部的思想政治教育工作成为必然，应在农村中大力宣传民主理念，强化集体意识，增强村民社会责任感，建设社会主义新农村政治民主文化，将民主理念融入村民生活的日常，把农民从腐旧的盲目崇拜权力、畏惧宗族势力中剥离出来，进而形成培育现代基层民主所要求的当家人意识、民主意识和法律意识。从根本上扭转歧视、排斥农村外出谋生者的错误观念，从全社会角度提升各成员法律意识和维权意识，树立尊重劳动和关心弱势群体、困难群体、少数群体的理念，营造和谐友善的社会氛围。站在政府管理部门角度，统筹协调各方和农村外出谋生者之间的关系，各级司法行政管理部门应与劳动行政管理部门搭建沟通合作平台，联系农村外出谋生者群体自身特征，共同拓展普法教育的思考角度，探究农村外出谋生者普法教育新方式。在普法工作中将农村外出谋生者的维权知识列入，以具体实施的政策、案例，让农村外出谋生者懂得自身享有哪些合法权益，更懂得在具体权益遭受侵犯的时候有哪些渠道可以维护自身合法权益，从而增强权利意识、维权意识和自我保护意识。

参考文献

一 专著类

〔英〕安东尼·吉登斯:《民族-国家与暴力》,胡宗泽、赵力涛译,生活·读书·新知三联书店,1998。

〔英〕边沁:《道德与立法原理导论》,时殷弘译,商务印书馆,2000。

陈家刚选编《协商民主》,上海三联书店,2004。

陈小君等:《后农业税时代农地法制运行实证研究》,中国政法大学出版社,2009。

陈忠禹:《村民自治权保障论——基于科学发展观视阈》,知识产权出版社,2012。

褚松燕:《权利发展与公民参与:我国公民资格权利发展与有序参与研究》,中国法制出版社,2007。

〔英〕戴维·赫尔德:《民主的模式》,燕继荣等译,中央编译出版社,1998。

丁国民:《法治"三农"》,知识产权出版社,2007。

丁国民:《中国村民自治权研究》,法律出版社,2013。

费孝通:《乡土中国 生育制度》,北京大学出版社,1998。

改革开放30年中国教育改革与发展课题组:《教育大国的崛起:1978-2008》,教育科学出版社,2008。

〔美〕B.盖伊·彼得斯:《政府未来的治理模式》,吴爱明、夏宏图译,中国人民大学出版社,2001。

〔英〕格伦科:《哈罗德·拉斯韦尔的政治著作》,自由出版社,1951。

顾准:《顾准文集》,贵州人民出版社,1994。

国务院研究室课题组编著《中国农民工调研报告》,中国言实出版社,2006。

〔英〕哈耶克:《自由秩序原理》,邓正来译,生活·读书·新知三联书店,1997。

郝志东、廖坤荣主编《两岸乡村治理比较》,社会科学文献出版社,2008。

何海波:《通过村民自治的国家治理》,清华大学出版社,2003。

胡鞍钢:《一个新型超级大国》,浙江人民出版社,2012。

黄辉:《中国村自治法的制度、实践与理念》,法律出版社,2009。

《官桥镇志》编纂委员会编《官桥镇志》,黄海数字出版社,2019。

蒋月等:《农村土地承包法实施研究》,法律出版社,2006。

〔美〕卡尔威因、帕尔德森:《美国宪法释义》,徐卫东、吴新平译,华夏出版社,1989。

〔德〕康拉德·黑塞:《联邦德国宪法纲要》,李辉译,商务印书馆,2007。

〔德〕考夫曼:《法律哲学》,刘幸义等译,法律出版社,2004。

〔美〕科恩:《论民主》,聂崇信、朱秀贤译,商务印书馆,1988。

李连江主编《村委会选举观察》,天津人民出版社,2001。

李友清、水延凯:《神州第一组——鄂南明珠官桥八组》,社会科学文献出版社,2009。

《列宁选集》,人民出版社,1972。

林承节:《印度独立后的政治经济社会发展史》,昆仑出版社,2003。

刘友田:《村民自治——中国基层民主建设的实践与探索》,人民出版社,2010。

卢福营:《农民分化过程中的村治》,南方出版社,2000。

〔美〕罗伯特·A. 达尔:《多元主义民主的困境——自治与控制》,周军华译,吉林人民出版社,2011。

〔美〕罗伯特·A. 达尔:《论民主》,李柏光、林猛译,商务印书馆,1999。

〔美〕罗伯特·A. 达尔:《民主及其批评者》,曹海军、佟德志译,吉林人民出版社,2011。

〔美〕罗纳德·德沃金:《民主是可能的吗?——新型政治辩论的诸原则》,鲁楠、王淇译,北京大学出版社,2012。

〔美〕罗纳德·德沃金:《认真对待权利》,信春鹰、吴玉章译,中国大百科全书出版社,2002。

〔英〕洛克：《政府论》（下篇），叶启芳、瞿菊农译，商务印书馆，1964。

〔法〕孟德斯鸠：《论法的精神》（上册），张雁深译，商务印书馆，1982。

民政部基层政权和社区建设司编《村民自治工作指导》，中国社会出版社，2001。

〔苏〕涅尔谢相茨：《古希腊政治学说》，蔡拓译，商务印书馆，1991。

〔美〕乔·萨托利：《民主新论》，冯克利、阎克文译，东方出版社，1998。

〔法〕让-马里·科特雷、克洛德·埃梅里：《选举制度》，张新木译，商务印书馆，1996。

任自力、伊田主编《中国村民自治与法律维权经典案例评析》，法律出版社，2005。

〔法〕托克维尔：《论美国的民主》（上卷），董果良译，商务印书馆，1989。

肖立辉：《村民委员会选举研究》，中国社会出版社，2009。

谢丽华：《农村伦理的理论与现实》，中国农业出版社，2010。

徐大同：《西方政治思想史》，天津教育出版社，2000。

徐勇：《中国农村村民自治》，华中师范大学出版社，1997。

许安标：《农民如何行使民主权利——〈村民委员会组织法〉实用问答》，法律出版社，1999。

〔古希腊〕亚里士多德：《雅典政制》，日知力野译，商务印书馆，1999。

〔古希腊〕亚里士多德：《政治学》，吴寿彭译，商务印书馆，1965。

杨紫烜主编《经济法研究》（第4卷），北京大学出版社，2005。

姚锐敏、汪青松、易凤兰：《乡村治理中的村级党组织领导》，中国社会科学出版社，2004。

〔英〕约翰·邓恩编《民主的历程》，林猛等译，吉林人民出版社，1999。

〔美〕约翰·罗尔斯：《正义论》，何怀宏等译，中国社会科学出版社，1988。

〔英〕约翰·密尔：《论自由》，许宝骙译，商务印书馆，1959。

詹成付主编《村民选举权利救济机制研究》，中国社会出版社，2007。

詹成付主编《村民自治案例集——民主管理》，中国社会出版社，2005。

詹成付主编《村民自治案例集——民主选举》，中国社会出版社，2005。

张晓玲主编《社会弱势群体权利的法律保障研究》，中共中央党校出版社,2009。

赵一红:《中国村民自治制度中自治规章与国家法律关系研究》,中国社会科学出版社,2008。

〔英〕甄克思:《社会通诠》,严复译,商务印书馆,1981。

郑玉敏:《作为平等的人受到对待的权利:德沃金的少数人权利法理》,法律出版社,2010。

中国大百科全书总编辑委员会:《中国大百科全书:政治学》,中国大百科全书出版社,1992。

中国改革发展研究院编《中国新农村建设:乡村治理与乡镇政府改革》,中国经济出版社,2006。

朱中一、郭殊:《村民自治权益保障的理论与实践》,中国社会出版社,2008。

Francesco Capotorti, *Study on the Rights of Persons Belonging to Ethnic, Religious and Linguistic Minorities* (New York: United Nations Publication, 1979).

Frank M. Bryan, *Real Democracy: The New England Town Meeting and How It Works* (Chicago: The University of Chicago Press, 2004).

Joseph Redlich, *The Procedure of the House of Commons*, trans. by A. Steinthal (London: Constable & Company Limited, 1908).

Martha Alter Chen, Joann Vanek and Marilyn Carr, *Mainstreaming Informal Employment and Gender in Poverty Reduction: A Handbook for Policy-makers and Other Stakeholders* (London: Commonwealth Secretariat, 2004).

Srilatha Batliwala, *Discussion on Gender Differences in Participation in the Different Tiers of the Panchayat Raj Institutions State* (Concept Publishing Company, 1998).

二 期刊及析出文献类

包先康、朱士群:《村民自治视野下村民代表的权域》,《西北农林科技大学学报》(社会科学版)2013年第3期。

蔡向东:《宗族观念与农村民主选举制度》,《长春理工大学学报》2011

年第 6 期。

曹丽萍:《当前开展村民自治工作的难点及解决对策》,《现代农业》2004 年第 10 期。

陈琛:《保护少数人权利的正当性、悖论及其策略》,《安庆师范学院学报》(社会科学版) 2012 年第 2 期。

陈纯柱:《对村民自治中民主决策的法制化思考》,《探索》2003 年第 3 期。

陈纯柱、韩兵:《村民民主选举的法律问题研究》,《中共四川省委省级机关党校学报》2012 年第 1 期。

陈飞强:《城市社区治理模式的构建与创新》,《中共成都市委党校学报》2014 年第 2 期。

陈国申、李媛媛:《试论村民自治法律制度的缺陷与对策》,《山东农业大学学报》(社会科学版) 2004 年第 4 期。

陈红玲:《档案与选举权》,《湖北档案》1995 年第 2 期。

陈宏光:《论选举权的享有、限制与剥夺及其法律救济》,《安徽大学学报》(哲学社会科学版) 2001 年第 3 期。

陈宏亮:《村民选举中两委关系的法律思考》,《法学家》2005 年第 5 期。

陈家刚:《协商民主概念、要素与价值》,《中共天津市委党校学报》2005 年第 3 期。

陈家刚:《协商民主引论》,《马克思主义与现实》2004 年第 3 期。

陈建:《论村民选举过程中的典型问题与应对之策》,《中共乌鲁木齐市委党校学报》2012 年第 2 期。

陈前:《现阶段村民自治运行的困境及其解决思路》,《东北师大学报》(哲学社会科学版) 2005 年第 4 期。

陈荣卓、唐鸣:《农村基层治理能力与农村民主管理》,《华中师范大学学报》(人文社会科学版) 2014 年第 2 期。

陈荣卓、唐鸣:《中国农村民主管理机制:形成机理与逻辑整合》,《社会科学》2011 年第 7 期。

陈小君、高飞、耿卓:《我国农村集体经济有效实现法律制度的实证考察——来自 12 个省的调研报告》,《法商研究》2012 年第 6 期。

陈小君、麻昌华、徐涤宇:《农村妇女土地承包权的保护和完善——以具体案例的解析为分析工具》,《法商研究》2003 年第 3 期。

陈晓汕、丁国民:《村民委员会选举多数决制度衡平研究》,《三明学院学报》2014 年第 1 期。

陈映霞:《协商民主的兴起、内涵和基本要素》,《重庆社会主义学院学报》2012 年第 2 期。

陈幼华:《村级民主监督的现实困境及其对策》,《湖北师范学院学报》(哲学社会科学版) 2008 年第 3 期。

程瑞山:《村民自治制度文本的体系结构分析》,《保定学院学报》2011 年第 2 期。

戴激涛:《对我国乡村协商民主实践的宪法学解读——基于浙江温岭"民主恳谈"的一种考察》,《江汉大学学报》(社会科学版) 2008 年第 2 期。

戴威:《农村集体经济组织成员资格制度研究》,《法商研究》2016 年第 6 期。

戴玉琴:《当代中国公民政治参与的启动与推进路径分析》,《社会主义研究》2004 年第 6 期。

邓大才:《规则型自治:迈向 2.0 版本的中国农村村民自治》,《社会科学研究》2019 年第 3 期。

邓泉国、孟迎辉:《农村村民民主决策与城市居民民主决策比较》,《贵州师范大学学报》(社会科学版) 2007 年第 5 期。

邓廷涛:《投票与民主》,《人大研究》2008 年第 10 期。

丁成荣:《邓小平少数服从多数思想研究》,《中共太原市委党校学报》2005 年第 4 期。

丁关良:《土地承包经营权若干问题的法律思考——以〈农村土地承包法〉为主要分析依据》,《浙江大学学报》(人文社会科学版) 2004 年第 3 期。

丁国民、林文静:《村民自治罢免权行使的路径选择——从选举罢免到自主罢免》,《华中农业大学学报》(社会科学版) 2011 年第 5 期。

丁国民、龙圣锦:《乡村振兴战略背景下农村宅基地"三权分置"的障碍与破解》,《西北农林科技大学学报》(社会科学版) 2019 年第 1 期。

丁国民、马芝钦：《多数决下村民集体决议内容违法的克服——以"外嫁女"土地权益保护为中心》，《北京化工大学学报》（社会科学版）2019年第2期。

丁国民：《农地征用中必须厘清的三个法律问题》，《福建论坛》（人文社会科学版）2008年第10期。

丁国民、吴菁敏：《土地开发权的收益分配模式探讨》，《太原理工大学学报》（社会科学版）2018年第1期。

丁文：《论土地承包权与土地承包经营权的分离》，《中国法学》2015年第3期。

董江爱、梁俊山：《基层党建引领农民发展的制度创新研究——基于一个村庄村民自治实践的考察》，《广西大学学报》（哲学社会科学版）2019年第3期。

杜建伟、崔厚元、陈启兰、赵洪生：《人大评议村委会工作合适吗？》，《公民导刊》2012年第11期。

杜姣：《村干部的角色类型与村民自治实践困境——基于上海、珠三角、浙江三地农村的考察》，《求实》2021年第3期。

杜姣：《利益分配型治理视角下的村民自治研究》，《南京农业大学学报》（社会科学版）2019年第2期。

方金华、丁国民：《农村妇女参与村民自治法律保障研究——以妇女参政为视角》，《山东农业大学学报》（社会科学版）2012年第3期。

方昀、刘守恒：《档案馆档案安全风险评估内容分析和评估指标研究》，《档案学研究》2011年第6期。

方梓祎等：《湖北省社会主义新农村文化建设中存在的问题与对策研究——以咸宁市嘉鱼县官桥八组为例》，《湖北经济学院学报》（人文社会科学版）2013年第12期。

盖林炜：《我国大陆与印度及台湾地区村民自治制度的比较》，《华章》2009年第3期。

高杰：《村民委员会组织建设的背景、现状和政策导向》，《法学研究》1994年第2期。

高鑫：《论村规民约与国家法律的冲突》，《广东行政学院学报》2001年第6期。

龚翔荣:《权力限制与民主》,《甘肃社会科学》2002 年第 5 期。

龚艳:《当前村民自治章程制定中的问题及完善对策——基于 T 市 X 区 21 个村的调研》,《社会科学家》2021 年第 3 期。

顾碧、刘俊杰:《中国协商民主与选举民主关系的理论分析与历史考察》,《社科纵横》2017 年第 12 期。

顾金喜:《乡村精英治理研究综述》,《中共杭州市委党校学报》2013 年第 2 期。

桂华:《论法治剩余的行政吸纳——关于"外嫁女"上访的体制解释》,《开放时代》2017 年第 2 期。

郭春华、范露:《农村妇女土地权益保护中的地方政府责任探析》,《山西农业大学学报》(社会科学版) 2012 年第 7 期。

郭殊:《地方自治视野下村委会选举的法律规制——基层民主的规范与监督》,《江苏社会科学》2011 年第 5 期。

韩慧:《公民参与与构建责任政府》,《山东社会科学》2010 年第 10 期。

韩莉:《"新"〈村组法〉对农村基层民主法制化建设的推动》,《才智》2014 年第 27 期。

韩强:《把党内民主和人民民主结合起来》,《科学社会主义》2008 年第 5 期。

韩铁英:《日本町内会的组织和功能浅析》,《日本学刊》2002 年第 1 期。

郝炜、王宇雄:《对中国村民自治中的"四个民主"的学理分析》,《山西农业大学学报》(社会科学版) 2010 年第 1 期。

何军:《公众参与:利益表达与利益整合的视角:基于北京市酒仙桥"投票拆迁"的分析》,《北京行政学院学报》2010 年第 6 期。

何俊志、朱忠壹:《村民委员会选举中的选票设计与民主质量》,《复旦学报》(社会科学版) 2011 年第 2 期。

何泽中:《论村民自治权的法律救济》,《法学论坛》2005 年第 5 期。

何振华:《我国农村基层群众自治制度存在的问题与对策》,《商品与质量》2012 年第 S3 期。

贺雪峰、何包钢:《民主化村级治理的两种类型》,《中国农村观察》2002 年第 6 期。

贺雪峰:《论村治模式》,《江西师范大学学报》(哲学社会科学版) 2005

年第 2 期。

侯兆晓：《北京酒仙桥危改：一个民主的样本?》，《民主与法制》2007 年第 12 期。

胡长林：《雅典民主制度及其局限性》，《西南师范大学学报》1989 年第 4 期。

胡红霞、张俊：《论民主制度下的"多数暴政"问题》，《北京工业大学学报》（社会科学版）2009 年第 6 期。

胡健：《论村民自治中罢免制度的发展与完善》，《华东师范大学学报》（哲学社会科学版）2006 年第 5 期。

胡庆东：《乡政村治格局中乡村关系的矛盾冲突及原因》，《南都学坛》2004 年第 6 期。

胡欣诣：《三代人权观念：源流、争论与评价》，《泰山学院学报》2011 年第 4 期。

胡序杭：《构建符合村民自治要求的村级组织决策机制》，《中州学刊》2008 年第 1 期。

胡序杭：《论村务民主监督的制度创新——以浙江武义县"后陈经验"为例》，《探索》2006 年第 5 期。

胡振亚、任中平：《论"乡政村治"中乡村关系的两种极端走向及调适》，《重庆邮电学院学报》（社会科学版）2006 年第 2 期。

郇雷：《协商民主对票决民主的改造和完善》，《上海师范大学学报》（哲学社会科学版）2016 年第 5 期。

黄辉：《论美国乡村自治法律制度——以〈纽约乡村法〉为例》，《当代法学》2009 年第 1 期。

黄辉祥：《"两会决策制"：以参与促进村务民主管理——以湖北随州"两会决策制"的实践为例》，《社会主义研究》2006 年第 1 期。

黄荣英：《村民自治权利救济的法律缺失与完善》，《行政与法》2010 年第 3 期。

黄思骏：《试论印度独立后农村的潘查亚特制度》，《南亚研究》1988 年第 4 期。

黄晓春：《党建引领下的当代中国社会治理创新》，《中国社会科学》2021 年第 6 期。

黄元武、黄美琳：《完善乡村治理机制提升乡村治理能力——新型城镇化背景下的乡村社会治理探讨》，《决策咨询》2015年第1期。

季丽新：《台湾农村治理体系的特质与思考》，《中国特色社会主义研究》2014年第1期。

贾忠：《透视传媒舆论监督与司法独立》，《科技信息》2013年第2期。

姜峰：《多数决、多数人暴政与宪法权利——兼议现代立宪主义的基本属性》，《法学论坛》2011年第1期。

姜明安：《酒仙桥危改：不妨多一些民主形式》，《人权》2007年第5期。

姜文清：《宗族对村民自治的影响与对策》，《法制与社会》2012年第12期。

蒋成旭：《阻断司法救济的村民自治——以村委会选举权为视角》，《西北农林科技大学学报》（社会科学版）2015年第4期。

金太军、王运生：《村民自治对国家与农村社会关系的制度化重构》，《文史哲》2002年第2期。

瞿州莲：《当代复兴宗族的特征及其对村民自治的影响》，《广西民族研究》2003年第3期。

雷海燕：《美国的基层民主与居民自治》，《党政论坛》2008年第11期。

李爱荣：《浅析旧城改造中的正当程序问题》，《政法学刊》2011年第3期。

李翠霞：《人口流动背景下的乡村治理困境——以川东B村为例》，《西南科技大学学报》（哲学社会科学版）2009年第3期。

李凤霞、夏从亚：《论政治民主中的"少数"与"多数"》，《山东社会科学》2003年第3期。

李桂梅、禹芳琴：《试论中国传统婚姻习俗的文化内涵》，《常德师范学院学报》（社会科学版）2000年第4期。

李金龙、柳泗：《论村民自治与乡政管理关系的重构——基于理论、制度与运行相结合的视角》，《江汉论坛》2011年第8期。

李晶、红英：《"村落自治"中的国家——日本宫城县仙台秋保町马场村的田野调查》，《云南民族大学学报》（哲学社会科学版）2016年第5期。

李精娥：《从权利正义的角度论少数人权利保护》，《知识经济》2009年第 2 期。

李乐平：《村民自治的"异化"及其治理》，《玉林师范学院学报》2010 年第 4 期。

李利、徐悦：《关于村委会行政主体地位的思考》，《红旗文稿》2008 年第 15 期。

李伟：《论人口流动对流出地农村村民自治的影响》，《云南行政学院报》2005 年第 2 期。

李文立：《少数人权利保护之正当性探析》，《贵州民族学院学报》（哲学社会科学版）2010 年第 3 期。

李晓兵：《论村民自治制度的完善与民主政治的发展》，《广东商学院学报》2007 年第 2 期。

李严昌：《"青县模式"与"麻柳模式"：两个基层民主创新案例的比较》，《理论导刊》2011 年第 8 期。

李彦生：《由极端方式私力救济的现状看公力救济——对公力救济制度性缺陷的法律分析》，《时代法学》2010 年第 6 期。

李永安：《论我国〈村民委员会组织法〉修改的前瞻性问题》，《河南省政法管理干部学院学报》2010 年第 1 期。

李永安：《农村妇女土地权益问题探讨：历史与制度双重视角》，《农业经济》2014 年第 2 期。

厉有国：《当代中国马克思主义民主理论的新发展》，《世界社会主义研究》2019 年第 6 期。

连玉明：《北京酒仙桥"票决拆迁"考验治理智慧》，《领导决策信息》2007 年第 25 期。

梁成国：《论民主与法治的关系》，《哈尔滨学院学报》2012 年第 1 期。

梁成意：《村民自治制度的宪法完善与法律创新》，《吉首大学学报》（社会科学版）2012 年第 4 期。

梁荣：《从广州农村村务公开的实践看农村经济社会发展管理体系的完善》，《广东行政学院学报》2009 年第 3 期。

林新伟：《我的民主理财观》，《农村财务会计》2011 年第 3 期。

凌燕：《"草根宪法"让村民自治在法律的框架下实现》，《检察风云》（社会治理理论专刊）2015 年第 1 期。

刘峰：《建立重大决策终身责任追究制度及责任倒查机制》，《理论视野》2015年第1期。

刘金松：《北京酒仙桥"民主票决拆迁"》，《决策》2007年第7期。

刘立新、鲍晋选、张玲之：《黑风搅起几层浪——黑恶势力染指农村基层政权透视》，《领导科学》2002年第14期。

刘娜：《对村民自治中民主监督的探析》，《理论观察》2006年第4期。

刘侨：《关于村民委员会诉讼主体地位的思考》，《特区经济》2005年第6期。

刘世华：《民主的内在风险性论析》，《理论学刊》2010年第12期。

刘同君、陶玮：《村民自治的主体与性质——读〈宪政的法理言说〉引发的思考》，《江苏大学学报》（社会科学版）2009年第2期。

刘晓红：《论印度独立之后的潘查亚特制度的特点》，《史志学刊》2013年第5期。

刘晓冉：《新形势下完善村级财务管理探讨》，《山东行政学院山东省经济管理干部学院学报》2010年第6期。

刘雅静、张荣林：《我国农村合作医疗制度60年的变革及启示》，《山东大学学报》（哲学社会科学版）2010年第3期。

刘燕玲、付少军：《农村民主选举制度的正负效能分析》，《安徽警官职业学院学报》2011年第2期。

刘友田、林美卿：《对村民自治的实证研究》，《山东省农业管理干部学院学报》2008年第4期。

刘友田、刘洪仁：《村民自治是建设社会主义新农村的重要保障》，《前沿》2006年第9期。

刘志刚：《法律缺位状态下村民基本权利研究》，《北方法学》2011年第6期。

刘祖华：《农村"一事一议"的实践困局与制度重构》，《甘肃理论学刊》2007年第5期。

龙立：《村民自治背景下的村霸治理》，《西南民族大学学报》（人文社会科学版）2012年第4期。

龙钰、冯颜利：《我国基层群众自治制度的历史进程、现实状况与未来走向》，《求实》2014年第7期。

卢福营：《经济能人治村：中国乡村政治的新模式》，《学术月刊》2011年第10期。

卢福营：《民主自治导向下的村级财务监督制度创新——对浙江省H镇村级财务监督制度改革的调查与分析》，《学习与探索》2006年第4期。

卢福营、孙琼欢：《村务监督的制度创新及其绩效——浙江省武义县后陈村村务监督委员会制度调查》，《社会科学》2006年第2期。

卢福营：《乡村精英治理的传承与创新》，《浙江社会科学》2009年第2期。

卢学晖：《日本社区治理的模式、理念与结构——以混合型模式为中心的分析》，《日本研究》2015年第2期。

卢志达、刘筱红：《印度妇女参与村级治理的经验及其对中国的借鉴与启示》，《中共合肥市委党校学报》2010年第1期。

罗菊芳：《村民自治条件下的民主监督问题探析》，《攀登》2005年第1期。

罗颖、郑逸芳、黄森慰：《农村外嫁女土地权益保护情况分析——基于福建省108份问卷调查数据》，《内蒙古农业大学学报》（社会科学版）2017年第1期。

麻宝斌：《多数规则析论》，《政治学研究》1997年第1期。

马宝成、窦洪利：《发展基层民主的基本途径和长效机制》，《国家行政学院学报》2008年第6期。

马宝成：《民主监督：农村基层民主的新生长点》，《国家行政学院学报》2011年第6期。

马宝成：《乡村治理结构与治理绩效研究》，《马克思主义与现实》2005年第2期。

〔美〕马蒂亚斯·里瑟：《多数决的辩护》，牛文浩译，《政治思想史》2017年第2期。

梅志罡：《传统社会文化背景下的均势型村治：机制分析——对河南省汪村的个案剖析》，《村级制度研究（中）》2009年第6期。

孟谦：《"票决"能否解开老社区危改困局》，《社区》2007年第15期。

闵学勤：《社区自治主体的二元区隔及其演化》，《社会学研究》2009年第 1 期。

莫纪宏：《在法治轨道上有序推进"全过程人民民主"》，《中国法学》2021 年第 6 期。

莫江平：《选举权的误区》，《社会科学家》2002 年第 4 期。

那艳华、荆珍：《城市化进程中农村集体经济组织成员资格确认问题分析》，《东北农业大学学报》（社会科学版）2012 年第 4 期。

倪新兵：《论我国信访制度的困境与出路》，《岭南学刊》2012 年第 1 期。

聂圣平：《美国乡镇自治对我国乡镇体制改革的启示》，《河南大学学报》（社会科学版）2012 年第 4 期。

牛佳乐、丁国民：《我国村民自主决策中多数决制度的运用及完善》，《武夷学院学报》2017 年第 4 期。

牛子宏：《有限多数原则初探》，《湖北社会科学》2008 年第 5 期。

潘国红：《地方人大"重大事项"确定中的制度设计》，《人大研究》2014 年第 5 期。

彭穗宁：《一部从法律制度层面研究村民自治的力著——读唐鸣教授等著〈草根民主的法律规制〉》，《社会科学研究》2014 年第 1 期。

彭文龙、陈世润：《中国共产党执政伦理的历史脉络、特点与经验》，《广西社会科学》2013 年第 11 期。

〔美〕乔赛亚·奥伯：《"民主"的原初含义：做事能力，而非多数决》，欧树军译，《北大法律评论》2012 年第 2 期。

秦前红、刘高林：《论民主与法治的关系》，《武汉大学学报》（社会科学版）2003 年第 2 期。

清风：《和谐拆迁的民主尝试——北京酒仙桥拆迁投票引发的讨论与思考》，《中国房地产》2007 年第 8 期。

邱秀娟：《农村股份合作社股权设置与流转问题探析》，《公民与法》（法学版）2016 年第 3 期。

邱钰斌、林艺东：《是民主的"多数"，还是"多数"的民主——论民主之多数决定原则》，《西南交通大学学报》（社会科学版）2011 年第 3 期。

裘斌、卢福营：《能人治理背景下的村民公共参与》，《社会科学战线》2011 年第 12 期。

裘斌、孙新强：《论能人治理下普通村民的公共参与》，《理论探讨》
    2012年第2期。
曲玥：《制造业产业结构变迁的路径分析——基于劳动力成本优势和全要
    素生产率的测算》，《世界经济文汇》2010年第6期。
曲珍英、王明晶：《社会主义新农村建设中的管理民主》，《山东省农业
    管理干部学院学报》2006年第2期。
冉金：《"民主投票"剥夺了农民身份》，《村委主任》2010年第1期。
任中平：《四川的选举民主与浙江的协商民主——我国基层民主发展模式
    的一项比较研究》，《探索》2011年第1期。
施显生：《"多数决"原则探微》，《政治与法律》1995年第4期。
石佑启、张显伟：《村民自治：制度困境与路径选择——村委会选举中选
    民资格纠纷解决机制探索》，《湖北民族学院学报》（哲学社会科学
    版）2010年第5期。
史云贵、刘晓燕：《中国基层社会践行"公民治理"的障碍及可行性路
    径探析》，《天津社会科学》2009年第5期。
宋敏、王新萍、陈国飞：《村民自治与外嫁女权益——新农村建设背景下
    民间习惯规范的价值研究》，《中外企业家》2011年第8期。
宋雪峰：《日本社区治理及其启示》，《中共南京市委党校学报》2009年
    第3期。
苏爱萍：《完善村民自治的关键环节——乡村关系的重构》，《东岳论丛》
    2006年第3期。
孙春牛：《论我国行政诉讼受案范围与原告资格的关系》，《重庆科技学
    院学报》（社会科学版）2010年第3期。
孙峰：《土地承包经营权案件审理与妇女权益保护》，《山东行政学院学
    报》2012年第6期。
孙海龙、龚德家、李斌：《城市化背景下农村"外嫁女"权益纠纷及其
    解决机制的思考》，《法律适用》2004年第3期。
孙韡：《试析村规民约设置惩罚条款的合法性》，《贵州民族大学学报》
    （哲学社会科学版）2012年第5期。
孙衍彬、田玉麒：《新时期宗族复兴的影响及措施建议》，《法制与社会》
    2009年第12期。

谭细龙：《论村务公开民主管理与新农村民主政治建设》，《湖北第二师范学院学报》2008年第11期。

唐京华、张雷：《村民自治单元下沉的价值与困境——黑龙江省方正县试点调查研究》，《北方民族大学学报》2021年第1期。

唐鸣：《村民会议与直接民主》，《华中师范大学学报》（人文社会科学版）2009年第6期。

唐鸣、尤琳：《村委会选举中选民登记标准的变迁逻辑：动因、发展方向和条件——兼评新〈村民委员会组织法〉》，《中南民族大学学报》（人文社会科学版）2011年第3期。

唐孝坤、袁明旭、李春梅：《中国农村村民自治中的法律制度创新》，《云南社会科学》2002年第3期。

田承春：《城乡一体化中村民自治问题探析》，《四川师范大学学报》（社会科学版）2011年第1期。

涂四益：《论〈村民委员会组织法〉中的自治与民主》，《河南工业大学学报》（社会科学版）2014年第2期。

万江涛：《村民资格与选民资格界定的法律探析》，《党史博采（理论）》2008年第6期。

汪进元：《传统民主的缺陷及其矫正》，《江汉大学学报》（社会科学版）2013年第1期。

王朝、李达：《村民自治程序失范研究》，《湖南工业大学学报》（社会科学版）2014年第3期。

王辉：《论法律责任的困境与经济法责任的超越》，《甘肃政法学院学报》2011年第2期。

王会、欧阳静：《"闪婚闪离"：打工经济背景下的农村婚姻变革——基于多省农村调研的讨论》，《中国青年研究》2012年第1期。

王鉴岗：《协商民主与票决民主的结合及模式的选择》，《四川省社会主义学院学报》2014年第2期。

王金红：《候选人资格条件、委托投票与农村选举规制——对村民委员会选举中两个争议性问题的讨论》，《学术研究》2009年第4期。

王京琼、何培森：《论西部农村全民健身与先进文化的构建》，《成都体育学院学报》2005年第3期。

王雷：《农民集体成员权、农民集体决议与乡村治理体系的健全》，《中国法学》2019年第2期。

王立标、首一苇、王自兴：《推进社区协商制度化建设的问题分析和对策建议》，《中国民政》2015年第7期。

王露璐：《中国式现代化进程中的乡村振兴与伦理重建》，《中国社会科学》2021年第12期。

王满荣：《困境与反思：村监督组织运行机制的实证研究——以杭州市余杭区为例》，《湖北社会科学》2012年第3期。

王明刚、王利娟：《城市化进程中完善征地补偿制度的对策研究》，《产业与科技论坛》2012年第11期。

王苹：《论行政自由裁量权及其法律控制》，《科教导刊》（中旬刊）2011年第8期。

王茜：《新农村社区建设规划的路径选择及建议》，《现代装饰（理论）》2012年第7期。

王青斌：《论不确定法律概念与处罚法定原则的冲突和协调》，《法学评论》2011年第1期。

王清：《论多数原则的限度》，《湖南师范大学社会科学学报》2005年第3期。

王星：《村民自治中的软法之治》，《中北大学学报》（社会科学版）2022年第1期。

王旭宽：《村民自治权冲突及其法律救济的不足与完善》，《云南社会科学》2006年第5期。

王艳萍、朱缘：《村民自治视阈下的协商民主及其发展研究》，《长春理工大学学报》（社会科学版）2014年第5期。

王瑜：《关于农村妇女参与村委会选举问题探究——以S省Q村为例》，《广西教育学院学报》2017年第5期。

王臻荣：《论我国村民自治的特点》，《理论探索》2002年第1期。

韦开蕾：《对村民自治实践困境的审视——基于村民自治内外部制约因素的考察》，《湖北社会科学》2013年第9期。

韦少雄：《村民自治的困难及实质——基于权力与权利因素的分析》，《中共云南省委党校学报》2013年第2期。

韦少雄：《村民自治权的法律属性分析》，《佳木斯大学社会科学学报》2012年第6期。

卫灵：《培育大学生"三个自信"的若干思考》，《北京教育》（德育版）2013年第6期。

卫梦宇：《票决民主制度下的少数人权利保护问题研究》，《山西青年职业学院学报》2017年第4期。

魏清利、赵敏：《对农村妇女土地权问题及解决机制的法律思考》，载贵州省法学会主编《当代法学论坛（2008年第4辑）》，中国方正出版社，2008。

翁鸣：《青县模式：一种我国村庄治理的创新机制》，《理论探讨》2011年第5期。

吴斌：《论WTO决策机制》，《河北法学》2004年第2期。

吴春香：《农村集体经济组织成员资格界定及相关救济途径研究》，《法学杂志》2016年第11期。

吴越：《经济法思维的宪法指向——兼论经济法学的历史命运》，《法学论坛》2013年第3期。

喜子：《反思与重构：完善行政诉讼受案范围的诉权视角》，《中国法学》2004年第1期。

肖百灵：《对村民自治中妇女参与问题的探讨——以湖南"农村妇女参与村级治理"项目实施为例》，《湖南社会科学》2006年第6期。

肖芃：《论少数人的权利》，《华南理工大学学报》（社会科学版）2008年第2期。

谢炜：《中国农村基层民主自治的法律演进、实践困境与路径选择》，《云南社会科学》2012年第1期。

新望：《时势造就"青县模式"》，《中国改革》（农村版）2004年第2期。

熊辉、王孔容：《农村黑恶势力现象的成因及根除对策》，《中州学刊》2007年第6期。

熊哲文：《村民自治中几层重要关系的法律分析》，《华中师范大学学报》（人文社会科学版）2001年第4期。

徐道稳：《农村社会福利的制度转型和政策选择》，《广东社会科学》

2006年第4期。

徐双敏：《公众参与政府绩效管理的现状与思考——以"民主评议政风行风工作"为例》，《行政论坛》2009年第5期。

徐小柏：《村民自治权行使中的问题及制约因素研究综述》，《安徽农业科学》2012年第10期。

徐晓兰：《关于行政诉讼被告的确定》，《理论探索》2003年第3期。

徐志戎：《雅典的民主与斯巴达的集权》，《商界（评论）》2011年第10期。

许懋彦、弋念祖：《从社区营造到社区设计：都市观视野下的日本社区设计发展观察》，《时代建筑》2019年第1期。

许芃：《公序良俗原则适用之法理学思考》，《法制与社会》2013年第24期。

许阳飞、殷红霞：《我国村民委员会选举的现状、问题及其对策分析》，《南方论刊》2015年第3期。

闫海、曾祥瑞：《宪政、地方自治与地方财政法制——日本法的经验与借鉴》，《行政法学研究》2011年第1期。

闫娟、周义程：《完善我国听证制度的战略思考》，《云南行政学院学报》2006年第5期。

闫铮：《京城酒仙桥的故事》，《城市开发》2007年第9期。

颜杰峰、邵云瑞：《关于正确处理党内多数与少数关系的思考》，《理论探讨》2009年第5期。

杨炳超：《协商民主：内涵、背景及意义》，《东岳论丛》2010年第2期。

杨博：《关于国内多数决原则研究综述》，《重庆科技学院学报》（社会科学版）2011年第14期。

杨成：《村民自治权的性质辨析》，《求实》2010年第5期。

杨成：《村民自治权性质的异化及其治理》，《农村经济》2010年第8期。

杨丹娜、邵长剑：《我国村民自治的三种模式及其社会实践意义》，《广东行政学院学报》2010年第4期。

杨洁、战梦霞：《新型农村社会养老保险缴费与领取调整的研究》，《开发研究》2011年第3期。

杨军：《逾越阶层鸿沟》，《南风窗》2013年第8期。

杨攀：《农村集体经济组织成员资格标准的法律分析与实践》，《西南政法大学学报》2011年第3期。

杨蔚：《集体土地制度理论基础分析》，《贵州民族学院学报》（哲学社会科学版）2011年第5期。

杨原、刘玉侠：《新中国成立60年农村基层民主建设中的村民自治问题探析》，《青海社会科学》2009年第5期。

叶静怡、韩佳伟、杨洋：《依法治国之村民自治——以黑龙江省A镇12个村庄的调查为例》，载孙祁祥主编《时代节点的眺望》，北京大学出版社，2016。

殷啸虎、王建文：《村民自治主体的法律分析》，《河南省政法管理干部学院学报》2004年第6期。

尤琳：《城乡一体化背景下村委会发展的制度瓶颈及完善路径——兼评新〈村民委员会组织法〉》，《求实》2011年第2期。

于洪军：《二元户籍制度破解语境下农业转移人口市民观培育》，《社会科学家》2015年第4期。

于建嵘：《村民自治：价值和困境——兼论〈中华人民共和国村民委员会组织法〉的修改》，《学习与探索》2010年第4期。

于阳：《刑事禁止令司法适用中的法律监督机制探究》，《湖北社会科学》2013年第6期。

于毅：《浅议农村集体经济组织成员资格的界定》，《农业经济》2014年第6期。

于语和、雷园园：《村民自治视域下的乡村德治论纲》，《山东大学学报》（哲学社会科学版）2020年第1期。

余玮：《一个人和一个村庄的传奇——记中国新农村建设的探索者周宝生》，《今日南国》2006年第10期。

袁纲：《农村外嫁女权益保护的思考》，《法治论坛》2011年第1期。

袁国宏、张月芳：《马克思主义与当代中国农民问题》，《海南大学学报》（人文社会科学版）2006年第2期。

〔美〕约翰·吉尔伯特·海因伯格：《多数决原则的历史》，张卓明译，载中国法律史协会编《法史学刊》第二卷，社会科学文献出版社，2008。

云霞：《当代中国农村招婿婚姻研究述评》，《合肥学院学报》（社会科学版）2009年第4期。

张长立、刘胜国：《试论我国乡村精英研究的范式转换》，《中国矿业大学学报》（社会科学版）2010年第3期。

张景峰：《村民多数决的滥用及制衡——村规民约的启示之二》，《洛阳工学院学报》（社会科学版）2001年第3期。

张景峰：《村民委员会民主选举国家法规范研究》，《河南科技大学学报》（社会科学版）2015年第4期。

张景峰：《〈村民委员会组织法〉修订若干问题探讨》，《河南科技大学学报》（社会科学版）2007年第3期。

张景峰：《村民自治内在机制重新法律定位探讨》，《河北法学》2005年第2期。

张景峰：《对村民自治概念的法学分析》，《社会主义研究》2003年第4期。

张开亮：《农村妇女土地权益法律保护》，《法制博览》2015年第11期。

张开泽：《从制度视角看农村外嫁女权益纠纷》，《中山大学学报论丛》2007年第12期。

张扣林：《论党内和谐视角下的"保护少数"原则》，《理论探讨》2009年第5期。

张立刚：《论我国法律解释体制的缺陷与冲突》，《哈尔滨师范大学社会科学学报》2012年第2期。

张潜伟：《完善村民自治应妥善处理五大关系——进一步完善〈村委会组织法〉的思考》，《南昌大学学报》（人文社会科学版）2008年第2期。

张青：《印度对农村流动劳动力权益的保护及其对中国的启示》，《辽宁大学学报》（哲学社会科学版）2006年第6期。

张绍鹏：《从城乡二元体制看农村社会保障发展》，《前进论坛》2006年第10期。

张曙晖：《村治中的宗族政治表达——以大理周城白族村为例》，《学术探索》2006年第3期。

张文化：《新时期社会主义民主政治建设的理论创新与重大意义》，《中州学刊》2011 年第 1 期。

张文显:《习近平法治思想的实践逻辑、理论逻辑和历史逻辑》,《中国社会科学》2021 年第 3 期。

张晓磊、卫杨:《试谈多数决定原则与保护少数原则在民主政治中的定位》,《法制与社会》2007 年第 1 期。

张旭光:《论村民代表会议制度及其安排》,《浙江学刊》2001 年第 1 期。

张翼:《农民工"进城落户"意愿与中国近期城镇化道路的选择》,《中国人口科学》2011 年第 2 期。

张裕新:《纪检监察部门不宜直接组织村级审计》,《农村财务会计》2011 年第 3 期。

张志华:《透视多数原则——由萨托利"有限多数原则"引发的思考》,《社科纵横》2004 年第 5 期。

张卓明:《选举概念辨析》,《贵州师范大学学报》(社会科学版) 2011 年第 2 期。

章剑生:《知情权及其保障——以〈政府信息公开条例〉为例》,《中国法学》2008 年第 4 期。

章亮亮:《法治视域下的"草根宪法"》,《检察风云》(社会治理理论专刊) 2015 年第 1 期。

赵超英:《村民自治不是村干部自治——河北省青县的村治模式》,《党的建设》2005 年第 4 期。

赵东喜:《和谐社会下新农村村民自治制度的法律思考》,《政治与法律》2007 年第 4 期。

赵鲲鹏、杜晓溪:《村民自治权司法救济的完善——对中部地区乡土社会的调查与反思》,《贵州民族学院学报》(哲学社会科学版) 2010 年第 4 期。

赵培章:《村民自治中的一种非制度倾向——村民自治中的异化现象分析》,《云南行政学院学报》2006 年第 4 期。

赵佩、黄德林:《村民自治制度优势转化为治理效能的实现机制》,《湖北行政学院学报》2020 年第 6 期。

赵三志、陈静:《希望的"田野"——农发行湖北省嘉鱼县支行支持官桥新农村建设见闻》,《农业发展与金融》2013 年第 6 期。

赵晓峰：《村级民主政治转型：从汲取型民主到分配型民主——村治精英类型更替的视角》，《天津行政学院学报》2010年第5期。

赵兴洲：《论完善民主管理与深化村民自治》，《新闻爱好者》（理论版）2007年第7期。

赵讯蕾：《试议农村村民自治法律制度》，《合作经济与科技》2014年第2期。

赵玉洁：《民主：作为一种价值理念与社会机制》，《理论学刊》2005年第10期。

赵正斌：《村民自治权利司法救济的现状与完善》，《中国检察官》2016年第4期。

郑晓凤、刘颖：《中国乡村精英治理模式的路径探究》，《河北青年管理干部学院学报》2012年第4期。

郑雄飞：《"土地换保障"权益协调机制建设——基于"公域""私域"与"第三域"的法社会学探索》，《北京社会科学》2014年第3期。

钟裕民、刘伟：《新农村建设中村级公共品供给的激励与监控——基于对村委会和村民之间委托代理关系的考察》，《农村经济》2008年第3期。

朱凌云、周桂芹：《差异与启示：大陆与台湾乡村治理模式比较研究——以"村官"角色为切入点》，《淮海工学院学报》（人文社会科学版）2013年第17期。

邹静琴、王金红：《村民自治中的民主决策：实践形式与理论反思》，《福建论坛》（人文社会科学版）2009年第1期。

左林：《"票决拆迁"的"民主"尝试》，《浙江人大》2007年第7期。

Michael Mann, "Ruling Class Strategies and Citizenship," in Bryan S. Turner and Peter Hamilton, eds., *Citizenship: Critical Concepts* (London: Routledge, 1994), pp. 63 - 79.

三 报刊与网络文献类

陈荞：《北京3943村将建村务监督委员会 成员由村民推选》，《京华时报》2011年6月10日，第1版。

陈杨、刘德华：《六旬老汉最终要回村民资格》，《检察日报》2011年11月17日，第6版。

程三娟：《强化村务监督促进村民自治》，《云南日报》2013年4月19日，第3版。

邓新建：《广东率先为"外嫁女"立法 改变其维权困难局面》，《法制日报》2007年6月7日，第5版。

段思午：《东莞探索农村股权分配制度改革》，《南方日报》2015年3月23日，第DC01版。

国家统计局：《2019年农民工监测调查报告》，2020年4月30日，国家统计局官网，http://www.stats.gov.cn/tjsj/zxfb/202004/t20200430_1742724.html。

国家统计局：《中华人民共和国2017年国民经济和社会发展统计公报》，2018年2月28日，国家统计局官网，http://www.stats.gov.cn/tjsj/zxfb/201802/t20180228_1585631.html。

何忠国：《深化中国特色社会主义协商民主理论研究》，《学习时报》2019年4月17日，第A5版。

胡文辉：《中国上古多数决原则的痕迹》，《南方周末》2009年7月1日，文化版。

黄俊毅：《周宝生代表：支持"三农"力度逐年增》，《经济日报》2013年3月6日，第10版。

《300户解决办法来啦，就差执行了——赖不赖政就看执不执行!》，详见"邻里圈"论坛——酒仙桥危改，http://bbs.wangjing.cn/thread-2176209-1-1.html。

《划重点！稳步推进酒仙桥危改项目，2019年朝阳要干这些大事!》，2019年1月2日，搜狐网，https://www.sohu.com/a/286717611_664590。

李程、袁嘉雯、谢校炜：《农村户口迁出仍可参与分红》，《羊城晚报》2014年12月5日，第FA22版。

李京华：《北京王晓雷恶势力团伙案宣判 主犯曾任村主任》，2010年8月4日，新浪网，https://news.sina.com.cn/c/2010-08-04/080920822350.shtml。

宋利彩：《政协委员张黎明建议：建立农村妇女参与村民自治的保障机

制》,《中国妇女报》2013年3月12日,第A2版。

孙力:《民主运作中多数原则与少数权利保护的统一》,《学习时报》2010年6月28日,第A4版。

王丽丽、孟澍菲:《2009年度十大影响性宪法事例》,《检察日报》2009年12月28日,第8版。

魏劲松、柳洁:《湖北省嘉鱼县官桥村八组:山乡巨变党旗红》,中国经济网,http://district.ce.cn/zg/201107/04/t20110704_22519136.shtml,最后访问日期:2016年4月4日。

乌梦达、王攀:《深圳探索扩大保障外来人口选举权》,2011年12月16日,中国新闻网,http://www.chinanews.com/sh/2011/12-16/3539034.shtml。

徐啸寒:《新春踏访中国十大明星村》,《楚天都市报》2013年1月27日,第A2版。

《习近平在兰考县委常委扩大会上的讲话》,2015年9月8日,新华网,http://www.xinhuanet.com/politics/2015-09/08/c_128206459.htm。

杨涛:《村民被剥夺选举权,根源是政府部门不作为》,《检察日报》2012年10月22日,第6版。

詹旋江等:《做好交流窗 架好连心桥——福建泉州鲤城区法院家事审判工作纪实》,《人民法院报》2019年8月13日,第4版。

张帆:《别让户口卡住外来人口的政治权利》,《中国经济时报》2005年4月27日,第A1版。

张英魁等:《重视乡村精英在新农村建设中的作用》,《光明日报》2008年1月26日,第7版。

郑燕峰:《一个外来投资者在山东费县麻绪村的遭遇》,《中国青年报》2002年1月13日,第6版。

周志坤:《以无记名方式独立作出评价》,《南方日报》2015年7月16日,第A7版。

朱应平:《处理选举纠纷不能回避司法救济》,《检察日报》2006年5月22日。

四 硕博论文类

顾自安：《制度演化的逻辑——基于认知进化与主体间性的考察》，博士学位论文，厦门大学，2006。

焦洪昌：《选举权的法律保障》，博士学位论文，中国政法大学，2005。

梁士兴：《村民自治权法律救济制度研究》，硕士学位论文，山东大学，2008。

路小刚：《村民委员会投票规则研究》，硕士学位论文，华中科技大学，2006。

罗志文：《土地产权、村庄治理与征地补偿费分配》，博士学位论文，南京农业大学，2015。

马俊军：《农村基层民主法律保障机制研究》，博士学位论文，华中师范大学，2011。

孙寒：《法律的限度》，硕士学位论文，西南政法大学，2008。

王芳茗：《我国村委会组织法修改研究》，硕士学位论文，郑州大学，2011。

魏可欣：《论婚姻利益及其法律保障》，硕士学位论文，郑州大学，2006。

辛颖：《论多数决的限制适用》，硕士学位论文，苏州大学，2013。

于保军：《海峡两岸基层选举比较研究》，硕士学位论文，河南师范大学，2014。

于海侠：《农民工劳动权益法律保护研究》，硕士学位论文，中央民族大学，2009。

后　记

本书系国家社科基金后期资助项目"村民自治多数决衡平机制研究"的最终成果。在书稿出版之际，首先要衷心感谢匿名审稿人对本书提出的宝贵修改意见，这些修改意见一针见血地指出了初稿中的问题，使得本课题组在后续的调研和书稿完善中有了明确的方向；其次要特别感谢社会科学文献出版社相关领导耐心细致的指导，陈凤玲、田康等编辑周到热心的沟通、帮助和服务。

本书的完成还得到福州大学和甘肃政法大学、武夷山市政法部门等的大力支持，在此一并致谢。其中，甘肃政法大学龙圣锦副教授在本书的前三章中完成了 6.8 万字的撰写任务。同时，感谢福州大学法学院的博士研究生和硕士研究生在课题调研和书稿撰写、修改等方面所做的贡献。包括博士研究生高炳巡、刘桂昌、郭仕捷和吴光慧等，以及硕士研究生张积储、陈晓汕、随亮田、李云松、李森、范晓霞、胡义翠、黄哲宜、李芹、牛佳乐、万满意、赵胜、李永光、曾纪贵、苏忠康、林星阳、李少丽、丁炎燕、陈晶晶、吴菁敏、吴仕清、李丹红、连雨菲、林韵嘉、马芝钦、赵妍、江美妮、雷祎、魏行威、连浩琼、林舒婷、林涵、王东鹏、吕剑普、虞佳静、陈遐心、宋源、陈丕凤、陈泽章、冯梓然和汪逸格等。

图书在版编目(CIP)数据

村民自治多数决衡平机制研究 / 丁国民, 龙圣锦著. -- 北京: 社会科学文献出版社, 2022.5
国家社科基金后期资助项目
ISBN 978-7-5228-0121-6

Ⅰ.①村… Ⅱ.①丁…②龙… Ⅲ.①农村-群众自治-研究-中国 Ⅳ.①D638

中国版本图书馆CIP数据核字(2022)第086365号

国家社科基金后期资助项目
村民自治多数决衡平机制研究

著　　者 / 丁国民　龙圣锦

出 版 人 / 王利民
组稿编辑 / 陈凤玲
责任编辑 / 田　康
文稿编辑 / 陈丽丽
责任印制 / 王京美

出　　版 / 社会科学文献出版社·经济与管理分社 (010) 59367226
　　　　　 地址: 北京市北三环中路甲29号院华龙大厦　邮编: 100029
　　　　　 网址: www.ssap.com.cn

发　　行 / 社会科学文献出版社 (010) 59367028
印　　装 / 三河市龙林印务有限公司

规　　格 / 开　本: 787mm×1092mm　1/16
　　　　　 印　张: 21.75　字　数: 345千字

版　　次 / 2022年5月第1版　2022年5月第1次印刷
书　　号 / ISBN 978-7-5228-0121-6
定　　价 / 128.00元

读者服务电话: 4008918866

版权所有 翻印必究